Ich kann den Geist der Musik nicht anders fassen als in Liebe.

Verachtet mir die Meister nicht.

Jochen Hörisch Weibes Wonne und Wert
Richard Wagners Theorie-Theater

Die Andere
Bibliothek

Begründet von
Hans Magnus Enzensberger

Jochen Hörisch

Weibes Wonne und Wert

Richard Wagners Theorie-Theater

Mit musikanalytischen Erläuterungen von Klaus Arp

*Für Renate in
glücklicher Erinnerung
an die Sommerabende
in Bayreuth*

Inhalt

Ohne Musik wäre das Leben ein Irrtum.

Friedrich Nietzsche

Vorwort

»Nichts ist so reich, / als Ersatz zu muten dem Mann / für Weibes Wonne und Wert!« Diese dichten Worte erklingen in Wagners Musikdrama *Rheingold* aus dem Mund eines Gottes, dessen Name bereits zu erkennen gibt, dass er der klügeren Götter einer ist: Loge. Der dem Logos und dem logischen Denken verschriebene Gott stellt nicht weniger als eine weitreichende, wenn nicht allumfassende These auf, die stark genug ist, eine ganze Theorie in sich zu bergen, deren Entfaltung lohnt. Und die lautet: »Weibes Wonne und Wert« haben nicht ihresgleichen. Für sie gibt es keinen Ersatz, kein Äquivalent. »Weibes Wonne« ist ein Wert dies- und jenseits aller Werte, buchstäblich ein absoluter, von allen Vergleichskontexten ab-solvierter, los-gelöster Wert. Weibes Wonne erlöst Männer von all ihrer Fixierung auf Erlöse, auf Werte wie Reichtum, Prestige oder Macht. Weibes Wonne und Wert erlösen von der Logik des Erlöses und der Werte, die Ersatz für anderes sein könnte. Weibes Wonne ist kein Wert wie andere, sondern der Wert an sich. Die Formel »Weibes Wonne« hat einen doppelten Aussagewert. Denn man kann sie als Genitivus objectivus und als Genitivus subjectivus lesen. Weibes Wonne meint die spezifische Lust, die Frauen (anders als Männer) erfahren, und die Wonne, die sie Männern gewähren; Weibes Wert meint den intrinsischen wie den in jedem Wortsinne objektiven Wert, der Frauen zu Objekten für andere macht. Wagner gelingt es nicht nur hier, in einer Formel – »Weibes Wonne und Wert« – ein Problemparadox zu verdichten, das der Analyse wert ist: Auch absolut gesetzte Werte sind relative Werte. Mit der dichten Alliterationsformel »Weibes Wonne und Wert« ist nicht nur Wagners musikdramatische Kunst, sondern die Oper überhaupt im exzentrischen

8 Zentrum ihrer Stärke angekommen. Denn das, was Loge da verkündet, ist der heiße Kern der spezifisch musischen und opernhaften Vernunft bzw. Unvernunft bzw. Vernunftkritik. Dieser Glutkern macht die Musik und die Oper zumal für viele so unwiderstehlich und faszinierend. Musik beschert Wonne – aber sie beschert eben auch und zumal dann, wenn sie mit Wagner zum Musikdrama wird, Einsichten, welche höher sind denn alle konventionelle Vernunft, sei's gesunde Alltags-, sei's wissenschaftliche, sei's theologische Vernunft.

Man muss sich den irritierenden Grundimpuls der Gesamtkunstwerke Richard Wagners vergegenwärtigen: Sie streben ernsthaft nach der Vermittlung von theorienahen Einsichten und Erkenntnissen, die sich aber gängigen Theorieformen entziehen. Wagners Musikdramen sind wundersame Erkenntnisdramen, weil sie ihre Theorielastigkeit in musikalischer Lust aufheben. »Ohne Musik wäre das Leben ein Irrtum«,[1] lautet eine ebenso apodiktische wie pathetische Wendung Nietzsches, der sich zeitlebens von Wagners Werken faszinieren, aber auch irritieren ließ und schließlich vom klügsten Wagner-Bewunderer zum entschiedensten Wagner-Kritiker (nicht nur) seiner Zeit mutierte. Mit dieser hochambivalenten Reaktion auf Wagners Werk steht Nietzsche nicht allein. Die Reihe der Wagner-Bewunderer, die zugleich scharfe Wagner-Kritiker waren, ist lang. In diese Reihe gehören, um nur einige wenige zu nennen, Mark Twain und George Bernard Shaw, Ernst Bloch und Theodor W. Adorno, Thomas Mann und Marcel Proust, Luchino Visconti, Hans-Jürgen Syberberg, Manfred Frank, Alain Badiou und Slavoj Žižek. Die Schar der Wagnerianer, die den Meister kultisch verehren und jede Kritik an ihm als Sakrileg empfinden, ist nicht geringer. Sie ist abschreckend, gehören zu ihr doch neben liebenswert exotischen und exzentrischen Gestalten wie dem bayerischen König Ludwig II. auch wüste Antisemiten wie Houston Steward Chamberlain und kaltblütige Massen-

---

1 Friedrich Nietzsche: Götzen-Dämmerung, Werke, hrsg. von Karl Schlechta, Bd. 2. München 1966, S. 947.

mörder wie Adolf Hitler.[2] Es dürfte bis heute kein zweites künstlerisches Werk geben, das so sehr polarisiert wie das Richard Wagners. Gerade weil dies so ist, haben die ritualisierten Argumente für und gegen den (nach Thomas Manns viel zitierten Worten) »schnupfenden Gnom mit dem Bombentalent und dem schäbigen Charakter«[3] wenig Überraschendes zu bieten. Überfällig aber ist der Versuch, den Poeta doctus, den ambitionierten Theoretiker, den passionierten Debattierer Richard Wagner ernst zu nehmen, der auf Augenhöhe mit Philosophen wie Kant, Hegel, Feuerbach, Schopenhauer, Marx und Nietzsche Musikdramen komponierte und dem es dabei gelang, noch das auszudrücken, worüber andere Ausdrucksformen nur schweigen können. »Wagner kann alles«, stellte Thomas Mann lakonisch fest.[4]

In seinem Brief an Marie von Sayn-Wittgenstein vom 28. Mai 1854 aus Zürich hat Wagner für diesen seinen Impuls eine glückliche Formel gefunden, sprach er doch von einem »melodischen Gedanken«, der sein Werk und paradigmatisch den *Ring des Nibelungen* durchzieht. Man muss sich die Pointe dieser Formulierung vergegenwärtigen. Sie lässt die alte, aber nach wie vor gängige Suggestion hinter sich, Musik sei eine Gefühlsangelegenheit und Emotionsäußerung, die antithetisch zur Sphäre des Denkens und der Gedanken steht. Und sie artikuliert die weitreichende These, dass Töne,

---

[2] Wagners ebenso dummer wie entsetzlicher Antisemitismus lässt sich selbst von seinen bedingungslosen Bewunderern nicht ernsthaft bestreiten. Auch der Hinweis, dass Cosima Wagners, Winifred Wagners, Chamberlains und Hitlers Antisemitismus noch militanter war als der von Richard Wagner, ist wenig hilf- und trostreich. »Cosimas Antisemitismus erweist sich, im Gegensatz zu dem ihres Gatten, von der ersten bis zur letzten Seite ihrer Tagebücher als gleichbleibend borniert, starr und unbeugsam, ja christlich-religiös militant«, heißt es bei Dieter David Scholz: *Wagners Antisemitismus – Jahrhundertgenie im Zwielicht*. Darmstadt 2013, S. 67.
[3] Thomas Mann: *Briefe I* (1889–1913), Große kommentierte Frankfurter Ausgabe, Bd. 21, hrsg. von Thomas Sprecher / Hans R. Vaget / Cornelie Bernini. Frankfurt am Main, 2004, S. 479.
[4] Thomas Mann: *Leiden und Größe Richard Wagners*; in: *Leiden und Größe der Meister*, Frankfurter Ausgabe, hrsg. von Peter de Mendelssohn. Frankfurt am Main 1982, S. 736.

welche höher sind denn alle Vernunft, dennoch bzw. gerade deshalb gedankenvoll sein können, und dass Gedanken, so sie denn gehaltvoll sein sollen, musische Qualitäten aufweisen müssen. »Das Rheingold ist fertig. / Als ich es begann, stand ich noch ganz im Zauber der Erinnerung an unsere Pariser Fahrt: alle Martern des Daseins haben sich bis heute wieder um das Vorrecht auf meine Empfindungen gestritten ... / Es gibt einen recht traurigen Zug, der durch meine Musica geht: ›Nur wer der Minne Macht versagt‹, heißen die Worte der schauerlich tiefen, oft herzzerreißenden Klage; derselbe melodische Gedanke bildet sich aber auch zu dem ›Weibes Wonne und Wert‹ um; er half mir, dem armen Fasolt eine rührende Verklärung zu geben ... Lächeln Sie mir, liebes Kind, zum Lohn meiner Mühe.« SB 6, 131 [5] Um das »Vorrecht auf (Wagners) Empfindungen« streiten sich, seiner hellsichtigen Selbstdiagnose zufolge, »alle Martern des Daseins«. Richard Wagner ist und erfährt sich selbst als ein Besessener. Obsessiv kreisen seine romantischen Opern, Musikdramen, Essays und Abhandlungen eben nicht nur um Stimmungen, Emotionen und Affekte, sondern auch um »melodische Gedanken« und um Denkbilder, die sein Werk leitmotivisch grundieren. Was hat es mit Familienbanden auf sich; warum sind Menschen erlösungsbedürftig; sind Götter gar noch mehr auf Erlösung angewiesen als Menschen; was verbindet ökonomische Erlöse mit religiösen Erlösungsversprechen, was Schulden mit Schuld; ist Endlichkeit und Sterblichkeit eine Zumutung oder ein Geschenk; kann, soll, muss jemand ein anderer werden und sein; wann sind Führergestalten Heils- und wann sind sie Unheilbringer; (wie) passt Heterosexualität zu Männerbünden; (wie) kann man frühe Traumatisierungen überwinden; muss man zugrunde gehen, wenn man letzte Gründe erschließen will; warum ist Inzest ein ästhetisch unwiderstehliches Motiv; kann und soll man der Entsagung entsagen? Fragen wie diese treiben Wagners Werke

[5] Die Sigle SB (Band, Seite) bezieht sich auf die Ausgabe *Richard Wagner: Sämtliche Briefe,* hrsg. von Gertrud Strobel / Werner Wolf. Leipzig 1969 ff.

immer erneut und stets in obsessiver Weise um. Sie durchziehen leitmotivisch nicht nur je eines seiner Werke, sondern
sein Werk insgesamt. Auffallend ist dabei, dass die Subtilität
seiner Kompositionen ungleich größer ist als die Komplexität seiner Essayistik – Letztere ist ein klassischer Fall von (interessanter, aufschlussreicher!) Selbstunterbietung.

Im Mittelpunkt von Wagners Werk, im exzentrischen
Zentrum »(s)einer musica« und seiner »melodischen Gedan-
ken« steht, nein: kreist die Einsicht, dass Erotik, Theologie
und Ökonomie in der Moderne eine eigentümlich dreieinige
Konstellation bilden, die ausdifferenzierten wissenschaft-
lichen Diskursen wie der Psychologie, der Theologie und der
Ökonomie intransparent bleiben muss, die sich aber musik-
dramatisch erschließen lässt. Wagner bringt die tradierten
Konstellationen von Werten und Wonnen, Weibern und
Männern, Göttern und Menschen, Gründen und Abgründen,
Minne und Musik zum Erklingen und zum Tanzen. Diese
These möchte das vorliegende Buch entfalten.

Einleitung
Wagners musisches
Theorie-Theater

Wagners Musik ist besser, als sie klingt – so lautet ein viel zitiertes, Mark Twain zugeschriebenes Bonmot.[1] Es ist weniger kalauerhaft, als es seinerseits klingt. Denn der ebenso kluge wie nüchterne Mark Twain ahnt immerhin, dass Wagners romantische Opern und Musikdramen sich trotz all ihrer überwältigenden Suggestivität, gegen die sich viele aufgeklärte Köpfe geradezu instinktiv verwehren, nicht beim ersten Hören erschließen, weil sie auf buchstäblich unerhörte Einsichten verweisen. Wagners Werke sind starke Attacken auf die mentale, kognitive und intellektuelle Integrität ihrer Hörer. Doch sie sind keineswegs antiintellektuell; so viel Lust an theoretischen, theologischen, kulturanalytischen, ökonomischen, psychologischen und philosophischen Einsichten, wie sie in Wagners Werken zum Ausdruck kommt, ist in der Literatur-, Musik- und Kunstgeschichte (mit der halben Ausnahme der *Zauberflöte*[2] und mit der Viertelausnahme der Libretti, die Hugo von Hofmannsthal für Richard Strauss schrieb) bis heute einzigartig. Wagner wird, wie schon Nietzsche feststellte, von seiner Theorie- und Philosophielust, wenn nicht Theoriesucht umgetrieben; unablässig und eindringlich will er etwas zeigen, beweisen, demonstrieren, vor Augen und Ohren führen.

Nun gilt die Oper nicht gerade als die intellektuellste unter den Kunstgattungen. Wer tiefsinnige Kunstwerke ver-

---

[1] Mark Twain hat dieses Bonmot populär gemacht, aber nicht geprägt. Es geht auf den amerikanischen Humoristen Edgar Wilson Nye zurück, den Mark Twain in seiner Autobiographie zustimmend zitiert.

[2] Vgl. Jan Assmann: *Die Zauberflöte – Oper und Mysterium*. München 2005.

fassen will, die theoretisch und philosophisch belastbar sind, schreibt in der Regel wie Wieland, Dostojewski, Musil, Proust, Joyce und Oswald Wiener einen umfangreichen Roman oder wie Pindar, Hölderlin, Yeats, Mallarmé, Rilke oder Celan hermetische Lyrik – nicht aber eine Oper. Denn diese Gattung gilt über lange Epochen hinweg als intellektuell nicht satisfaktionsfähig. Das Prestige der Oper in der frühen Goethezeit und lange darüber hinaus ist denkbar schlecht. Daran lässt die zwischen 1771 und 1774 erschienene *Allgemeine Theorie der Schönen Künste* von Johann George (sic) Sulzer keinen Zweifel. Ihr denkender Verfasser ist ersichtlich kein Opernfreund. Heißt es doch im einschlägigen Artikel: »**Oper; Opera.** Bey dem außerordentlichen Schauspiehl, dem die Italiäner den Namen *Opera* gegeben haben, herrscht eine so seltsame Vermischung des Großen und Kleinen, des Schönen und Abgeschmakten, daß ich verlegen bin, wie und was ich davon schreiben soll. In den besten Opern siehet und höret man Dinge, die so läppisch und so abgeschmakt sind, daß man denken sollte, sie seyen nur da um Kinder, oder einen kindisch gesinnten Pöbel in Erstaunen zu sezen (…) In dem man von dem Unsinn, der sich so oft in der Oper zeiget, beleidiget wird, kann man sich nicht entschließen, darüber nachzudenken.«[3] Sulzer kann sich seiner massiven Bedenken zum Trotz denn doch entschließen, über die Oper nachzudenken, hat sie doch das Potential zum anspruchsvollen Gesamtkunstwerk – ein Begriff, den erst Wagner prägen und erfolgreich in Umlauf bringen sollte, der aber seine Vorgeschichte hat. So heißt es vergleichsweise versöhnlich bei Sulzer, dem Opern-Verächter: »Die Oper kann das Größte und Wichtigste aller dramatischen Schauspiehle seyn, weil darin alle schönen Künste ihre Kräfte vereinigen: aber eben dieses Schauspiehl beweißt den Leichtsinn der Neuern, die in demselben alle diese Künste zugleich erniedriget und verächtlich gemacht

---

[3] Johann George Sulzer: *Allgemeine Theorie der Schönen Künste.* In einzeln, nach alphabetischer Ordnung der Kunstwörter auf einander folgenden, Artikeln abgehandelt, Bd. 2. Leipzig 1774, S. 842.

14 haben.«[4] Wagner wird mit seiner Konzeption des Gesamtkunstwerks versuchen, den Leichtsinn seiner Zunftgenossen
in schwer überbietbaren Tiefsinn zu konvertieren.

Mit seiner Verwerfung der Oper steht Sulzer auf der
Theoriebühne nicht einsam und verlassen da. Er hätte sich
bei seinem vernichtenden Urteil auch auf Voltaires 1759
erschienenen philosophischen Roman *Candide* berufen
können, in dem Prococurante, der soeben seine Hofkapelle
moderate Kammermusik aufspielen ließ, ausführt: »Die
Oper würde mir vielleicht besser gefallen, hätte man nicht
die Kunst entdeckt, ein Ungeheuer daraus zu machen, das
mich wahrhaft anwidert. Gehe hin wer da will, um jene jäm-
merlichen in Musik gesetzten Tragödien anzusehen, wo keine Scene einen andern Zweck hat, als mir nichts, dir nichts,
der Gesang mag nun dahin passen, wie die Faust aufs Auge,
zwei oder drei abgeschmackte Arien anzubringen, wodurch
die Actrice ihre Kehle geltend machen kann. Falle vor Entzücken in Ohnmacht, wer da will oder kann, wenn er einen
Kastraten die Rolle eines *Cäsar* oder *Cato* herkrähen hört und
ihn mit linkischer Haltung auf den Brettern einherstolziren
sieht. Ich meinerseits habe längst auf diese Armseligkeiten
verzichtet, die heutzutage den Stolz *Italiens* ausmachen und
die mehr als *ein* Fürst so theuer bezahlt.«[5] Auch ein denkbar
dezidierter Antipode zum aufgeklärten Spötter Voltaire wie
Leo Tolstoi denkt über die Oper nicht viel anders. In *Krieg
und Frieden*, einem Roman, dessen Handlung bekanntlich in
die Jahre kurz vor Wagners Geburt fällt, die ja vom Kanonen-
donner der Völkerschlacht bei Leipzig begleitet wurde, finden sich Passagen, die aus der Verachtung des tiefsinnigen
Autors für die oberflächliche Frivolität der Oper kein Hehl
machen. »Im zweiten Akt stellten die Pappwände Grabmäler
vor, und es war ein Loch in der Leinwand, das den Mond vor-
stellte, und das Licht der Lampen an der Rampe war durch
hochgeschobene Schirme gedämpft, und die Trompeten und

4 Ebd., S. 842.
5 Voltaire: *Kandid oder die beste Welt.* Deutsch mit Einleitung
und Anmerkungen von Adolf Ellissen. Leipzig 1844, S. 146.

Kontrabässe spielten in tiefen Tönen, und von rechts und von links kamen viele Leute in schwarzen Mänteln. Diese Leute schwenkten die Arme hin und her und hatten eine Art von Dolchen in den Händen; dann kamen noch einige Leute herbeigelaufen und schickten sich an, jenes Mädchen wegzuschleppen, das vorher ein weißes Kleid angehabt hatte und jetzt ein himmelblaues trug. Sie schleppten sie aber nicht sofort weg, sondern sangen lange mit ihr, und dann schleppten sie sie wirklich weg, und hinter den Kulissen wurde dreimal auf etwas Metallisches geschlagen, und alle fielen auf die Knie und sangen ein Gebet. Mehrmals wurden alle diese Handlungen von begeisterten Beifallsrufen der Zuschauer unterbrochen.«[6]

Doch nicht nur spöttische oder gedankenschwere Romane wie die von Voltaire und Tolstoi, auch die Ästhetiken von Kant, Schelling oder Hegel lassen kein großes Vertrauen in das theoretisch-philosophische Potential der Oper erkennen. So hegt Kant im § 52 seiner *Kritik der Urteilskraft*, der den schönen Titel *Von der Verbindung der schönen Künste in einem und demselben Produkte* trägt, Zweifel daran, ob die Kombination vieler Künste in einem (Gesamt-)Kunstwerk dieses schöner mache: »Die Beredsamkeit kann mit einer malerischen Darstellung ihrer Subjekte sowohl, als Gegenstände, in einem *Schauspiele*; die Poesie mit Musik, im *Gesange*; dieser aber zugleich mit malerischer (theatralischer) Darstellung, in einer *Oper*; das Spiel der Empfindungen in einer Musik mit dem Spiele der Gestalten, im *Tanz* u. s. w. verbunden werden. Auch kann die Darstellung des Erhabenen, sofern sie zur schönen Kunst gehört, in einem *gereimten Trauerspiele*, einem *Lehrgedichte*, einem *Oratorium* sich mit der Schönheit vereinigen; und in diesen Verbindungen ist die schöne Kunst noch künstlicher: ob aber auch schöner (da sich so mannigfaltige verschiedene Arten des Wohlgefallens einander durchkreuzen), kann in einigen dieser Fälle bezweifelt werden.«

6 Leo Tolstoi: *Krieg und Frieden*, übers. von Hermann Röhl, 4 Bde., Bd. 2. Leipzig 1922, S. 523.

Eine halbe Ausnahme in der langen Reihe der denkenden Opern-Verächter macht Schopenhauer mit seinem 1819 erschienenen Werk *Die Welt als Wille und Vorstellung*, das Wagner wohl nicht zuletzt aus diesem Grund in seinen Bann schlug. Wagner leuchtete, wie er in seinem *Beethoven*-Essay darlegt, unmittelbar ein, »was Schopenhauer vom Musiker überhaupt sagt: dieser spreche die höchste Weisheit aus in einer Sprache, die seine Vernunft nicht verstehe.« 9, 83[1] Der Ehrgeiz von Wagner ist unverkennbar. Er will als »denkender Künstler« und als Schöpfer von Gesamtkunstwerken dafür sorgen, dass die Sprache der Musik, die höher ist denn alle Vernunft, für die Theorie-Vernunft erschließbar wird. Schopenhauers Argumentation ist übersichtlich. Musik, wenn sie denn nicht Vokalmusik ist, hat keine spezifischen Themen. Sie drückt, so Schopenhauers Worte, nicht »dieses oder jenes« Besondere (dieses Ereignis, jenes Erlebnis, diese These, jenes Argument), sondern in seltsam ergreifender Verdichtung das Verallgemeinerbare, also *die* Freude, *die* Trauer, *die* Gemütsruhe etc. schlechthin aus. Musik und die Instrumentalmusik zumal unterhält ein intimes Verhältnis zum Willen, zum »inneren Wesen«, zum »Ansich«, nicht zu den Erscheinungen. Wenn sie denn Vokalmusik, gar Opernmusik wird, muss die Willenswelt der asemantischen Klänge und Töne die Erscheinungswelt der Worte dominieren – so lautet Schopenhauers philosophische Begründung des alten Satzes »prima la musica, poi le parole« (zuerst die Musik und dann die Sprache), der in Antonio Salieris gleichnamiger einaktiger Oper, die am 7. Februar 1786 in der Orangerie von Schloss Schönbrunn uraufgeführt wurde, programmatisch erklang. Für Schopenhauer steht fest, dass die Musik »nie die Erscheinung, sondern allein das innere Wesen, das Ansich aller Erscheinung, den Willen selbst, ausspricht. Sie drückt daher nicht diese oder jene einzelne und bestimmte Freude, diese oder jene Betrübniß, oder Schmerz, oder Entsetzen, oder

[1] Zitatnachweise in Klammern beziehen sich hier und im Folgenden auf Band und Seite der Ausgabe von *Richard Wagner: Sämtliche Schriften und Dichtungen*, 16 Bde. Leipzig o. J. (1911).

Jubel, oder Lustigkeit, oder Gemüthsruhe aus; sondern *die* Freude, *die* Betrübniß, *den* Schmerz, *das* Entsetzen, *den* Jubel, *die* Lustigkeit, *die* Gemüthsruhe *selbst*, gewissermaaßen *in abstracto*, das Wesentliche derselben, ohne alles Beiwerk, also auch ohne die Motive dazu. Dennoch verstehn wir sie, in dieser abgezogenen Quintessenz vollkommen. Hieraus entspringt es, daß unsere Phantasie so leicht durch sie erregt wird und nun versucht, jene ganz unmittelbar zu uns redende, unsichtbare und doch so lebhaft bewegte Geisterwelt zu gestalten und sie mit Fleisch und Bein zu bekleiden, also dieselbe in einem analogen Beispiel zu verkörpern. Dies ist der Ursprung des Gesanges mit Worten und endlich der Oper, – deren Text eben deshalb diese untergeordnete Stellung nie verlassen sollte, um sich zur Hauptsache und die Musik zum bloßen Mittel seines Ausdrucks zu machen, als welches ein großer Mißgriff und eine arge Verkehrtheit ist.«[8]

Überraschend ist es nun, dass Wagner offensiv, ja geradezu aggressiv die Verachtung der Oper teilt. Gleich zu Beginn seines theoretischen Hauptwerkes *Oper und Drama* heißt es unmissverständlich: »Als ein unnatürliches und nichtiges konnte uns das Wesen der Oper erst klar werden, als die Unnatur und Nichtigkeit in ihr zur offenbarsten und widerwärtigsten Erscheinung kam; der Irrthum, welcher der Entwickelung dieser musikalischen Kunstform zu Grunde liegt, konnte uns erst einleuchten, als die edelsten Genies mit Aufwand ihrer ganzen künstlerischen Lebenskraft alle Gänge seines Labyrinthes durchforscht, nirgend aber den Ausweg, überall nur den Rückweg zum Ausgangspunkte des Irrthumes fanden, – bis dieses Labyrinth endlich zum bergenden Narrenhause für allen Wahnsinn der Welt wurde. / Die Wirksamkeit der modernen Oper, in ihrer Stellung zur Öffentlichkeit, ist ehrliebenden Künstlern bereits seit langem ein Gegenstand des tiefsten und heftigsten Widerwillens geworden.« [3,225] Das sind klare Worte: Die Oper ist das »bergende Narrenhaus für allen Wahnsinn der Welt«. Umso überraschender ist Wagners

[8] Arthur Schopenhauer: *Die Welt als Wille und Vorstellung,* Zürcher Ausgabe. Werke in zehn Bänden, Bd. 1. Zürich 1977, S. 328 f.

18 Volte. Ausgerechnet aus dem Narrenhaus und dem ästhetischen Asyl des Wahnsinns soll ein Theorie-Theater von Gra-
den werden. Wagner will nicht weniger als dies: die unnatür-
lichste und nichtigste unter den Kunstgattungen zum Medium der Einsichten zu machen, die eigentlich zählen. Er will
die opernhafte Sphäre des Narrenhauses und Wahnsinns zu
der überlegenen Sphäre machen, die theoretische, ja trans-
theoretische Einblicke gewährt. Wagners Grundüberlegung
ist dabei von implikationsreicher Schlichtheit. Die Oper ver-
einigt alle Künste; sie ist potentiell ein Gesamtkunstwerk.
Denn sie kombiniert systematisch theatralische Wahrnehmung (von Bühnenbildern, Personen, Kostümen, Requisiten,
Handlungsabläufen etc.) mit Kommunikation. Von Instrumentalmusik nicht nur begleitete, sondern getriebene Vokalmusik nimmt im operndramatischen Gesamtkunstwerk eine
besondere Funktion ein. Denn in ihr wiederholt sich die Differenz von Wahrnehmung und Kommunikation. Das vokale
Element der Musikdramen kann nicht anders als kommunikativ sein, ihr instrumentales Element aber ermöglicht prä-
(und post!-)semantische Wahrnehmung.

Mit seinen mäandernden, in *Oper und Drama* ausgebreiteten Überlegungen knüpft Wagner wie zuvor Schopenhauer
an ein altes und bis heute stets erneut diskutiertes Problem
an: Wie bedeutend, wie signifikant, wie sprachnah, wie semantisch distinkt kann und will Instrumentalmusik sein?[9]
Ob es mehr als nur anekdotische Motive dafür gibt, dass
Beethovens Klaviersonate Nr. 14 op. 27 Nr. 2 in cis-Moll *Mondscheinsonate* heißt; was an den Noten und den wundersamen
Klängen verweist auf Mond und Schein, wäre *Sehnsuchts-*

---

[9] Vgl. dazu u. a. Carl Dahlhaus: *Klassische und romantische Musikästhetik.* Laaber 1988; Albrecht Wellmer: *Versuch über Musik und
Sprache.* München 2009; Alexander Becker / Matthias Vogel (Hrsg.):
Musikalischer Sinn. Beiträge zu einer Philosophie der Musik. Frankfurt
am Main 2007; zu den beiden letztgenannten Titeln Guido Kreis:
Über Sinn und Bedeutung in der Musik; in: Musik und Ästhetik 57 /
Januar 2011, S. 85 bis 96. Die folgenden Ausführungen gehen auf
meinen Essay zurück *Töne, höher denn alle Vernunft – Eine Grille über
musikalische Titel, Themen und Motive;* in: Merkur 719 / April 2009,
S. 366–369.

sonate, *Bachgeplätschersonate* oder *Windhauchsonate* nicht ein ebenso angemessener Titel? Gibt es ein Kriterium, das über die thematische Angemessenheit von Titeln für Instrumentalmusik zu entscheiden erlaubt? Könnte die *Wut über den verlorenen Groschen* auch *Wut über den missglückten Putsch* und die *Revolutions-Etude* auch *Wutanfalls-Etude* heißen? Wäre *Für Elise* eine schlechtere Komposition, wenn sie *An Kunigunde* hieße? Hieße sie *Für Elvira*, so wäre es schon für den musikalischen Laien schwierig, die Komposition nicht auf Anklänge an Mozarts *Don Giovanni* hin zu hören. Die Frage ist naiv und doch kaum zu vermeiden: Hat Instrumentalmusik Themen, weist sie eine Thema-Rhema-Struktur auf? [10]

Es ist ein altes, aber immer wieder reizvolles Lied: Um die Frage, worum es in Instrumentalmusik thematisch eigentlich gehe, ist es heikel bestellt. [11] Bei Vokalmusik aller Art fällt die Antwort hingegen leicht. In der *Matthäuspassion* geht es um die Leiden Christi und das Heil der Menschen, in der *Entführung aus dem Serail* geht es – nun ja – um eine Entführung aus einem Serail und die damit zusammenhängenden Kultur- und Mentalitätskonflikte, in *Tristan und Isolde* geht es um Eros und Thanatos, Probleme der Brautwerbung und der Onkel-Neffen-Beziehung und vieles mehr, in *Aufstieg und Fall der Stadt Mahagonny* geht es um die Abgründe kapitalistischen Wirtschaftens und in *I can get no satisfaction* geht es um die psychischen und sexuellen Probleme eines jungen Mannes. Es gibt Unterscheidungen, die allzu banal scheinen und die doch auf Gewichtiges hinweisen. Die Unterscheidung von Vokal- und Instrumentalmusik gehört dazu. Lieder und Opern fokussieren einfach deshalb vergleichsweise klare Themen und Motive, weil Sprache (von Grenzfällen wie dadaistischer und konkreter Poesie abgesehen) themen-

---

[10] Vgl. Otto Kolleritsch (Hrsg.): *O Wort, Du Wort, das mir fehlt! Zur Verwobenheit von Klang und Denken in der Musik.* Wien 1999.
[11] Einen guten Überblick zum Stand der Diskussion um das Verhältnis von Musik und Sprache gibt der von Christian Grüny herausgegebene Band *Musik und Sprache – Dimensionen eines schwierigen Verhältnisses.* Velbrück 2013.

und problemorientiert ist. Instrumentalmusik ist hingegen a priori in einem präzisen Sinne absolute Musik. Denn sie hat sich von der Verpflichtung gelöst, Aussagen über klar konturierte Themen und Probleme zu machen.[12] Man kann, muss aber nicht an Mondschein denken, wenn man eine Sonate Beethovens hört. Und wenn man, ihr lauschend, Mondschein assoziiert, so wohl einfach deshalb, weil der Sonate dieser Titel mitgegeben ist und nicht, weil die Notenfolge diese Assoziation obligatorisch macht. Von Beethoven selbst stammt die Bezeichnung *Mondscheinsonate* übrigens nicht. Der Komponist begnügte sich damit, seinem opus 27, Nr. 2 die Bezeichnung *Sonata quasi una Fantasia* mitzugeben. Ihren Übernamen erhielt Beethovens 1801 entstandene 14. Klaviersonate erst, als der Musikschriftsteller Ludwig Rellstab sie nach Beethovens Tod so taufte, weil er sich beim Anhören des langsamen 1. Satzes an eine nächtliche Fahrt über den Vierwaldstätter See erinnert fühlte.

»Programmmusik« ist ein ebenso schrecklicher wie präziser Begriff. Programmmusik programmiert durch eine enge Koppelung von Titelworten und Tönen ihre Hörer, indem sie Assoziationen verbindlich oktroyiert: Wenn ihr dies hört, müsst ihr an Bilder einer Ausstellung, an Till Eulenspiegels lustige Streiche oder an die Alpen denken. Die semantische Psychodynamik solcher Assoziationen ist bekannt: Denken Sie jetzt, an was immer Sie wollen – nur nicht an ein rosa Krokodil. Was erkennen Sie in diesem Farbklecks? Weiß ich nicht, meine Mutter ist es jedenfalls nicht. *Ohne Titel* ist zum inflationären Titel moderner, in aller Regel abstrakter, nichtfigurativer Werke der bildenden Kunst geworden. Man vergisst angesichts der Inflation gemalter Titellosigkeit häufig, dass die Musikgeschichte das Etikett *Ohne (eigentlichen) Titel* viel früher kennt als die Kunstgeschichte und dass folgerichtig die Themenindifferenz bzw. die Themenabsolution der Instrumentalmusik nicht als vormoderne Provokation bzw.

---

12 Vgl. Michael Bristiger / Constantin Floros / Niksa Gligo / Otto Kolleritsch: *Verbalisierung und Sinngehalt. Über semantische Tendenzen im Denken in und über Musik heute.* Wien 1989.

nicht schon in der Vormoderne als Provokation wahrgenommen wird. Man kann lange darüber nachdenken und man hat häufig darüber diskutiert, warum einige Sonaten Beethovens mit Titeln wie *Frühlings-Sonate*, *Appassionata* oder *Les Adieux* versehen sind, andere sich hingegen mit der Gattungsbezeichnung Klaviersonate und einer Ordnungsnummer zufriedengeben müssen. Die erwähnte Frage, worum es in Werken der Instrumentalmusik eigentlich gehe, ist seltsam. Das zeigt schon ein vergleichender Blick auf die bildende Kunst und die Literatur. Im konventionellen Sinne abstrakt im Sinne von nicht-figurativ bzw. unthematisch sind viele Werke der bildenden Kunst erst seit dem Beginn des 20. Jahrhunderts. Schwarze Quadrate und leere Leinwände verlieren jedoch schnell ihre Reizqualität. So kommt es in der bildenden Kunst geradezu obligatorisch zu Gegenbewegungen gegen die Themen- und Motivverweigerung der abstrakten Malerei. Neue Sachlichkeit, neuer Expressionismus, neue figurative Malerei, neue Wilde sorgen dafür, dass es in der bildenden Kunst wieder um etwas geht, was als etwas (etwa eine Landschaft, eine Frau, ein Café, ein Gesicht, eine Großstadtszene etc. und nicht »nur« als eine Farbe oder eine geometrische Figur) identifiziert werden kann.

Der dialektische Einwand liegt nahe und gewinnt handfeste Qualität: Auch abstrakte Malerei kann nicht ganz unthematisch sein. Ihr Thema ist eben eine Farbe oder eine geometrische Figur oder ein Ensemble von Strichen. Noch schärfer als in der bildenden Kunst stellt sich das Problem einer versuchten Ausblendung von Themen in der literarischen Sphäre. Spätestens seit Lewis Carrolls famosem *Jabberwocky*-Gedicht, also zur Zeit des reifen Wagner, der ein gewaltiges Werk mit den viel verspotteten Worten »Weia! Waga! Woge, du Welle, walle zur Wiege! Wagalaweia! Wallala weiala weia!« beginnen lässt, steht fest, dass Sprache bzw. sprachliche Kommunikation (inklusive der hochpoetischen!) grammatischen Strukturen und Thema-Rhema-Strukturen kaum entkommen kann.

Jabberwocky

'Twas brillig, and the slithy toves
    Did gyre and gimble in the wabe:
All mimsy were the borogoves,
    And the mome raths outgrabe.

»Beware the Jabberwock, my son!
    The jaws that bite, the claws that catch!
Beware the Jubjub bird, and shun
    The frumious Bandersnatch!«

He took his vorpal sword in hand:
    Long time the manxome foe he sought –
So rested he by the Tumtum tree,
    And stood awhile in thought.

And, as in uffish thought he stood,
    The Jabberwock, with eyes of flame,
Came whiffling through the tulgey wood,
    And burbled as it came!

One, two! One, two! And through and through
    The vorpal blade went snicker-snack!
He left it dead, and with its head
    He went galumphing back.

»And, hast thou slain the Jabberwock?
    Come to my arms, my beamish boy!
O frabjous day! Callooh! Callay!«
    He chortled in his joy.

'Twas brillig, and the slithy toves
    Did gyre and gimble in the wabe:
All mimsy were the borogoves,
    And the mome raths outgrabe.

»›It seems very pretty,‹ she said when she had finished it, ›but it's *rather* hard to understand!‹ (You see she didn't like to confess, even to herself, that she couldn't make it out at all.) ›Somehow it seems to fill my head with ideas – only I don't exactly know what they are! However, *somebody* killed *something*: that's clear, at any rate –‹.«[13]

Das Überraschende an diesem Avantgarde-Gedicht ist nicht, dass es bei seiner Wortwahl den Thesaurus des gültigen Lexikons ignoriert, sondern dass es bei aller Lust an privatsprachlichen Eskapaden dennoch grammatisch kohärent und verständlich ist. »Somebody killed something: That's clear.« *Alice in Wonderland* erschien 1865. Das faszinierende literarische Dokument ist also ein direkter Zeitgenosse von Beckmessers Nonsens-Versen aus Wagners *Meistersingern*, die ebenfalls 1865 vollendet und 1868 uraufgeführt wurden. Bei aller unüberhörbaren Lust an tiefsinnigen Albernheiten ist doch die Frage unvermeidbar, worum es eigentlich geht, wenn Beckmesser folgende Verse singt:

KOTHNER.
    Fanget an!
BECKMESSER *der sich endlich mit Mühe auf dem Rasenhügel festgestellt hat, macht eine erste Verbeugung gegen die Meister, eine zweite gegen das Volk, dann gegen Eva, auf welche er, da sie sich abwendet, nochmals verlegen hinblinzelt; große Beklommenheit erfaßt ihn; er sucht sich durch ein Vorspiel auf der Laute zu ermutigen.*

    »Morgen ich leuchte in rosigem Schein
    von Blut und Duft
    geht schnell die Luft;
    wohl bald gewonnen,
    wie zerronnen;
    im Garten lud ich ein
    garstig und fein.«

[13] Lewis Carroll: *Alice in Wonderland*, hrsg. von Donald J. Gray. New York 1971, S. 117 f.

Er richtet sich wieder ein, besser auf den Füßen zu stehen.

DIE MEISTER *leise unter sich.*
> Mein! Was ist das? Ist er von Sinnen?
> Woher mocht er solche Gedanken gewinnen?

VOLK *leise unter sich.*
> Sonderbar! Hört ihr's? Wen lud er ein?
> Verstand man recht?
> Wie kann das sein?

BECKMESSER *zieht das Blatt verstohlen hervor und
lugt eifrig hinein; dann steckt er es ängstlich wieder ein.*
> »Wohn ich erträglich im selbigen Raum,
> hol Geld und Frucht, –
> Bleisaft und Wucht.

Er lugt in das Blatt.
> Mich holt am Pranger
> der Verlanger
> auf luft'ger Steige kaum,
> häng ich am Baum.«

*Er wackelt wieder sehr: sucht im Blatt zu lesen, vermag
es nicht; ihm schwindelt. Angstschweiß bricht aus.* 7, 263 f.

Das Volk und die Meister stellen Fragen, die sich kaum vermeiden lassen: »Was ist das?« bzw. »Wie kann das sein?« Beide
Fragen lassen sich präzise beantworten. Was Beckmesser auf
der Festwiese zum Besten gibt, ist die fehlerhafte Kopie von
Versen, die Hans Sachs und Walther von Stolzing geschmie-
det haben. Doch noch diese entstellten, surrealistisch anmu-
tenden Verse sind so wenig wie die von Lewis Carroll einfach
sinnlos und unthematisch. Auch in ihnen geht es um etwas.
Um es pathetisch zu formulieren: Für Beckmesser geht es um
»alles« – um seinen guten Ruf, um sein Leben, um Evas Gunst.
Ihm schwankt zwar der Boden (»er wackelt wieder sehr«, er
versucht, »besser auf den Füßen zu stehen« – so lauten die
Regieanweisungen); und er fürchtet, bald am Baum zu hängen, also die Bodenhaftung auf Dauer zu verlieren. Da er aber
singt und Worte artikuliert, die schlechthin nicht nichts-

sagend sein können, hat er nicht gänzlich versagt. Kompositionstechnisch gesehen ist sein Preislied sogar anspruchsvoller und avancierter als die vermeintlich vollendete, nicht entstellte Version, die Stolzing anschließend vorträgt. In ihrer Bayreuther Inszenierung der *Meistersinger* (Premiere 2009) hat Katharina Wagner diese Spannung suggestiv bebildert. Der anfängliche Außenseiter Walter von Stolzing wird zum allseits beliebten, auf Hansi Hinterseer gestylten Volkssinger; der bekennende Traditionalist Beckmesser wird zum modernen Avantgardisten.

Nun ist es begriffsgeschichtlich aufschlussreich, dass »Thema« nicht nur ein Begriff der Rhetorik, sondern auch ein etablierter Begriff der Kompositionslehre ist. Die Differenz zwischen beiden Begriffsverwendungen, der rhetorischen wie der kompositionstechnischen, könnte allerdings kaum größer sein. In der antiken Rhetorik wie in der modernen Textgrammatik meint »Thema« das Altvertraute, über das der Rhema-Anteil einer Aussage Neues kund und zu wissen gibt: Wagners *Meistersinger* und Lewis Carrolls *Alice in Wonderland* (Thema) sind nicht nur gleichzeitig entstanden, beiden Werken ist auch gemeinsam, dass sie die Möglichkeiten bzw. die Unmöglichkeit unthematischen Sprechens problematisieren (Rhema). In der Musiktheorie meint »Thema« hingegen gerade das Neue, den Einfall, die Tonfolge, die bislang buchstäblich unerhört war, also so noch nicht gehört wurde – und sei es, weil sie musikgeschichtlich urvertraute Motive (Intervalle, Rhythmen, Tonlängen, Instrumente, Tonarten, Lautstärken, Pausen etc.) neu kombiniert. Musikalische Themen sind das bestimmte Andere rhetorischer Themen. Sie dekonstruieren jene Eindeutigkeiten, die Titel- und Integralbegriffe versprechen. Musik entprogrammiert Sprache mitsamt der ihr nun einmal nicht ganz auszutreibenden Themenfokussierung. Gerade weil das so ist, kann die interne Kohärenz von Notenfolgen[14] ungleich höher sein als die von Buchstaben- und Wortfolgen. Gerade weil das so ist, gibt

14 Vgl. Otto Kolleritsch: *Musik als Medium von Beziehungsbefindlichkeiten.* Wien 2003.

es Töne, welche höher sind denn alle sprachlich artikulierte Vernunft. Gerade weil das so ist, gibt es eine Weisheit, ohne die Wissen nicht(s) wäre, eine musische Sphäre der Bedeutsamkeit, die der sprachlichen Sinn-Sphäre vorausliegt.[15]

Wagner hat das Gesamtkunstwerk-Kunststück fertiggebracht, Nietzsches protoromantisch-pathetisches Diktum, ohne Musik sei das Leben ein Irrtum, mit einer unerhörten Themen-Fixierung von Musik zusammenzubringen, die unüberhörbar intellektuell und theorieverliebt ist. Da schreibt ein Musiker, was irritierend genug ist, nicht nur ausgiebig Theorietexte, da bringt jemand ausgerechnet das mantische[16] Medium Musik mit dem per se semantischen Medium Sprache so zusammen, dass eine Hybridkomposition entsteht, wie sie weder der Musik- noch der Theoriegeschichte zuvor und danach zu- bzw. angemutet wurde. Kein Wunder, dass Wagners unerhörte Kompositionen auf taube und abwehrbereite Ohren stießen, aber eben auch in die Ohren von Köpfen drangen, die keine Angst vor einer Theorie hatten, die weiß, wie viel Affekte, Libido, Stimmungen in Theorie stecken – und wie viel Theorie in Stimmungen sich kleidet.[17] Ein Denker, der mit den Ohren philosophierte, hat diesen Wagnerschen Grundimpuls klar erkannt. In seiner Schrift *Richard Wagner in Bayreuth* führt Nietzsche aus, dass Wagner auf verschlossene Ohren stieß, als er »seine große schmerzlich einschneidende Frage vor die Menschen hin« stellte, die da lautet: »Wo seid ihr, welche ihr gleich leidet und bedürft wie ich? Wo ist die Vielheit, welche ich als Volk ersehne?« Bemerkenswerte Wendungen. Nietzsche, der sein Ohr nicht verschlossen hat, hört die Weise, die so wundervoll und leise (mitunter auch recht laut bis bombastisch enthemmt) in Wagners Werken

15 Vgl. dazu Jochen Hörisch: *Bedeutsamkeit.*
Über den Zusammenhang von Sinn, Zeit und Medien. München 2009.
16 Den mantischen Voraussetzungen jeder Semantik geht das Buch von Wolfram Hogrebe nach: *Metaphysik und Mantik.* Frankfurt am Main 1992.
17 Vgl. dazu Anna-Katharina Gisbertz: *Stimmung – Leib – Sprache: Eine Konfiguration in der Wiener Moderne.* München 2009 und dies. (Hrsg.): *Stimmung. Zur Wiederkehr einer ästhetischen Kategorie.* München 2011.

ertönt und die da fragt, welchen Werten sich Menschen in der Moderne, also im Zeitalter nach der Erosion zwanghafter politreligiöser Einheitlichkeit verpflichtet fühlen können. Die Moderne ist ein Zeitalter der Vielheit – und das ist auch gut so.

»Ein Musiker, der schreibt und denkt, war aller Welt damals ein Unding; nun schrie man, es ist ein Theoretiker, welcher aus erklügelten Begriffen die Kunst umgestalten will, steinigt ihn! – Wagner war wie betäubt; seine Frage wurde nicht verstanden, seine Not nicht empfunden, sein Kunstwerk sah einer Mitteilung an Taube und Blinde, sein – Volk einem Hirngespinste ähnlich; er taumelte und geriet ins Schwanken. Die Möglichkeit eines völligen Umsturzes aller Dinge taucht vor seinen Blicken auf, er erschrickt nicht mehr über diese Möglichkeit: vielleicht ist jenseits der Umwälzung und Verwüstung eine neue Hoffnung aufzurichten, vielleicht auch nicht – und jedenfalls ist das Nichts besser als das widerliche Etwas. In Kürze war er politischer Flüchtling und im Elend. / Und jetzt erst, gerade mit dieser furchtbaren Wendung seines äußeren und inneren Schicksals, beginnt der Abschnitt im Leben des großen Menschen, auf dem das Leuchten höchster Meisterschaft wie der Glanz flüssigen Goldes liegt! Jetzt erst wirft der Genius der dithyrambischen Dramatik die letzte Hülle von sich!«[18] Erst auf dem Hintergrund der traditionellen ästhetischen Verachtung der Oper, der Hochschätzung von Musik und der (aufgrund der schönen Idiotie vieler Libretti nicht ganz unplausiblen) Abwertung musikdramatischer Worte ist die von Wagner vollzogene Umwertung aller musikhistorisch etablierten Werte angemessen zu verstehen. Wagners Werke kreisen um »akustische Gedanke(n)«.[19] Ausgerechnet die vielfach verlachte Oper, die bestenfalls als Sphäre der ästhetischen Enthemmung, als Medium des zulässig Exzentrischen und als psychotherapeutische Regulationsinstanz für monströse Affekte galt, soll zu der Gattung aller ästhetischen Gattungen, zum Gesamtkunstwerk

[18] Friedrich Nietzsche: *Richard Wagner in Bayreuth*; in: *Werke*, a. a. O., Bd. 1, S. 407.
[19] Thomas Mann: *Leiden und Größe Richard Wagners*, a. a. O., S. 734.

werden, das alle Genres und Diskurse, nicht nur die musikalischen, übertrifft. Das Musikdrama soll nicht nur die Vollendung des musikalisch Möglichen bringen und also komplexer
sein als alle Lieder und Oratorien, Sonaten und Symphonien,
Trios, Quartette und Quintette, liturgische und profane Töne,
Kammermusik und Märsche zusammen, das Musikdrama will
auch die Überbietung schöner Literatur und aller denkbaren
Theorie-, Philosophie- und Religionsdiskurse leisten.

»Kritiker von Fach«, so schreibt Wagner empört zu Beginn
seiner dem Philosophen Ludwig Feuerbach gewidmeten[20]
Abhandlung *Das Kunstwerk der Zukunft* (1850), »haben mich
stets heruntergerissen. So erhielt ich an mir und meinen Ge-
gensätzen viel Stoff zum Denken: wenn ich laut dachte, brachte ich den Philister gegen mich auf, der den Künstler sich nur
albern, nie aber denkend vorstellen will.« [12, 282] Wagner wollte »denkender Künstler« sein, diese Wendung hat er gleich
nach den zitierten Sätzen gesperrt drucken lassen. Kein Geringerer als Thomas Mann hat ihm konzediert, dass diese Anstrengung erfolgreich war. Wagners Werke sind nach Thomas
Manns aufschlussreichen Worten »gefühlvoll-intellektuelle
Meisterwerke«,[21] sein »zugleich tiefernstes und bedrücken-
des Werk« ist das »eines ebenso seelenvollen wie vor Klugheit
trunkenen Zauberers«.[22] Mit diesem ehrgeizigen Programm
knüpft der denkende Künstler Richard Wagner selbstbewusst
an Goethes Werk und zumal an *Faust* an.[23] Größenwahn ist
bekanntlich die Krankheit, an der man (erst einmal, das ändert sich dann in aller Regel durch den Kontakt mit Zeitgenossen) nicht leidet, sondern die man, da man kein man unter
vielen ist, genießt. Immer wieder hat sich Wagner mit Goethe
verglichen und für gleichwertig befunden. Schon 1831 und al-

[20] Bei späteren Auflagen und in der Wiedergabe im Rahmen seiner
Gesammelten Schriften hat Wagner diese »Zueignung« gestrichen.
[21] Thomas Mann: *Zu Wagners Verteidigung*; in: *Leiden und Größe der
Meister*, Frankfurter Ausgabe, hrsg. von Peter de Mendelssohn.
Frankfurt am Main 1982, S. 816.
[22] Ebd., S. 819.
[23] Vgl. dazu Dieter Borchmeyer: *Richard Wagner – Theory and
Theatre*. Oxford 1991.

so noch zu Goethes Lebzeiten schrieb der junge Wagner *Sieben Kompositionen zu Goethes Faust*. Mit *Faust* hat sich Wagner zeitlebens beschäftigt. Und mit Goethes gewichtigstem Werk teilt Richard Wagners Werk die Aufmerksamkeit für die subtilen Zusammenhänge von Theologie, Theorie und Theater. Wer (immerhin mit Thomas Mann!) Richard Wagner für einen peinlich schlechten Theoretiker hält,[24] verkennt, dass Wagners musikalische Werke seine Essayistik gerade auch in reflexiver Hinsicht weit überbieten. Wagner war, dazu später mehr, ein Meister rätselhafter Selbstüberbietung, aber eben auch gespenstischer Selbstunterbietung. »Wagners Dichtertum anzuzweifeln, schien mir immer absurd«,[25] schreibt derselbe Thomas Mann, der Wagner die Fähigkeit zu theoretisieren kategorisch abspricht. Damit akzeptiert er Wagners Selbsteinschätzung, wie sie etwa im Brief an Mathilde Wesendonck vom 10. August 1860 Ausdruck findet. »Was für ein Dichter bin ich doch! Hilf Himmel, ich werde ganz anmassend!« SB 12, 235 Keiner hat das vielfach belächelte Schema »dichten und denken«[26] so virtuos bedient wie Richard

24 Als »Denker«, so Thomas Mann, ist Wagner »vollkommen dilettantisch, abhängig, kindlich.« (zit. bei Paul Scherrer / Hans Wysling: *Quellenkritische Studien zum Werk Thomas Manns*. Bern / München 1967, S. 155). »Wagners Kommentare abschreckend. Seine Theorie hinfällig, lächerlich, kompromittierend. Wozu – da sein Werk an sich und für sich unantastbar, unwiderleglich ist«, heißt es sodann in *Notizen Thomas Manns aus dem Jahr 1909* (Paul Scherrer / Hans Wysling: a. a. O., S. 221). Vgl. dazu die Studie von Helmut Koopmann: *Künstler-Bilder in wiederholten Spiegelungen – Thomas Manns Nietzsche-Wagner*; in: Holger Pils / Christina Ulrich (Hrsg.): *Liebe ohne Glauben – Thomas Mann und Richard Wagner* (Katalog zur Ausstellung im Neuen Rathaus von Bayreuth 2013). Memmingen 2011, S. 34–49.
25 Thomas Mann: *Richard Wagner und ›Der Ring des Nibelungen‹* (Vortrag von 1937); in: *Wagner und unsere Zeit – Aufsätze, Betrachtungen, Briefe*. Frankfurt am Main 1963, S. 147.
26 Die Formel »dichten und denken« verwendet Johann Karl August Musäus in seinen 1782 zuerst erschienenen *Volksmärchen der Deutschen* gleich mehrfach. Der locus classicus für diese Formel findet sich in Goethes wenig später, nämlich 1790 erschienenem Tasso-Drama: »Frei will ich sein im Denken und im Dichten, / Im Handeln schränkt die Welt genug uns ein. « V. 2305 f. Auch die Romantiker haben die Formel aufgegriffen, aufschlussreicherweise in reflexiver Aphoristik

Wagner. Er gilt aus nachvollziehbaren Gründen vielen Theoretikern als Dilettant, aber er ist eben, wie schon der frühe Nietzsche erkannte, ein erstaunlich produktiver und origineller Dilettant, der viele uninspirierte Fachleute aussticht.

So heißt es im berühmten Brief Nietzsches an Rohde vom 8. Oktober 1866: »Kürzlich las ich auch (und zwar primum) die Jahn'schen Aufsätze über Musik, auch die über Wagner. Es gehört etwas Enthusiasmus dazu, um einem solchen Menschen gerecht zu werden: während Jahn einen instinktiven Widerwillen hat und nur mit halbverklebten Ohren hört. Ich gebe ihm trotzdem vielfach recht, insbesondere darin, daß er Wagner für den Repräsentanten eines modernen, alle Kunstinteressen in sich aufsaugenden und verdauenden Dilettantismus hält: und gerade von diesem Standpunkte aus kann man nicht genug staunen, wie bedeutend jede einzelne Kunstanlage in diesem Menschen ist, welche unverwüstliche Energie hier mit vielseitigen künstlerischen Talenten gepaart ist: während die »Bildung« je bunter und umfassender sie zu sein pflegt, gewöhnlich mit mattem Blicke, schwachen Beinen und entnervten Lenden auftritt. / Außerdem aber hat Wagner eine Gefühlssphäre, die Otto Jahn ganz verborgen bleibt: Jahn bleibt eben ein Grenzbotenheld, ein Gesunder, dem Tannhäusersage und Lohengrinatmosphäre eine verschlossene Welt sind. Mir behagt an Wagner, was mir an Schopenhauer behagt, die ethische Luft, der faustische Duft, Kreuz, Tod und Gruft usw.«[21] Immer wieder zitiert wird die eindringliche Formel vom »faustischen Duft, Kreuz, Tod

(Friedrich Schlegel in seinen *Ideen*-Fragmenten: »Nur der Mensch unter Menschen kann göttlich dichten und denken und mit Religion leben.«) ebenso wie in einem poetischen Schlüsseltext der frühen Romantik, nämlich Novalis zu Beginn des *Heinrich von Ofterdingen*: »... die blaue Blume sehn' ich mich zu erblicken. Sie liegt mir unaufhörlich im Sinn, und ich kann nichts anders dichten und denken.« Die Deutschen als Volk der Dichter und Denker oder aber, nach dem Wort von Karl Kraus, der Richter und Henker: Richard Wagner kann, rezeptionsgeschichtlich gesehen, beiden Schemata zugerechnet werden.

[21] Zit. bei Curt Paul Janz: *Friedrich Nietzsche – Biographie*, Bd. 1, München 1993 (2.), S. 246 f.

und Gruft«. Dabei wird ausgeblendet, dass Nietzsche sie der »Gefühlssphäre« zuschlägt, die Wagner zusätzlich zu seinen dilettantisch gewonnenen, aber theoretisch belastbaren Einsichten, die alle matte Bildung ausstechen, vergibt: »Außerdem aber hat Wagner eine Gefühlssphäre ...«

Wagner will in seinen Werken entschiedener noch als zuvor Schiller und Hölderlin theoretisch Ausweisbares zeigen, demonstrieren, ja argumentativ belegen und zum Klingen bringen. Nicht immer gelingt ihm, der dabei keine Anstrengung und Anspannung scheut, dieses Projekt so virtuos, wie Goethe sein *Faust*-Drama gelang. Aber zumindest die Fokussierung auf die Trinität von Theorie, Theologie und Theater teilt Wagner mit Goethe. Im besten deutschsprachigen Drama wie in Wagners romantischen Opern und Musikdramen werden diese drei nächstverwandten Begriffe anschaulich in Szene gesetzt. Faust, ein Mann der grauen Theorie, kommt in Goethes Drama erst spät, dann aber wirkungsvoll zu Wort. Seiner Auflistung all der Disziplinen, die er, ach und leider und ohne bleibenden Durchblickserfolg, mit heißem Bemühen studiert hat, gehen Worte aus göttlichem Mund voraus. Ein Gott, ein Theos, hat das Wort, bevor ein Theoretiker etwas zu sagen hat. So weit, so gut. Gott weiß, wie wir wissen und von Theologen seit jeher gesagt bekommen, Gott weiß und beobachtet mehr als ein noch so kluger faustischer Menschenkopf. Doch auch den göttlichen Worten, den Äußerungen eines Theos, die denen eines Theoretikers vorausgehen, geht eine weitere Rede voraus: die eines Theatermannes.

Die Repräsentationskultur, der Goethes *Faust* zur Anschauung und zum Ausdruck verhilft und die er seinerseits beobachtet, könnte subtiler, frecher, witziger und tiefsinniger nicht sein. Dem Gedicht *Zueignung*, das mit einer Beobachtung startet, die keine Aussicht auf verlässlich Fundamentales verspricht (»Ihr naht euch wieder, schwankende Gestalten«), folgt ein *Vorspiel auf dem Theater*, dem ein *Prolog im Himmel* folgt. Das sind, um ein sehr ernstes und sehr scherzhaftes Wort von Goethe aufzugreifen, sehr ernste Scherze. Scherzhaft ist selbstredend schon die zweifache (wenn man das vorgeschaltete Gedicht *Zueignung* mit einbezieht: dreifache) Präfixfolge Vor-Spiel bzw. Pro-Log. Denn der theologielastige Prolog ist ja keiner, der vorweg erfolgte, er ist vielmehr dem theaterlastigen Vorspiel logisch wie chronologisch nachgeordnet. Ernst ist hingegen das souveräne Arrangement der Eingangsszenen in Goethes *Faust*, das zwei Jahrhunderte, bevor dieser Begriff modisch wurde, auf third-, ja fourth-order-observation setzt. Theaterbesucher beobachten, wie ein Theaterdirekter beobachtet, dass Gott beobachtet, wie ein kluger, aber unglücklicher bzw. deshalb unglücklicher Mensch die Welt beobachtet. Und wir erfahren, wenn das Stück endlich begonnen haben wird, von dem der Direktor vorweg sagt, dass es zerstückelt ist (»Gebt Ihr ein Stück, so gebt es gleich in Stücken! / Solch ein Ragout, es muß Euch glücken; / Leicht ist es vorgelegt, so leicht als ausgedacht. / Was hilft's, wenn Ihr ein Ganzes dargebracht, / Das Publikum wird es Euch doch zerpflücken.« v. 99–103), wir erfahren, dass Faust die Welt als Schauspiel beobachtet: »Welch Schauspiel! Aber ach! ein Schauspiel nur!« v. 454

Goethes Drama ist nun das erste Werk nicht, das sich auf das Spiel der Beobachtungsbeobachtungen einlässt. Velasquez' berühmtes und von Michel Foucault subtil beobachtetes Bild *Meninas* oder Shakespeares theatralische Theater-im-Theater-Arrangements im *Hamlet* oder im *Sommernachtstraum* sind Vorspiele und Prologe zu Goethes *Faust*. Neu aber ist die Art und Weise, wie Goethe im Rückblick auf neuzeitliche Repräsentationskulturen verfährt, bringt er doch Beobachtungslogiken zusammen, die Gemeinsamkeiten haben und ebendeshalb konkurrieren. Systemtheoretisch formuliert: Goethe akzentuiert die Einheit einer Differenz – und Wagner wird ihm in genau dieser Hinsicht folgen. Die Einheit der drei Beobachtungslogiken wird schon durch den sehr engen Verwandtschaftsgrad ihrer Begriffe angezeigt. Die Worte »Theater«, »Theorie« und eingeschränkt auch »Theos« gehen allesamt auf das griechische Wort θεωρεῖν / *theorein* bzw. θεάομαι / *theaomai* (beobachten, betrachten, [an]schauen) zurück. Das griechische Wort θέατρον / *théatron* meint den Schauplatz, der etwas ausdrücklich und aufmerksam zu beobachten erlaubt, weil er eine klare Unterscheidung zwischen Zuschauern und Bühne organisiert. Das griechische Wort θεός / theós meint den Gott, der aus olympischer Ferne beobachten kann, was andere Götter und Nicht-Götter treiben und der sich durchaus auch einmal das Abenteuer leisten kann, die Demarkationslinie zu überschreiten, die die göttliche Proszeniumsloge von der Weltbühne trennt. In diesem Fall, das sei der philologischen Präzision halber erwähnt, ist die Etymologie unsicher.[28] Das Theologische Wörterbuch zum Neuen Testament bezeichnet die Herkunft von griech. theos als »unklar«, in den meisten griechischen Wörterbüchern findet man aber einen Hinweis auf die Wurzel »thesos«, ein Wort, das auf dämonische Erscheinungen verweist. Der Vokal »o« in »theos« ist ein Omikron (ó), das »o« in »theoria« hingegen ein Omega (ω). Unabhängig von der Etymologie: Gott als Beobachter der Welt zu verstehen ist ein ebenso verbreitetes wie suggestives Motiv – der liebe Gott sieht alles. Beim griechischen Wort θεωρία / theoría erstrahlen Semantik und Etymologie wiederum in schöner Klarheit; es meint Anschauung, Beobachtung, distanzierte Betrachtung und eben vor allem auch die Beobachtung über größte Distanzen hinweg, also die »Schau des Göttlichen«, des theos. »Zu schauen kam ich, / nicht zu schaffen« 6, 124, singt der zum Wanderer mutierte oberste Gott Wotan, als er beobachtet, wie Alberich beobachtet, was sich mit Siegfried und dem Drachen ereignet.

Diesen drei Beobachtungslogiken, der theologischen, der theoretischen und der theatralischen, lassen sich unschwer drei Zeitsphären und drei Repräsentationsmodelle zuordnen. Ein Gott ist unsterblich, sonst wäre er (mit der aufschlussreichen Halbausnahme des christlichen Gottessohnes, der die Erfahrung der Endlichkeit und des Todes macht) keiner. Diese Unsterblichkeit kann, je nach der Theologie, die sie repräsentiert, unterschiedlich konzipiert werden. So kann ein griechischer Gott zwar gezeugt und geboren werden, also einen chronologischen Anfang, nicht aber ein Ende haben. Monotheistische Götter (sit venia verbo, aber auch monothe-

---

28 Mit Dank an Georg Lämmlin für hilfreiche Hinweise in dieser Angelegenheit.

14 istische Götter gibt es nun einmal im Plural), monotheistische Götter wie der jüdische, christlich-trinitäre oder islamische sind hingegen von Ewigkeit zu Ewigkeit, sie haben keinen Anfang und kein Ende. Wie auch immer die spezifische Zeit der göttlichen Sphäre in unterschiedlichen Religionen designt wird – sie muss als virtuell unendliche Zeit konzipiert werden, die der endlichen Zeit der Menschen kategorial überlegen ist. Unendliches, Erhabenes lässt sich nicht repräsentieren; wohl aber lässt sich darstellen, argumentieren und aussagen, dass das Göttliche nicht eigentlich darstellbar ist. Das ist eine Konzeption, die nicht endende theologische und ästhetische Debatten über das Bilderverbot und das Erhabene als das eigentlich Undarstellbare bzw. nur paradox Darstellbare provoziert – und also Theorie freigesetzt hat. Oder aber ganz großes Musiktheater. Es fällt auf, wie viele der Wagnerschen Protagonisten, Götter inklusive, ein eigentümlich gereiztes Verhältnis zur Unendlichkeit pflegen und sich nur eines wünschen: das Ende, das Ende.

Theorie hat mit Theologie gemeinsam, dass beide im idealen Fall ewig gültige Einsichten haben und repräsentieren möchten. Ab und an gelingt das sogar – zum Beispiel wenn mathematische Theorie die Zahl Pi ermittelt, die von Ewigkeit zu Ewigkeit und an allen möglichen Orten dieselbe ist. Der Normalfall von Theorie ist das aber nicht – und zudem mag jeder tiefsinnige Betrachtungen darüber anstellen, dass ausgerechnet die allgültige Zahl Pi irrational und transzendent ist. Vom Theos unterscheidet sich Theorie demnach dadurch, dass sie in den meisten Fällen keine unendlich gültigen, sondern reversible Aussagen und Repräsentationen vorstellt. Theorie ist anders als der monotheistische Theos nur im Plural zu haben,[29] sie kann altern und ödipal überwunden werden, sie fällt in die Zeit der Endlichkeit, sie ist korrigierbar, also muss sie damit rechnen, fehlbar zu sein. Physik repräsentiert heute anderes und anders als zu Zeiten von Aristoteles und Newton, hält aber am Ideal fest, das ewig Gültige zu beobachten und zu repräsentieren.

29 Vgl. Martin Seel: Theorien. Frankfurt am Main 2009.

Im Vergleich zu Theos und zur Theorie ist das Theater von schwer zu überbietender Frivolität.[30] Aus gutem Grund haben Wagners Lieblingsphilosophen Feuerbach, Schopenhauer und Nietzsche bei allen stilistischen, habituellen und theoretischen Differenzen doch diese starke Gemeinsamkeit: Sie sind ausgewiesene Religions- und Theologiekritiker. Das Theater und das Musiktheater zumal stellen erst gar nicht den Anspruch, wahre Repräsentationen zu bieten; zu dem, was man Fakten nennt, hat das Theater zugunsten von Fiktionen ein entspanntes Verhältnis. Ebenso wenig behauptet es, ewig gültige Wahrheiten zu beobachten und zu repräsentieren. Die Geschichten, die es vorstellt, können, da endliche Menschen sie darstellen, auch keine ewigen Geschichten sein. Dionysische Mysterienspiele mögen sich über mehrere Tage hinziehen – unendlich lange dauern sie so wenig wie Wagners *Ring*. Die Zeitsphäre des Theaters ist die zerfallende Gegenwart, um mit Baudelaire und Karl-Heinz Bohrer[31] zu formulieren: das immer schon vergangene Jetzt.

Das Theater kombiniert also zwei Frivolitäten. Anders als Theologie und Theorie hat es nicht einmal den Ehrgeiz, seinen Ort und seine Zeit zu überschreiten, zu transzendieren. Sein Modus ist das Hier und Jetzt, gerade auch dann, wenn es in ferne Zeiten und an ferne Orte entführt. Dieser Schauspieler, diese Schauspielerin sagt in diesem Augenblick das, was er bzw. sie sagt, schaut, wie er bzw. sie schaut, schwitzt, wie er bzw. sie schwitzt. Und jeder weiß, dass das Wort, da spiele einer nicht Hamlet, sondern sei Hamlet, hübsch und geistreich ist, aber eben doch nur ein Kompliment dafür ist, wie gut da jemand spiele. Kurzum: das Theater ist anders als Film[32] und Fernsehen ein Präsenzmedium im stärksten Sinne, das – zweite Frivolität – alles und noch den Letztbeobachter Gott repräsentieren kann, weil es auf den Anspruch verzichtet, wahre Repräsentation bzw. Repräsentation ewiger

30 Vgl. Friedrich Kittler: *Musik und Mathematik,* Bd. 1 – *Hellas, Teil 1: Aphrodite.* München 2006.
31 Vgl. Karl-Heinz Bohrer: *Der Abschied. Theorie der Trauer: Baudelaire, Goethe, Nietzsche, Benjamin.* Frankfurt am Main 1996.
32 Vgl. Martin Seel: *Die Künste des Kinos.* Frankfurt am Main 2013.

Wahrheit zu sein. Das gilt auch im Hinblick auf Personen. Der eine Gott kann nicht durch einen anderen ersetzt, repräsentiert werden; man darf und kann sich von ihm kein Bildnis machen. Und Theoretiker sollten eigentümlich unpersönlich, ja verwechselbar sein: Jeder Theoretiker sollte im Labor oder beim Rechnen von Gleichungen zum selben Ergebnis kommen. Selbst sogenannte Geisteswissenschaftler diskreditieren sich, wenn sie keine Schwierigkeit mit dem Satz haben, dass sie, aber eben nur sie, etwas so sehen, man es aber problemlos auch anders sehen könnte; denn Wissenschaft ist ohne Anspruch auf intersubjektive Gültigkeit nicht zu haben.

Das Theater fördert hingegen per se eine starke Form von Personalisierung und Individualisierung, selbst und gerade dann, wenn es theologische Sphären streift. Ein Star mag ein Stern am Theaterhimmel und eine Diva mag eine Göttin sein – es ist doch diese unverwechselbare Person, die da deifiziert wird. Theater ersetzt Fremdreferenz (ganz ohne geht es nie) weitgehend durch Selbstreferenz: Jeder Zuschauer weiß, dass er nicht Hamlet oder Faust, sondern Karl-Maria Brandauer oder Gustaf Gründgens auf der Bühne sieht, dass er nicht Tristan und Isolde, sondern René Kollo oder Birgit Nilsson hört; und er weiß, dass die Werke Shakespeares, Goethes oder Wagners ewig sind, fast ewig, die Theater- bzw. Opernaufführung aber in absehbarer Zeit zu Ende sein wird. Scripta manent, verba volant.

Nietzsche hat Wagners Willen zur musikalischen Kryptotheorie klar erkannt, seine Einsicht aber zugleich durch die problematische Entgegenstellung von volksnahem Mythos und theoretischem Menschen verdunkelt, wenn er ausführt: »Das *Dichterische* in Wagner zeigt sich darin, daß er in sichtbaren und fühlbaren Vorgängen, nicht in Begriffen denkt, das heißt, daß er mythisch denkt, so wie immer das Volk gedacht hat. Dem Mythus liegt nicht ein Gedanke zugrunde, wie die Kinder einer verkünstelten Kultur vermeinen, sondern er selber ist ein Denken; er teilt eine Vorstellung von der Welt mit, aber in der Abfolge von Vorgängen, Handlungen und Leiden. Der Ring des Nibelungen ist ein ungeheures Gedankensystem ohne die begriffliche Form des Gedankens. Vielleicht könnte ein Philosoph etwas ganz Entsprechendes ihm zur Seite stellen, das ganz ohne Bild und Handlung wäre und bloß in Begriffen zu uns spräche: dann hätte man das gleiche in zwei disparaten Sphären dargestellt, einmal für das Volk und einmal für den Gegensatz des Volkes, den theoretischen Menschen. An diesen wendet sich also Wagner nicht; denn der theoretische Mensch versteht von dem eigentlich Dichterischen, dem Mythus, gerade so viel als ein Tauber von der Musik, das heißt beide sehen eine ihnen sinnlos scheinende Bewegung. Aus der einen von jenen disparaten Sphären kann man in die andre nicht hineinblicken: solange man im Banne des Dichters ist, denkt man mit ihm, als sei man nur ein fühlendes, sehendes und hörendes Wesen.«[33] Weil er allzu suggestiv das mythologisch anfällige Volk gegen den »theoretischen Menschen« ausspielt, verspielt Nietzsche fast seine Einsicht in das auf- und anregende Zentrum der Werke Wagners. Diese nämlich unternehmen alles, um fühlende, sehende und hörende Wesen, also das, was man getrost Volk oder Leute nennen kann, auf das Niveau des theoretischen Menschen zu bringen – et vice versa.

Als »ungeheures Gedankensystem ohne die begriffliche Form des Gedankens« oszilliert und (v)erklingt Wagners Musik-Theater eigentümlich zwischen Präsenz und zugleich Dekonstruktion von Präsenz.[34] Denn das Theater überhaupt, besonders aber Wagners Musik-Theater repräsentiert systematisch Repräsentation. Kein liebender, leidender, handelnder, lebender, sterbender, argumentierender, verhandelnder, Verträge schließender und Verträge brechender Mensch oder Gott singt unausgesetzt – es sei denn, er ist Wagner-Sänger. Man muss sich die schlichten, aber weitreichenden Differenzen zwischen Theos, Theorie und Theater theatralisch vergegenwärtigen, um die Pointe der Beobachtungskonstellationen in Goethes *Faust* ganz zu verstehen, in deren

[33] Friedrich Nietzsche: *Richard Wagner in Bayreuth*, Werke a. a. O., Bd. 1, S. 413.
[34] Das gilt nicht nur für das von Hans Thies Lehmann analysierte postdramatische Theater; vgl. Hans Thies Lehmann: *Postdramatisches Theater*. Frankfurt am Main 1999.

Tradition Wagners Werke erklingen. Die temporal wie onto-
logisch heikelste Position, die des Theaters, dient offensiv
als Beobachtungsposten, von dem aus sich anspruchsvollere
Beobachtungslogiken wie die der Theologie und der Theorie
beobachten lassen. Was nichts anderes heißt als dies: Goethe
erklärt die signifikante Schwäche des Theaters – seine Flüch-
tigkeit, seine Selbstreferentialität, seine von Ansprüchen auf
Wahrheit (im Sinne von Richtigkeit und Adäquanz) entbun-
dene Scheinhaftigkeit – zur eigentlichen Stärke. Denn von
diesem schwankenden Posten aus lässt sich glänzend beobachten, wie schwankend die vermeintlich sicheren und
dauerhafteren Beobachtungslogiken der Theologie und der
Theorie sind. Beide verstricken sich in nicht auflösbare Paradoxien wie die, dass sich Gott, der Letztbeobachter, nicht nur
von Theologen, sondern auch vom Teufel bzw. von Loge und
vom Logos beobachten lassen muss, dass er seine Unsterblichkeit aufgeben muss, wenn er allmächtig sein will, oder
dass Theorie Metatheorie provoziert, die nicht etwa das Wissen sicherer macht, sondern mit Faust herausfindet, dass wir
allenfalls wissen können, was wir alles nicht wissen können.
»Wo ist nun mein Wissen gegen dies Wirrsal?« wird Brünnhilde ergreifend singen. Im Umkehrschluss und im Hinblick
auf das Theater heißt dies: Stark ist das Theater, weil es nicht
lügt, wenn es nicht prätendiert, sichere Repräsentationen zu
geben, oder weil es paradoxiefrei feststellen kann, dass sein
Zeitmodus der des Verschwindens ist, das seinerseits verschwinden kann.

Zu den wenig beachteten Gemeinsamkeiten von Goethe
und Wagner zählt auch die bei Künstlern nicht immer an-
zutreffende pragmatische und organisatorische Intelligenz.
Beide erwiesen sich als mit Management-Qualitäten gesegnete Theaterintendanten von Gnaden. Goethe leitete bekanntlich mit großem Geschick neben dem Finanzministe-
rium über Jahrzehnte auch das Weimarer Theater; wie Wagner die logistische Großleistung erbrachte, das Bayreuther
Festspielhaus finanzieren, bauen und über seinen Tod hinaus
seit nunmehr fast anderthalb Jahrhunderten funktionieren
zu lassen, bleibt ein staunenswertes Rätsel.[35] Ansatzweise ge-

löst werden kann dieses Rätsel durch den Hinweis, dass Wagner nicht nur ein »Meister des vormodernen Fundraising«[35] war, sondern als Überzeugungstäter zugleich unerschöpfliche Energie aus der Idee sog, das Theater zugleich als Theorie- und als Anti-Theorie-Theater zu konzipieren: Hier spielt die Musik, die nach der schönen Formulierung aus Thomas Manns früher *Tristan*-Novelle »höher ist als alle Vernunft«[36] und ebendadurch vernunfttaugliche Theorien in sich aufhebt. Nun liefen Goethes *Faust*-Drama wie Wagners Werke auf eine geistreiche, aber nicht unproblematische Selbstfeier des (Musik-)Theaters hinaus, wenn sie sich nicht tief von einer Beobachtung irritieren ließen, die alle Aufmerksamkeit verdient, nämlich die, dass sich in der späten Neuzeit und beginnenden Moderne eine alte, seit dem siebten Jahrhundert vor Christus von Ionien aus sich durchsetzende Repräsentationslogik erneut und massiv verstärkt Geltung verschafft, die der tradierten Differenztrinität von Theologie, Theorie und Theater starke Konkurrenz macht: die monetäre. Goethes *Faust*-Drama konvertiert wie Wagners Musikdramen Fragen nach der Geltung (von theologischen, theoretischen oder theatralischen Einsichten) in Fragen nach dem Geld und dem Wert. Auch in dieser Hinsicht wird Wagner mit seiner Insistenz auf den profanen Aspekten des Wertbegriffs das Goethe-Programm fortschreiben und musikalisch aufladen. Beide, Goethe und Wagner, machen dabei weitreichende Entdeckungen:

01 Theologie, Theorie und Theater sind primär sprachlich verfasst. Geld stellt dagegen auf numerische Repräsentation um. In den Worten von Goethes Faust: »Das Alphabet ist nun erst überzählig, / In diesem Zeichen wird nun jeder selig.« v. 6081 f.

02 Geld ist keineswegs einfach die säkular-numerische Alternative zum theologisch-theoretischen Diskurs. Umge-

35 Vgl. dazu Bernd Buchner: *Wagners Welttheater. Die Geschichte der Bayreuther Festspiele zwischen Kunst und Politik*. Darmstadt 2013.
36 Ebd., S. 42.
37 Thomas Mann: *Tristan*; in: *Frühe Erzählungen*, hrsg. von Peter de Mendelssohn. Frankfurt am Main 1981, S. 247.

kehrt: es ist stärker noch als der Theos und die Theorie auf Beglaubigung angewiesen. In den Worten des Kaisers, der selbst kaum an die Kraft des Papiergeldes glauben kann, das er mit seiner Signatur zum gesetzlichen Zahlungsmittel gemacht hat: »Und meinen Leuten gilt's für gutes Gold? / Dem Heer, dem Hofe gnügt's zu vollem Sold? / So sehr mich's wundert, muß ich's gelten lassen.« v. 6083–85 Geld ist tatsächlich in der Lage, Transsubstantiationen herbeizuführen: »Denn dies Metall läßt sich in alles wandeln.« v. 5782

03 Geld ist als Medium der Abstraktion schlechthin die Urform von Theorie überhaupt. Ohne Geld gäbe es keine Abstraktion und also auch keine Theorie.

04 Geld ist auch deshalb ein so faszinierendes Medium, weil es »alles« und eben noch sich selbst repräsentieren kann. Alles hat seinen Preis, der Wesen und Wert einer Sache, einer Ausbildung, einer Leistung repräsentiert. Und noch Geld hat seinen Preis (man nennt ihn Zins). Geld kann seine Repräsentationen repräsentieren. Man nennt das dann Finanzökonomie.

05 Der genuine Zeitmodus des Geldes ist die Zukunft. Geld funktioniert nur dadurch, dass es erfolgreich versprechen kann, einst gedeckt zu sein. Geld ist im doppelten Wortsinn das Medium der Nicht-Präsenz. Man hat es nur, um es irgendwann einmal wegzugeben und dafür die Güter und Leistungen zu erhalten, die man nicht hat.

Mit diesem (leicht zu erweiternden) Bündel von Qualitäten bereitet die sich um 1800 dynamisch entfaltende Wertlogik des Geldes der alteuropäischen Semantik, Repräsentationslogik und Zeitvorstellung, die um Theorie, Theologie und Theater kreisen, ein untheatralisches Ende. Goethes *Faust* registriert illusionsfrei die »generelle Verabschiedung der alteuropäischen Semantik, die man um 1800 beobachten kann«. [38] Auf diese Transformation reagieren auch die romantischen Opern und verstärkt die späten Musikdramen Wagners, der unablässig um Wertfragen kreisende *Ring des*

[38] Niklas Luhmann: *Liebe als Passion. Zur Codierung von Intimität.* Frankfurt am Main 1996, S. 173.

Nibelungen voran. Wagners Texte sind klüger, als sie klingen. Sie analysieren eindringlich, welche neuen Wertkonstellationen sich im 19. Jahrhundert herausbilden. Sie thematisieren den Wertverlust der Götter, die Wertsteigerungen des Geldes, den bedrohten Wert des Lebens, ja den Wert von Werten überhaupt, ohne von Weibes Wonne und Wert zu schweigen. In diesem Sinne schrieb Wagner am 6. November 1842 aus Dresden in einem Sammelbrief »An meine Lieben in Paris«: »Laßt nur erst meine Opern wacker Zinsen tragen, sind die Gläubiger fertig, so kommen die Gläubigen daran.« SB 2,177

Leitmotiv Nr. 1
Das »Schächergewerbe« oder
Richard Wagner und Karl Marx

Um Fragen des Wertes, des Tausches, des friedlichen oder gewaltsamen Wechsels von Besitz und Eigentum kreisen Wagners Werke unablässig. Schon in der ersten romantischen Oper, die Wagner für wert hielt, im Bayreuther Festspielhaus präsentiert zu werden, treffen mit Daland und dem Fliegenden Holländer zwei gewiefte Kaufleute aufeinander. Sie werden überraschend schnell handelseinig. Nüchterner und zugleich verrückter, irrationaler, jedem Kaufmannskalkül stärker zuwiderlaufend als in diesem einer romantischen Oper anvertrauten Fall kann es nicht zugehen, wenn zwei Männer einen Deal vereinbaren. Ausnahmesituationen bedingen sonderbare Preisbildungen. In Ausnahmesituationen kann man wie Heinrich III. in Shakespeares Drama bereit sein, ein Königreich für ein Pferd zu bieten – »A horse! A horse! A kingdom for a horse« – oder eben wie der Fliegende Holländer unermessliche Schätze für eine Übernachtung an Land.

> HOLLÄNDER.
> Vergönne mir auf kurze Frist dein Haus,
> und deine Freundschaft soll dich nicht gereu'n:
> mit Schätzen aller Gegenden und Zonen
> ist reich mein Schiff beladen: – willst du handeln,
> so sollst du sicher deines Vortheils sein. 1,262

Bemerkenswert ist, dass der zur ewigen Seefahrt Verdammte erst gar nicht damit rechnet, von Daland Gastrecht zu erhalten. Er kalkuliert, dass Daland kalkuliert, und hat damit so unrecht nicht. Schon sein anfänglicher Appell an Freundschaft und Gönnertum ist eigentümlich vergiftet: Gönnen möge ihm Daland sein Haus nur auf »kurze Frist«. Ein öko-

nomisches Zeitkalkül durchkreuzt sofort die Geste des Gön-
nens, so wie der Appell an Freundschaft sogleich mit dem
starken Hinweis garniert wird, solche Freundschaft werde
von einem lohnenden Handel nicht unterscheidbar und zum
sicheren Vorteil des Freundes sein, der eben damit, kaum so
angesprochen, nicht länger Freund und Gastgeber ist, sondern Partner eines lukrativen Handels wird. Genau auf dieses Stichwort »Vorteil« reagiert Daland ohne zu zögern – anders als auf die ja auch nicht sonderlich emphatisch vorgetra-
genen Stichworte »gönnen« und »Freund«:

DALAND.
>   Wie wunderbar! Soll deinem Wort ich glauben?
>   Ein Unstern, scheint's, hat dich bis jetzt verfolgt.
>   Um dir zu frommen, biet' ich, was ich kann:
>   doch – darf ich fragen, was dein Schiff enthält?

HOLLÄNDER
*giebt seiner Mannschaft ein Zeichen; zwei von
derselben bringen eine Kiste an's Land.*
>   Die seltensten der Schätze sollst du seh'n,
>   kostbare Perlen, edelstes Gestein.

Er öffnet die Kiste.
>   Blick' hin, und überzeuge dich vom Werthe
>   des Preises, den ich für ein gastlich Dach
>   dir biete!

»Ein gastlich Dach« oder der »Wert des Preises«: Zum Gastrecht gehört, dass es gerade nicht der Logik von Berechnun-
gen, sondern dem Gestus der Gabe zugehört. Im Dialog zwischen dem Holländer und Daland dominiert eindeutig die
Rhetorik der Ökonomie. In kurzer Frist fallen Worte wie Wert,
Preis, kostbar, handeln, Schatz und Vorteil, die keinen Zweifel daran aufkommen lassen, dass zu Beginn von Wagners
romantischer Oper weder beim Fliegenden Holländer noch
bei Daland ein großes Empathiegefühl, sondern vielmehr das
Streben nach Nutzenmaximierung vorherrscht. Was auch
heißt, dass das Zählen von Werten erst einmal das Erzählen
einer ja nicht uninteressanten Lebensgeschichte aussticht.

DALAND

voll Erstaunen den Inhalt der Kiste prüfend.

Wie? Ist's möglich? Diese Schätze!

Wer ist so reich, den Preis dafür zu bieten?

HOLLÄNDER.

Den Preis? Soeben hab' ich ihn genannt: –

dieß für das Obdach einer einz'gen Nacht!

Doch, was du siehst, ist nur der kleinste Theil

von dem, was meines Schiffes Raum verschließt.

Was frommt der Schatz? Ich habe weder Weib,

noch Kind, und meine Heimath find' ich nie!

All' meinen Reichthum biet' ich dir, wenn bei

den Deinen du mir neue Heimath giebst.

DALAND.

Was muß ich hören!

HOLLÄNDER.

Hast du eine Tochter?

DALAND.

Fürwahr, ein treues Kind. 1, 263–f.

Wiederum häufen sich ökonomische Begriffe wie »reich, Preis, Schatz«. Umso erstaunlicher ist es, dass der Wechsel aus dem Register des Zählens und Aufzählens von Werten in das Register des pointiert knappen Erzählens einer trostlosen Lebensgeschichte (»Ich habe weder Weib, noch Kind, und meine Heimath find' ich nie«) abrupt erfolgt. Ebenfalls schroff und direkt ergeht die Frage, ob Daland eine Tochter habe. Dass diese Frage nicht von romantischem Liebesverlangen, sondern ökonomisch motiviert ist (wie sollte der Holländer verliebt sein, er hat die Tochter Dalands noch gar nicht gesehen – sie aber hat von ihm und seinem Bild geträumt), versteht sich nun fast von selbst. Erstaunt wäre man nicht, wenn statt der Worte »treues Kind« die Wendung »teures Kind« erklänge. Der Fortgang der Handlung ist bekannt. Die beiden Männer müssen nicht lange schachern, sie sind sich schnell handelseinig, weil ihre jeweiligen Nutzenmaximierungsstrategien einander bestens ergänzen. Der angebotene Brautpreis ist aus der Sicht des Brautvaters sensationell hoch; der

Brautwerber kann seinerseits aus dem Vollen schöpfen und muss deshalb nicht kleinlich kalkulieren. Ja, er, der zu unendlichem Dasein Verdammte, will ja gerade Knappheit erfahren – er will eben kein ewiges, sondern (wie der Protagonist in Harold Ramis' Film *Und täglich grüßt das Murmeltier*) ein befristetes Dasein, das der Knappheit an Lebenszeit unterliegt. Noch aber muss er in Kategorien einer überweltlichen Ökonomie denken, die keine Knappheit kennt – auch keine Knappheit an Zeit! Und so kommt ein Deal zustande, der es in sich hat. Denn dieser Schacher schaltet Erlös und Erlösung zusammen: Der ungeheure Erlös, den der eine (Daland) erzielt, ermöglicht dem anderen (dem Fliegenden Holländer) die Erlösung vom Fluch, nicht sterben zu können. Bei diesem seltsamen profan-sakralen Schacher spielt eine schöne, junge, von mystischen Stimmungen nicht freie Frau eine entscheidende Rolle. Die verkaufte Braut Senta vermittelt zwischen ihrem sich aufs Zählen verstehenden Vater und dem Geliebten, der sich als Gefangener einer großen Erzählung erfahren muss, aus der er sich lösen, aus der er sich durch die Liebe eines Weibes erlösen lassen will.

Der Plot, den Wagners geniales, 1841 uraufgeführtes Frühwerk bündig, pointiert und eben auch theorienah vor Augen und Ohren bringt, ist von beeindruckender Stimmigkeit. Daland denkt in Kategorien einer beschränkten Ökonomie der Knappheit, der über unendlich viel Zeit verfügende (und genau darunter leidende!) Fliegende Holländer hat hingegen keine Schwierigkeiten mit einer Ökonomie der Verausgabung.[1] Er bewegt sich in erhabenen Sphären jenseits aller Endlichkeit. Doch er sehnt sich nach Endlichkeit und Sterblichkeit. Um sein Ziel zu erreichen, um in die endliche Sphäre zu gelangen, ist er (ein altes Motiv, das schon in Wagners erstem Opernwerk *Die Feen* eine entscheidende Rolle spielt) auf die Liebe eines sterblichen Weibes angewiesen, auf eine unbedingte, ihrerseits unendliche Liebe. Deshalb ist es eine Katastrophe, dass der Fliegende Holländer

---

1 Vgl. Georges Bataille: *Der Begriff der Verschwendung*; in: *Das theoretische Werk.* München 1975, S. 9–32.

einen Nebenbuhler, ein mögliches Liebesobjekt-Äquivalent hat: Erik. Äquivalenzen kann es nämlich nur unter Endlich-keits- und Knappheitsbedingungen geben. Das Erhabene, das Nicht-Repräsentierbare[2] hat keine Äquivalenz, es kennt keine gleichwertige, gleich-gültige (das ist ja der Wortsinn des Begriffs »Äqui-valenz«) Entsprechung. In liebespsycholo-gischer Münze heißt das: Senta hat, woran Erik sie erinnert, was wiederum der Fliegende Holländer mitbekommt, vor ihrem bedingungslosen Treueversprechen an den Holländer schon einmal einem anderen Mann, Erik, ein ähnliches und gleichwertiges Versprechen gegeben. Erik hat also plausible Gründe, wenn er die von Senta behauptete absolute »Pflicht« in Frage stellt, sich ganz und gar dem Fliegenden Holländer zuzuwenden.

> ERIK.
>> Welch' hohe Pflicht? Ist's höh're nicht, zu halten,
>> was du mir einst gelobtest, ew'ge Treue?
> SENTA *heftig.*
>> Wie? Ew'ge Treue hätt' ich dir gelobt?
> ERIK *mit Schmerz.*
>> Senta, o Senta, läugnest du? –
>> Willst jenes Tag's du nicht dich mehr entsinnen,
>> als du vom Fels mich riefest in das Thal?
>> Als, dir des Hochlands Blume zu gewinnen,
>> muthvoll ich trug Beschwerden ohne Zahl?
>> Gedenkst du, wie auf steilem Felsenriffe
>> vom Ufer wir den Vater scheiden sah'n?
>> Er zog dahin auf weiß beschwingtem Schiffe,
>> und meinem Schutz vertraute er dich an:
>> als sich dein Arm um meinen Nacken schlang,
>> gestandest Liebe du mir nicht auf's Neu'?
>> Was bei der Hände Druck mich hehr durchdrang –
>> sag', war's nicht die Versich'rung deiner Treu'?

---

[2] Vgl. François Lyotard: *Die Analytik des Erhabenen – Kant-Lektionen.* München 1994.

Der Holländer hat den Auftritt belauscht; in furcht-
barer Aufregung bricht er jetzt hervor.

HOLLÄNDER.

Verloren! Ach verloren! Ewig verlor'nes Heil!

1, 288 f.

Die profane, bedingte, auf Wertabstraktionen fokussierte Ökonomie der Äquivalenz sticht die sakrale Ökonomie der reinen Verausgabung und des erhabenen Über-Wertes aus. Es gibt keinen absoluten Wert jenseits aller Werte. Das Kommensurable sticht das vermeintlich Inkommensurable aus. Es gehört zu den intrikaten und produktiven Paradoxien, die Wagners Werk immer erneut umkreist, dass der Fliegende Holländer die Sphäre der Unendlichkeit ja gerade verlassen will, sein Wunsch sich also zumindest zum Teil erfüllt, wenn Senta sich unfähig zeigt, überirdischen Qualitätsansprüchen zu genügen. Senta verbleibt in der Sphäre endlicher Widersprüche, deren Grundfigur es ist, das Ungleiche gleichzusetzen. Der erdverbundene Jäger Erik ist ein gänzlich anderer Mann als der maritime Fliegende Holländer, so wie Venus eine gänzlich andere Frau ist als Elisabeth und Brünnhilde von ganz anderer Qualität als Gudrun – aber dennoch haben die jeweiligen Alternativfiguren die starke Gemeinsamkeit, zum austauschbaren Liebesobjekt von Senta, Tannhäuser oder Siegfried zu werden. Der bemerkenswert sachliche Satz, dass die Liebe das Wandern liebt, weil Gott sie so gemacht hat, stammt nicht von einem nüchternen Systemtheoretiker, sondern erklingt in einem protoromantischen Werk, in Schuberts *Winterreise*. Nicht nur Warendinge, auch Menschen sind austauschbar, haben Äquivalente und können verschachert werden. Die postromantisch-sachliche bis zynische Variante dieser romantischen Einsicht klingt in Schlagerversen nach, die Marlene Dietrich unsterblich gemacht hat:

Wer wird denn weinen, wenn man auseinandergeht,
Wenn an der nächsten Ecke schon ein anderer steht?
Man sagt Auf Wiedersehen und denkt beim Glase Wein:
Na schließlich wird der andere auch ganz reizend sein. [3]

48 Gegen den zynisch-frivolen Sound dieses Songs revoltiert das romantische Pathos der Liebe und der Leidenschaft. Ihr binärer Leitcode ist die Emphase »Du und kein(e) andere(r)«.[4] Solche Emphase liegt mit der sachlichen Feststellung, dass noch und gerade die Liebe das Wandern liebt (weil Gott sie so gemacht hat!), im nicht zu lösenden Widerstreit. Auch die Ausnahmefigur des Fliegenden Holländers hat ein ungleiches Äquivalent; der ewige Seefahrer und der endliche, erdverbundene Jäger Erik haben bei aller prototypischen Differenz die Gemeinsamkeit, Senta zu lieben und von ihr, wenn auch zeitverschoben, geliebt zu werden. Genau das aber können sie beide – eine weitere Gemeinsamkeit – nicht ertragen:

ERIK.
> Was hör' ich! Gott, was muß ich sehen!
> Muß ich dem Ohr, dem Auge trau'n?
> Senta! Willst du zu Grunde gehen?
> Zu mir! Du bist in Satan's Klau'n!

HOLLÄNDER.
> Erfahre das Geschick, vor dem ich dich bewahre! –
> Verdammt bin ich zum gräßlichsten der Loose:
> zehnfacher Tod wär' mir erwünschte Lust!
> Vom Fluch ein Weib allein kann mich erlösen,
> ein Weib, das Treu' bis in den Tod mir weiht ...
> Wohl hast du Treue mir gelobt, doch vor
> dem Ewigen noch nicht: – dieß rettet dich!
> Denn wiss', Unsel'ge, welches das Geschick,
> das Jene trifft, die mir die Treue brachen: –
> ew'ge Verdammniß ist ihr Loos! –
> Zahllose Opfer fielen diesem Spruch
> durch mich! – Du aber sollst gerettet sein. –
> Leb' wohl! – Fahr' hin, mein Heil, in Ewigkeit! 1,290

---

3 Der Song stammt aus der Operette *Die Scheidungsreise* von Hugo Hirsch, die 1918 in Berlin uraufgeführt wurde.
4 Vgl. Niklas Luhmann: *Liebe als Passion – Zur Codierung von Intimität.* Frankfurt am Main 1982.

Das ist eine exquisite Konstellation. Der Holländer will verhindern, dass Senta, die ja Erik (ein in sich gedoppelter Name: Erik – Erich – Er / Ich) anverlobt, aber zugleich der Imago des Fliegenden Holländers verfallen war, aufgrund ihrer vergangenen und ihrer absehbaren erneuten Untreue der ewigen Verdammnis anheimfällt. Und also will er sich aus Liebe von ihr trennen, bevor es überhaupt zum absoluten Liebesbündnis kommt. Dieser Opferbereitschaft aber begegnet Senta ihrerseits mit ihrem Opfertod. Sie macht jede künftige Untreue, jede Versuchung, der Logik der Äquivalenz anheimzufallen, unmöglich, indem sie sich opfert und in die Tiefe des Meeres stürzt. Wenn aber beide Liebenden sich für den oder die andere opfern, so ist das Opfer geopfert – und beide sind erlöst, erlöst auch aus der Logik der ökonomischen (Aus-)Lösung (dazu mehr in Leitmotiv 5). Aus der verkauften Braut, die ihrem Vater einen erhabenen Erlös einbringt, ist der Engel der Erlösung geworden. Aber noch diese Transfiguration hat ihren Preis: Unter Bedingungen einer irdischen Befristungs- und Äquivalenz-Ökonomie ist die absolute Liebe nicht zu realisieren. Selbst die von Senta gesungenen Schluss- und Schlüsselworte »Preis« und »Gebot« haben deshalb einen knirschenden ökonomisch-religiösen, profan-sakralen Doppelsinn.

SENTA.
> Preis' deinen Engel und sein Gebot!
> Hier sieh' mich, treu dir bis zum Tod!
> *Sie stürzt sich in das Meer; in demselben Augenblicke versinkt das Schiff des Holländer's und verschwindet schnell in Trümmern. – In weiter Ferne entsteigen dem Wasser der Holländer und Senta, beide in verklärter Gestalt; er hält sie umschlungen. Der Vorhang fällt.*

Fest umschlungen halten eine göttlich-schöne Frau auch zwei Riesen. Fafner und Fasolt haben Freia als Geisel genommen, um ihre Preisforderungen für geleistete Schwerstarbeit, den Bau von Walhall, gegenüber dem obersten Gott Wotan durchsetzen zu können. Auch *Rheingold* ist, wie der *Fliegende*

Holländer, ein Drama über männliches »Schächergewerbe«. Wagner hat den schon zu seiner Zeit antiquierten Begriff »Schächer« häufig verwendet. Der jeweilige Kontext bei Wagner verweist weniger auf die beiden Verbrecher / Schächer, die zusammen mit Jesus gekreuzigt werden (Mt. 27,44; Mk. 15, 32), als vielmehr auf denjenigen, der »Schacher« treibt. »Schacher«, so heißt es im Grimmschen Wörterbuch, bedeutet »*kleinhandel, besonders gewinnsüchtiger hausirhandel, gewöhnlich von den juden, in verächtlichem sinne gebraucht: er hat bei dem* schacher selbst seine kurfürstlichen gnaden übers ohr gehauen. Alexis *hosen des herrn v. Bredow* 1, 1, 182.« Das von »Schacher« abgeleitete Wort »Schächer« kommt bei Wagner unter anderem im Entwurf *Wieland der Schmied* (1849) vor, und es spielt in der Polemik des großen Essays *Oper und Drama* (1850) gegen die »Herren und Schächer der großen Opernwelt« 3, 266, die noch die erhabene Kunst wirtschaftlichen Interessen unterwerfen, eine entscheidende Rolle.[5] Auffallend ist, dass Wagner sowohl im *Ring* als auch im *Parsifal* den (zumindest latent antisemitisch besetzten Begriff) Schacher als Äquivalent zu Gewalt versteht und kritisiert. Eine seltsame Konstellation: Donner weiß, wo der Hammer hängt, und so will er den Riesen, die ja nicht unter einem Mangel an Körperkraft leiden und die auch nicht Klein-, sondern Immobiliengroßhandel treiben, mit Gewalt die Lust am unwürdigen Geschacher austreiben – doch da schreitet Wotan ein:

DONNER
den Hammer schwingend.
   Schon oft zahlt' ich
   Riesen den Zoll;

[5] Wagners Jahrgangsgenosse Georg Büchner liefert einen von vielen Belegen für die Präsenz des Wortes »Schächer« im 19. Jahrhundert. In *Dantons Tod* wird Robespierre eine gegen ihn gerichtete Publikation überreicht, in der er liest: »Dieser Blutmessias Robespierre auf seinem Kalvarienberge zwischen den beiden Schächern Couthon und Collot, auf dem er opfert und nicht geopfert wird.« (Georg Büchner: *Werke und Briefe*, hrsg. von Werner R. Lehmann. München / Wien 1980, S. 27 – Szene I/6).

> schuldig blieb ich
> Schächern nie;
> kommt her! des Lohnes Last
> geb' ich in gutem Gewicht!

WOTAN

seinen Speer zwischen den Streitenden ausstreckend.

> Halt, du Wilder!
> Nichts durch Gewalt!
> Verträge schützt
> meines Speeres Schaft:
> spar' deines Hammers Heft! 5, 221 f.

Auch Siegfried will es dem überdimensionalen Wurm Fafner zeigen, nicht mit dem Hammer, sondern mit dem von ihm virtuos geschmiedeten Schwert:

> Nothung! Nothung!
> Neu und verjüngt!
> Zum Leben weckt' ich dich wieder.
> Todt lagst du
> in Trümmern dort,
> jetzt leuchtest du trotzig und hehr.
> Zeige den Schächern
> nun deinen Schein! 6, 122

Auf Schacher lässt sich Siegfried nicht ein, auf Schächer wie Fafner und Mime muss er sich aber einlassen. Er zieht sie aus dem Handelsverkehr und verkennt dabei nicht, dass der kleine Zwerg und der monströse Riese bei aller Feindschaft noch eine Gemeinsamkeit haben – eben die, Schächer zu sein. Und so erleiden beide, Fafner wie Mime, das gleiche, das äquivalente Schicksal, von Siegfried, bei dem der Schächer-Appell »Nur sacht!« nicht verfängt, erschlagen zu werden.

SIEGFRIED.

> So grimm und tückisch er (Fafner) war,
> sein Tod grämt mich doch schier,
> da viel üblere Schächer

> unerschlagen noch leben!
> Der mich ihn morden hieß (Mime),
> den hass' ich mehr als den Wurm.
>> MIME.
>> Nur sacht'! 6, 145

Mime möchte, dass es sacht zugeht, wenn wertvolle Güter ihre Besitzer wechseln. Der über das Medium Geld vermittelte Tausch ist das kühle, aber hochfunktionale und friedliche Äquivalent zu gewaltsamen und erhitzten Formen des Güterwechsels wie Diebstahl, Raub und Krieg. Die alternative Utopie, Güterwechsel sollten im Rahmen einer Ökonomie der äquivalenzlosen Gaben und der großzügigen Geschenke stattfinden, ist zu schön, um wahr zu sein. Man darf Mime deshalb nicht unter Wert wahrnehmen; er ist in einer Welt voll aggressiver Götter, Riesen und Menschen der große Anhänger des friedlichen Tauschens und Teilens. Deshalb macht es ihn fassungslos, wenn sein feindlicher Bruder Alberich mit den Worten »tauschen« und »teilen« nichts anfangen kann.

>> MIME.
>> Behalt' ihn denn:
>> hüte ihn wohl
>> den hellen Reif!
>> Sei du Herr:
>> doch mich heiße auch Bruder!
>> um meines Tarnhelm's
>> lustigen Tand
>> tausch' ich ihn dir:
>> uns beiden taugt's,
>> theilen die Beute wir so.
>> ALBERICH
>> *höhnisch lächelnd.*
>> Theilen mit dir?
>> und den Tarnhelm gar?
>> Wie schlau du bist!
>> Sicher schlief' ich
>> niemals vor deinen Schlingen!

MIME
außer sich.
　　Selbst nicht tauschen?
　　Auch nicht theilen? 6, 141

Sacht zu handeln ist weder Alberichs noch Siegfrieds Stärke. Und auch nicht die von Parsifal, der wie Siegfried als wil
des Kind fern aller Zivilisation, die nun einmal durch friedlichen Handel / Schacher geprägt ist, aufwächst. Es ist eigenartig, dass noch im Bühnenweihfestspiel, das sich anders als
der *Fliegende Holländer,* der *Ring* und *Die Meistersinger* nicht
auf die Niederungen der Ökonomie einzulassen scheint, das
Wort »Schächer« aufblitzt – in einem Kontext, in dem es explizit um die Frage geht, was gut und böse sei.

PARSIFAL.
　　(...) mein Bogen mußte mir frommen
　　gegen Wild und große Männer.
KUNDRY *eifrig.*
　　Ja, Schächer und Riesen traf seine Kraft:
　　den freislichen Knaben fürchten sie Alle.
PARSIFAL.
　　Wer fürchtet mich? Sag'!
KUNDRY.
　　Die Bösen.
PARSIFAL.
　　Die mich bedrohten, waren sie bös'?
Gurnemanz lacht.
　　Wer ist gut? 10, 337

Gute Frage, die da den ansonsten durchweg ernsten Gurnemanz zum Lachen bringt. Gute und Böse schachern in Wagners Werken miteinander, sie streiten sich hingebungsvoll,
getreu der Einsicht, dass zwei, die sich streiten, dasselbe
tun, eben sich zu streiten. Und häufig genug setzen sie durch
Mord und Totschlag dem Schachern ein (vorläufiges) Ende.
Männer kämpfen, handeln und verhandeln mit Männern um
Macht, Reichtum und Frauen – Alberich gegen Mime, Wotan

und Loge gegen Alberich (»ALBERICH [zu Loge, J.H.]: Schändlicher Schächer!/du Schalk! du Schelm!« 5,248), die Götter gegen die Riesen, Fafner gegen Fasolt, Siegmund gegen Hunding (»SIEGLINDE. Der Männer Sippe/saß hier im Saal,/von Hunding zur Hochzeit geladen:/er frei'te ein Weib,/das ungefragt/Schächer ihm schenkten zur Frau.« 6,14). Auffallend häufig sind Frauen die wertvollen Objekte, um die es bei Schacher und Totschlag geht. Frauen haben (mit der halben Ausnahme von Erda) in *Rheingold* wenig zu sagen, aber viel zu klagen. Die Rheintöchter, die nicht verhindern können, dass Alberich ihrem Vater das Gold raubt, aber auch Fricka und Freia sind geradezu systematisch in der Position der Ohnmacht. In ihren Ohren muss die Wendung von »Weibes Wonne und Wert«, dem nichts gleichkomme, wie blanker Hohn klingen.[6] Immerhin hat Fricka keine Hemmung, dem Göttergatten Wotan deutlich die Meinung zu sagen.

> FRICKA.
>> So ohne Scham
>> verschenktet ihr Frechen
>> Freia, mein holdes Geschwister,
>> froh des Schächergewerb's. –
>> Was ist euch Harten,
>> doch heilig und werth,
>> giert ihr Männer nach Macht! 5,215

Das ist frühfeministischer Klartext. Eine göttliche Frau wirft ihrem Göttergatten vor, seine Freude am »Schächergewerbe«, also am Inbegriff des Profanen zu haben und darüber alles Heilige und absolut Wertvolle zu vernachlässigen. Aber auch Wotans Replik hat es in sich. Denn sie weist den Vorwurf nicht etwa zurück, sondern akzeptiert ihn. Allerdings mit dem Hinweis, dass Fricka nicht weniger ökonomisch denkt und handelt als er, dass sie also ihm gleich/äquivalent sei.

---

[6] Vgl. dazu Elfriede Jelineks mäanderndes, nicht sonderlich präzise argumentierendes Buch *Rein Gold – Ein Bühnenessay* (Reinbek – welch hübsche Assonanz zwischen Titel und Verlagsort – 2013).

> Gleiche Gier
> war Fricka wohl fremd,
> als selbst um den Bau sie bat?

Wagners immer wieder unterschätzte Kunst, beziehungs-
reich zu texten, bewährt sich auch in dieser Passage. Denn
Frickas Antwort akzeptiert ihrerseits den erhaltenen Vorwurf,
macht aber zugleich darauf aufmerksam, dass ihre Ökonomie
buchstäblich eine Oikos-Nomie, eine Haus-Wirtschaft sein
will, die den auf ständiger Äquivalenzsuche befindlichen
Wanderer an den heimischen Luxusherd binden soll.

> FRICKA.
> Um des Gatten Treue besorgt
> muß traurig ich wohl sinnen,
> wie an mich er zu fesseln,
> zieht's in die Ferne ihn fort:
> herrliche Wohnung,
> wonniger Hausrath,
> sollten mit sanftem Band
> dich binden zu säumender Rast.

Dass Frickas Wunsch, Wotan an sich und das gemeinsame
Haus zu binden, scheitert, ist offensichtlich, hat er, der Licht-
albe, doch eine starke Gemeinsamkeit mit seinem Antipoden,
dem Schwarzalben Alberich. Auch dieser versteht sich aufs
Schächergewerbe, auch er ist unausgesetzt auf Äquivalenzsuche. Das verdeutlicht schon sein Name [1]: Alberich – Alb/er/
ich. Dieser Name ist dem Eriks aus dem *Fliegenden Holländer*
verwandt. Beide müssen feststellen, dass »er« (der Holländer
bzw. Wotan) und »ich« (Erik bzw. der Schwarzalbe) Gemeinsamkeiten haben, die dem jeweils anderen seiner selbst eher
unangenehm, ja ein Alp sein dürften. Wotan vereint die Vokale A wie Alpha / Anfang und O wie Omega / Ende in seinem

[1] Zu Richard Wagners Obsession für die Gewalt und Aussagekraft
von Namen vgl. ausführlich Leitmotiv 5.

Namen – wenn auch in »falscher« Reihenfolge: Erst kommt das Ende (O), dem dann der Anfang (A) folgt; die Götterdämmerung ist Untergang und Aufgang zugleich. Gemeinsam ist Alberich und Wotan die Lust am »Schächergewerbe«, die die Lust an »Weibes Wonne und Wert« offenbar noch übersteigt. Für Alberich versteht sich das gewissermaßen von selbst. Wird er doch als die Figur eingeführt, die schnell bereit ist, sich einer anderen Frau / Rheintochter zuzuwenden, wenn er von der ersten bzw. zweiten einen Korb erhalten hat. Schon die erste *Rheingold*-Szene macht unmissverständlich deutlich, dass für Alberich, in dessen »Gliedern« nach eigener Aussage »brünstige Gluth brennt und glüht« 5, 208, eine Frau wie die andere, also ein Äquivalent ist. So reagiert er auf die Abfuhr seines Begehrens mit der einigermaßen gelassenen Überlegung, dass er es eben mit drei gleichwertigen, weil gleich begehrenswerten Frauen zu tun hat.

ALBERICH.
Holder Sang
singt zu mir her. –
Wie gut, daß ihr
eine nicht seid!
Von vielen gefall' ich wohl einer:
von einer kies'te mich keine! – 5, 206

Erst nachdem alle drei Rheintöchter gleichermaßen Alberichs brünstiger Glut spöttisch abweisend begegnet sind, gibt es der Schwarzalbe auf, innerhalb der erotischen Sphäre nach weiteren äquivalenten Objekten zu suchen. Er lässt sich vielmehr auf eine ganz große Äquivalenz ein – Gold statt Liebe. Auf diesen ungeheuren Äquivalenz-Gedanken hat ihn der unschuldige (?) Gesang der Rheintöchter selbst gebracht:

WOGLINDE.
Nur wer der Minne
Macht versagt,
nur wer der Liebe
Lust verjagt,

nur der erzielt sich den Zauber,
zum Reif zu zwingen das Gold.

WELLGUNDE.

Wohl sicher sind wir
und sorgenfrei:
denn was nur lebt will lieben;
meiden will keiner die Minne.

WOGLINDE.

Am wenigsten er,
der lüsterne Alb:
vor Liebesgier
möcht' er vergeh'n! 5, 211

Das ist nun eine glatte Fehleinschätzung. Zwar ist Alberich
brünstig, heiß und glühend, und dies so sehr, dass ihm in-
teressanterweise auch nach seinem Gold-für-Liebe-Tausch
noch Energie und Lust genug bleibt, um einen bemerkenswert vitalen Sohn zu zeugen: Hagen.[8] Dennoch möchte er,
der zwischen Lust und Liebe unterscheidet, eben nicht vor
»Liebesgier«, sondern allenfalls vor »Lust« vergehen. Nein:
nicht vergehen, sondern überleben. Und also vergeht er
sich am Rheingold. Wagner hat ein bemerkenswertes Talent,
der Ambivalenz von Worten und Klängen nachzuhören und
sie auszukomponieren. »Vergehen« ist ein solches Wort. Es
meint erstens den Regelverstoß, ja das Verbrechen, zweitens
die Vergänglichkeit (in Wagners klassischen Worten: »alles,
was ist, endet«) und drittens auch das Gehen in die falsche
Richtung. Alberich hat sich verrannt, wenn er sich an den
Rheintöchtern und am Rheingold vergeht, aber er, der der
Minne Macht entsagt, wird so schnell nicht vergehen. Seinem
Sohn Hagen bleibt in Wagners monumentaler Tetralogie, die
ja keinen Mangel an Leichen kennt, das letzte Wort: »zurück
vom Ring!« Aber es wird eben auch sein letztes Wort sein; die
Rheintöchter ziehen Hagen mit sich in die Tiefe des Wassers,
in der er versinken, ertrinken wird, ohne unbewusst höchste

---

[8] Möglich ist natürlich auch, dass Alberich Hagen schon vor seinem
erfolglosen Flirt mit den Rheintöchtern zeugte.

58 Lust zu erfahren. Sein Vater Alberich aber wird nicht vergehen; ihm bleibt ein starker Abgang versagt, er zählt wie die Rheintöchter zu den wenigen Überlebenden der *Ring*-Handlung. Da Brünnhilde vor ihrem Feuertod den Ring an die Rheintöchter zurückgegeben hat, kann rein figuren- und requisitentechnisch die gewaltige Handlung erneut beginnen. Die ersten Figuren, die Rheintöchter und Alberich, werden auch die letzten (gewesen) sein. Auf die *Götterdämmerung* folgt das *Rheingold* – ewige Wiederkehr des Immergleichen? Die Bayreuther Festspiele sorgen ja für die ebenso rituelle wie pragmatische Umsetzung genau dieser Idee. [9]

Systematisch koppelt Wagners *Ring* wertvolle Dinge (die häufig fetischistisch aufgeladen [10] sind wie das Gold, der Ring, der Tarnhelm, das Schwert) an Personen, die heftig miteinander darüber streiten, wie wertvoll diese Dinge sind, die aber durchweg von ihrem eigenen Wert überzeugt sind. Heikel, krisen- und eskalationsträchtig wird diese Wertkonstellation immer dann, wenn Personen und Dinge äquivalent gesetzt werden, wie paradigmatisch in der Szene, in der eine Person (Freia) als Pfand dient und ausgelöst wird (Dinge für Personen) oder umgekehrt eine Person (Alberich) als Äquivalent für ein Ding (Ring) zählt: Schacher allenthalben. Selbst der oberste Gott Wotan, ein notorischer Womanizer und erotomaner Dauerfremdgänger, ist bereit, bei diesem zugleich ernsten und frivolen Spiel der Äquivalenzen zwischen Dingen und Personen mitzumachen. Der Vorabend der Tetralogie führt ihn unmissverständlich als die Figur ein und vor, die, wenn auch mitunter voll Unbehagen, sich auf die Verträge einlässt, die verbindlich Gleich-Gültigkeiten zwischen Dingen und Personen etablieren. Ein Vorspiel mit lauter konkurrierenden, präpotenten, verdinglichungswilligen

[9] Vgl. dazu Bernd Buchner: *Wagners Welttheater – Die Geschichte der Bayreuther Festspiele zwischen Kunst und Politik*. Darmstadt 2013.
[10] Vgl. zur Konjunktur des Fetischismus im 19. Jahrhundert Hartmut Böhme: *Fetischismus und Kultur. Eine andere Theorie der Moderne*. Reinbek 2006, und Jochen Hörisch: *Kopf oder Zahl. Die Poesie des Geldes*. Frankfurt am Main 1996 (Kap. III/3: Geld: Symbol, Allegorie, Fetisch).

Männern: Alberich, Wotan, die Riesen. In der *Walküre* haben sich die Geschlechterverhältnisse entschieden verändert. Als Töchter von Wotan und Erda, die anders als Freia nicht zur Disposition von Schächern stehen, sondern den obersten Gott weise und weit über heutigem Consulting-Niveau beraten, treten die neun Walküren machtvoll in Erscheinung. Frauen überwiegen in diesem Musikdrama die Männer nicht nur numerisch. Brünnhilde, acht weitere Walküren, Fricka und Sieglinde, also elf in je unterschiedlicher Weise heroische Frauen, stehen drei Männern gegenüber, von denen nur der erste Anspruch auf unsere Sympathie stellen darf: Siegmund, Hunding und Wotan. Diese Frauen sind nicht mehr ausschließlich in der Position der aussichtslosen Unterlegenheit wie in *Rheingold*, wo vier Götter (Wotan, Donner, Froh und Loge), zwei Nibelungen (Alberich und Mime) sowie zwei Riesen, also insgesamt sechs Männer (die vielen Nibelungen, die versklavt das Gold zum Ring verarbeiten müssen, nicht mitgezählt) ausgewogen sechs Frauen gegenüberstehen (den Göttinnen Fricka, Freia und Erda sowie den drei Rheintöchtern). Die Wende im Geschlechterverhältnis, die *Die Walküre* im Vergleich zu *Rheingold* nimmt, ist deutlich. Sieglinde befreit sich mit Hilfe ihres Zwillingsbruders aus der Zwangsehe mit Hunding, Fricka setzt ihren Willen triumphal gegen Wotan durch, und die Walküren, denen es ersichtlich nicht an Selbstbewusstsein mangelt, erschlagen männliche Helden ohne Zahl.

Dieser starke Gegenakzent zu den Geschlechterverhältnissen, die am Vorabend der Tetralogie herrschten, wird allerdings am Ende der *Walküre* zurückgenommen und relativiert. Wotan denunziert seine Walküren-Töchter als »weichherziges Weibergezücht« 6,71, und er depotenziert seine Lieblingstochter Brünnhilde zuerst in demütigender und sodann in einer Weise, die man nicht anders als kompromissbildend charakterisieren kann. Sie verliert ihre göttlichen Qualitäten und soll nicht mehr jedem herbeigelaufenen Mann, sondern nur dem unvergleichlichen Helden anheimfallen, der es wagt, den Feuerkreis zu durchschreiten, der Brünnhilde umschließt. Nur ein wirklich freier Geist darf

Freier dieser Frau werden – wieder einmal riskiert Wagner ein frei assoziierendes und eben deshalb aufschlussreiches Wortspiel. Aus dem barschen Strafwort

> In wehrlosen Schlaf
> schließe ich dich;
> der Mann dann fange die Maid,
> der am Wege sie findet und weckt. 6, 74

wird das zärtliche Gebot, das eine Selbstabwertung des männlichen Gottes zugunsten eines menschlichen Helden einschließt: »einer nur freie die Braut, / der freier als ich, der Gott!« 6, 83 *Siegfried* wird nach der feminin dominierten *Walküre* ein fast nur von Männern bestrittenes Musikdrama sein. Schon der Titel zeigt an, dass nun ein Mann das Sagen haben soll. Fünf Männer (der mutterlos groß gewordene Siegfried, Mime, der Wanderer, Alberich und Fafner) stehen nur zwei Frauen gegenüber (Erda und Brünnhilde). Emphatischer und enthusiastischer als bei Siegfried und Brünnhilde aber könnte die liebe- und lustvolle Vereinigung von Mann und Weib und Weib und Mann nicht ausfallen. Sie reichen vereint an die Gottheit heran, obwohl oder eben weil die Frau ihren göttlichen Status verloren hat und der Mann freier als der Gott, genauer: freier als der göttliche Vater (von Brünnhilde) bzw. Großvater (von Siegfried) ist. Das hat die delikate Implikation, dass die leidenschaftlich Liebenden im Verwandtschaftsverhältnis von Tante zu Neffe stehen, Siegfried also den Inzest, dem er sein Leben verdankt, fortsetzt. Nicht trotz, sondern wegen der schon dadurch deutlichen souveränen Ignoranz gegenüber Tabus und Gesetzen ist das »Schächergewerbe« und das ihm liierte Vertrags- und Ersatzwertwesen endlich außer Kraft gesetzt und überwunden. Auf Inzest setzen heißt eben auch, Frauen nicht zu Tauschobjekten im Verkehr mit anderen Stämmen zu machen, wie der strukturalistische Ethnologe und Wagnerianer Claude Lévi-Strauss herausgestellt hat. [11]

Weibes Wonne und Wert treten am Ende des zweiten Tages der Tetralogie strahlend in Erscheinung. Diese beiden, Brünnhilde und Siegfried, sind füreinander und nur füreinander bestimmt. Sie sind ganz dem Code der leidenschaftlichen Liebe verpflichtet, der keine Ersatzwerte zulässt – du, nur du allein; er/sie liebt nur mich, das lass ich mir nicht rauben. Beide feiern eine Liebe, welche höher ist denn alle Vernunft, die x-y-Gleichungen und also Äquivalenzen bzw. Ersatzwerte berechnen muss. Umso bestürzender ist es, feststellen zu müssen, dass diese Emphase der Unverwechselbarkeit und Unvertauschbarkeit in der *Götterdämmerung* kollabiert. Der Doppelsinn, ja der dreifache Sinn des Wortes Passion macht sich am Ende der Tetralogie geltend. Brünnhilde, die leidenschaftlich Liebende, leidet wie keine Frau vor ihr, weil sie ganz und gar in die Rolle der Passiven gepresst wird – in ihrer Passion vereinen sich in gespenstischer Weise Leidenschaft, Leiden und Passivität. Sie wird zum Äquivalent, zum Ersatzwert für eine andere und für einen anderen. In der Gestalt Gunthers – die Tarnkappe ermöglicht die Herstellung auch visueller Gleichheiten – zwingt Siegfried Brünnhilde zur Ehe. Die Emphase der Einzigartigkeit jenseits aller Tauschlogik hat ein Ende. Siegfried erhält Gutrune als Äquivalent für Brünnhilde, Gunther muss Siegfried an der Seite Brünnhildes ersetzen. Brünnhildes Entsetzen über diese Tauschbewegungen des Ersetzens ist grenzenlos und ohnegleichen.

Die *Götterdämmerung*, in der vier Männer (Siegfried, Gunther, Hagen und Alberich) neun Frauen (Brünnhilde, Gutrune, Waltraute, den drei Nornen und den drei Rheintöchtern; hinzu kommen »Mannen. Frauen«, wie Wagners Liste der dramatis personae lakonisch vermerkt) gegenüberstehen, kehrt zum »Schächergewerbe«, wie *Rheingold* es vorführte, zurück. Nun aber, in der Abenddämmerung des dritten Tages der Tetralogie, werden anders als an ihrem Vorabend nicht dingliche Fetischwerte wie Gold, Ring und Tarnkappe gegen eine Person (Freia) getauscht bzw. eingelöst, vielmehr werden Personen (Brünnhilde–Gutrune, Siegfried–Gunther) selbst Substitute füreinander. Wonnevolle Erfahrungen wie

11 Vgl. Claude Lévi-Strauss: *Die elementaren Strukturen der Verwandtschaft*. (Paris 1948) Frankfurt am Main 1981, S. 60 ff. und S. 580 ff.

die der Vereinigung mit Siegfried macht Brünnhilde nicht mehr, und für Wonnegefühle bei ihrem Ersatzgemahl Gunther wird sie nicht sorgen. Damit aber ist ihr Dasein völlig entwertet. Den obersten Wert jenseits aller vertauschbaren Einzelwerte gibt es nicht mehr, er ist in sich zerfallen. Und mit diesem Wert, der höher ist als alle Vernunft und höher als alle Werte, die der ökonomische Verstand kalkulieren kann, zerfällt auch der Wert, der traditionell als der ultimative gilt: der göttliche Wert. Götterdämmerung – das ist eine pluralische Wendung nicht nur deshalb, weil in Wagners Werk mehrere Götter das Sagen haben, sondern auch deshalb, weil es neben den Göttern noch andere gottgleiche Werte gibt, die sich nicht miteinander vertragen, die nicht per Vertrag gleiche Gültigkeit aushandeln können, Werte wie Macht, Besitz und Liebe.

Man kommt der Tiefenstruktur von Wagners grandiosem opus magnum näher, wenn man nicht davor zurückscheut, es auch oberflächlich zu betrachten. In der Mitte des vierteiligen Werkes stehen ein Gattungs- und ein Eigenname: *Die Walküre* und *Siegfried*. Eingerahmt werden diese auf unverwechselbare Individualgeschichten fokussierten Werkteile durch ein eröffnendes bzw. durch ein abschließendes Werk, die schon im Titel anzeigen, dass es hier nicht um unverwechselbare individuelle Geschichten geht. *Rheingold* bezeichnet ein wenn auch außerordentlich wertvolles Material, aus dem sich Dinge wie der Ring und die Tarnkappe formen lassen, mit deren Hilfe Zwerge und Riesen, Menschen und Götter Macht über Dinge und Menschen ausüben wollen. Sie müssen alle mitsamt die eigentümliche Erfahrung machen, der schon in der Homunculus-Szene von Goethes *Faust* Mephisto Ausdruck verlieh: »Am Ende hängen wir doch ab / Von Kreaturen, die wir machten.« Wagner radikalisiert dieses Motiv. Die Protagonisten des *Rings* hängen nicht nur von selbst geschaffenen Kreaturen, sondern vielmehr von Dingen ab, die zu wertvollen Waren wurden, um die geschachert und um derentwillen bis aufs Blut gekämpft wurde. Die *Götterdämmerung* macht schließlich deutlich, dass noch und gerade die oberste Leitungsebene nicht mehr in der Lage ist, den Prozess der Verdinglichung zu kontrollieren. Es gehört zu den selten bedachten Paradoxien von Wagners *Ring*, dass Götter ausgerechnet im letzten Teil des Werkes, das sie doch in seinem Titel aufführt, nicht vorkommen. Wotan und Loge, um von Fricka, Frohe und Donner zu schweigen, haben in der *Götterdämmerung* nichts mehr zu sagen bzw. zu singen. Sie sind von Subjekten des Aussagens zu Subjekten in den Aussagen anderer geworden. Dingliche Werte sind nicht länger Instrumente von Weltkontrolle und Macht, sondern selbst machtvolle Agenten bzw. Agenten der Macht, die Subjekte, und seien es göttliche Subjekte, auf den tiefen Sinn ihres Begriffs aufmerksam machen – eben Sub-jekte, d. h. Unterworfene zu sein, Ding-Werten untertan zu sein.

Verdinglichung / Äquivalenzen: Richard Wagner (1813–1883) und Karl Marx (1818–1883) sind Zeitgenossen, die noch 1848 /49 die starke Gemeinsamkeit hatten, der März-Revolution zum Erfolg verhelfen zu wollen. Gemeinsam ist ihnen bei allen anderen unüberseh- und unüberhörbaren Differenzen auch die hohe Aufmerksamkeit für das Phänomen der Verdinglichung. Der Begriff kommt in Marx' Hauptwerk *Das Kapital* genau zweimal vor. Er bringt theoretisch das Problem auf den Punkt, das Wagners *Ring* unablässig umkreist, eben das der Verdinglichung, mit welchem Begriff Marx die »Personifizierung der Sachen und die Versachlichung der Produktionsverhältnisse« zu fassen und als »Religion des Alltagslebens« im Kapitalismus zu verstehen versucht. In Marx' Worten: »Im Kapital – Profit, oder noch besser Kapital – Zins, Boden – Grundrente, Arbeit – Arbeitslohn, in dieser ökonomischen Trinität als dem Zusammenhang der Bestandteile des Werts und des Reichtums überhaupt mit seinen Quellen ist die Mystifikation der kapitalistischen Produktionsweise, die Verdinglichung der gesellschaftlichen Verhältnisse, das unmittelbare Zusammenwachsen der stofflichen Produktionsverhältnisse mit ihrer geschichtlich-sozialen Bestimmtheit vollendet: die verzauberte, verkehrte und auf den Kopf gestellte Welt, wo Monsieur le Capital und Madame la Terre (Marx ist wie Wagner bemerkenswert Gender-sensibel, J. H.) als soziale Charaktere und zugleich unmittelbar als bloße Dinge ihren Spuk treiben. Es ist das große Verdienst der klassischen Ökonomie, diesen fal-

schen Schein und Trug, diese Verselbständigung und Verknö-
cherung der verschiedenen gesellschaftlichen Elemente des
Reichtums gegeneinander, diese Personifizierung der Sachen
und Versachlichung der Produktionsverhältnisse, diese Religion des Alltagslebens aufgelöst zu haben.«[12]

Fünfzig Seiten später nimmt Marx' dreibändiges Hauptwerk, das nicht weniger monumental und megaloman aus-
fällt als Wagners gleichzeitig entstandene Tetralogie, den
Begriff »Verdinglichung« erneut auf, wenn er auf »die ganze
Wertbestimmung und die Regelung der Gesamtproduktion
durch den Wert« zu sprechen kommt. »In dieser ganz spezifischen Form des Werts gilt die Arbeit einerseits nur als gesellschaftliche Arbeit; andrerseits ist die Verteilung dieser gesellschaftlichen Arbeit und die wechselseitige Ergänzung, der
Stoffwechsel ihrer Produkte, die Unterordnung unter und
Einschiebung in das gesellschaftliche Triebwerk, dem zufälligen, sich wechselseitig aufhebenden Treiben der einzelnen
kapitalistischen Produzenten überlassen. Da diese sich nur
als Warenbesitzer gegenübertreten und jeder seine Ware so
hoch als möglich zu verkaufen sucht (auch scheinbar in der
Regulierung der Produktion selbst nur durch seine Willkür
geleitet ist), setzt sich das innere Gesetz nur durch vermittelst
ihrer Konkurrenz, ihres wechselseitigen Drucks aufeinander,
wodurch sich die Abweichungen gegenseitig aufheben. Nur
als inneres Gesetz, den einzelnen Agenten gegenüber als blin-
des Naturgesetz, wirkt hier das Gesetz des Werts und setzt
das gesellschaftliche Gleichgewicht der Produktion inmitten
ihrer zufälligen Fluktuationen durch. / Es ist ferner schon in
der Ware eingeschlossen, und noch mehr in der Ware als Produkt des Kapitals, die Verdinglichung der gesellschaftlichen
Produktionsbestimmungen und die Versubjektivierung der
materiellen Grundlagen der Produktion, welche die ganze kapitalistische Produktionsweise charakterisiert.«[13]

Richard Wagner, der bei all seinem unbändigen Mitteilungsdrang nie ein Wort über Karl Marx verloren hat, obwohl

[12] Karl Marx: Das Kapital. Berlin 1967, MEW 25, S. 838.
[13] Ebd., S. 887.

er schon früh über die gemeinsamen Freunde und Bekannten (Heinrich Heine, Georg Herwegh, Ferdinand Freiligrath,
Michael Bakunin, Karl Gutzkow – um nur sie zu nennen) mit
seiner Existenz und seinen Ideen vertraut war, steht zentralen Theoremen von Marx fraglos nahe. Einige der Formulierungen aus dem 1849 entstandenen Essay *Die Kunst und die
Revolution* – etwa diese: »Unser Gott aber ist das Geld, unsere Religion der Gelderwerb« 3,27 – klingen wie Paraphra-
sen bzw. Antizipationen der Kapitalismusanalyse von Marx.
So, wenn Wagner beklagt, dass der Künstler in der Moderne
zum Handwerker wurde, der sein Arbeitsprodukt so verkaufen muss wie der Arbeiter seine Ware – Arbeitskraft: »Giebt
er (der zum Handwerker/Arbeiter depotenzierte Künstler, J. H.) aber
das Produkt seiner Arbeit von sich, verbleibt ihm davon nur
der abstrakte Geldeswerth, so kann sich unmöglich seine
Thätigkeit je über den Charakter der Geschäftigkeit der Maschine erheben; sie gilt ihm nur als Mühe, als traurige, saure
Arbeit. Dieß Letztere ist das Loos des Sklaven der Industrie;
unsere heutigen Fabriken geben uns das jammervolle Bild
tiefster Entwürdigung des Menschen: ein beständiges, geist-
und leibtödtendes Mühen ohne Luft und Liebe, oft fast ohne
Zweck.« 3,25

Wagner aber steht Marx nicht nur wahlverwandtschaft-
lich (also angespannt) nahe – er hat *Das Kapital* vertont. *Rheingold* entstand zur Zeit des kalifornischen Goldrauschs. Wagner hat die Nachrichten von der Westküste der USA fasziniert
verfolgt und sich immer erneut der Phantasie hingegeben,
selbst in das Land zu emigrieren, in dem die ursprüngliche
Akkumulation von Kapital im Zeitraffer stattfand. Alberich
ist nach dem Bild eines kalifornischen Goldschürfers gestaltet; kaum ein Regisseur lässt sich die Pointe entgehen, den
Schatzfinder als den die Nibelungen ausbeutenden Kapita-
listen und Großindustriellen darzustellen, als den Wagner
ihn tatsächlich konzipiert hat.[14] Im *Ring* erklingen aber auch
Thesen, Theoreme und Motive, die Marx, der seinerseits
Wagner aufmerksam beobachtete und so scharfzüngig wie
mitteilungsbedürftig analysierte, weitgehend ausgeblendet
hat. Richard Wagner hat die Ökonomietheorie von Karl Marx

um religionsanalytische und erotologische Motive erweitert. Diese sind bei Marx zwar auch zu finden, wie seine Wendungen von »Monsieur le Capital« und »Madame la Terre« bzw. die soeben zitierte Trinitätstheorie des Kapitals und die berühmte Formel von den »metaphysischen Spitzfindigkeiten und theologischen Mucken«[15] der Waren- und Geldform aus dem Fetischismus-Kapitel des *Kapital* mehr als nur andeuten. Wagner aber setzt einen anderen musikdramatischen Akzent als Marx, er ist, musisch gedopt, enthemmter als der Kapitaltheoretiker, wenn er das »Schächergewerbe« analysiert. Für Wagner steht ungleich pointierter als für Marx fest, dass der sich selbst als kalkulierend und rational beschreibende Kapitalismus der Stoff ist, aus dem die irrationalen und eben deshalb spannenden Geschichten gewebt sind.[16] Wagner bringt die libidinöse Ökonomie und die ökonomisierte Libido zum Erklingen und zum Tanzen.

[14] Vgl. dazu ausführlicher Jochen Hörisch: »*Weibes Wonne und Wert*« oder »*Rheingold und Goldrush*«; in: Programmbuch Bayreuther Festspiele 2001. Bayreuth 2001, S. 44–80 (mit englischer und französischer Übersetzung).

[15] Marx: *Das Kapital* 1. a. a. O., S. 85.

[16] Kapitalismus ist unkritischer Irrationalismus, so lautet die Leitthese in Jochen Hörisch: *Man muss dran glauben. Die Theologie der Märkte*. München 2013.

Kommentar zu Leitmotiv Nr. 1 Der Fliegende Holländer

Jede Zeit hört die Musik der vergangenen Epochen durch einen Filter von gegenwärtigen Hörerfahrungen. Und auch die jeweils zeitgenössische Musik wurde und wird stets mit dem verglichen, was um sie herum sonst noch zu hören ist. Dabei setzt der Vergleichende selbstverständlich die Parameter ein, die ihm geläufig sind. So manches Mal könnte man auch von Klischees sprechen, die erfüllt werden oder eben nicht erfüllt werden. Und wertungsneutral müsste man fragen, ob ein Komponist eine Hörerwartung erfüllen oder diese ent-täuschen bzw. eine Überraschung erzeugen will.

Im Jahre 1843 hat Wagners neue Oper *Der Fliegende Holländer* in Dresden alles andere als einen rauschenden Erfolg. Lag es vielleicht an der ersten Fassung der Ouvertüre? Sie hatte noch nicht den verklärenden Schluss der Fassung, die der Komponist erst 1860 für ein Konzert in Paris modifiziert und dann auch entsprechend ans Ende der Oper gesetzt hatte. Das kann der Grund nicht gewesen sein, denn im selben Jahr der Uraufführung war *Der Fliegende Holländer* in Kassel unter der Leitung von Louis Spohr ein großer Erfolg. Wahrscheinlich hatte man in Dresden nach dem Erfolg des *Rienzi* so etwas nicht erwartet. Es sind ja oft banale oder technische und organisatorische Gründe, warum eine Uraufführung nicht den Erfolg hat, den ein Werk später erfährt. Nach seiner »Großen romantischen Oper *Die Feen*«, seiner »Großen komischen Oper *Das Liebesverbot*« und der »Großen tragischen Oper *Rienzi*« hatte Wagner für einen Endzwanziger schon einige »Routine« in dem Genre gesammelt und beherrschte das Handwerk. Nach dem Misserfolg der *Feen* in Magdeburg – *Das Liebesverbot* wurde zu

Wagners Lebzeiten gar nicht aufgeführt – hatte sein *Rienzi*
in Dresden sehr gefallen. Die Meisterschaft der Komposition
ist mindestens vergleichbar mit den erfolgreichen Werken
der Zeit von Spontini, Auber, Marschner, der Brüder Lach-
ner und Spohr. Und wenn Wagner sich später von der *Rienzi*-
Ästhetik distanzierte, hat er doch immer auf sein ernstes
Anliegen bei dieser Komposition verwiesen.[1]

Die *Rienzi*-Ouvertüre ist sehr wirkungsvoll und wird noch
oft gespielt. Die langsame Einleitung mit der ausladend-
hymnischen Melodie ①, das stürmische ALLEGRO ENERGI-
CO (in der Reprise: UN POCO VIVACE ②) und der Schlussteil
MOLTO PIÙ STRETTO ③ verfehlen auch heute im Konzert
ihre Wirkung nicht.

Hat man das damals auch als »neu« empfunden oder
fühlte man sich in seiner Hörerwartung mehr oder weniger
bestätigt?

Seine neue »Romantische[2] Oper *Der Fliegende Holländer*«,
deren gesamte Aufführung ursprünglich ohne Pausen konzipiert war, ist noch nach dem Prinzip einer Nummernoper
mit abgegrenzten Szenen aufgebaut.[3] Nach der *Introduktion*
Nr. 1 ist die Arie Nr. 2 (*Holländer*) als veritable Cavatine im
Sinne einer Auftrittsarie komponiert. Und da das Dresdner
Theater auf den üblichen Pausen bestand, stellt die als *Szene, Duett und Chor* bezeichnete Nr. 3 (das Gespräch um Dalands Gastfreundschaft, seine treue Tochter und den Schatz
auf dem Holländer-Schiff) bereits das Finale des 1. Aktes dar.
Auch Rezitativisches (Accompagnato) ist in die Szenen integriert, aber nicht zwischen die einzelnen Nummern. Wagners Begeisterung für Daniel François Esprit Aubers Oper

1 Richard Wagner: *Eine Mitteilung an meine Freunde;* in: Jubiläumsausgabe, hrsg. von Dieter Borchmeyer. Frankfurt am Main 1983. Bd. VI, S. 320.
2 Das Wort »romantisch« hat eine bewegte Geschichte, bedenkt
man, dass E. T. A. Hoffmann in seiner berühmten Rezension von
Beethovens 5. Symphonie »die Musik als romantischste aller Künste«
bezeichnet, »rein romantisch«, und im heutigen Sprachgebrauch
der Begriff eher für ein »Candle Light Dinner« oder eine Hochzeit
im Schloss geläufig ist.
3 wobei die »Nummern« aber größtenteils nahtlos ineinander
übergehen ...

La muette de Portici und auch für Fromental Halévys La Jui-ve[4] ist im *Rienzi* wie auch im *Holländer* noch hörbar: viele verminderte Septakkorde, chromatische Läufe im ganzen Orchester, stürmische Dramatik, quasi durchkomponier-te Szenen. An Vincenzo Bellinis Oper *Norma* sei erinnert, die Wagner 1837 noch in Riga dirigierte und für die er 1841 eine eingelegte Arie komponierte. Und er bewunderte die »Reformopern« Christoph Willibald Glucks *(Iphigenie en Tauride, Iphigenie en Aulide* und *Orphée et Eurydice),* die be-reits ähnliche Tendenzen aufweisen?[5]

Wenn man bedenkt, dass zur selben Zeit Louis Spohrs Oper *Faust,* Heinrich Marschners *Vampyr, Hans Heiling,* die Opern der Lachner-Brüder, alle Lortzing-Opern, also auch die »nicht-komische« wie *Undine,* gesprochene Dialoge zwi-schen den Musiknummern hatten (Gaspare Spontinis in Deutschland oft gespielte Opern haben orchestrale Rezita-tive zwischen den einzelnen Nummern; Secco-Rezitative in italienischen Opern – auch bei Mozart – wurden in der deut-schen Version oft durch Dialoge ersetzt), dann bedeutete schon die Tatsache einer quasi durchkomponierten musika-lischen Handlung, bei der Szenen, Arien, Rezitative, Chöre und Ensembleszenen recht frei miteinander kombiniert werden, eine Neuerung für die deutsche Oper, die Wagner schon im *Rienzi,* ja, eigentlich schon in *Die Feen* angestrebt hatte.

Aber noch größere Aufmerksamkeit – oder zunächst auch Unverständnis – dürfte wohl, trotz des noch fehlen-den verklärenden Schlusses, die Ouvertüre erzeugt haben. Selbst Mozart hat in seinen Opernouvertüren wenig oder keinen motivischen Bezug zur Musik des folgenden Stückes komponiert. Lediglich in der *Entführung* ist der Mittelteil die Mollversion der ersten Belmonte-Arie, im *Don Giovanni*

Kommentar zu Leitmotiv Nr. 1 Der Fliegende Holländer

---

[4] Richard Wagner: *Mein Leben,* hrsg. von Martin Gregor-Dellin. München 1963. Erster Teil. Diese Begeisterung wurde allerdings später in *Eine Mitteilung an meine Freunde* relativiert.
[5] Auch bei Louis Spohr gibt es bereits Tendenzen zum »Durch-komponieren«, z. B. in *Der Berggeist.* Siehe auch Wolfram Boder: *Die Kasseler Opern Louis Spohrs.* Kassel 2007.

ist es schon die Musik des Komturs aus dem zweiten Finale, die vorweggenommen wird, in der *Zauberflöte* sind es nur die drei Akkorde. Sonst sind seine Ouvertüren orchestrale Musik, die vor dem eigentlichen Stück erklingt, damit das Publikum langsam zur Ruhe kommt und auf die Grundatmosphäre eingestimmt wird. »Sinfonia« hieß eine Ouvertüre ja auch zunächst. Ludwig van Beethovens *Leonoren*-Ouvertüre zitiert in allen drei Fassungen im Mittelteil die Arie des Florestan, in der 2. und 3. Version nimmt er das rettende Trompetensignal vorweg, was Wagner kritisiert,[6] während er die *Fidelio*-Ouvertüre in E-Dur lobt, weil diese in die Handlung einführe, sie aber nicht vorwegnehme. Dasselbe Ideal lobt er in der *Coriolan*-, der *Egmont*- und in Carl-Maria von Webers *Freischütz*- und *Oberon*-Ouvertüre, während er die »Potpourri-Ouvertüren« wie die zu *La Vestale* von Spontini und die zu *Guillaume Tell* von Gioacchino Rossini als zu oberflächlich[7] verurteilte. Ausdrücklich bezieht er sich neben *Don Giovanni* und Gluck auf Luigi Cherubinis *Les deux journées (Der Wasserträger)*[8] als Vorbilder. Vor diesem Hintergrund muss man fragen dürfen, ob Wagner hier seinen eigenen Maßstäben gefolgt ist. Den Verdacht einer Potpourri-Ouvertüre legt dieses großartige Musikstück ziemlich nahe. Und der Vorwurf der Vorwegnahme des Handlungsverlaufs, den er bei Beethovens *Leonore* bemängelte, gerade mit der späteren Verklärung, ist auch nicht von der Hand zu weisen. Und doch ist sie nicht nur für die Zeit, auch in harmonischer Hinsicht, ein unerhört neuartiges Musikstück und weist bereits auf die Anfänge von *Rheingold* und *Walküre* und *Siegfried* hin.

Es waren doch die Klangflächen zu Beginn von Beethovens 9. mit leeren Quinten, die eine Anregung gegeben haben dürften. ④

Beethovens *Eroica*, seine 7. und 9. Symphonie waren schließlich Zeit seines Lebens Objekte seiner größten Bewunderung,

[6] Richard Wagner: *Über die Ouvertüre.* Bd. V, a. a. O., S. 197 f.
[7] Ebd., S. 199.
[8] Ebd., S. 197

von denen Wagner eigenhändige Abschriften der gesamten Partitur angefertigt hatte; die Beethovenschen Nebelschwaden der leeren Quinten (p, pp) hat er auf die stürmische See vom Skagerak übertragen, ins *ff*. ⑤

Die kicksenden »Nebelhörner« künden Unheil, die vorgezeichnete Tonart d-Moll wird durch keine Terz manifestiert. Die leere Quint hat keine harmonische Funktion. Unvermittelt mündet sie (Takt 13) in den verminderten Septakkord (C–Dis–Fis–A), den man zunächst als C–Es–Fis–A in der Funktion eines (verkürzten) Zwischendominant-Septakkords zu G (Dur oder Moll) hören möchte. ⑥

Aber die enharmonische Freiheit, jeden Ton eines verminderten Septakkords zum Leitton zu erklären, wird voll ausgenutzt, C wird zu His und damit zur Terz eines Gis7, den man in kadenzieller Hörgewohnheit nach Cis auflösen möchte. Aber auch das wird nicht eingelöst, sondern chromatisch zunächst in die Irre, dann zum rettenden A-Dur mit vorherrschender leerer Quinte A–E geleitet. Erst jetzt befinden wir uns in der Umgebung der Haupttonart d-Moll, die ja schon Beethoven für seine Klaviersonate Nr. 17, op. 31,2, *Sturmsonate* genannt, verwendete. ⑦

Der stürmische Anfang der *Walküre* ist schließlich auch in d-Moll, verzichtet sogar noch auf die leere Quinte und kann trotz der gejagten Celli und Kontrabässe doch wohl auch als Klangfläche bezeichnet werden. ⑧ – In der *Holländer*-Ouvertüre landen wir dann in einem sicheren Hafen auf A. Die Erlösung durch eine liebende Frau (Melodie im Englischhorn wie im *Tristan* als quasi Oboe d'amore) erklingt in F-Dur, der Paralleltonart von d-Moll, ⑨ leitet dann zurück nach A, von wo aus der »Sturm« in d-Moll von neuem losgeht und regelrecht symphonisch eine Durchführung erfährt. Das 3. Thema (»Steuermann, lass' die Wacht«) wird durch viele chromatische Verirrungen angesteuert und bildet wiederum einen Ankerpunkt. ⑩ Der später veränderte Schluss in D-Dur ⑪ verarbeitet das Erlösungsthema des Englischhorns nun im vollen Tutti und verklärt dieses durch eine zarte plagale Kadenz, die man wegen ihres häufigen Gebrauchs beim gesungenen »Amen« auch Kirchenkadenz nennt. ⑫ Auch diese Wirkung verwendet Wagner am Ende der *Götterdämmerung*.

So konventionell *Der Fliegende Holländer* für unsere Ohren heute auch im Vergleich zu den Werken ab *Rheingold* klingen mag, viele musikalische Elemente sind bereits hier angelegt und werden bewusst von Richard Wagner eingesetzt.

Leitmotiv Nr. 2
Himmlische Familienbande
oder Die toten Väter

Die bevorzugten Handelsgüter in Wagners romantischen Opern und Musikdramen sind sexualisierte Objekte, genauer: verkaufte, verpfändete, eingetauschte oder als Preis für exquisite ästhetische Leistungen öffentlich ausgelobte Bräute. Sie stammen mit seltsamer Regelmäßigkeit aus gestörten Familien, und sie gelangen nicht minder regelmäßig in gestörte Familien. Senta und Elsa, Freya und Sieglinde, Brünnhilde und Isolde, ja noch Elisabeth und Eva inkarnieren »Weibes Wonne und Wert« als begehrenswerte und gerade deshalb ökonomischen Regeln unterworfene Wertobjekte. Das Motiv der verkauften Braut hat bekanntlich eine lange Tradition.[1] Aber im 19. Jahrhundert hat dieses Motiv einen spezifischen Akzent gewonnen. Die Liebes- und Heiratsordnung ist zu dieser Zeit im Umbruch. Es kommt zu außerordentlich literaturtauglichen Kompromissbildungen zwischen zwei konkurrierenden Liebesmodellen: der von Eltern und Familienclans arrangierten bzw. nahegelegten und der von den Liebenden heiß begehrten Ehe. Der Kompromiss besteht in aller Regel darin, dass die Braut ein- bis dreimal die vernünftigen Vorschläge der Altvorderen im Namen ihrer leidenschaftlichen Unvernunft ablehnen darf. Auch Senta, Eva und Brünnhilde unterliegen väterlichen Ehe-Dispositionen, lassen sich davon aber ihre Leidenschaft und Autonomie nicht austreiben.

Wer mit dem beliebten kulturhistorischen Schema arbeitet, demzufolge Neuzeit und Moderne kalt, kalkulierend und rational sind, während die Vormoderne sich durch Wärme,

---

1 Reiches Material zum Thema breitet der Katalog des Rautenstrauch-Joest-Museums für Völkerkunde in Köln aus: *Die Braut – Geliebt, verkauft, getauscht, geraubt – Zur Rolle der Frau im Kulturvergleich*. 2 Bde., Köln 1985.

Romantik und Intimität auszeichnet, liegt definitiv falsch, beruhen doch gerade vormoderne Ehe-Arrangements auf Brautpreisen, Familienkalkulationen und kühlen Erwägungen. Ihr Grundmotiv ist es ja, aus der Perspektive abgeklärter Lebenserfahrung den jungen Liebenden deutlich zu machen, dass das Wort »Liebeswahnsinn« ein »Pleonasmus« ist – »Liebe ist ja schon ein Wahnsinn.«[2] Heinrich Heines Bonmot variiert ein altes Motiv, das Terenz schon im Jahr 166 v. Chr. in seiner Komödie *Andria* I,3 entfaltet: amantes sunt amentes / Liebende sind verrückt. Das schlichte, vormoderne »Traditionsideal der vernünftig-geordneten Liebe«,[3] das überlegene elterliche Vernunft über die Ehepartner der Kinder entscheiden ließ, ist nicht mehr durchzuhalten, wenn Liebe romantisiert und verabsolutiert wird. Genau dies aber ist der schöne paradoxe Effekt von Aufklärung. Ausgerechnet die rationalitätsfokussierte Aufklärung sorgt dafür, dass Gefühle und Leidenschaften gegen die vermeintlich höhere Vernunft einer gottgegebenen Ordnung und der sie repräsentierenden Vaterautorität eingeklagt werden können. In dem Maße, in dem sich aufgeklärte Vernunft durchsetzt, kann und darf Liebe unvernünftig, leidenschaftlich und dennoch ehetauglich werden.

Aufklärung und Emanzipation heißt sehr konkret immer auch, dass sich Töchter gegen ihre Väter entscheiden und also mit Männern vereinen können, die nicht mit dem Brautvater kooperieren, sondern sich gegen ihn profilieren. Literatur- und Kulturwissenschaft sind aus nachvollziehbaren Gründen auf den ödipalen Vater-Sohn-Konflikt fokussiert. Dass dieser Konflikt weite Teile der Literatur-, Kunst- und Kulturgeschichte thematisch und motivisch prägt, lässt sich nicht sinnvoll bestreiten.[4] Diese Über-Evidenz blendet aber den Blick auf den Umstand, dass die (häufig freundliche bis liebevolle – siehe Brünnhilde!) töchterliche Distanzierung vom bzw. Revolte gegen den Vater anders als die ödipale Be-

2 Heinrich Heine: *Atta Troll*, in: *Sämtliche Schriften in zwölf Bänden*, hrsg. von Klaus Briegleb. München / Wien 1976, Bd. 7, S. 543.
3 Niklas Luhmann: *Liebe als Passion – Zur Codierung von Intimität*. Frankfurt am Main 1982, S. 119. Vgl. auch Friedrich A. Kittler: *Dichter, Mutter, Kind*. München 1991.

kämpfung des Vaters nicht epochenübergreifend, sondern epochenspezifisch ist. Selbstredend kennt auch schon die antike Literatur revoltierende Frauen und Töchter wie Antigone oder Medea. Sie fungieren jedoch in einer gänzlich anderen Familienkonstellation als der, die sich in Neuzeit und Moderne ausbildet. Mit einem Wort: Zwischen Antigone und Shylocks Tochter Jessica spreizt sich eine ungleich größere Distanz als zwischen Ödipus und Hamlet. Ob König Lears Töchter oder Racines Iphigenie, ob Emilia Galotti oder Luise Miller, ob Jeanne D'Arc oder Goethes Iphigenie, ob E. T. A. Hoffmanns Clara oder Gottfried Kellers Meretlein – sie alle setzen, obligatorisch in Ambivalenzkonflikte verstrickt, ihre eigene Vernunft-Leidenschaft gegen die ihrer biologischen und kulturellen Väter. In diesem Konflikt laufen die Patriarchen nur dann zu einer großen Form auf, wenn sie mit dem Vater der Klugen aus Carl Orffs gleichnamiger Oper reuevoll ausrufen: »O hätt ich meiner Tochter nur geglaubt!«

All diese Töchter wollen nicht getauschte Wertgegenstände sein, die dem rationalen Kalkül des Schächergewerbes unterliegen.[5] Ihre Geschichten können als Belege dafür verstanden werden, dass die Epoche vergangen ist, in der »Familie noch als den Wechsel der Generationen überdauernde Einheit begriffen wurde und die Eheschließung deshalb nicht als Neugründung einer Familie freigegeben, sondern als Reproduktion der Familie kontrolliert werden mußte.«[6] Sie alle wollen neue (Gegen-)Familien gründen, statt alte Familienbande fortwalten zu lassen. Auffallend viele der mild revoltie-

---

[4] Vgl. dazu Peter von Matt: *Verkommene Söhne, missratene Töchter – Familiendesaster in der Literatur.* München 2001 (5.).

[5] Den literar- und kulturhistorischen Kontext stellt kenntnisreich Peter von Matt dar.
Die groß angelegte *Pocahontas*-Studie von Klaus Theweleit geht überwältigend materialreich dem von der Antike bis zur Gegenwart reichenden Motivkomplex »Liebe (einer Tochter, J. H.) zu einem Fremden; Errettung des Fremden vorm angedrohten Verrat; Verrat am eigenen Vater, dem König« nach (*Buch der Königstöchter – Von Göttermännern und Menschenfrauen – Mythenbildung, vorhomerisch, amerikanisch – Pocahontas II.* Frankfurt am Main 2013 , S. 16).

[6] Niklas Luhmann: a. a. O., S. 163.

renden, leidenschaftlich liebenden und abgründig leidenden Töchter bleiben bzw. sterben jedoch kinderlos. Brünnhilde ist auch in dieser Hinsicht die ultimativ gesteigerte Inkarnation der aufgeklärten und eben deshalb romantischen Töchter von Neuzeit und Moderne. Sie erlebt und durchlebt die Paradoxien der Familienbande, aber sie überlebt diese nicht. Knirschende Paradoxien aufgeklärter Emanzipationsbewegungen, wie sie sich in Brünnhilde verdichten, die im Namen des Vaters gegen den göttlichen Vater antritt, die gegen den väterlichen Willen kämpft, um Wotan vor sich selbst zu schützen, werden bis heute nur selten bedacht. Wer sich, um nur zwei aktuelle Beispiele zu nennen, in feministisch dominierten Political-Correctness-Kontexten unbeliebt machen möchte, muss erstens nur darauf hinweisen, dass der sogenannte Mädchenname, den eine emanzipierte Frau nach der Heirat beibehält (und sei es hälftig beim Doppelnamen) der Familienname ihres Vaters ist. Sie kann selbstredend, etwa weil sie sich dem Vater enger verbunden fühlt als ihrem Ehemann, den Vaternamen beibehalten und den Namen ihres Gatten ablehnen, aber sie kann eben im deutschen und vielen anderen Familiensystemen nicht des Vaternamens entraten. Selbst eine Frau, die nach ihrer Heirat den Familiennamen ihrer Mutter beibehalten würde, bliebe dem Namen ihres Großvaters mütterlicherseits verschrieben. Noch gereiztere Reaktionen als dieser Hinweis löst in aller Regel der Verweis aus, dass die deutsche Sprache anders als bei der Familienbenennung in einer entscheidenden Hinsicht bemerkenswert gendergerecht ist, sind doch alle bestimmten Pluralartikel, auch die maskulinen und neutralen, identisch mit dem femininen Artikel »die«: Der Mann, die Männer, das Haus, die Häuser, das Mitglied, die Mitglieder (was nicht ausschließt, dass man / frau mittlerweile die morphologisch wie semantisch herrlich idiotische Form »Mitgliederinnen« vor Augen und Ohren bekommt).[1] Das gilt auch für das Pronomen dritte Person Plural: »Sie« (die Männer, die Mitglieder) haben dies oder jenes verbrochen. Anders geht es bekanntlich im Englischen zu: he, she, they; oder im Französischen, das zwischen der männlichen Pluralform »ils« und der femininen Bildung »el-

les« unterscheidet und auch dann die Verwendung von »ils«
verlangt, wenn hundert Frauen und ein Mann gemeint sind.

Richard Wagner ist ein Meister im Aufspüren und Auskom-
ponieren von Paradoxien, Ambivalenzen und Doppeldeutigkeiten. Er, der bekanntlich ein entspanntes Verhältnis zu for-
cierten Umgangsformen mit der deutschen Sprache kultivierte, verfügte aber zugleich auch über ein feines Sprachgespür.
Kein Geringerer als der Sprachvirtuose Thomas Mann attes-
tierte Wagner »ins kühn Dilettantische eingesprengte Sprach-
genialitäten«.[8] Dass dieses Kompliment so unberechtigt nicht
ist, belegt auch Wagners 1874 publiziertes Gedicht *Modern*, das
das Vermoderte, das Vor-sich-hin-Modernde, die Mode[9] und
die Moderne in ein bedeutsames Spannungsverhältnis setzt.

Modern

Laßt in den Grüften eure Ahnen modern,
wir richt'gen Kerle sind modern:
da wo der »Jetztzeit« Flammen lodern,
sind »selbstverständlich« Wir die Herrn.

Wir machen leider zwar
nicht selbst die Mode,
allein wir machen sie doch mit.

Was jeder Zeit und immer da gewesen,
ist keines Schusses Pulver werth:
wir fegen es mit tücht'gen Modebesen
zum alten Plunder unter'm Heerd. 12, 382

[1] Nach André Meinunger: *Nur scheinbar nicht sichtbar –
Das Weibliche und die Frauen im Deutschen*; in: *Sprachnachrichten
Nr. 59 (III/2013)*, S. 10 f.
[8] Thomas Mann: *Leiden und Größe der Meister*, Frankfurter Ausgabe,
hrsg. von Peter de Mendelssohn. Frankfurt am Main 1982, S. 730.
[9] Gegen »die Mode« hat Wagner, dessen teilweise bizarrer Kleidungsstil selbst Modetrends setzte, immer wieder polemisiert. So heißt
es im *Kunstwerk der Zukunft*: »Die Mode ist deßhalb die unerhörteste,
wahnsinnigste Tyrannei, die je aus der Verkehrtheit des menschlichen Wesens hervorgegangen ist. « 3, 56

Leitmotiv Nr. 2 Himmlische Familienbande oder Die toten Väter

»Modern, (ver-)modern, Mode«: Wagner dürfte, als er seine launigen Zeilen schrieb, die Szene aus Carl Maria von Webers *Freischütz* im Ohr gehabt haben, in der Ännchen sich darüber lustig macht, dass »längst vermoderte Herrschaften« wie der auf dem Bild dargestellte Ur-Erbförster Kuno sich »mir nichts, dir nichts von den Wänden herabbemühen. Da lob ich mir die lebendigen und jungen!«[10] Zu den semantisch-mentalen Stolpersteinen, mit denen Wagners Gedicht um sich wirft, gehören nicht nur die Wortspiele um die unterschiedlich zu betonenden zwei Silben mo-dern, die lange vor Adornos und Horkheimers *Dialektik der Aufklärung* darüber nachzudenken ermuntern, wie viel Modernes im dekadent Vermoderten et vice versa steckt, wie altväterlich-autoritär gerade das Modeversprechen sein kann, Neues anzubieten, das alsbald selbst »alter Plunder« sein wird, und wie fragil Präsenz beschwörende Worte wie »Jetztzeit« und »selbstverständlich« (v)erklingen. Die Qualität eines Stolpersteins hat auch das Arrangement, dass die Macho-Attitüde der Herren und »richtigen Kerle« in einer emblematisch weiblichen Geste aufgeht – »mit tücht'gen Modebesen ... alten Plunder unter'm Heerd« zu verbergen.

Nicht nur moderne, auch vormoderne und selbst vermodernde Familien generieren Neues und beziehen ebendieses Neue auf alte Geschichten. Sie erlauben Vergleiche zwischen den Vorfahren und den in der Jetztzeit Lebenden, zwischen den Familien, die bei einer Hochzeit zusammengeführt werden, sowie zwischen den Männern und den Frauen, den (Groß-)Vätern und (Groß-)Müttern, den Söhnen und Töchtern, die eine Familie konfigurieren. Geschlechts-, Alters-, Geschmacks-, Lebensstil-, Habitus- und viele andere Differenzen sind der brodelnde Stoff, den die Einheit des Familienbandes und der Familienbande zusammenhält – oder eben nicht. Deshalb hat nach dem berühmt-berüchtigten Wort von Karl Kraus »das Wort ›Familienbande‹ ... einen Beigeschmack

[10] Carl Maria von Weber: *Der Freischütz – Texte, Materialien, Kommentare*, hrsg. von Attila Csampai / Dietmar Holland. Reinbek 1981, S. 54.

von Wahrheit«.[11] An Illustrationen für die Gültigkeit dieses Bonmots herrscht kein Mangel; Richard Wagners eigene Herkunftsfamilie und das von ihm gezeugte stolze Geschlecht nehmen sich aus, als seien sie angetreten, um Karl Kraus zu huldigen. Da geben sich ein unterhaltsames, klatsch- bis mythenanfälliges Stelldichein: Wagners früh verstorbener Vater / der Zweifel, ob sein Stiefvater, mit dem sich die verwitwete Mutter schnell wieder verheiratete, nicht auch sein biologischer Vater war (Cosimas Tagebucheintragung vom 26. Dezember 1878 gibt das denkwürdige Gespräch mit Richard wieder, das um seinen Stiefvater Geyer kreist: »Dann sagt R., Fidi (= sein Sohn Siegfried, J. H.), dem er seine Kappe immer zur Aufbewahrung zugeworfen, habe prachtvoll ausgesehen, seinem Vater Geyer ähnlich gesehen: Ich: ›Vater Geyer ist gewiss dein Vater gewesen.‹ R.: ›Das glaube ich nicht.‹ ›Woher dann die Ähnlichkeit?‹ R.: ›Meine Mutter hat ihn damals geliebt, Wahlverwandtschaften‹.« CTB 2, 271)[12] / die wechselnden Bezugsfamilien des im Verwandtenkreis herumgereichten[13] jugendlichen Richard nach dem ebenfalls frühen Tod des Stiefvaters / der Namenswechsel von Richard Geyer zu Richard Wagner im Alter von vierzehn Jahren / die Ehe mit der um vier Jahre älteren Minna, die ihr uneheliches Kind mit in die Verbindung brachte, das sie als ihre jüngere Schwester ausgab / die Streitlust und Kinderlosigkeit dieses Paares / Wagners Womanizer-Qualitäten und Affärenlust, die eine seltsame Allianz mit seiner Vorliebe für Seidenunterwäsche und einen Kleidungsstil eingeht, der einer »durchgeknallten Tunte an Karneval«[14]

[11] Karl Kraus: *Schriften*, hrsg. von Christian Wagenknecht, Bd. 8 (*Aphorismen: Sprüche und Widersprüche; pro domo et mundo; Nachts*). Frankfurt am Main 1986, S. 67.

[12] Die Sigle CTB verweist fortan auf Band- und Seitenzahl von *Cosima Wagner: Die Tagebücher*, hrsg. von Martin Gregor-Dellin / Dietrich Mack, 2 Bde. München 1976/77.

[13] Vgl. dazu das Kapitel *Odyssee eines Knaben* in Dietmar Huchting: *Wagner – Ein biographischer Bilderbogen*. Hamburg 2008, S. 18–21.

[14] Enrik Lauer / Regine Müller: *Der kleine Wagnerianer. Zehn Lektionen für Anfänger und Fortgeschrittene*. München 2013, S. 57. Obligatorisch ist in diesen Kontexten der Hinweis auf Wagners Briefe an die »Putzmacherin« Bertha Goldwag, die ihn mit erlesener und sündhaft teurer Seidenwäsche versorgte, Briefe, die aufgrund

gut stehen würde / die leidenschaftliche Liebe zu Mathilde Wesendonck, der Frau seines reichen Zürcher Gönners / das Zusammenleben mit Cosima, verheiratete von Bülow / nach ihrer Scheidung die zweite, kinderreiche Ehe mit Cosima, einer um 24 Jahre jüngeren Frau, uneheliche Tochter seines alten Freundes Franz Liszt / die Nichtanerkennung des ersten gemeinsamen Kindes / die fast fünfzigjährige Witwenzeit Cosimas, die Bayreuth zu einem Bollwerk des konservativen Matriarchatsfeminismus macht / der homosexuelle Sohn Siegfried / seine wiederum viel jüngere Frau Winifred, die zur engsten Freundin Adolf Hitlers wird und bis zu ihrem Tod im Jahre 1980 begeisterte Nationalsozialistin bleibt / die entschiedene Vertreibung der Nazigegner wie der Siegfried–Winifred-Tochter Friedelind Wagner aus dieser Familie / die Söhne des Paares Siegfried-Winifred, Wieland und Wolfgang, die sich schlagen und vertragen und nach dem Zweiten Weltkrieg immens erfolgreich Neubayreuth erstehen lassen / die drastischen Vater-Sohn-Konflikte in der Familie Wolfgang Wagners[15] und die dynastischen Streitigkeiten zwischen beiden Familienstämmen, die bis heute anhalten, zugunsten des zwei Ehen entstammenden Wolfgang-Zweiges entschieden sind und auch die Gemüter derer bewegen, die wenig Interesse an Wagners Werken haben. Karl Kraus hat recht: Das Wort Familienbande hat mitunter einen Beigeschmack von Wahrheit. Selten aber ist dieser Geschmack so süß-sauer bis brennend scharf wie im Falle des Wagner-Clans.

In Wagners Opern und Musikdramen geht es in Hinsicht

einer Indiskretion, an der wohl auch Wagners Antipode Johannes Brahms beteiligt war, am 16./17. Juli 1877 in der Wiener Neuen Freien Presse erschienen und für einen Skandal sorgten (*Briefe an eine Putzmacherin*, hrsg. von Daniel Spitzer. Wien 1906). Cosima notiert am 23. Juni 1877 in ihrem Tagebuch: »Ich gehe mit dem Freund (Emil Heckel aus Mannheim, J. H.) spazieren, und nebst manchem Unerquicklichen muß mir der Gute melden, daß die Neue Freie Presse nun anzeigt, daß sie Briefe an eine Putzmacherin von R. aufgekauft hat und dieselben nun herausgeben und kommentieren will. Wenn R. nun davon spricht, nach Amerika auszuwandern, fehlt mir der Mut, ihm entgegen zu sprechen. Leider vollendet sich meine Abschrift des Parsifal, welche mir die reale Welt gänzlich verbannte.« CTB 1, 1056

auf die darin agierenden Familien nicht weniger turbulent zu als in der Familie ihres Schöpfers. Doch es wäre problematisch, diesen Umstand überzubewerten; er ist, wie nicht nur ein Blick auf die bürgerlichen Trauerspiele zeigt, kein Alleinstellungsmerkmal des Wagnerschen Werkes. Pathogene Familienbande sind nämlich der Stoff, aus dem seit der *Odyssee* und der *Antigone*, dem Ödipus, der *Medea* und *Elektra* gerade die hohe Literatur zu großen Teilen gemacht ist. Auch wenn es nicht in allen modernen Familien so blutrünstig und sadistisch zugeht wie in den Familienbanden um Tantalus und die Atriden, so gilt doch, dass sich gerade in der Literatur zur Zeit Wagners gestörte Familienbande(n) ein abwechslungsreiches Stelldichein geben. Schon an der Schwelle zu diesem Jahrhundert lässt Goethes Roman *Wilhelm Meisters Lehrjahre* (1795) die Titelfigur mit der von ihm gekauften Mignon, mit dem der Liebe zur Schauspielerin Mariane entsprossenen Sohn Felix, mit wechselnden Frauen an seiner Seite und mit der ihm schließlich angetrauten Amazone Nathalie eine exquisite Kleinfamilie gründen und zu Beginn des Folgeromans *Wanderjahre* auf eine »kleine Familie«[16] treffen, die ausdrücklich dem Urbild aller (in diesem Fall: produktiv) gestörten Familien nachlebt – der Heiligen Familie. Ein profaner Blick auf die himmlisch-irdische Doppelfamilie, der Jesus Christus entstammt, macht die nüchterne Feststellung verbindlich, dass sich auch hier eigentümliche Familienbande zu erkennen geben. Ein Sohn, der so alt ist wie der himmlische Vater (leben beide doch von Ewigkeit zu Ewigkeit) und der überdies eins ist mit dem Heiligen Geist, der ihn mit einer irdischen Frau zeugte, die beim Zeugungsakt Jungfrau blieb und deren irdischer Ehemann Joseph an-

15 Darüber hat sich Wolfgang Wagners Sohn Gottfried in seinen Büchern *Wer nicht mit dem Wolf heult – Autobiographische Aufzeichnungen eines Wagner-Urenkel* (Köln 1997) und *Du sollst keine anderen Götter haben neben mir – Richard Wagner – Ein Minenfeld* (Berlin 2013) bemerkenswert offen geäußert. Die väterliche Variante der Familiengeschichte liefert Wolfgang Wagner in seiner *Lebens-Akte – Autobiographie* (München 1994).
16 Goethe: *Wilhelm Meisters Wanderjahre*; Hamburger Ausgabe Bd. 8. München 1981, S. 27.

gesichts dieser Umstände nicht die Contenance verliert, wird vom Vater auf bemerkenswert grausame Weise geopfert, um alle Welt zu erlösen.

Im Vergleich zu einer solchen Familienkonstellation nimmt sich die der Familie Oblonski, wie sie gleich in den berühmten ersten Sätzen von Tolstois 1877 erschienenem Roman *Anna Karenina* vorgestellt wird, harmlos und gerade deshalb als Normalfall aus, weil sie mit anderen gestörten Familien die Gemeinsamkeit hat, auf jeweils besondere Art unglücklich zu sein: »Alle glücklichen Familien sind einander ähnlich; aber jede unglückliche Familie ist auf ihre besondere Art unglücklich. Der ganze Haushalt der Familie Oblonski war in Unordnung geraten. Die Hausfrau hatte erfahren, daß ihr Mann mit einer französischen Gouvernante, die sie früher im Hause gehabt hatten, ein Verhältnis unterhielt, und hatte ihm erklärt, sie könne nicht länger mit ihm unter einem Dache wohnen. Drei Tage schon währte nun dieser Zustand, und er wurde sowohl von den Ehegatten selbst wie auch von den übrigen Familienmitgliedern und dem Hausgesinde als eine Qual empfunden. Alle Familienmitglieder und das Hausgesinde hatten das Gefühl, daß ihr Zusammenleben gar keinen Sinn mehr habe und daß in jeder Herberge die Leute, die sich dort zufällig zusammenfänden, in engerer Beziehung untereinander stünden als sie, die Mitglieder und das Gesinde der Familie Oblonski.«[11] Damit aber steht die Oblonski-Familie nicht isoliert da. Auch in den Familien von Madame Bovary oder Effi Briest, um nur diese beiden weiteren legendären Ehebruchromane des 19. Jahrhunderts zu nennen, geht es unordentlich zu. Halbwegs geordnete Familienverhältnisse wie die im *Heinrich von Ofterdingen* (der mit der Mutter zum poetischen Onkel wallfahrt), im *Grünen Heinrich* (der wie Wagner und viele Wagner-Protagonisten früh den Vater verliert) oder gar in Adalbert Stifters 1857 erschienenem Roman *Nachsommer* sind gerade um ihrer Ordentlichkeit willen schon wieder verdächtige Ausnahmen.

[11] Leo Tolstoi: *Anna Karenina* – Roman in acht Teilen, 3 Bde., übers. von Hermann Röhl. Berlin 1957, Bd. 1, S. 7.

Richard Wagner setzt sich also einem überdicht besetzten Themenfeld aus, wenn er musikdramatisch Familienbande in Szene setzt. Ein kursorischer Überblick genügt, um feststellen zu können, ja zu müssen, dass Wagner durchweg beschädigte Familienbande in Szene setzt und diese somit als Normalfall begreift.[18] Der Fliegende Holländer ist ein familienloser Einzelgänger und (zwangsweise) ein rastloser Herumtreiber, aber durchaus heiratswillig; Senta hat einen Vater, ist aber mutterlos groß geworden; eine Familie werden diese beiden Liebenden nicht gründen. Tannhäuser ist kein Familientyp; der hochmittelalterliche Bohemien avant la lettre lebt promisk im Kreis um die Liebesgöttin Venus; sein Werben um Elisabeth wird so wenig wie das des Holländers mit Hochzeit und Familiengründung enden. Lohengrin hat den Gralskönig Parsifal zum Vater, seine Mutter findet keine Erwähnung; er verlässt den Männerbund auf der Gralsburg, um Elsa und ihrem Bruder Gottfried beizustehen, die nach dem Tod ihres Vaters dem Grafen Telramund und seiner intriganten Frau Ortrud anvertraut wurden; es kommt zur Hochzeit, aber nicht zu einer langen und kinderreichen Ehe (seltsam, dass der Hochzeitsmarsch aus Lohengrin, der ja keine glückliche Ehe einleitet, auf Standesämtern und in Kirchen so häufig erklingt).

Gerade Wagners romantischste und bekanntlich um ein Frageverbot konstellierte Oper lässt ein Motiv unausgesprochen, aber umso suggestiver anklingen, das sein gesamtes späteres Werk mehr oder weniger explizit begleitet. Es kreist um ein Familientabu, das des (Geschwister-)Inzests, ein Motiv, das im Ring ungehemmt entfaltet wird. Inzestgeschichten – und was wäre die Weltliteratur ohne Inzestmotive? – entfalten ihre spezifisch poetische Faszinationskraft auch durch die Paradoxie, die sie zu denken aufgeben. Die Inzestparadoxie sprengt den Tertium-non-datur-Satz. Um das plakativ zu illustrieren: Wenn Ödipus mit seiner Mutter Iokaste

[18] »Restlos alle (Familien-)Konstellationen der handelnden Personen der Wagner'schen Opern sind hochproblematisch und belastet durch fatale Vorgeschichten«, heißt es bei Enrik Lauer / Regine Müller: Der kleine Wagnerianer, a. a. O., S. 97.

ein Kind zeugte, so wäre dieses Kind zugleich sein Sohn und sein Bruder; Iokaste aber wäre zugleich seine Mutter und seine Großmutter. Wenn Wotan mit seiner heißgeliebten Tochter Brünnhilde ... nein, das ginge denn doch zu weit. Goethes Mignon ist als Produkt der leidenschaftlichen Geschwisterliebe zwischen Augustin und Sperata zugleich deren Tochter und deren Nichte; die Eltern wären Eltern und Onkel bzw. Tante ein und desselben Kindes zugleich. Die Paradoxie wird dadurch nicht geringer, dass schwer zu entscheiden ist, ob es sich bei solchen Verhältnissen »nur« um Störungen im Bereich der Elementarsemantik oder aber eben auch um Widersprüche im Realen, im Somatischen handelt. Nie sollst du mich befragen – Lohengrin hat Gründe dafür, aus seiner Identität und Herkunft ein Geheimnis zu machen. Friedrich Dieckmann hat in seiner subtilen Studie *Das Liebesverbot und die Revolution – Über Wagner* die *Lohengrin* zugrunde liegende Konstellation wünschenswert deutlich benannt. In Gestalt Lohengrins kehrt Elsas Bruder Gottfried, der seiner Schwester allzu verbunden war und deshalb verschwinden musste, zurück. Der Opernschluss macht geradezu überdeutlich, was eingangs nur angedeutet ist: Lohengrin transfiguriert in Gottfried. In Dieckmanns Worten: »Elsa muß die Frage (nach Lohengrins Identität, J. H.) stellen, weil sie weiß, wer ihr Retter ist – es ist ihr verschwundener Bruder. Schwan und Ritter sind eins; wenn der letztere unter dem Druck der Frage verschwindet, entzaubert sich der Schwan: Gottfried, ein schöner Jüngling, ist auf einmal wieder zur Stelle. Die Widerstandslosigkeit der geretteten Elsa gegenüber Ortrud, der heidnischen Zauberin, ergab sich daraus, daß die von dieser vollzogene Verwandlung des Bruders in den Schwan, das prononciert erotische Geflügel, einer als schuldhaft empfundenen Wunscherfüllung der Schwester gleichgekommen war; auf der zweiten, lebensrettenden Stufe hatte sich der Schwan dann in den scheinbar erreichbaren Ritter verwandelt. Schon die schwirrend-hohen, achtfach geteilten Geigenklänge (das hatte vor Wagner keiner riskiert), mit denen das Vorspiel den Ritter Klang werden ließ, signalisierten, daß dieser Gralsentsandte ein Unerreichbarer sei, und er mußte es sein, denn er war ja das verwandelte Geschwister. Darum mußte Elsa im letzten Moment, unmittelbar vor der Umarmung, die blockierende Frage stellen.«[19]

Familienbande – Elsa hat Telramunds Werben nicht stattgegeben, sie will nicht exogam verheiratet sein. Wohl aber steht sie ein für ein großes Thema des Wagner'schen Werkes: Geschwistersolidarität gegen Väter und väterliche Gewalten, wie Telramund, König Heinrich und Götter aller Art sie inkarnieren. Vergleichsweise harmlos stellen sich die Familienbande in den *Meistersingern* dar. Doch auch und gerade in diesem komischen Musikdrama wird die Gewalt väterlicher Traditionen in Frage gestellt. Wie es sich für eine komische Oper gehört, finden sich in den *Meistersingern* die jungen Liebenden, nämlich Walter, über dessen Familie wenig bekannt ist, und Eva, die mutterlos groß wurde und von ihrem Vater dem besten Meistersänger als Braut angedient wird; in sie verguckt haben sich aber auch aggressive bzw. resignative ältere Junggesellen wie Beckmesser und Hans Sachs. Verständlich, dass Walter und Eva aus Nürnberg fliehen wollen, obwohl es schlimmere reale und symbolische Väter als Veit Pogner und Hans Sachs gibt. Zu den abgründigen Familienkonstellationen im *Ring des Nibelungen* alsbald mehr. Tristan hat seine Eltern gleich nach seiner Zeugung bzw. Geburt verloren; der Vollwaise wird bei seinem früh verwitweten, königlichen und kinderlosen, männerbündisch lebenden Onkel Marke groß; Isolde hat eine (ehemals) starke Mutter, ihr Vater ist nicht erwähnenswert. Der vaterlos groß gewordene Parsifal verantwortet, weil er sie verlässt, den psychogenen Tod seiner Mutter Herzeleide; er gelangt in den männerbündischen Gralsbezirk, in dem mit Kundry nur eine, aber eben eine ebenso attraktive wie äußerst schlecht beleumundete Frau anzutreffen ist; die Beziehungen zwischen dem siechen Gralskönig Amfortas und seinem mehr toten als lebendigen Vater Titurel (auch hier bleibt eine Mutter unerwähnt) wird man getrost als komplex bezeichnen können. Wenn man

---

[19] Friedrich Dieckmann: *Das Liebesverbot und die Revolution – Über Wagner.* Frankfurt am Main 2013, S. 103.

Lohengrin und *Parsifal* synoptisch als stofflich engstens ver-
bundene Sohn-Vater-Familiendramen liest, tun sich Abgründe auf. Welche Frau hat der keusche Lohengrin-Vater Parsifal
geschwängert, wie ist es gar zu verstehen, dass die Figur, die
einst Lohengrins Vater werden wird, sich ausgerechnet mit
der Tötung eines Schwans, also des mythischen Lohengrin-
Tiers schlechthin, in die Gralssphäre hineinschießt?

Es war dem großen Wagner-Bewunderer und scharfen
Wagner-Kritiker Nietzsche vorbehalten, erstmals den fremden und befremdeten Blick auf Wagners dramatis personae
und ihre Familienkonstellationen zu werfen. »Nichts unter-
haltender, nichts für Spaziergänge mehr zu empfehlen«, so
heißt es in *Der Fall Wagner*, »als sich Wagner in *verjüngten*
Proportionen zu erzählen: zum Beispiel Parsifal als Kandidaten der Theologie, mit Gymnasialbildung (– letztere als
unentbehrlich zur *reinen Torheit*). Welche Überraschungen
man dabei erlebt! Würden Sie es glauben, daß die Wagnerschen Heroinen samt und sonders, sobald man nur erst den
heroischen Balg abgestreift hat, zum Verwechseln Madame
Bovary ähnlich sehn! – wie man umgekehrt auch begreift,
daß es Flaubert *freistand*, seine Heldin ins Skandinavische
oder Karthagische zu übersetzen und sie dann, mythologi-
siert, Wagner als Textbuch anzubieten. Ja, ins Große gerech-
net, scheint Wagner sich für keine andern Probleme interessiert zu haben, als die, welche heute die kleinen Pariser *déca-
dents* interessieren. Immer fünf Schritte weit vom Hospital!
Lauter ganz moderne, lauter ganz *großstädtische* Probleme!
zweifeln Sie nicht daran! ... Haben Sie bemerkt (es gehört in
diese Ideen-Assoziation), daß die Wagnerschen Heldinnen
keine Kinder bekommen? – Sie *können's* nicht ... Die Verzweif-
lung, mit der Wagner das Problem angegriffen hat, Siegfried
überhaupt geboren werden zu lassen, verrät, *wie* modern er
in diesem Punkte fühlte. – Siegfried ›emanzipiert das Weib‹ –
doch ohne Hoffnung auf Nachkommenschaft. – Eine Tatsache endlich, die uns fassungslos läßt: Parsifal ist der Vater
Lohengrins! Wie hat er das gemacht? – Muß man sich hier
daran erinnern, daß ›die Keuschheit *Wunder* tut‹? ... *Wagne-
rus dixit princeps in castitate auctoritas.*«[20]

Bei aller Lust an der Wagner-Schmähung hat Nietzsche doch erkannt, dass und wie Wagners psychisch durchweg beschädigtes Dramenpersonal sich in den literarischen Familienaufstellungen des 19. Jahrhunderts ausnimmt. Es war keine leichte Aufgabe, angesichts der Überfülle an Darstellungen von Familienbanden zu Wagners Zeit noch neue Akzente zu setzen. Doch Wagner hat auch dies geleistet. Einen ersten Wink auf seine spezifische Obsession für Familienbande gibt die frühe *Autobiographische Skizze*, die der Dreißigjährige im Februar 1843 in der *Zeitung für die elegante Welt* veröffentlichte. Darin heißt es: »Ich heiße Wilhelm Richard Wagner, und bin den 22. Mai 1813 in Leipzig geboren. Mein Vater war Polizei-Aktuarius und starb ein halbes Jahr nach meiner Geburt. Mein Stiefvater, Ludwig Geyer, war Schauspieler und Maler; er hat auch einige Lustspiele geschrieben, worunter das Eine: ›Der bethlehemitische Kindermord‹ Glück machte: mit ihm zog meine Familie nach Dresden. Er wollte, ich sollte Maler werden; ich war aber sehr ungeschickt im Zeichnen. Auch mein Stiefvater starb zeitig, – ich war erst sieben Jahr. Kurz vor seinem Tode hatte ich: ›Üb' immer Treu und Redlichkeit‹ und den damals ganz neuen ›Jungfernkranz‹ auf dem Klavier spielen gelernt: einen Tag vor seinem Tode mußte ich ihm Beides im Nebenzimmer vorspielen; ich hörte ihn da mit schwacher Stimme zu meiner Mutter sagen: ›Sollte er vielleicht Talent zur Musik haben?‹ Am frühen Morgen, als er gestorben war, trat die Mutter in die Kinderstube, sagte jedem der Kinder etwas, und mir sagte sie: ›Aus Dir hat er etwas machen wollen‹.« [1,4] Genau dies aber blieb ihm versagt. Richard Wagner, der bis zu seinem vierzehnten Lebensjahr den Familiennamen Geyer trug, musste selbst etwas aus sich machen; er hat nicht im Namen eines lebenden, sondern allenfalls im Namen eines toten Vaters handeln können, als er sich einen Namen machte.

Mächtige, ja übermächtige Väter, die, gerade weil sie mächtig sind, zu Revolten gegen sie animieren, gehören

[20] Friedrich Nietzsche: *Werke*, hrsg. von Karl Schlechta. München 1966. Bd. 2, S. 923.

spätestens seit der Ödipus-Mythe und über Kafka hinaus zum obligatorischen Inventar der Weltliteratur und gerade auch der Literatur des 19. Jahrhunderts. Richard Wagners beide Väter sind zu früh gestorben, um den Sohn zu ödipalen Revolten einzuladen. Vaterlosigkeit, häufig zusammen mit Mutterlosigkeit, ist denn auch *das* Merkmal fast aller Familienbande(n), die Wagner in seinen Werken vorstellt. Schon im Frühwerk *Die Feen* findet sich eine deutlich auf *Hamlet* anspielende Passage, in der der verstorbene König Morald Arindal erscheint und spricht bzw. singt:

MORALD.
 Dein Vater bin ich nimmermehr,
 ich bin nur deines Vaters Geist,
 ich starb dahin aus Gram um dich,
 da ich dich für verloren hielt!
ARINDAL.
 Hier waltet keine Täuschung mehr!
 O Gott, mein Vater, mein Vater ist dahin!
GUNTHER UND GERNOT.
 Mich faßt fürwahr ein Grausen an,
 so ähnlich sieht er seinem Vater! 11, 16

Wagner hat dieses Motiv in seinen späteren Werken radikalisiert. Viele seiner Protagonisten können klagend oder erleichtert ausrufen: »O Gott, mein Vater, mein Vater ist dahin!« Die rhetorische Figur der Geminatio, der Wortverdoppelung, dient hier nicht nur der Intensivierung der Aussage. Sie entfaltet auch einen Doppelsinn. Denn Vaterlosigkeit ist in Wagners Werk eben nicht »nur« ein individualpsychologisches Problem, Vaterlosigkeit bezeichnet auch die Signatur des Zeitalters, in dem Wagner lebte und wirkte. Wagners Generation war die erste, die auf die Erfahrung einer doppelten Vaterlosigkeit zurückschauen konnte, die wiederum doppelt erfahren werden konnte – als Bedrohung und als Befreiung. Mit der öffentlichen Hinrichtung des französischen Königs Louis XVI am 21. Januar 1793 durch die Pariser Revolutionäre war ein uraltes Tabu auf ungeheure Weise gebrochen: Der

Landesvater von Gottes Gnaden war nicht länger sakrosankt. Doch damit nicht genug. Mit dem mächtigen Landesvater stand nämlich auch der übermächtige Gottvater zur Disposition, auf dessen Gnade der Landesvater sich berufen konnte. Über Existenz bzw. Nichtexistenz des Vatergottes konnte man in der Zeit des jungen Wagner in Mitteleuropa erstmals diskutieren, ohne schwerste Sanktionen fürchten zu müssen. »O Gott, mein Vater, mein Vater ist dahin!« O Gottvater – mein königlicher Vater ist dahin! Mit dem Landesvater ist Gottvater dahin et vice versa.

Es war Heinrich Heine, Wagners Gesprächspartner aus den frühen Jahren in Paris, der dieser grundstürzenden Erfahrung einer doppelten Vaterlosigkeit, die wiederum doppelt als traumatisierende Bedrohung oder als Befreiung aus Unterdrückungsalpträumen erlebt werden konnte, rhetorisch brillanten Ausdruck verliehen hat. In seiner 1834 erschienenen Schrift *Zur Geschichte der Religion und Philosophie in Deutschland* heißt es hellsichtig: »In demselben Jahre (1781, in dem Lessing starb, J. H.) erschien zu Königsberg die ›Kritik der reinen Vernunft‹ von Immanuel Kant. Mit diesem Buche, welches durch sonderbare Verzögerung erst am Ende der achtziger Jahre allgemein bekannt wurde, beginnt eine geistige Revolution in Deutschland, die mit der materiellen Revolution in Frankreich die sonderbarsten Analogien bietet und dem tieferen Denker ebenso wichtig dünken muß wie jene. Sie entwickelt sich mit denselben Phasen, und zwischen beiden herrscht der merkwürdigste Parallelismus. Auf beiden Seiten des Rheines sehen wir denselben Bruch mit der Vergangenheit, der Tradition wird alle Ehrfurcht aufgekündigt; wie hier in Frankreich jedes Recht, so muß dort in Deutschland jeder Gedanke sich justifizieren, und wie hier das Königtum, der Schlußstein der alten sozialen Ordnung, so stürzt dort der Deismus, der Schlußstein des geistigen alten Regimes.«[21] Heine analysiert mentalitäts- und psychogeschichtlich eine doppelte Vatertötung. Die Pointe

---

[21] Heinrich Heine: *Sämtliche Schriften in zwölf Bänden*, Bd. 5, a. a. O., S. 590.

dieser Analyse hat dem jungen Revolutionär Richard Wagner fraglos eingeleuchtet: Kant ist militanter und »terroristischer« als Robespierre, hat er doch nicht nur einen irdischen König, sondern den Himmelskönig hingerichtet. »Man sagt, die Nachtgeister erschrecken, wenn sie das Schwert eines Scharfrichters erblicken – Wie müssen sie erst erschrecken, wenn man ihnen Kants ›Kritik der reinen Vernunft‹ entgegenhält! Dieses Buch ist das Schwert, womit der Deismus hingerichtet worden in Deutschland. / Ehrlich gestanden, ihr Franzosen, in Vergleichung mit uns Deutschen seid ihr zahm und moderat. Ihr habt höchstens einen König töten können, und dieser hatte schon den Kopf verloren, ehe ihr köpftet. Und dabei mußtet ihr so viel trommeln und schreien und mit den Füßen trampeln, daß es den ganzen Erdkreis erschütterte. Man erzeigt wirklich dem Maximilian Robespierre zuviel Ehre, wenn man ihn mit dem Immanuel Kant vergleicht.«[22] Denn Kant, so Heine, ist ungleich radikaler als der Jakobiner, richtet seine schlagende Kritik am ontologischen Gottesbeweis, der ewig gültig zu sein schien, doch nicht nur einen König, sondern den König aller Könige, Gott selbst, hin. »Wenn aber Immanuel Kant, dieser große Zerstörer im Reiche der Gedanken, an Terrorismus den Maximilian Robespierre weit übertraf, so hat er doch mit diesem manche Ähnlichkeiten, die zu einer Vergleichung beider Männer auffordern. Zunächst finden wir in beiden dieselbe unerbittliche, schneidende, poesielose, nüchterne Ehrlichkeit. Dann finden wir in beiden dasselbe Talent des Mißtrauens, nur daß es der eine gegen Gedanken ausübt und Kritik nennt, während der andere es gegen Menschen anwendet und republikanische Tugend betitelt. Im höchsten Grade jedoch zeigt sich in beiden der Typus des Spießbürgertums – die Natur hatte sie bestimmt, Kaffee und Zucker zu wiegen, aber das Schicksal wollte, daß sie andere Dinge abwögen, und legte dem einen einen König und dem anderen einen Gott auf die Waagschale ... / Und sie gaben das richtige Gewicht!«[23]

---

[22] Ebd., S. 594.
[23] Ebd., S. 595 f.

Wagners mit Emphase aufgeladene Kanzleistil-Essayistik
bleibt stilistisch weit hinter den Pointen und dem eleganten
Niveau der Prosa Heines zurück. In sachlich-thematischer
Hinsicht aber hat der »denkende Künstler« Wagner seinem
sechzehn Jahre älteren Freund aus jungdeutschen Zeiten viel
zu verdanken – nicht nur die Anregung zum *Fliegenden Holländer*, sondern eben auch die zur Kunst der Zuspitzung bei
der Charakterisierung der intellektuellen Konstellation seiner Zeit. Umso peinlicher sind Wagners späte antisemitische
Ausfälle gegen Heine,[24] dessen klare Zeitdiagnose er mitsamt
der positiven Bewertung teilt: Ja, die Überwindung väterlicher Übermacht im Himmel und auf Erden war und ist für
Heine wie für Wagner eine Befreiung. Im Laufe seines Lebens
hat sich Wagner bekanntlich an unterschiedlichen Lieblingsphilosophen orientiert. Der junge Wagner war begeisterter
Leser von Ludwig Feuerbachs 1841 erschienener religions-
kritischer Abhandlung *Das Wesen des Christentums*; aus
dem jungdeutschen Feuerbach-Bewunderer wurde sodann
der faszinierte Leser des Buddhismus-Importeurs Schopenhauer und schließlich der enge Freund des Antichristen
Nietzsche. Gemeinsam ist diesen drei ansonsten hochgradig unterschiedlichen Köpfen das »Gott ist tot«-Bewusstsein.
»Ludwig Feuerbach in dankbarer Verehrung gewidmet«, lau-

---

[24] So heißt es in *Das Judentum in der Musik* (ebenfalls 1850):
»Ich sagte oben, die Juden hätten keinen wahren Dichter hervorgebracht. Wir müssen nun hier Heinrich Heine's erwähnen. Zur
Zeit, da Goethe und Schiller bei uns dichteten, wissen wir allerdings
von keinem dichtenden Juden: zu der Zeit aber, wo das Dichten
bei uns zur Lüge wurde, unserem gänzlich unpoetischen Lebens-
elemente alles Mögliche, nur kein wahrer Dichter mehr entsprießen
wollte, da war es das Amt eines sehr begabten dichterischen Juden,
diese Lüge, diese bodenlose Nüchternheit und jesuitische Heuchelei
unserer immer noch poetisch sich gebaren wollenden Dichterei
mit hinreißendem Spotte aufzudecken. Auch seine berühmten musikalischen Stammesgenossen geißelte er unbarmherzig für ihr Vor-
geben, Künstler sein zu wollen; keine Täuschung hielt bei ihm vor:
von dem unerbittlichen Dämon des Verneinens Dessen, was vernei-
nenswerth schien, ward er rastlos vorwärtsgejagt, durch alle Illusionen moderner Selbstbelügung hindurch, bis auf den Punkt, wo er
nun selbst wieder sich zum Dichter log, und dafür auch seine gedich-
teten Lügen von unseren Komponisten in Musik gesetzt erhielt.«

tet die Dedikation von Wagners 1850 publiziertem Großessay *Das Kunstwerk der Zukunft*. Und in *Mein Leben* schreibt Wagner: »Jedoch galt mir *Feuerbach* nun einmal als Repräsentant der rücksichtslos radikalen Befreiung des Individuums vom Drucke hemmender, dem Autoritätsglauben angehörender Vorstellungen.«[25]

Als anti-autoritären, weil selbst die höchste göttliche Autorität destruierenden Philosophen liest der Komponist der *Götterdämmerung* auch die Schriften des Kant-Schülers Schopenhauer. Vor dem Hintergrund dieser Kontinuität konturiert sich aber auch die Differenz zwischen Feuerbachs und Schopenhauers Religionskritik. Feuerbachs Materialismus ist ganz der Weltimmanenz verschrieben, mit der Schopenhauers pessimistischer Euro-Buddhismus, auf Exodus aus der Welt des Wahns bedacht, nichts anfangen kann. Umso bemerkenswerter ist es, dass noch in der Schopenhauer-Lektüre des späten Wagner Feuerbach'sche Töne anklingen. So heißt es Gottvater-kritisch im Essay *Religion und Kunst*, der 1880 in den *Bayreuther Blättern* erschien und von antisemitischen Ausfällen nicht frei ist: »Man denke an Goethe, der Christus für problematisch, den lieben Gott aber für ganz ausgemacht hielt, im Betreff des letzteren allerdings die Freiheit sich wahrend, ihn in der Natur auf seine Weise aufzufinden; was dann zu allerhand physikalischen Versuchen und Experimenten führte, deren fortgesetzte Betreibung den gegenwärtig herrschenden menschlichen Intellekt wiederum zu dem Ergebnisse führen mußte, daß es gar keinen Gott gebe, sondern nur ›Kraft und Stoff‹. Es war – und dieß, wie spät erst! – einem einzigen großen Geiste vorbehalten, die mehr als tausendjährige Verwirrung zu lichten, in welche der jüdische Gottes-Begriff die ganze christliche Welt verstrickt hatte: daß der unbefriedigte Denker endlich, auf dem Boden einer wahrhaftigen Ethik, wieder festen Fußes sich aufrichten konnte, verdanken wir dem Ausführer Kant's, dem weitherzigen Arthur Schopenhauer.« 10, 256 f.

[25] Richard Wagner: *Mein Leben*, hrsg. von Martin Gregor-Dellin. München 1963, S. 443.

Schopenhauer als »Ausführer Kant's«, der den onto-

logischen Gottesbeweis auseinandernahm und für ungül-

tig befand – der Sprung zu Nietzsches Gott-ist-tot-Denken
ist nicht weit. Kein anderer Zeitgenosse dürfte so wenig
Hemmungen gehabt haben, einen historischen, ja seins-
geschichtlichen basso continuo aus so unterschiedlichen
Schriften wie denen von Feuerbach, Schopenhauer und
Nietzsche herauszufiltern wie Richard Wagner. Die Formel
»rücksichtslos radikale Befreiung des Individuums vom
Drucke hemmender, dem Autoritätsglauben angehörender Vorstellungen« zeigt Wagners Programmatik an, die
Impulse Feuerbachs, Schopenhauers und Nietzsches ver-
dichtet. Gemeinsam ist diesen drei Philosophen nicht nur,
dass die Universitätsphilosophie bis heute wenig mit ihren
wirkungsmächtigen Schriften anfangen kann und will, sondern eben auch dies, dass sie bei allen stilistischen und ar-
gumentativen Differenzen doch diese starke Gemeinsamkeit haben, postmetaphysisch, also jenseits und diesseits
Gottes zu denken. Wagner stand bei allen sonstigen Brü-
chen in seiner intellektuellen Biographie kontinuierlich im
Bann von Philosophen, die den Tod Gottes bezeugen. Und
keiner hat wie er sich darauf verstanden, die postmetaphysische Epoche als Zeit der Vaterlosigkeit zu verstehen und
psychodynamisch durchzuarbeiten. Nietzsche hatte ein
feines Gespür für die Umwertungen, die Wagner im Laufe
seines Lebens dabei vornahm. So heißt es in der *Genealogie
der Moral* und dann fast wortgleich in *Nietzsche contra Wagner*: »Man erinnere sich, wie begeistert seinerzeit Wagner
in den Fuß(s)tapfen des Philosophen Feuerbach gegangen
ist: Feuerbachs Wort von der ›gesunden Sinnlichkeit‹ – das
klang in den dreißiger und vierziger Jahren Wagner gleich
vielen Deutschen (– sie nannten sich die ›jungen Deutschen‹) wie das Wort der Erlösung. Hat er schließlich darüber *umgelernt*?«[26]
Wagners Werk nimmt sich in Hinsicht auf das Motiv Vaterlosigkeit wie eine groß angelegte Gegenführung zu Beet-

Leitmotiv Nr. 2 Himmlische Familienbande oder Die toten Väter

---

[26] Friedrich Nietzsche: *Werke*, a. a. O., Bd. 2, S. 842 bzw. Bd. 2, S. 1052 f.

hovens 9. Symphonie aus, die Wagner bekanntlich häufig dirigierte und an der er sich in jedem Wortsinne abarbeitete. Die in ihrem 4. Satz erklingenden berühmten Schiller-Verse

> Seid umschlungen, Millionen!
> Diesen Kuß der ganzen Welt!
> Brüder – überm Sternenzelt
> Muß ein lieber Vater wohnen.

markieren präzise die Grenze, die Wagner überschreitet. Wagners Väter sind, so sie nicht früh verstorben sind, weder lieb noch haben sie einen transzendenten Status »überm Sternenzelt« (Lohengrins ferner und in der romantischen Oper nicht selbst auftretender Vater Parsifal ist die halbe Ausnahme, doch auch die Gralsritter haben sehr irdische Probleme). Lieb sind einzig die toten Väter – weil sie tot sind oder weil sie sich überlebt haben. Das gilt gerade auch für göttliche und gottnahe Väter. Siegmund und Sieglinde haben einen göttlichen Vater: Wotan. Doch der ist am Ende mit seinem Latein bzw. mit seinem Götter-Germanisch. Er will auch nur noch eines: das Ende, das Ende. Langes Elternglück ist dem inzestuösen Zwillingspaar trotz oder wegen seines göttlichen Ursprungs nicht beschieden. Siegmund stirbt gleich, nachdem er Siegfried gezeugt hat; an dem Tod dieses jungen Vaters trägt kein anderer als sein Vatergott Wotan die Schuld. Denn dieser seltsame Vater lässt Hunding ausführen, was Fricka ihm vorschrieb: Siegmunds Tötung. Sieglinde stirbt ihrerseits bei der Geburt des Götter-Enkels. Das berichtet ihm – übrigens wahrheitsgemäß – sein ansonsten um Lügengeschichten nicht verlegener Ziehvater Mime.

> Einst lag wimmernd ein Weib
> da draußen im wilden Wald;
> zur Höhle half ich ihr her,
> am warmen Herd sie zu hüten.
> Ein Kind trug sie im Schooß;
> traurig gebar sie's hier;
> sie wand sich hin und her,

> ich half, so gut ich konnt':
> stark war die Noth, sie starb –
> doch Siegfried, der genas.
> SIEGFRIED
> *hat sich gesetzt.*
> So starb meine Mutter an mir? 6, 95 f.

Selbst Mime, ansonsten kein sonderlich sym- und empathischer Zeitgenosse, ist von dem Frauen- und Mutterschicksal, das er bezeugt, ergriffen. Völlig kaltblütig (»barsch« vermerkt die Regieanweisung) reagiert er hingegen auf Siegfrieds Frage nach dem Vater(-Namen):

> SIEGFRIED.
> Dann frag' ich, wie hieß mein Vater?
> MIME *barsch.*
> Den hab' ich nie geseh'n.
> SIEGFRIED.
> Doch die Mutter nannte den Namen?
> MIME.
> Erschlagen sei er,
> das sagte sie nur;
> dich Vaterlosen
> befal sie mir da: – 6, 97

Das ist wiederum, allen verbreiteten Klagen über allzu lang sich hinziehende Wagner-Szenen zum Trotz, sehr dicht und pointiert gesagt bzw. gesungen. Siegfried fragt anders als bei seinen Erkundigungen über die Mutter nach dem Namen dieses Elternteils. Doch er erhält keine Antwort – dabei ist gerade sein Vater Siegmund, der lange nach seinem rechten Eigennamen suchte und zur größten Form aufläuft, als er diesen findet und sodann sein Schwert Nothung tauft, außerordentlich namenssensibel. Mime aber bleibt nicht einmal in der sprachlichen Sphäre; er antwortet nicht, wie es naheliegend wäre, mit der Wendung »Den Namen deines Vaters habe ich nie vernommen«, sondern mit dem barschen Hinweis »Den hab' ich nie geseh'n«. Siegfried, der vaterlos groß gewordene Sohn, erfährt nicht einmal den Namen seines Vaters. Er kennt kein Handeln und Leben im Namen des Vaters.

Zu seinem Ziehvater Mime entwickelt Siegfried nicht das, was man ein herzliches oder auch nur einvernehmliches Verhältnis nennen könnte. Er, der ja keinen Überfluss an Vätern erfahren hat, erschlägt ihn, um sodann voll Selbstmitleid festzustellen, dass er gänzlich allein ist.

> Doch ich – bin so allein,
> hab' nicht Bruder noch Schwester;
> meine Mutter schwand,
> mein Vater fiel:
> nie sah sie der Sohn! –
> Mein einz'ger Gesell
> war ein garst'ger Zwerg;
> Güte zwang
> nie uns zu Liebe;
> listige Schlingen
> warf mir der schlaue: –
> nun mußt' ich ihn gar erschlagen! – 6,149

Rhetorisch auffallend ist, dass Siegfried sich auf Zwänge beruft, wenn er dem Waldvögelein sein Verhältnis zum kulturellen Vater Mime schildert. Er »mußt' ... ihn gar erschlagen«, weil nie Güte ihn »zu Liebe ... zwang«. Auch ein König oder ein Gott ist ein kultureller Vater – wie Mime. Mimes rhetorische Ergüsse gegenüber seinem Zögling nehmen sich wie eine Persiflage auf psalmodierende Lieder zum Lobe des sorgenden Landesvaters oder des Gottes aus, der sich liebevoll um die Seinen kümmert.

> Als zullendes Kind
> zog ich dich auf,
> wärmte mit Kleidern
> den kleinen Wurm:
> Speise und Trank
> trug ich dir zu,

> hütete dich
> wie die eig'ne Haut.
> Und wie du erwuchsest,
> wartet' ich dein;
> dein Lager schuf ich,
> daß leicht du schlief'st. 6, 90

Siegfried macht dem zweiten Teil seines Namens im Umgang mit seinem Pflegevater keine Ehre. Er reagiert nicht friedlich, sondern erst spöttisch verwerfend und dann eben tödlich-aggressiv auf Mime, der seine Loblieder auf sich selbst, damit aber auch die Tradition der Huldigungslieder an mild regierende Landesväter und den gütigen Gott zitiert.

> MIME.
> Meine(m) Schutz übergab sie (deine Mutter) dich:
> ich schenkt' ihn gern dem Kind.
> Was hat sich Mime gemüht!
> Was gab sich der gute für Noth.
> »Als zullendes Kind
> zog ich dich auf' ...
> SIEGFRIED.
> Mich dünkt, dess' gedachtest du schon! 6, 96

Den zwergenhaften Vater Mime, dessen Name schon zu verstehen gibt, dass er den Vater nur mimt, zu erschlagen, fällt Siegfried bemerkenswert leicht, vollstreckt er doch nur eine historische, um mit Heidegger zu sprechen, eine seinsgeschichtliche Notwendigkeit. In Siegfried inkarniert sich die postpaternale und postmetaphysische Epoche. Er zieht mit den Jakobinern, aber eben auch mit Kant gleich, wenn er in rascher Folge prätentiöse Gewalten wie den anmaßenden Vater Mime und den Drachen Fafner niedermacht, der seine besten Walhall-Aufbauzeiten vergessen hat und nun ein Rentiersdasein führt, zufrieden vor sich hinbrummend: »Ich lieg und besitze.« Den eigenen biologischen Vater Siegmund muss Siegfried nicht überwinden. Dieses Geschäft hat ihm sein göttlicher Großvater Wotan, das Oberhaupt der Familienbande, bereits abgenommen, als er es zuließ, dass Hunding Siegmund erschlug.

Siegfrieds gewaltsamer Ausgang aus der Unmündigkeit ist kein Auszug aus selbst verschuldeter Abhängigkeit. Wie auch sollte Siegfried, das elternlose Findelkind, das die lange Reihe wilder Findelkinder von Moses und Ödipus über Romulus und Remus bis hin zu Kaspar Hauser (der Fall interessierte Wagner und Cosima) fortsetzt, seine Unmündigkeit verschulden? Von Schuldkomplexen wird Siegfried nach dem Totschlag[21] an Fafner und Mime jedenfalls nicht umgetrieben. Und er leidet angesichts der teils vorgegebenen, teils selbst verantworteten Vaterlosigkeit bemerkenswerterweise auch nicht bzw. allenfalls kurzfristig (»ich bin so allein«) unter »transzendentaler Obdachlosigkeit«.[22] Vielmehr erlebt er unmittelbar nach der Überwindung des kulturellen Vaters Mime seine beste Zeit. Die Familienbande schließen sich. Der inzestuös Gezeugte setzt den Inzest, wenn auch in milderer Form, fort. Siegfried, der Vater- und Mutterlose, der noch den Ziehvater erschlägt, vereint sich mit der Lieblingstochter seines Großvaters Wotan, also seiner Tante. Brünnhilde hat ihrer Halbschwester Sieglinde, der Mutter Siegfrieds, in vorbildlicher Frauen- und Geschwistersolidarität gegen den göttlichen Vater beigestanden und musste dafür büßen. Nun aber eilt Siegfried, vom Waldvögelein geleitet, zu Brünnhilde, befreit auch sie aus dem Bann väterlicher Gewalt und genießt mit ihr enthemmt die ekstatischen Freuden der Liebe – so als wollte und sollte Siegfried erlöst erleben, was seinem Schöpfer Wagner versagt blieb. Der schrieb am 12. September 1853 aus Zürich an den Freund Franz Liszt: »Ach Gott, ich bin so verdrießlich, so – von Gott verlassen! Ich

[21] Juristisch geschulte Verteidiger würden sicherlich auf die Notwehrsituation hinweisen, denn auch Mime will ja nach den eigenen Klartextworten dem »Kind / nur den Kopf abhau'n« 6, 147 f. Vgl. dazu Ernst von Pidde (ein Pseudonym): *Wagners Musikdrama »Der Ring des Nibelungen« im Lichte des deutschen Strafrechts.* Frankfurt 1968.
[22] Georg Lukács: *Die Theorie des Romans. Ein geschichtsphilosophischer Versuch über die Formen der großen Epik* (1920). Neuwied 1971, S. 32.

bin so allein, und mag doch niemand sehen: welch ein lumpiges Dasein.« sʙ 5, 425 Und dann heißt es weiter: »Wenn die Leute doch wüßten, daß ich nur *Einmal* ganz glücklich sein möchte, und dann *gar* nicht mehr existiren wollte! Ach, diese lederne Unsterblichkeit von gummi elasticum, die sie einem dafür durchaus anschreiben zu müssen glauben!«

Auch Brünnhilde hat ihren göttlichen Vater gründlich bzw. abgründig überwunden. Geschwisterlich hat sie zusammen mit den weiteren acht Walküren gegen den Vater revoltiert. In freier Liebe ist sie dem Neffen verbunden, der einer Geschwisterliebe entstammt. Da er seinen früh verstorbenen Eltern nie begegnet, steht Siegfried nicht konkret vor dem Problem, ob er Sieglinde als seine Mutter oder seine Tante und Siegmund als seinen Vater oder seinen Onkel benennen soll. Wohl aber sinnt er den unbekannten Eltern nach – wie sah mein Vater, wie sah meine Mutter wohl aus? Zusammen mit Brünnhilde, der Probleme mit der Identität ihres Vaters auch nicht fremd sind, feiert Siegfried ein Leben jenseits des Vater-Namens. Wagner hat die männerlastige, über drei Revolutionen (1789, 1830 und 1848) durchgehaltene Dreierformel der Französischen Revolution »Liberté, Egalité, Fraternité« frühfeministisch modifiziert. Wiederum in deutlicher Absetzung von Schillers Prunkvers »Alle Menschen werden Brüder« (eine für Männer, die Frauen lieben, eher unangenehme Vorstellung) lässt Wagner freie und gleiche Menschen nicht Brüder, sondern Geschwister werden. Die Walküren-Schwestern, Brünnhilde voran, kooperieren mit ihrer Halbschwester Sieglinde; die Brüderpaare im *Ring* wirken hingegen wie übertriebene Karikaturen des alten Bruderzwist-Motivs aus den Zeiten von Kain und Abel. Mime und Alberich bzw. Fafner und Fasolt nehmen sich nicht wie die beglückende Erfüllung der Verheißung aus, alle Menschen würden Brüder.

Es wird selten bedacht, dass der Gott Wotan in der *Götterdämmerung*, deren Titel doch auf Göttliches verweist, einfach nicht mehr vorkommt. Schon in *Siegfried* kann die dominante Figur aus *Rheingold* und *Walküre* nicht länger unter ihrem Eigennamen auftreten; der oberste Gott figuriert dort eben nicht als Wotan, sondern als Wanderer. Dieser irrende und umherirrende Wanderer begegnet seinem Enkel Siegfried, der ihn nicht als den Großvater erkennen kann, der den Tod seines Vaters Siegmund zu verantworten hat. Es gehört zu den Subtilitäten des *Rings*, dass Wagner nicht ein weiteres Ödipus-Drama schreibt, in dem ein Sohn den Vater bekämpft, sondern ein Musikdrama komponiert, in dem der Enkel den Großvater, der »des Vaters Feind« war, überwindet und alt aussehen lässt.

SIEGFRIED.
>   Zurück, du Prahler, mit dir!
>   Dort, wo die Brünste brennen,
>   zu Brünnhilde muß ich jetzt hin!

Er schreitet darauf zu.

WANDERER
den Speer vorhaltend.
>   Fürchtest das Feuer du nicht,
>   so sperre mein Speer dir den Weg!
>   Noch hält meine Hand
>   der Herrschaft Haft;
>   das Schwert, das du schwingst,
>   zerschlug einst dieser Schaft:
>   noch einmal denn
>   zerspring' es am ew'gen Speer!

SIEGFRIED
das Schwert ziehend.
>   Meines Vaters Feind!
>   Find' ich dich hier?
>   Herrlich zur Rache
>   gerieth mir das!
>   Schwing' deinen Speer:
>   in Stücken spalt' ihn mein Schwert!

Er ficht mit dem Wanderer und haut ihm den Speer in Stücken. Furchtbarer Donnerschlag.

WANDERER
zurückweichend.
>   Zieh hin! Ich kann dich nicht halten!

Er verschwindet. 6, 163

Gott Wotan verschwindet auf Dauer. Er zieht sich aus den operativen Geschäften, aus Schacher und dynastischen Familienbanden-Streitigkeiten zurück. Im Personenverzeichnis der *Götterdämmerung* kommt Wotan schlicht nicht mehr vor, auch nicht unter dem Inkognito des Wanderers, unter dem er noch im *Siegfried* auftrat. Es gehört zu den Standardmotiven der Weltliteratur, dass der gütige Großvater gegen den übermächtigen Vater ausgespielt wird, dass sich also Enkel und Großvater gegen den Vater bzw. Sohn verbünden. Wagner folgt diesem Motivpfad gerade nicht. Er besetzt vielmehr das überlieferte Schema zumindest zur Hälfte neu, wenn er den Vater-Sohn-Konflikt gegen den Großvater-Enkel-Konflikt austauscht und den Kampf gegen den Vater an eine Tochter delegiert: Brünnhilde. Diese Tochter aber hat literarische Vorbilder, nämlich die Töchter aus den bürgerlichen Trauerspielen, die trotz oder wegen ihrer Liebe zum Vater ebendiesen Vater in die Schranken weisen. Brünnhilde ist eine musikdramatisch gesteigerte Verwandte von Emilia Galotti, Miss Sara Sampson und Luise Millerin – Rollen übrigens, die Wagners geliebte ältere Schwester Rosalie (1803–1837) mit Erfolg in Dresden und Prag spielte.[29] In einem atemberaubenden Vater-Tochter-Gespräch wird deutlich, dass Brünnhilde Wotan besser versteht, als er sich selbst verstanden hat. Zwiespältige Worte, wie Emilia Galotti sie mit ihrem Vater wechselt, unterminieren auch die allzu zornige und drohende Rhetorik Wotans, der sich Brünnhilde in dem Wissen widersetzt, dass sie besser als ihr Vater weiß, was dieser eigentlich will. Die Anspannung dieser Familienbande wird dadurch nicht geringer, dass Wotan sich dem Willen seiner Frau Fricka gebeugt hat. Seine Göttergatten-Macht schwindet in dem Maße, in dem er zwischen Fricka

---

[29] »Als Emilia Galotti, Luise in ›Kabale und Liebe‹, Thekla im ›Wallenstein‹, Porzia im ›Kaufmann von Venedig‹, als Luise Cardillac in dem damals beliebten, nach E. T. A. Hoffmanns meisterhafter Schauernovelle *(Das Fräulein von Scudery)* bearbeiteten ›Goldschmied von Paris‹ errang sie sich wohlverdiente Erfolge«, heißt es bei Carl Friedrich Glasenapp: *Das Leben Richard Wagners* – Erster Band. Leipzig 1905 (4.), S. 106.

und ihrer Stieftochter Brünnhilde steht, die sich in gegensei-
tiger Abneigung verbunden sind. So sah Brünnhilde Siegvater nie wie in der Szene, in der er ihr verbietet, seinem Sohn,
Brünnhildes Halbbruder, beizustehen.

BRÜNNHILDE.
>Den du zu lieben
>stets mich gelehrt,
>der in hehrer Tugend
>dem Herzen dir theuer –
>gegen ihn zwingt mich nimmer
>dein zwiespältig Wort.

WOTAN.
>Ha, Freche du!
>Frevelst du mir?
>Was bist du, als meines Willens
>blind wählende Kür? –
>Da mit dir ich tagte,
>sank ich so tief,
>daß zum Schimpf der eig'nen
>Geschöpfe ich ward?
>Kenn'st du Kind meinen Zorn?
>Verzage dein Muth,
>wenn je zermalmend
>auf dich stürzte sein Strahl!
>In meinem Busen
>berg' ich den Grimm,
>der in Grauen und Wust
>wirft eine Welt,
>die einst zur Lust mir gelacht: –
>wehe dem, den er trifft!
>Trauer schüf' ihm sein Trotz! –
>Drum rath' ich dir,
>reize mich nicht;
>besorge was ich befahl: –
>Siegmund falle! –
>Dieß sei der Walküre Werk.

Er stürmt fort, und verschwindet schnell links im Gebirge.

BRÜNNHILDE
steht lange betäubt und erschrocken.
So – sah ich
Siegvater nie. 6, 44– f.

Man muss kein Feminist sein, um diese Verse auf- und anre-
gend zu finden. Wagner entfaltet die Paradoxien, die sich ergeben, wenn ein Geschöpf seinen Schöpfer deshalb dominiert,
weil dieser sich selbst dekonstruiert hat und sich selbst wi-
derspricht. »Was bist du, als meines Willens / blind wählende
Kür?« Ob Emilia Galotti und ihr Vater oder Jesus Christus und
sein Vater – es erschließt sich nicht unmittelbar, wessen Wille
geschieht, wenn der Vater die Tochter auf ihren Wunsch, der
darin besteht, sich dem väterlichen Wunsch zu unterwerfen,
der für die Tochter nur das Beste will, ersticht, oder ob der allmächtige Gott seinen Sohn am Kreuz sterben lässt, weil dieser
will, dass der Wille seines Vaters geschehe, der trinitarisch
mit dem Sohneswillen und dem des Heiligen Geistes eins ist.

In die trinitarische Sphäre von Vater, Sohn und Heiligem
Geist gelangt auch der vaterlose Parsifal. Die erste Begegnung
von Gurnemanz und Parsifal nimmt sich wie eine ernste Paraphrase der aggressiv-lustigen Dispute um Vaterlosigkeit
zwischen Mime und Siegfried aus:

GURNEMANZ.
Wo bist du her?
PARSIFAL.
Das weiß ich nicht.
GURNEMANZ.
Wer ist dein Vater?
PARSIFAL.
Das weiß ich nicht. 10, 335

Parsifals erster Auftritt könnte abgründiger nicht sein – jedenfalls für Kenner des Wagner'schen Werkes, die aber auffallend selten diesen Abgrund bedenken. [10] Parsifal, von dem
wir aus *Lohengrin* wissen, dass er der Vater des Schwanenrit-
ters ist bzw. sein wird (nämlich aus der Perspektive des Büh-

nenweihfestspiels *Parsifal*, das knapp vier Jahrzehnte nach der romantischen Oper komponiert wurde, dessen Handlung aber der des *Lohengrin* vorausgeht), der junge Parsifal tötet ausgerechnet einen Schwan, also das mythologische Tier, das mit seinem späteren Sohn, dem Schwanenritter Lohengrin, metonymisch identifiziert wird. Der Vater hat seinen Sohn schon symbolisch getötet, bevor er ihn überhaupt gezeugt hat (mit welcher Frau?) – Wagners Bühnenweihfestspiel hat keine Angst vor ultimativen Paradoxien. Das verdeutlichen auch seine Prosaskizzen unter dem Titel *Parzival* (in dieser traditionellen Schreibweise), die er vom 27. bis 30. August 1865 notierte. Darin heißt es: »Während der König im heiligen See badet, kreist da ein wilder Schwan über seinem Haupte: plötzlich sinkt er, von einem Pfeil verwundet; man hört das Geschrei vom See her: allgemeine Entrüstung, wer wagt es im heiligen Bezirke ein Thier zu tödten? – Der Schwan flattert näher und sinkt verblutend zu Boden. Parzival kommt mit dem Bogen in der Hand aus dem Walde vor: Gurnemans (hier noch so geschrieben, J. H.) hält ihn an. Der Jüngling bekennt sich zu der That. Den heftigen Vorwürfen des Alten weiß er nichts zu entgegnen. Da ihm Gurnemans das Frevelhafte seiner That vorhält, ihn an die Heiligkeit des Waldes, der ihn so still umrausche, gemahnt, ihn befrägt, ob er nicht die Thiere hier alle zahm, sanft und fromm angetroffen habe? was ihm der Schwan, der sein Weibchen aufgesucht, gethan habe? ob ihm der edle Vogel nicht leid thue, der nun mit blutbeflecktem Gefieder stumm und sterbend vor ihm läge? u. s. w. – bricht Parzival, der still, wie festgebannt gestanden, in Thränen aus, und stammelt: ›Das wußte ich nicht‹. – ›Wer ist dein Vater?‹ ›Das weiß ich nicht!‹« u. s. w. 11, 401 Das ist dicht an der späteren, kanonischen Textfassung. Dass der Schwan »sein Weibchen aufgesucht« hat, ist ein Motiv, das im ausformulierten Dramentext noch deutlicher entfaltet wird. Dort singt

30 Eine positive Ausnahme findet sich bei Enrik Lauer und Regine Müller. Dort heißt es: »›Ein Schwan, Leute‹, möchte man rufen. ›LO-HEN-GRIN!‹ Wenigstens das Orchester weiß an dieser Stelle, dass der kommende Gralskönig soeben seinen noch ungeborenen Sohn erlegt hat.« (a. a. O., S. 228).

Gurnemanz: »Sein Weibchen zu suchen flog er auf, / mit ihm zu kreisen über dem See.« 10, 335 Sollte es bei diesem Rendezvous zu einem Zeugungsakt gekommen sein, so wird auch der so gezeugte Schwan vaterlos groß werden. Wir dürfen, ja sollen ihn uns als den Schwan ausphantasieren, der Lohengrin zur vaterlosen Elsa geleitet.

Der vaterlose Frevler, der den Schwan nach dessen Besuch bei seinem Weibchen tötete, tritt nun in eine Sphäre ein, die Väter kennt. Aber was für Väter! Die männerbündische Gralsgemeinschaft um Titurel und seinen Sohn Amfortas ist in bejammernswerter Verfassung. Der Gralskönig Titurel ist am Ende und in jedem Wortsinne erschöpft, seine Möglichkeiten sind ausgeschöpft, er weiß nicht weiter und hat deshalb die Verwaltung des zentralen Gralssakraments seinem Sohn Amfortas übergeben, der nun die Rolle des Grals-Patriarchen zu spielen hat. Aber auch Amfortas ist, obwohl per definitionem eine Generation jünger, nicht jung, dynamisch und aktiv, sondern so am Ende wie sein Vater. Denn er hat, wie der von Parsifal getötete Schwan, eine Begegnung mit einem Weib gehabt, die ihm eine nicht heilende Verletzung eingebracht hat. Klingsor, in dessen Bann Kundry widerstrebend steht, hat Amfortas den heiligen Speer entwunden, um auch den Vaterersatz auf Dauer zu verwunden. Wie sein Vater siecht nun auch Amfortas dahin. Eine glaubensfrohe, von Gott gesegnete und heilsnahe Gemeinschaft stellt man sich in aller Regel anders vor. In Gurnemanz' Worten:

> Da Titurel, in hohen Alter's Mühen,
> dem Sohne nun die Herrschaft hier verliehen,
> Amfortas ließ es da nicht ruh'n
> der Zauberplag' Einhalt zu thun;
> das wißt ihr, wie es da sich fand:
> der Speer ist nun in Klingsor's Hand;
> kann er selbst Heilige mit dem verwunden,
> den Gral auch wähnt er fest schon uns entwunden.

10, 333

Starke Väter und starke Söhne, die nach dem Dahinschwin-
den des Vaters ihrerseits die vakante Vaterrolle übernehmen,
stellt man sich gleichfalls anders vor. Rätselhaft ist selbstredend schon der Umstand, dass Titurel Vater ist. Er muss also gegen das Keuschheitsgelübde der Gralssphäre verstoßen
haben. Zu den Rätselsignalen, die Wagners *Parsifal* aussendet,
gehört auch, dass der starke Antipode des Grals, Klingsor,
den Gralsrittern eng verbunden und verwandt ist – gerade
in seiner Schwäche, die eine Stärke et vice versa ist. Klingsor
mag ein seltsamer Heiliger sein (welcher Heilige ist nicht
seltsam?), aber daran, dass er an einem heiligen Programm
arbeitet, lässt die Rede von Gurnemanz keinen Zweifel zu:

> doch büßen wollt' er nun, ja heilig werden.
> Ohnmächtig, in sich selbst die Sünde zu ertödten,
> an sich legt er die Frevlerhand,
> die nun, dem Grale zugewandt,
> verachtungsvoll deß' Hüter von sich stieß;
> darob die Wuth nun Klingsor'n unterwies,
> wie seines schmählichen Opfers That
> ihm gebe zu bösem Zauber Rath;
> den fand er jetzt: –
> die Wüste schuf er sich zum Wonnegarten 10, 332

Klingsor hat nach bemerkenswert radikaler Selbstbefragung
sich selbst entmannt, um dem Keuschheitsgelübde der
Gralsritter entsprechen zu können, er ist zumindest in dieser Hinsicht Titurel überlegen. Und er hat in einer Wüste
einen Wonnegarten angelegt – was ist aus der Sicht des Grals
an solcher entschiedenen Selbstdisziplin, was ist an solcher
Kultivierung einer Wüstenlandschaft verwerflich? Allenfalls
dies, dass Klingsor »verachtungsvoll des (Grales) Hüter von
sich stieß«, sich also den Gralsrittern überlegen fühlt. Gründe für diese Verachtung aber gibt es genug. Klingsor fällt der
Hybris anheim, weil er weiß, dass er weit besser als die anderen Gralsritter die Ideale des Grals gelebt hat. Wer Klingsor
nur als satanische Gegenmacht zum Gral versteht, verkennt
seine Herkunft aus der Gralsgemeinschaft ebenso wie seine

extreme Nähe zu diesem Kreis. Eine Nähe, die er gerade nach seiner Abkehr von ihr kultiviert. Klingsor ist, wenn nicht päpstlicher als der Papst, so doch gralsritterlicher als die Gralsritter inklusive ihrer Vater-Sohn-Doppelspitze. Er hat offenbar Gründe für die Annahme, dass er die Gralsritter »zu böser Lust und Höllengraun« verleiten kann, er kennt sie.

> Die Wüste schuf er sich zum Wonnegarten,
> d'rinn wachsen teuflisch holde Frauen;
> dort will des Grales Ritter er erwarten
> zu böser Lust und Höllengrauen. 10, 333

Für die Existenz »teuflisch holder Frauen«, die im Wonnegarten wachsen, aber hat kein Geringerer als Gottvater selbst gesorgt. Er schuf nicht nur Adam, sondern auch Lilith und Eva. Klingsor folgt dem Gottesprogramm, wenn er den Ausschluss der Frauen aus der Gralssphäre seinerseits ausschließt. Ein Vater von Männern oder Frauen kann der entmannte Klingsor nicht werden. Er ist insofern noch schwächer als Titurel, der ein außerordentlich schwacher, sich buchstäblich überlebt habender Vater ist, aber eben doch ein Vater. Die erste Amtshandlung des neuen Gralskönigs Parsifal wird es sein, Kundry zu taufen und in den Kreis der Gralsritter zu initiieren.

Wagner war nach eigenem Bekenntnis den »untergeordneten«, femininen und »sehnsüchtigen« »Wesen aus der Tiefe«, zu denen auch Kundry zählt, gut. Seine letzte Affäre hatte er mit der Sängerin Carrie Pringle, die im *Parsifal* eine der verführerischen, teuflisch-holden Soloblumen sang. Cosima hatte Grund zur Eifersucht, sie wollte Pringles Besuch bei Wagners in Venedig verhindern. Noch die Tage unmittelbar vor Wagners Tod in Venedig stehen im Zeichen heftiger Familienbanden-Streitigkeiten. Aber Cosimas berühmte letzte Tagebuch-Aufzeichnung am Vorabend von Wagners Tod, also vom 12. Februar 1883, versteht sich auf die Kunst der Verklärung: »Wie ich schon zu Bett liege, höre ich ihn viel und laut sprechen, ich stehe auf und gehe in seine Stube: ›Ich sprach mit dir‹, sagt er mir und umarmt mich lange und zärtlich: ›Alle 5000 Jahre glückt es!‹ ›Ich sprach von den

Undinen-Wesen, die sich nach einer Seele sehnen.‹ Er geht an das Klavier, spielt das Klage-Thema ›Rheingold, Rheingold‹, fügt hinzu: ›Falsch und feig ist, was oben sich freut.‹ ›Daß ich das damals so bestimmt gewußt habe!‹ – – Wie er im Bette liegt, sagt er noch: ›Ich bin ihnen gut, diesen untergeordneten Wesen der Tiefe, diese[n] sehnsüchtigen.‹« CTB 2, 1122 Ein einfaches und ebendeshalb ungemein suggestives Schema: die (weiblichen!) Wesen aus der Tiefe, die sich nach einer Seele sehnen, gegen die falschen und feigen Männer und Götter, die oben sich freuen und die Seelen verwalten.

Ihres Lebens freuen sich der Vater und der Sohn, die da Titurel bzw. Amfortas heißen, definitiv nicht. Die wiederum Hamlet-nahe Gespensterszene, in der der augenscheinlich verstorbene Titurel sich als Untoter erweist und noch einmal seinem Sohn und den müden Gralsrittern erscheint, lässt keine Zweifel an der Freudlosigkeit dieses seltsamen Vater-Sohn-Paares zu.

> Mein Sohn Amfortas! Bist du am Amt?
> *Schweigen.*
> Soll ich den Gral heut' noch erschau'n und leben?
> *Schweigen.*
> Muß ich sterben, vom Retter ungeleitet?
> AMFORTAS
> *im Ausbruche qualvoller Verzweifelung.*
> Wehe! Wehe mir der Qual! –
> Mein Vater, oh! noch einmal
> verrichte du das Amt!
> Lebe! Leb' und laß' mich sterben!
> TITUREL.
> Im Grabe leb' ich durch des Heiland's Huld;
> zu schwach doch bin ich, ihm zu dienen:
> da büß' im Dienste deine Schuld!
> Enthüllet den Gral!

den Knaben wehrend.

> Nein! Laßt ihn unenthüllt! – Oh! –
> Daß Keiner, Keiner diese Qual ermißt,
> die mir der Anblick weckt, der euch entzückt! –
> Was ist die Wunde, ihrer Schmerzen Wuth,
> gegen die Noth, die Höllenpein,
> zu diesem Amt – verdammt zu sein! –
> Wehvolles Erbe, dem ich verfallen,
> ich, einziger Sünder unter Allen,
> des höchsten Heiligthum's zu pflegen,
> auf Reine herabzuflehen seinen Segen! – 10, 341

Der Gral enthält das Blut Christi, also eines göttlichen Sohnes, den sein Vater opferte, um alle, die an ihn glauben, zu erlösen. Der neue Gralskönig Parsifal betreibt keine imitatio Christi. Vielmehr tritt er wie eine Komplementärfigur zum Gekreuzigten auf. Parsifal, der Vaterlose, tritt als neuer Gralskönig an die Stelle von Amfortas, also eines Sohnes, der nicht im Namen des Vaters stirbt, sondern von einem ihm nicht verwandten Außenseiter geheilt wird. Die Väter von Parsifal und Amfortas sind gestorben, die Söhne aber (über)leben. Und neuer Gralskönig wird der Muttersohn Parsifal, der anders als Amfortas keine quälend lange Auseinandersetzung mit seinem Vater durchzustehen hatte. Wer Wagners *Parsifal* als frommes Werk hört, muss seine Ohren und lesenden Augen vor den unerhörten Motiven verschließen, die in diesem Bühnenweihfestspiel erklingen.[31] Das Abendmahl, das Parsifal spendet, ist kein christliches Abendmahl, sondern ein »Liebesmahl«; es verweist nicht eschatologisch auf das jenseitige Leben, sondern stärkt, Freyas Äpfeln vergleichbar, die diesseitigen Lebenskräfte der Gralsritter; Amfortas ist in strikter Umkehrung zu Jesus Christus, der unter lauter Sündern der einzige Reine ist, der »einzige Sünder unter Allen«

31 Vgl. dazu das Kapitel 12 *Der erlöste Erlöser: Die Inversion des Abendmahls* in: Jochen Hörisch: *Brot und Wein. Die Poesie des Abendmahls.* Frankfurt am Main 2007 (4.).

10,341; und sein Vater Titurel setzt, wenn er den alten himm-
lisch-irdischen Spannungsbogen zwischen Heil und Heilung
bemüht, einen starken Akzent zugunsten der Heilung. »Dem
Heilthum baute er (Titurel) das Heiligthum« 10,332.

Das ist ein bemerkenswertes Motiv: Das Heiligtum steht
im Dienst der Heilung. Der heilende Jesus Christus betont als
irdischer Heiler seine heilige, eschatologische Qualität; die
Gralsgemeinschaft stellt das Heilige in den Dienst der Heilung. Vollends abgründig erklingt vor diesem Hintergrund
das homerische Motiv, dass nur der Speer, der die Wunde
schlug, sie auch wieder heilen könne. »Die Wunde schließt /
der Speer nur, der sie schlug.« 10,375 Deutlicher könnte Wagner seine Transzendenzaversion und seine korrespondie-
rende Immanenzoption nicht herausstellen. Die (er)lösen-
de Heilung kommt eben nicht aus der Sphäre des transzendenten Heils, sondern aus der irdischen Vorgeschichte, die
durch Erinnern, Wiederholen und Durcharbeiten gegenwärtig wird. Präsent ist im Gralssakrament nicht die Vater-
Sohn-Heiliger-Geist-Trinität, die sonst überm Sternenzelt
wohnt; gegenwärtig ist vielmehr das zuvor unabgegoltene,
verdrängte Vergangene. »Erlösung dem Erlöser« lautet denn
auch die gar nicht so enigmatische Schlussformel des Bühnenweihfestspiels, das eben eine kunstreligiöse Opernbühne
und nicht einen Sakralraum weiht. Wagners *Parsifal* erlöst
von der Fixierung auf den transzendenten Erlöser, er verabschiedet sieche Väter, auch den in himmlischen Sphären.

Kundry als das sehnsüchtigste unter den »untergeordneten Wesen aus der Tiefe« hat von der Dialektik der erlösten
Erlösung das genaueste Bewusstsein. Sie weiß, dass es ihr
Kuss war, der Parsifal »Welt-hellsichtig« machte. »Welt-Hell-
sichtigkeit« ist als Komplementär-, ja Gegenbegriff zu dem
der Apokalypse entworfen. Apokalypsen offenbaren Metaphysisches, Hinter-Weltliches, Himmlisches. Sie erhellen,
was nach all den irdisch-weltlichen Geschichten kommt. Parsifals Welt-Hellsicht, die sich dem Kuss einer (fast) unwiderstehlich schönen Frau verdankt, könnte hingegen nicht innerweltlicher sein.

> So war es mein Kuß,
> der Welt-hellsichtig dich machte?
> Mein volles Liebes-Umfangen
> läßt dich dann Gottheit erlangen!
> Die Welt erlöse, ist dieß dein Amt: –
> schuf dich zum Gott die Stunde (...) 10, 361

Dass diese Welt-Erlösung keine Erlösung von dieser Welt ist, deutet Wagner im Gespräch mit Cosima an. Sie hält, das Wort »Welt« in der Formel unterschlagend und damit auf offenbarende Hellsicht überhaupt zielend, in einer Tagebuchnotiz vom 9. Juli 1882 fest: »Um 4 ½ Uhr fahren wir bei strömendem Regen in die erste Klavier- und Gesangs-Probe des 2ten Aktes (des *Parsifal*, J. H.). Die Blumen (R. wünscht sie so benannt, nicht Bl.mädchen, da man sonst an Blumen-Verkäuferinnen dächte) sind hinreißend; die große Scene zwischen Kundry und Pars. wird wohl kaum je so wiedergegeben werden, wie er sie schuf. R. klagt es, wie ahnungslos die Darsteller dessen, was darin sei, blieben, und gedenkt der Schröder-Devr., wie sie würde das gesprochen haben: ›So war es mein Kuß, der hellsichtig dich machte.‹ Nun müsse die Musik alles übernehmen.« CTB 2, 977 Wagners Bemerkung, »wie ahnungslos die Darsteller« und mit ihnen viele Rezipienten sind, denen entgeht, »was darin sei«, verdient es, ernst genommen zu werden. Dass Parsifal ausgerechnet dann erlösend tätig wird, wenn er die profanste aller Fragen stellt, ist bereits einigen helleren Lesern des mittelalterlichen Epos aufgefallen. Die berühmte Mitleids-Frage von Wolframs Parzival an den Oheim ist ja nicht mehr als die leicht gehobene Variante der Allerweltsfrage »Wie geht es dir?« »oeheim, waz wirret dier?«.[32] Mitleid, compassion will innerweltlich erlösen.

Eine vertrackte Paradoxie. Der junge, ganz im Bann des Atheisten Feuerbach stehende Wagner hat mit dem mega-

---

32 Wolfram von Eschenbach: *Parzival*, hrsg. von Eberhard Nellmann (Bibliothek des Mittelalters Bd. 8/2). Frankfurt am Main 1994, Bd. 2, S. 356 (795, 29).

lomanen Oratorium *Das Liebesmahl der Apostel – Eine biblische Scene* 11, 264 sqq. – es wurde beim großen Musikfest der sächsischen Männergesangvereine am 6. Juli 1843 in der Dresdener Frauenkirche von einem Chor von 1200 Stimmen und einem Orchester von 100 Musikern unter Wagners Leitung aufgeführt – ein erhabenes Stück Sakralmusik komponiert. Cosima, die um Wagners willen vom Katholizismus zum Protestantismus konvertiert war, konnte seinen »theatralischen, katholischen Glanz« loben. Dabei musste sie allerdings die unterschwelligen Irritationssignale überhören, die Wagner seiner Komposition mitgegeben hatte. So nennt er das Werk eben nicht das Abendmahl, sondern das Liebesmahl der Apostel, ja er bemüht ausdrücklich das auf Platons erotisch-dionysisches *Symposion* verweisende Signalwort »Gastmahl«. Und er macht sich Jahrzehnte später im Gespräch mit Cosima über die Oberammergau-Qualitäten dieses Werkes lustig: »Darauf spielt er mir zuliebe das ›Liebesmahl der Apostel‹; ich habe ihn darum gebeten, weil ich das Werk nicht kenne, er sagt mir, ich möchte mir nicht zu viel erwarten. Indem ich mir die Gelegenheit zurückrufe, die Frauenkirche vorstelle, finde ich, daß das Werk einen pompösen Eindruck muß gemacht haben mit allem seinem theatralischen, katholischen Glanz. R. lacht über das Theatralische des Eintrittes des h. Geistes, und wie ich ihm meinen Eindruck mitteile, sagt er: ›Ja, eine Art Ammergauerspiel.‹ – – Wie er das Buch bei Seite legt, sagt er: ›Da erkennt man ganz den Komponisten von Tristan und Isolde.‹« CTB 2, S. 367

»Dekonstruktion« ist in den letzten Jahrzehnten zu einem Modewort der Geisteswissenschaften geworden. Selten aber dürfte es so angebracht sein wie im Hinblick auf Wagners Bühnenweihfestspiel. Was für ein sich selbst dekonstruierendes Kompositum! Das Bühnenweihfestspiel, das da *Parsifal* heißt, dekonstruiert mit den paternalen Autoritäten der irdischen Sakralsphäre auch den Vater überm Sternenzelt. Nietzsches tiefe Irritation über Wagners Spätwerk, das zu einem paradoxieverliebten Text unüberhörbar Sakralmusik erklingen lässt, war hellsichtig und hellhörig. Wagners *Parsifal* bietet tatsächlich einen postmetaphysischen Operettenstoff, dieses die Bühne weihende Festspiel ist aber zugleich ein sehr ernster Scherz. »War dieser Parsifal überhaupt *ernst* gemeint? Denn daß man über ihn *gelacht* hat, möchte ich am wenigsten bestreiten, Gottfried Keller auch nicht ... Man möchte es nämlich wünschen, daß der Wagnersche Parsifal heiter gemeint sei, gleichsam als Schlußstück und Satyrdrama, mit dem der Tragiker Wagner gerade auf eine ihm gebührende und würdige Weise von uns, auch von sich, vor allem *von der Tragödie* habe Abschied nehmen wollen, nämlich mit einem Exzeß höchster und mutwilligster Parodie auf das Tragische selbst, auf den ganzen schaurigen Erden-Ernst und Erden-Jammer von ehedem, auf die endlich überwundene *dümmste Form* in der Winternatur des asketischen Ideals. Der Parsifal ist ja ein Operetten-Stoff *par excellence* ... Ist der Parsifal Wagners sein heimliches Überlegenheits-Lachen über sich selber, der Triumph seiner letzten höchsten Künstler-Freiheit, Künstler-Jenseitigkeit – Wagner, der über sich zu *lachen* weiß?...«[33]

Nietzsche stilisiert sich als ein freier Geist, der in die tiefsten Weisheiten des *Parsifal* initiiert. Er ist, wie Amfortas, schwerkrank, als er die Belegexemplare von *Menschliches, Allzumenschliches* erhält und sogleich zwei (!) Widmungsexemplare nach Bayreuth sendet. Seine Sendung, so berichtet er in *Ecce homo*, überkreuzt sich mit der Sendung, die Wagners Widmungsexemplar des *Parsifal* an Nietzsche beinhaltet. »Als das Buch (»Menschliches, Allzumenschliches«, J. H.) endlich fertig mir zu Händen kam – zur tiefen Verwunderung eines Schwerkranken –, sandte ich, unter anderem, auch nach Bayreuth zwei Exemplare. Durch ein Wunder von Sinn im Zufall kam gleichzeitig bei mir ein schönes Exemplar des Parsifal-Textes an, mit Wagners Widmung an mich ›seinem theuren Freunde Friedrich Nietzsche, Richard Wagner, Kirchenrath‹. – Diese Kreuzung der zwei Bücher – mir war's, als ob ich einen ominösen Ton dabei hörte. Klang es nicht, als ob sich *Degen* kreuzten? ... Jedenfalls empfanden wir es bei-

33 Friedrich Nietzsche: *Nietzsche contra Wagner*, in: Werke, a. a. O., Bd. 2, S. 1052.

de so: denn wir schwiegen beide. – Um diese Zeit erschienen die ersten Bayreuther Blätter: ich begriff, wozu es höchste Zeit gewesen war. – Unglaublich! Wagner war fromm gewor- den …«[14] Nietzsche, der kurz nach der Niederschrift dieser Sätze einige seiner Wahnsinnsbriefe mit »Der Gekreuzigte« unterschreiben wird, liegt ersichtlich nicht nur mit Wagner, sondern auch mit sich selbst über Kreuz. Er hört das uner- hörte Bühnenweihfestspiel als Operette und zugleich als frommes Werk. Schöpfer dieses frommen Werkes aber ist ein Kopf, der sich selbst als »Kirchenrath« ironisiert. Wer Oh- ren hat zu hören, der höre. Wagner hat mit dem *Parsifal* das postmetaphysische Werk schlechthin komponiert, dessen chromatische Kompositionstechnik die Zeit zum Raum wer- den lässt. Wagner hat im *Parsifal* noch die himmlischste(n) Familienbande(n) und damit »den ältesten Parasiten der Welt, die Überwelt«[15], dekonstruiert.

[14] Friedrich Nietzsche: *Ecce homo*, in: *Werke*, a. a. O. Bd. 2, S. 1122.
[15] Peter Sloterdijk: *Du mußt dein Leben ändern:*
Über Anthropotechnik. Frankfurt am Main 2009, S. 21.

Kommentar
zu Leitmotiv Nr. 2
Parsifal:
Historische Musik

Wirklich historische Kostüme sind in der Oper traditionell selten. Oft trug man zeitgenössische Kleidung mit Zeitattributen – oder der Zeit nachempfundene. Der Herzog von Sachsen-Meiningen Georg II.[1] war wahrscheinlich einer der Ersten, der sich um eine genau auf die Zeit bezogene Ausstattung eines Theaterstücks bemüht hat. Das heutige *Globe Theatre* in London beispielsweise verwendet historische Schnitte und Materialien. Ähnliches sieht man, aber erst seit den 1980er-Jahren, im Film (Kubricks *Barry Lyndon*, Ang Lees *Sense and Sensibility*, Patrice Chéreaus *Reine Margot* ...). Im Film kann man dem Publikum eher die Illusion einer realen Szenerie vermitteln als auf den Brettern einer Guckkastenbühne. Abstraktion und Phantasie wird von den Zuschauern gefordert. Das ist mit der musikalischen Ausgestaltung nicht anders: Monteverdi hat nicht versucht, seine Komposition auf die Zeit des »historischen«/mythischen *Orpheus*, *Odysseus*, auch nicht des *Nero* oder *Tancred* zu beziehen; auch Mozart schrieb für seine *Clemenza di Tito* keine »römische« Musik, allerdings charakterisiert er seine Donna Elvira (*Don Giovanni*) mit Stilkopien Händel'scher Arien als »Operndiva« barocker Art (13) und seine Zwei Geharnischten (*Zauberflöte*) mit einer Bach-artigen fugierten Choralkomposition. (14)[2]

   Solch ein Choral (als Gemeindegesang mit Orgel) findet auch am Anfang der *Meistersinger* seine szenisch sinnvolle

---

[1] Er wurde berühmt für seine Förderung des Meininger Hoforchesters und Theaters, für das er u. a. Hans von Bülow, Johannes Brahms, Richard Strauss und Max Reger engagierte.

[2] »Ach Gott, vom Himmel sieh darein«, das kann auch eine Botschaft sein ...

Verwendung.[3] ⑮ Die Melodie ist motivisch mit dem Meistersinger verknüpft, was sich im anfänglichen Quartfall (c'–g')
und dem Erreichen des f' in der ersten Choralzeile manifestiert. Es handelt sich bei diesem Choral also nicht um ein
Zitat (wie bei den *Hugenotten*), sondern um eine Original-
komposition im Quasi-Bach-Stil.

Im *Parsifal* verwendet Wagner das *Dresdner Amen* ⑯ sogar
als Zitat [4] und integriert es in seine Leitmotivik.

Aber das »Glaubens-Motiv« ⑰ (Fortsetzung der Beispiele
in der Fußnote 4) erfährt nach seiner Präsentation durch die
Blechbläser eine kontrapunktische Verarbeitung, die an Kir-
chenmusik der Renaissance und des Frühbarock erinnert,
was sich am deutlichsten in den orgelmäßig (mit Holzbläsern) instrumentierten Passagen zeigt. ㉒

Dasselbe Tonmaterial hören wir in der Einleitung zum
ersten Dialog von Titurel und Amfortas in einem Chorsatz,
der von der Machart und Stimmführung auch von Heinrich
Schütz oder Michael Prätorius stammen könnte. Die Tonart
As-Dur würde zwar vor allem wegen der zu dieser Zeit üblichen
»mitteltönigen« Stimmung kaum verwendet werden, und die
extrem hohe Lage dieses sequenzierten »Glaubens-Motivs«,
gesungen vom A-Capella-Frauenchor aus der Ferne, entrückt
das Geschehen von vornherein in mystische Ferne. ㉓

Außer dem ersten Auftakt es-as, der im 1. Sopran und
1. Alt parallel oktaviert ist (wohl aus klanglichen Gründen
wegen der hohen Lage), erlaubt sich Wagner keinerlei be-
denkliche Stimmführungen entgegen dem strengen Ton-

---

[3] Wie auch schon in Giacomo Meyerbeers Oper *Les Huguenots*
(»Ein feste Burg ist unser Gott«).

[4] Wagner hatte dieses von Johann Gottlieb Naumann (1741–1801)
stammende *Amen* ja bereits ähnlich im *Liebesverbot* ⑱ und im *Tannhäuser*
⑲ verwendet, wie auch schon Mendelssohn bekanntlich in seiner
5. Symphonie ⑳. Die in Wikipedia als Zitate genannten Beispiele in Bruck-
ners Motetten (Christus factus est, Virga Jesse und Vexilla regis) sind
wohl etwas zweifelhaft. Über das vermeintliche Zitat in seiner 9. Symphonie könnte man streiten ㉑. Auch Skrjabin zitiert in seiner 3. Symphonie
nicht das *Amen*, wie dort behauptet, sondern vielleicht das Abendmahl-
Motiv, vermutlich aber eher zufällig.

satz [5] und bewegt sich diatonisch in stufenharmonischen Sequenzen. Selbst der Ges-Dur-Akkord, der Dreiklang der chromatisch erniedrigten VII. Stufe von As-Dur, ist stilgerecht und eine in der Renaissance- und Frühbarock-Musik beliebte harmonische Wendung (zur Vermeidung des diatonisch auf der VII. Stufe entstehenden verminderten Dreiklangs). ㉔

Soll die Religion, der Glaube, als in sich geschlossenes System von Regeln oder sogar Dogmen, dargestellt werden? Oder als heile Welt ohne »kränkelnde« chromatische Relativierung?

Es bleibt natürlich auch die Frage, warum die Stilkopie in der Renaissance oder im Frühbarock und nicht im tiefsten Mittelalter angesiedelt ist. Aber das wäre wohl zu »gelehrt« historisch und nicht dramaturgisch gedacht. Welcher Opernbesucher hätte im ausgehenden 19. Jahrhundert eine Musik des »Organum« oder »Fauxbourdon« verstanden oder wenigstens goutiert und zugeordnet? Der Gegensatz zu der ansonsten verwendeten chromatischen Harmonisierung und zu den harmonisch statischen Klangflächen kommt auf diese Weise deutlich zur Geltung.

Eine andere Frage bleibt dennoch: Ist die Anwendung dieses frühbarocken »kirchenmusikalischen« Stils ein eher dramaturgisches Mittel, eine musikalische Kulisse, oder verbirgt sich ein Bekenntnis hinter dieser historistischen Fassade? Schließlich wird *Parsifal* als ein »Bühnenweihfestspiel« bezeichnet!

Bis in die Filmmusik heutiger Tage wird dieser »Kirchenstil«, oft mit banalem Hintergrund, für entsprechende Kloster-, Mönchs- und christliche Religionsszenarien verwendet, in anspruchsvolleren Produktionen allerdings schon eher mit originaler Musik aus der Zeit, auf historischen Instrumenten und – in historischen Kostümen und Ausstattungen.

Das Nachspiel zu dem Chorsatz ㉕ mit gedämpften Strei-

---

[5] Abgesehen davon ist Wagner auch in instrumentalen und chromatischeren Stimmführungen durchaus nicht fahrlässig gegenüber den Satzregeln der alten Meister.

chern und mit das Glockenmotiv zitierenden Hörnern verbreitet weihevolle Stimmung und setzt einen Doppelpunkt in Es, der Dominante von As (mit plagalem Schluss) vor Titurels (rezitativen) Fragen.

Die erste ist schon zweifelnd genug – in des-Moll, der Moll-Subdominante von As-Dur – und insistiert auf die offene Dominante, die von der Pauke in peinlich langer Stille (»Schweigen) bestätigt wird. Die zweite Frage ist in ähnlicher Weise noch insistierender auf der Dominante Es-Dur – die Frage nach dem »Leben«. Die nach dem »Sterben« verdunkelt sich nochmals in ces-Moll (enharmonisch h-Moll), kehrt aber mit der Pauke insistierend zur Dominante Es zurück. Amfortas wiederum antwortet nicht »ordnungsgemäß« (in As-Dur), sondern weicht aus von es-Moll über einige »Trugschlüsse« nach fes-Moll (enharmonisch e-moll), ces-Moll (h-Moll) in einen verminderten Septakkord (DV) auf Des, bzw. B, der sogar noch durch den Vorhalt Ces-B schmerzvoll dissonant an das Kundry-Motiv erinnert – wem hat er schließlich seine Wunde zu verdanken?–, um resignierend doch über As (hier aber in Moll) zum Ausgangspunkt Es zurückzukehren und bei »sterben« erst nach As zu kadenzieren (fallen). Titurel greift das auf und befiehlt, unterstützt vom zweimaligen Beginn des »Dresdner Amens« (erst in As, dann in Ces), »den Gral zu enthüllen«. Das Ces wird zu H-Dur, die Vorzeichen wechseln zu e-Moll (ein #), das Tempo »beschleunigt sehr«, das »Dresdner Amen« wird durch Amfortas mit dem Kundry-Motiv jäh unterbrochen. ㉖

Nicht nur die hier bewusst eingesetzten »Leitmotive«, sondern auch jede melodische und harmonische Wendung fügt sich in die dramaturgisch organisierte Tonwelt. Keine Wendung wird aus nur konventionellen Gründen angewandt, sondern mit klarer Sinngebung ausgestattet.

Und doch ist eine Abkehr von den tonalen Grundlagen und Bezügen, wie man nach »Tristan« vielleicht vermutet haben mag, nicht zu erkennen. Die harmonische Welt ist vergeistigter und komplexer geworden.

Leitmotiv Nr. 3
Schuld
und Schulden

»Der liebe Gott thäte klüger, uns mit Offenbarungen zu verschonen«, schreibt Richard Wagner am 30. Mai 1846 aus Groß-Graupe an den befreundeten Schriftsteller und Redakteur Hermann Fran(c)k, der unter anderem 1830 mit einem religionskritischen Essay über die aufsehenerregende Neuaufführung von Bachs *Matthäuspassion* von sich reden gemacht hatte. »Niemand entscheidet mehr, ob hier der religiöse Gehalt der Rede durch die Musik, oder diese durch jene verklärt und erhöhet werde«,[1] heißt es bei Frank – eine Wendung, die die Brisanz von Kunstreligion auf den Begriff bringt. Dem Begriff ›Gott‹ hat Wagners Brief eine erklärende Fußnote zugesellt: »Ich meine: der Christengott.« Das sind kecke Töne, wie sie einem denkenden Komponisten, Novellisten und Essayisten gut anstehen, der im jungdeutschen und linkshegelianischen Milieu verkehrt. Zugleich fällt sich Wagner, ein wenig kokett, ins Wort, wenn er mit einem kritischen Selbstkommentar fortfährt, diesen dann aber einklammert: »(Ich fürchte, bei dieser Gelegenheit viel Unsinn gesagt zu haben: es fehlt mir da recht am Zeug, um mich ausdrücken zu können.)« SB 2, 511 f. An Ausdrucks- und Kommunikationswillen hat es Wagner nicht gemangelt, an Ausdrucksmöglichkeiten ebenso wenig. Gut dreißig Jahre nach dieser Briefäußerung schafft Wagner mit dem *Parsifal* ein ausdrucksstarkes Werk, in dem Gott so klug ist, selbst diejenigen mit Offenbarungen

---

1 Hermann Frank: *Die Passionsmusik nach dem Evangelisten Matthäus von J. S. Bach*; in: Breslauer Zeitung vom 22. März 1830, zitiert nach dem Wiederabdruck in: Martin Geck: *Die Wiederentdeckung der Matthäuspassion im 19. Jahrhundert – Die zeitgenössischen Dokumente und ihre ideengeschichtliche Deutung.* Regensburg 1967, S. 147.

zu verschonen, die ihm ihr Leben geweiht haben. Im Bühnenweihfestspiel offenbart sich allenfalls, dass es verbindliche Offenbarungen nicht gibt, weil Transzendenz und Immanenz wie in einem Möbiusband ineinander verwoben sind. Selbst wenn es transzendente Offenbarungen gäbe, müssten diese innerweltlich sein, sonst wären sie eben keine Offenbarungen für diejenigen, die (noch) in dieser Welt leben. Die christliche Religion (und nicht nur sie allein) kennt deshalb die Komplementärfigur von Heil und Heilung. Als Heilsbringer steht der Gottessohn Christus für das Versprechen der Erlösung von aller Schuld und Erdenschwere. Der mit ihm spannungsreich identische Jesus von Nazareth bewährt sich hingegen schon innerweltlich, wenn er Blinde und Lahme, Aussätzige und Psychotiker heilt. Heilung ist ein kleiner Münzwert im Vergleich zum übergroßen Blankoscheck des ewigen Heils. Nüchterne Gemüter haben lieber den Spatz in der Hand als die Taube auf dem Dach; religiös Begabte haben weniger Scheu im Umgang mit unendlichen Größen. Heilung ist schon innerweltlich erfahrbar, Heil ist hingegen ein Transzendenzversprechen, das selbst dann, wenn es aus dem Mund von Heiligen kommt, nie ganz vom Verdacht befreit sein kann, ein Versprecher zu sein.

Wagners Bühnenweihfestspiel beruht deutlich auf der Komplementärspannung von Heil und Heilung. Die Gralsritter sind samt und sonders gesundheitlich angeschlagen und also heilungsbedürftig. Um es in einer nüchternen medizinischen Diktion zu sagen, die Wagner-frommen Ohren nicht behagen dürfte: Sie leiden, weil ihnen seit langem die Stärkung aus dem Gralskelch verweigert wird, unter Fehl- bzw. Mangelernährung, und sie sind überdies psychisch instabil. Ihr König Amfortas ist, wie sein Vater Titurel, sogar moribund, denn er wurde schwer verwundet, als er im Umkreis des abgefallenen Gralsritters Klingsor Schuld auf sich lud. Seine Heilungschancen sind noch dadurch gemindert, dass sein Genesungswunsch unterentwickelt ist, macht er doch (wie so viele Wagner-Figuren) unmissverständlich klar, dass er sterben will. Und auch die einzige Figur, die heilkundig ist und Linderung verspricht, ist ersichtlich selbst eine von Pas-

sionsgeschichten in jedem Wortsinn Gezeichnete: Kundry.
Der junge und vitale Parsifal muss da per se wie ein Heils-
bzw. eben wie ein Heilungsversprechen wirken. Aber er ent-
täuscht erst einmal die ihm entgegengebrachten Heils- bzw.
Heilungserwartungen; hat er doch im heiligen Bezirk einen
Schwan getötet und lässt er doch Mitleid vermissen, als er
dem schwerkranken Gralskönig begegnet. Jung, frisch, munter, gesund und sexy geht es hingegen auf der Gegenseite des
Grals bei den Blumenmädchen in Klingsors Zaubergarten zu.
Sie sind der Heilung nicht bedürftig; ob sie Aussicht auf ewiges Heil haben, ist hingegen sehr fraglich.

Bemerkenswert ist es nun, wie eng Wagners Bühnenweihfestspiel die Sphären der Heilung und des Heils ineinan-
derwebt. Dabei liegt der dramaturgische Akzent auf der Heilung. In Wagners ausdrucksstarker Diktion: Das weltimmanente »Heilthum«, dem sich Parsifal verschrieben hat, stellt
ein »Heiligthum« in Frage, das sich als Repräsentanz eines
totaliter aliter, eines ganz Anderen, einer Transzendenz verstünde. Parsifal, der vaterlose Sohn, ist nach dem Bilde einer
transfigurierten Jesusfigur geformt. Anders als Jesus betet
Parsifal nicht zum göttlichen Vater: »nicht mein, sondern
dein Wille geschehe«. Vielmehr erfährt der vom Vater verlas-
sene Parsifal seine Vaterlosigkeit nicht nur als Trauma, sondern auch als Befreiung für sich und die Seinen, mit denen
er nicht durch Familienbande verbunden ist. Nach dem Tod
des siechen Übervaters Titurel ist der neue Gralskönig Parsifal ein Postmetaphysiker in einer vaterlosen Gesellschaft;
er, der Erlöser des Erlösers, hat, um es im Heidegger-Jargon
zu formulieren, die Metaphysik verwunden, aber nicht überwunden. Es gehört zu den Subtilitäten der *Parsifal*-Partitur,
dass sie auch nach der sakralitätskritischen Umbuchung von
Heiligtümern in »Heiltümer« sakral klingt, so wie die nach
gängiger Kulturdiagnose säkularisierte Kultur denen, die
Ohren haben zu hören, deutlich zu erkennen gibt, wie stark
die im Zeichen des Immanenzmediums Geld überwundene
Religiosität von der Finanzsphäre überformt wird und in ihr
überlebt – aus Erlösungen werden Erlöse, aus Schöpfung
Wertschöpfung, aus Gläubigen Gläubiger, aus Schuldigen

Schuldner, aus Offenbarungen Offenbarungseide, aus dem Credo Kredit und aus Fiat-lux-Worten Fiat-Money.[2] Die für viele Ohren unwiderstehliche, ja überwältigende Attraktivität von Wagners Werken dürfte auch damit zusammenhängen, dass sie kunstreligiös-sakrale Vibrationen im postmetaphysischen Zeitalter erkennen, anbieten und stimulieren. Wagner hat chiastisch das Sakrale profaniert und das Profane sakralisiert.

Ein Vatermörder in der Tradition von Ödipus, der wie er ein wildes Kind war, ist Parsifal nicht. Schuld trägt Parsifal weder am frühen Tod seines biologischen noch am langen Leiden und späten Tod des symbolischen Übervaters Titurel und eben auch nicht am Tod von Gottvater selbst. Gott ist, so Wagners Heidegger-nahe Diagnose, nicht getötet worden, sondern wie der sieche Gralskönig erloschen. Dennoch fühlt Parsifal sich schuldig – wie so viele der Protagonisten, die Wagners romantische Opern und Musikdramen beleben. Kein zweiter Künstler des 19. und wohl nicht nur des 19. Jahrhunderts dürfte so phantasiereich Schuldkomplexe gestaltet und so subtil über Schuld und Schuld(en)tilgung nachgedacht haben wie Wagner. »Schuld« ist ein Schlüsselwort seines Gesamtwerkes. Der Fliegende Holländer hat Schuld auf sich geladen, als er gotteslästerlich schwur, auf ewig nicht von dem Versuch abzulassen, das Kap der guten Hoffnung zu umsegeln, und deshalb von Gott dazu verdammt wurde, zum endlos irrenden Ahasverus der Meere zu werden. Zu den Eigentümlichkeiten des frühen Geniestreichs gehört es allerdings, dass das Wort »Schuld« und seine Derivate (wie schuldig und Schulden) nicht erklingen.

Das unterscheidet dieses frühe Werk von allen späteren. Sie kreisen deutlich um den Begriff und das Problem Schuld. Tannhäuser wallfahrt nach Rom, um die Schuld zu sühnen, sein Leben Venus geweiht und der irdischen vor der himmlischen Liebe den Vorzug gegeben zu haben.

---

2 Vgl. dazu Jochen Hörisch: *Man muss dran glauben. Die Theologie der Märkte.* München 2013.

ELISABETH.

> Laß hin zu dir ihn wallen,
> du Gott der Gnad' und Huld!
> Ihm, der so tief gefallen,
> vergieb der Sünden Schuld!
> Für ihn nur will ich flehen,
> mein Leben sei Gebet;
> laß ihn dein Leuchten sehen
> eh' er in Nacht vergeht!
> Mit freudigem Erbeben
> laß dir ein Opfer weih'n!
> Nimm hin, o nimm mein Leben:
> nicht nenn' ich es mehr mein!

TANNHÄUSER.

> Wie soll ich Gnade finden,
> wie büßen meine Schuld?
> Mein Heil sah ich entschwinden,
> mich flieht des Himmels Huld.
> Doch will ich büßend wallen,
> zerschlagen meine Brust,
> im Staube niederfallen, –
> Zerknirschung sei mir Lust. 2, 29

Bekanntlich wird Elisabeth sich für Tannhäuser opfern. Dennoch wird Tannhäuser in Rom die erflehte Absolution durch den Papst verweigert – nicht aber durch Gott selbst: Der Pilgerstab des sterbenden Tannhäuser ergrünt, es geschieht also durch die Gnade Gottes genau das, was der Papst für unmöglich erklärt hat, ein bei aller suggestiven Bühnenwirksamkeit hoch rätselhaftes Arrangement. Wagner hat die überdeutliche Polarität zwischen antiker Venus-Liebe (Eros) und der in Elisabeth inkarnierten christlichen Gottesliebe (Caritas) in vielfacher Hinsicht subtil unterlaufen. Und das nicht nur, weil auch die fromme Elisabeth von Tannhäuser erotisch fasziniert ist und weil der Rom-Pilger Tannhäuser eben nicht nur in die Stadt des Papstes, sondern auch in die (nicht nur von Goethe gepriesene) Stadt des Eros zieht: Roma-Amor. Tannhäusers Pilgerweg selbst folgt einer Palin-

dromfigur, wenn er nach Rom(a) zieht und von dort zurück-
kommt, um sich erneut Amor und Venus zu weihen.

Mit der Anagramm- und Palindromfigur Roma-Amor
hatte Wagner schon gespielt, als er *Rienzi* komponierte. Fast
durchweg wird Rom von Rienzi als Roma tituliert. Gegenüber
seiner Schwester Irene lässt er keinen Zweifel daran entstehen, wie leidenschaftlich und liebestoll seine Beziehung zu
der Stadt ist, zu der zuvor (historisch gesehen) bzw. danach
(werkgeschichtlich gesehen) auch Tannhäuser ziehen wird.

> RIENZI.
>> Wohl liebt' auch ich! – O Irene,
>> Kennst du nicht mehr meine Liebe?
>> Ich liebte glühend meine hohe Braut,
>> Seit ich zum Denken, Fühlen bin erwacht,
>> Seit mir, was einstens ihre Größe war,
>> Erzählte der alten Ruinen Pracht.
>> Ich liebte schmerzlich meine hohe Braut,
>> Da ich sie tief erniedrigt sah,
>> Schmählich mishandelt, grau'nvoll entstellt,
>> Geschmäht, entehrt, geschändet und verhöhnt!
>> Ha, wie ihr Anblick meinen Zorn entbrannte!
>> Ha, wie ihr Jammer Kraft gab meiner Liebe!
>> Mein Leben weihte ich einzig nur ihr,
>> Ihr meine Jugend, meine Manneskraft;
>> Ja, sehen wollt' ich sie, die hohe Braut,
>> Gekrönt als Königin der Welt: –
>> Denn wisse, Roma heißt meine Braut! 1, 83 f.

Der Venusberg und Amor-Roma haben wie die Gralssphäre
und Klingsors Zaubergarten mehr Gemeinsamkeiten, als
beiden Sphären jeweils lieb ist. Dass der Papst Tannhäusers
Schuld nicht entsühnen kann, zählt zu den Rätseln der romantischen Oper. Sexuelle Verfehlungen gehören zum Standard-
repertoire erfolgreicher Beichten, zölibatär lebende Priester
hören sie, nach allem, was man so hört, gerne an, Kapital-
verbrechen hat der Sänger nicht begangen, aufrichtig zerknirscht ist er auch, und die Liste derer, die Fürbitten für

ihn leisten, ist beeindruckend – warum also ist der Papst verstockter als der Sünder, der seine Schuld reumütig eingesteht? Weil er, theologisch geschult, die Gottes-Paradoxie nicht leugnen kann, auf die Tannhäuser in einer Geste verweist, die alle Frommen verletzen muss.

Der leidenschaftliche Sänger will wie vor ihm der Fliegende Holländer und nach ihm Wotan, Tristan und Amfortas von der schlechten Unendlichkeit erlöst werden; er will die endlosen, ewigen Freuden des Venusberges nicht, die ja von den Freuden des Paradieses nicht recht zu unterscheiden sind; er will endlich endlich werden – »aus Freuden sehn ich mich nach Schmerzen«, »Zerknirschung sei mir Lust«. Genau mit diesem Willen aber demonstriert er Gott dessen nicht lösbares, nicht erlösbares Dilemma: Der ewige Gott kann nicht sterben, er vermag also etwas nicht, was Sterbliche vermögen, und also ist er nicht allmächtig, ja nicht einmal seiner selbst mächtig. Der Freitod ist keine Option des allmächtigen und ewigen Gottes, der sich auch und gerade deshalb Nachfragen, seine Allmacht betreffend, gefallen lassen muss. Tannhäuser hat sich wie der Fliegende Holländer mit Gott angelegt; er ist ein Nachkomme des Goetheschen Prometheus; seine Schuld aber ist eine felix culpa, die keinem Geringeren als Gott selbst zur Einsicht in die eigenen Paradoxien verhilft. Und der erweist sich als dankbarer und gnadenreicher Gott. Er verschont Tannhäuser mit jenseitigen Offenbarungen, um ihn und seinen Kreis vielmehr mit einem bedeutungsvollen Symbol zu beschenken: Der Pilgerstab ergrünt, innerweltlich, wie sonst? Gott kann, das unterscheidet ihn vom Papst, nicht anders, als Tannhäuser von Schuld freizusprechen. Wagner nimmt motivisch das kecke Wort vorweg, das Heinrich Heine später auf dem Sterbebett sprechen wird bzw. gesprochen haben soll: »Dieu me pardonnera. C'est son métier.«[3]

Vom Vorwurf, schwere Schuld auf sich geladen zu haben, wird auch Elsa freigesprochen. Ihr Fall beginnt ungleich weniger komplex als der Tannhäusers – sie ist schlicht unschul-

[3] Alfred Meißner: *Heinrich Heine – Erinnerungen.* Hamburg 1856, S. 259 (Gott wird mir vergeben. Das ist sein Job.).

dig, lädt dann aber Schuld auf sich, weil sie ihrem Retter nicht vertraut. Telramund hingegen vertraut den Einflüsterungen seiner Frau Ortrud, die Elsa zu Unrecht unterstellt, zusammen mit einem Buhlen ihren Bruder getötet und so untilgbare Schuld auf sich geladen zu haben. Die Verhältnisse werden durch den Umstand, dass Elsa früher Telramunds Werben abgewiesen hat, Ortrud also nur zweite Wahl ist, nicht weniger kompliziert.

> ALLE MÄNNER *in feierlichem Grauen.*
> > Ha, schwerer Schuld zeiht Telramund!
> > Mit Grau'n werd' ich der Klage kund.
> KÖNIG.
> > Welch' fürchterliche Klage sprichst du aus!
> > Wie wäre möglich solche große Schuld?
> FRIEDRICH.
> > O Herr, traumselig ist die eitle Magd,
> > die meine Hand voll Hochmuth von sich stieß.
> > Geheimer Buhlschaft klag' ich sie drum an 2, 67 f.

Zu den einer Lösung harrenden Rätseln von Wagners romantisch(st)er Oper gehört es, dass Elsa die ihr aus königlichem Mund klar gestellte Frage, ob sie ihre Schuld bekenne, bestenfalls ausweichend, eigentlich aber gar nicht beantwortet. Sie schweigt, bzw. sie lässt tönendes Schweigen erklingen, so als wolle sie Lohengrins Schweigen auf ihre Fragen, wer er denn sei, vorwegnehmen.

> KÖNIG.
> > So bekennst
> > du deine Schuld?
> ELSA
> *nachdem sie eine Zeit lang schweigend vor sich hingeblickt.*
> > Mein armer Bruder!
> ALLE MÄNNER *flüsternd.*
> > Wie wunderbar! Welch' seltsames Gebaren! 2, 69

Elsa schweigt und blickt objektlos vor sich hin, bevor sie eine seltsame Antwort gibt: »Mein armer Bruder« ist keine plausible Antwort auf die Frage »So bekennst du deine Schuld?«. Lohengrin hat aber gerade deshalb allen Grund, in der schweigenden Elsa eine Figur zu vermuten, die Verständnis für das Schweigegebot aufbringen müsste, dem er selbst unterworfen sein wird. Deshalb demonstriert er im Gottesgericht, also in einem Verfahren, in dem sich die Wahrheit zeigt, erblickt wird, ja offenbart, nicht aber kommunikativ verhandelt wird, dass Elsa »frei aller Schuld« ist. 2,76 Doch er muss erfahren, dass die Schuldlose alsbald ihrerseits »schwere Schuld« 2,111 auf sich lädt, wenn sie ihm misstraut und sein Frageverbot missachtet. Als schuldlos Schuldige erscheint Elsa aber auch dann, wenn man (vgl. das voranstehende Leitmotiv) ihre Frage, wer Lohengrin denn sei, so deutet, dass sie mit dieser in der Brautkammer gestellten Frage den in Lohengrin zurückgekehrten inzestuös begehrten Bruder abwehrt, bevor es zum Äußersten kommt: zum Vollzug des Inzests.

Seltsam zwischen Schuld und Unschuld bewegen sich auch viele Figuren aus dem *Ring des Nibelungen*. Brünnhilde wird, wenn sie Siegmund und Sieglinde schützt, von ihrem göttlichen Vater schwerer Schuld geziehen, die sich aber ihrer Einsicht entzieht. Und das aus nachvollziehbaren Gründen. Denn Wotan kommuniziert offenbar paradox, wenn er seiner Lieblingstochter signalisiert, dass sie den väterlichen Wunsch erfüllt, wenn sie ihm zuwiderhandelt, et vice versa. »Dunkle Schuld« zu erhellen ist keine leichte Aufgabe, wenn Ge- und Verbote, gegen die zu verstoßen sie einzuhalten heißen kann, kaum zu unterscheiden sind.

> O sag', Vater!
> Sieh' mir in's Auge:
> schweige den Zorn,
> zähme die Wuth!
> Deute mir hell
> die dunkle Schuld,
> die mit starrem Trotze dich zwingt
> zu verstoßen dein trautestes Kind!

WOTAN *finster.*
        Frag' deine That –
        sie deutet dir deine Schuld!
    BRÜNNHILDE.
        Deinen Befehl
        führte ich aus. 6, 75

Der Widerstreit zwischen der visuellen und der kommunikativen Sphäre prägt den Wortwechsel zwischen Wotan und Brünnhilde. Auf kleinem Raum häuft Wagner Worte wie »sagen«, »schweigen«, »deuten«, »fragen« und »Befehl«, die dem Reich des Sprachlichen zugehören; und er kontrastiert sie effektvoll mit Worten wie »sehen«, »Auge«, »hell«, »dunkel« oder (in der Regieanweisung) »finster«, die der visuellen Sphäre zugehören und darauf verweisen, dass sich zeigen bzw. offenbaren kann, was sich nicht sagen lässt. Wie im Elsa-Gottfried-Geschwistermotiv des *Lohengrin* schwingen auch in der Wotan-Brünnhilde-Konstellation unüberhörbar inzestuöse Impulse mit. Die lassen sich nicht sagen. Aber sie ertönen.

Dass Wagners Werke unablässig etwas zeigen und sagen wollen, machen sie unmissverständlich deutlich. Das gilt gerade auch im Hinblick auf Wagners großes Thema Schuld. Inbegriff der erotischen Schuld ist der Inzest. Er ist dem religiösen Schuldbegriff eng verwandt. Denn die inzestuöse Endogamie, die sich in Siegfried, dem Produkt einer Geschwisterliebe, erfüllt, hat auch religiösen Verweisungscharakter, kappt sie doch die exogamen Bande zwischen Welt und Hinterwelt, setzt sie doch ostentativ auf endogame Innerweltlichkeit. Das inzestuöse Kind Siegfried wird seinen göttlichen Großvater Wotan überwinden und zu einer innerweltlichen Figur neben anderen machen. *Der Ring des Nibelungen* stellt das Schuld-Thema ausdrücklich in den religiös-theologischen Kontext, der in den frühen romantischen Opern bereits mitschwang.

Dabei ist es stets erneut erstaunlich, wie souverän Wagner den erotischen und den religiös-moralischen Schuldbegriff mit den ökonomischen Valenzen des Wortes Schuld/en zusammenbringt. Dass das Pumpgenie Wagner zeitlebens ein intimes Verhältnis zu Schulden hat, ist hinreichend bekannt.[4] Sein Briefwechsel ist voll von Passagen wie dieser aus einem Schreiben an den Freund Jakob Sulzer vom 1. Oktober 1854: »Lieber Sulzer! / Ich bin in einer recht garstigen Verlegenheit. / Als ich gestern an das Rechnungsbezahlen gehe, werde ich, nachdem ich 5.962 frc. ausgegeben habe, an dem Rest der noch zubezahlenden Rechnungen gewahr, dass ich bei der vor einigen Wochen vorgenommenen Addition sämmtlicher Posten einen bösen Fehler gemacht habe, nach welchem ich – mit der [Karl] Ritter'schen Schuld – den ganzen Betrag auf 10,000 frcs. berechnete ... Ich musste nun nämlich finden, dass die aufgesetzten Posten an sich 7,066 fr. 61 c. betragen, dass diese Summe aber beim reinen Wirthschaftmachen noch durch eine nachträgliche Anrechnung / bei Kölliner [Kölliger] um 76 fr. / bei den Gebr. Hug um 40 fr., / ferner durch eine bei meiner Frau verborgene / Rechnung um 60 fr., / endlich aber durch eine gerade jetzt hinzugekommene Forderung, die ich unmöglich zunächst aus meinen sonstigen Mitteln bestreiten kann, um 100 fr. vermehrt worden ist. / Summa 276 fr. / Zum vollkommenen Aufräumen mit meinen Schulden am hiesigen Ort bedarf ich daher zu den gestern empfangenen 7.000 fr. noch 342 fr. Die Schuld an Karl Ritter beträgt an sich aber 3.800 fr. – Um das aus Breslau mit nächstem zu erwartende Honorar von 500 fr. muss ich jedenfalls als erste vierteljährliche Subsidienzahlung bitten, da ich davon zunächst sogleich die Hausmiethe mit 350 fr. bezahlen muss. / So steht es nun bei vollem Lichte.« sb 6, 240 Bei vollem Lichte offenbaren sich tiefdunkle Dimensionen von Schuld und Schulden.

Dieser Brief mag nachgeborene Leser erheitern, lustig ist er dennoch nicht. Denn er steht repräsentativ für viele andere enthemmte Bettel- bis Erpresserbriefe aus Wagners Lebensjahrzehnten. Nur noch zwei weitere unangenehme Beispiele.

---

4 Vgl. dazu die genaue Darstellung bei Hanjo Kesting: *Das Pumpgenie – Richard Wagner und das Geld*, nach gedruckten und ungedruckten Quellen bearbeitet von Hanjo Kesting. Frankfurt am Main 1997.

Wagner hat, als er 1854 die zitierten Zeilen schreibt, nicht viel dazu gelernt. Denn schon zwei Jahrzehnte zuvor, genauer: am 13. März 1835 schrieb er an Theodor Apel: »– denk' allein, dem armen Kerl, – dem Schmitt (Rüpel) bin ich noch von Rudolstadt her gegen 30 Thal(er, J.H.) schuldig, – Weinrechnungen, – Schneiderrechnungen (denn unsereines hat ja hier gar keinen Kredit), das verfluchte Judengeschmeiß, – und noch andere baare Schulden, – Anhängsel meiner etwas verwöhnten Lebensart, alles drängt sich zusammen, so daß ich Dich bitten muß, Dein so bereitwilliges Anerbieten, mir die Summe sogleich zu schicken, schnell auszuführen. Es ist mir lieb, daß Du es nicht aus Deiner Kasse nimmst; zwar verstehe ich die Verhältnisse weniger, – wäre es aber nicht möglich, daß Du gleichsam für mich bei der Anleihe (auf ein Jahr) nur Deinen Namen verpfändest, den ich dann ehrlich auslöse?« SB 1, 177 f. Kein Kommentar zur Formel vom »ehrlichen Auslösen«, nur der Hinweis, dass später (s. Leitmotiv 5) noch von Wagners Obsession fürs Rätsel-Lösen, Auslösen und Erlösen zu sprechen sein wird.

Drittes und letztes Beispiel: Selbst Franz Liszt, der treuste und verständnisreichste Freund, reagierte fassungslos, als Wagner ihm am Sylvesterabend 1858/59 aus Venedig wenig erhabene Zeilen schrieb: »Mein Franz, wenn Du den 2. Akt von Tristan sehen wirst, so wirst Du zugeben, daß ich viel Geld brauche. Ich bin ein großer Verschwender; aber wahrlich, es kommt etwas dabei heraus. – Das weißt Du. Aber denk nur daran. Und glaube nie, daß ich Querelen mit Dingelstedt, Herzog oder sonstwem wirklich ernst nehme. Ich brauche von der Welt nur Geld: sonst habe ich *alles*. – Den Übermutsparoxismus hast Du zu verantworten, durch Deine Freude über den 1. Akt des Tristan. Wenn Du den zweiten kennen wirst, so wirst Du mir auch verzeihen, wenn ich heute nichts andres schreie als – Geld! Geld! – Gleichviel wie und woher. Der Tristan zahlt alles wieder! – Wenn ich ganz verrückt werde, telegraphiere ich Dir noch mit meinem letzten Napoleon! – / Adieu! Gut Neujahr! / Schick Dante und Messe! Aber zunächst – Geld!« [5] Das ist Klartext. Wagner zeigt sich von seiner äußerst unromantischen Seite, er interessiert sich weniger für die Werke des Freundes als für seine Knete. Und der reagiert souverän: »Um nicht mehr der Gefahr ausgesetzt zu sein Dir durch ›pathetisch, ernste‹ Redensarten lästig zu fallen, schicke ich den 1. Akt des *Tristan* an Härtel zurück, und werde mir ausbitten, die übrigen erst nach ihrem Verlagserscheinen kennen zu lernen. – / Da die *Dante*-Symphonie und *Messe* nicht als Bank Aktien gelten können, wird es überflüssig sie nach Venedig zu senden. Als nicht weniger überflüssig erachte ich auch fernerhin telegraphische Not-Depeschen und verletzende Briefe von dort zu erhalten. – / In *ernster getreuester* / Ergebenheit verbleibt Dir / F. Liszt. / 4. Januar 1859.«[6]

Zeitlebens war Wagner mit den profansten Aspekten des Schuld(en)komplexes vertraut. Sein Genie, stets Gönner zu finden, die ihn vor dem totalen Bankrott mit all seinen ökonomisch-psychisch-juristisch-sozialen Nöten bewahrten, ist bewundernswert. Ob Freunde, die zum Teil deutlich weniger verdienten als er selbst (ein königlicher Generalmusikdirektor im Dresden der 1840er-Jahre hatte ein mehr als auskömmliches Gehalt), ob ein schwerreicher Großindustrieller wie Otto Wesendonck oder ob gar ein bayerischer König, der bereit war, den Staatshaushalt und die eigene Reputation zu gefährden, um den vergötterten, einer »etwas verwöhnten Lebensart« zugetanen Künstler zu retten – Wagner hat sich in bewundernswerter Weise auf die Kunst verstanden, andere für sich einzunehmen und sie sodann auszunehmen. Er wusste sehr genau, wovon er sprach und singen ließ, wenn es in seinen Werken um Schuld und Schulden geht. Es ging und geht dabei um nichts anderes als um das stets erneut peinliche Rendezvous von tiefsinnigsten und oberflächlichsten Problemen. Paradigmatisch bezeugt wird das schon in einem der frühen *Pariser Berichte für die Dresdener Abendzeitung*, mit denen der in Paris lebende Dresdner nur wenig Geld verdiente. Im Bericht aus der französischen Hauptstadt vom 6. April 1841 kombiniert Wagner seine ästhetische Bewunde-

[5] *Franz Liszt – Richard Wagner: Briefwechsel,* hrsg. von Hanjo Kesting. Frankfurt am Main 1988, S. 592.

[6] Ebd., S. 599.

rung für die Künste seines späteren Schwiegervaters Franz Liszt mit einem ungemein nüchtern kalkulierenden Finanz-Räsonnement: »Bankiers! – Ein wichtiges Kapitel, – und da es mir gerade so in den Wurf kommt, kann ich nicht umhin, ihm im Vorbeigehen eine ehrfurchtsvolle Aufmerksamkeit zu widmen. Also: – / Liszt hat letzthin ein Konzert gegeben. Er allein spielte darin, – Niemand spielte oder sang sonst; das Billet kostete 20 Francs; er hatte keine Kosten, nahm 10 000 Francs ein und giebt nächstens ein zweites Konzert. Welche Sicherheit! Welche Unfehlbarkeit! – ich meine in der Spekulation; denn sein Spiel ist so sicher und so unfehlbar, daß es gar nicht mehr der Mühe verlohnt, darüber zu sprechen.« 12, 80

Es verlohnt hingegen der Mühe, darauf aufmerksam zu machen, wie obsessiv Wagners Werk (und man darf getrost hinzufügen: auch Wagners Leben) um das Problem einer Überwindung von Schuld/en kreist. Dabei ist ein Leitmotiv unüberhörbar: Wagner ist deutlich bemüht, Schuldprobleme aller Art nicht zu überhöhen, sondern zu überwinden. Schuldenerlass, ja Schuldverwerfung auf allen Ebenen ist sein zeitlebens durchgehaltenes Programm. Nietzsches frühe Wagner-Begeisterung dürfte genau damit zusammenhängen. Denn auch der Pfarrerssohn Nietzsche hat sich ja dem Impuls verschrieben, der abendländisch-christlichen Kultur die Schuldgrammatik auszutreiben. Beide, Wagner wie Nietzsche (und nicht nur sie allein), stellen die biblische, genauer: paulinische Lehre von der Erbschuld bzw. Erbsünde in Frage. Ihre gnostischen Implikationen[1] sind unübersehbar. Überhaupt dazusein, geboren zu sein, heißt der paulinischen Lehre zufolge, mit dem Faktum der Existenz immer schon Schuld auf sich geladen zu haben. Der locus classicus für dieses Denkmotiv ist der erste Brief des Paulus an die Römer. Er stellt einen engen Konnex zwischen dem Sündenfall im Paradies, mit dem die Erbsünde in die Welt kommt, und der Opfergabe

[1] Einen anregenden Überblick zur Gnosis und ihrer hartnäckigen Wirkungsgeschichte gibt der Sammelband von Peter Sloterdijk und Thomas Macho: *Weltrevolution der Seele. Ein Lese- und Arbeitsbuch der Gnosis von der Spätantike bis zur Gegenwart*, 2 Bände. München 1991.

Christi her, die noch die Erbsünde überwindet. Im fünften Kapitel des Römerbriefs heißt es im Wortlaut der uther-Bibel von 1545: »12 *Derhalben / wie durch einen menschen die* Sünde ist komen in die Welt / vnd der Tod durch die sünde / vnd ist also der Tod zu allen Menschen durch gedrungen / die weil sie alle gesündiget haben. 13 Denn die Sünde war wol in der Welt / bis auff das Gesetz / Aber wo kein Gesetz ist / da achtet man der sunde nicht. 14 Sondern der Tod herrschete von Adam an bis auff Mosen / auch vber die / die nicht gesündigt haben / mit gleicher vbertrettung / wie Adam / welcher ist ein Bilde / des / der zukünfftig war. / 15 *Aber nicht helt sichs mit der gabe / wie mit* der Sünde. Denn so an eines sünde viel gestorben sind / So ist viel mehr Gottes gnade vnd gabe vielen reichlich widerfaren / durch Jhesum Christ / der der einige Mensch / in gnaden war. / 16 VND nicht ist die Gabe alleine vber eine sünde / wie durch des einigen Sünders einige sünde / alles Verderben. Denn das vrteil ist komen aus einer sünde zur verdamnis / Die Gabe aber hilfft / auch aus vielen sünden zur gerechtigkeit. 17 Denn so vmb des einigen sünde willen der Tod geherrschet hat durch den einen / Viel mehr werden die / so da empfahen die fülle der Gnade vnd der Gaben zur gerechtigkeit herrschen im Leben / durch einen Jhesu Christ.«

Für einen denkenden und komponierenden Feuerkopf wie Wagner ist diese Passage besonders heiß, stellt sie doch eine enge Koppelung zwischen Eros und Thanatos her. Erbsünde heißt sehr konkret: der Sünde einen Erben zu machen, profaner formuliert: in der Tradition von Adam und Eva Sex zu haben. Mit dem sündigen Eros aber kommt der Tod in die Welt. Denn »der Tod ist der Sünde Sold«, wie es in Römer 6,23 in bemerkenswert ökonomischer Diktion heißt. Erst Christi Opfertod bzw. der Glaube an diese Erlösungstat überwindet die Erbsünde. In den Worten des ersten Briefes an die Korinther: »20 NV aber ist Christus aufferstanden von den Todten / vnd der Erstling worden vnter denen / die da schlaffen. 21 Sintemal durch einen Menschen der Tod / Vnd durch einen Menschen die aufferstehung der Todten kompt. 22 Denn gleich wie sie in Adam alle sterben / Also werden sie in Christo alle lebendig gemacht werden.« 1. Kor., 20–22 Die Frage, ob Christen sich das postmortale, erlöste, ewige Leben als ein Leben ohne die Freuden des Eros vorstellen müssen, lässt sich deshalb klar mit »ja« beantworten. Jesu Herrenwort ist eindeutig und wird von allen synoptischen Evangelien bezeugt: »Wenn sie (die Menschen) von den Todten auferstehen werden / so werden sie nicht freien / noch sich freien lassen / sondern sie sind wie die Engel im Himel«[8] – und die sind so androgyn wie asexuell. Ein munteres bis leidenschaftliches Liebesleben gehört nicht zu den theologisch abgesegneten christlichen Erwartungen an das von irdischem Jammer erlöste Leben. Anders sieht es bekanntlich, die Phantasie nicht nur von Selbstmordattentätern beflügelnd, im Islam aus. Unter anderem die 52. und die 56. Sure des Koran versprechen guten Paradies-Sex (und Wein!): »Siehe, die Gottesfürchtigen kommen in Gärten und Wonne, genießend, was ihr Herr ihnen gegeben hat. Und befreit hat sie ihr Herr von der Strafe des Höllenpfuhls. ›Esset und trinket und wohl bekomm's – für euer Tun!‹ Gelehnt auf Polstern in Reihen; und wir vermählen sie mit großäugigen Huris (= Mädchen mit leuchtenden Augen, J. H.).« bzw. »Und die Vordersten (auf Erden), die Vordersten (auch im Paradiese). Sie sind die Allah Nahegebrachten, in Gärten der Wonne. (...) Die Runde machen bei ihnen unsterbliche Knaben mit Humpen und Krügen und einem Becher von einem Born. Nicht sollen sie Kopfweh von ihm haben und nicht in Trunkenheit geraten. Und Früchte, wie sie's begehren, und großäugige Huris gleich verborgenen Perlen als Lohn für ihr Tun.«[9]

Aus gutem Grund lässt Wagner im *Parsifal* die schuldfixierten, zölibatären, asketischen und leidenden Gralsritter auf der westlichen, also christlichen Seite des Mon(t)salvats zu Hause sein, die »teuflisch-holden Frauen« in Klingsors »Wonnegarten« hingegen auf der orientalischen, also islamisch geprägten Seite Männer beglücken – es sei denn, sie reagieren letztendlich doch so spröde wie Parsifal. Um ge-

[8] Mk. 12,25, vgl. Mt. 22, Luk. 20 – Luthers Übersetzung von 1545.
[9] Koran, Sure 52, 17–20, bzw. 56, 9–24 (übers. von Max Henning).

nauer zu sein: Die erste Szenenanweisung des Bühnenweih-
festspiels macht aus dem Okzident-Orient-Gegensatz einen
Nord-Süd-Widerstreit, dessen theologische Programmatik
jedoch unzweideutig ist: »Ort der Handlung: auf dem Gebie-
te und in der Burg der Gralshüter ›Monsalvat‹; Gegend im
Charakter der nördlichen Gebirge des gothischen Spanien's.
Sodann: Klingsor's Zauberschloß, am Südabhange derselben
Gebirge, dem arabischen Spanien zugewandt anzunehmen.«

Die enge Koppelung von Schuld (Erbsünde) und Sexualität ist, so sieht es nicht nur Wagners *Parsifal*, ein Merkmal
der »gothischen«, der christlichen Kultur. Sie verbindet Eros
und Thanatos in geradezu intimer Weise – ein Schema von
unbestreitbarer Wirkungsmächtigkeit und übrigens auch
eine Koppelung, die eine sachlich-biologisch überzeugen-
de Entsprechung findet. Sind doch sexuelle Reproduktion
und Sterblichkeit zwei Seiten einer Medaille; nur Einzeller
sind als asexuelle Lebewesen auf Ewigkeit programmiert. So
leuchtet es auch areligiösen Köpfen ein, dass Jesus Christus,
der Erlöser von der Erbsünde, von einer Jungfrau geboren
werden musste und dass alle Fragen nach dem Liebesleben
von Jesus Christus ein Sakrileg darstellen, weshalb sie nicht
ins theologische Schrifttum, sondern in Romane gehören,
die etwa den Titel *Sakrileg* tragen. [10]

Wer immer und zumal wer als Mensch existiert, ist schuldig, ist Produkt einer Verschuldung, hat Teil an der Erbschuld
und hat zugleich Schulden gegenüber seinem Ursprung – so
lautet die Lehre von der Erbschuld bzw. Erbsünde, in der
sich die auch sonst »beklagenswerte Einwirkung des Chris-
tenthums« [3,25] auf die Lebensfreude manifestiert. Kinder,
die unbefragt ins Leben geworfen werden, sollen Vater und
Mutter ehren, Geschöpfe desgleichen den göttlichen Schöpfer, dem sie ihre Existenz schulden. Doch auch der Schöpfer
kann die Paradoxie nicht lösen, dass er seine Geschöpfe vor
ihrer Erschaffung nicht fragen kann, ob sie ins Leben treten

---

[10] Dan Brown: *Sakrileg* – Roman. Köln 2004 (*The Da Vinci Code*. 2003).
Zur Diskussion um den sachlichen Gehalt dieses Romans vgl. Darell
L. Bock: *Die Sakrileg-Verschwörung. Fakten und Hintergründe zum
Roman von Dan Brown*. Gießen 2006.

bzw. getreten werden wollen. Am Anfang mag, etwa nach der Logologie des Johannes-Evangeliums, das Wort gewesen sein, aber gewiss nicht der Konsens. Gottes machtvolles, Gottes schöpferisches Wort schafft ja erst die Geschöpfe, die bezeichnenderweise sprachlos, als infantes, zur Welt kommen. Man muss sehr wohlwollend bzw. gewaltsam interpretieren, wenn man das unartikulierte Geschrei des Neugeborenen als jubelnden Ausdruck der Zustimmung zum Faktum des Geborenseins versteht. Konsens mit der Welt und mit herrschenden Welt(v)erklärungen stellt sich auch später bei vielen unter denen, die das Sprechen erlernt haben, nicht ein. So herrscht auch systematisch Dissens über die christliche resp. paulinische Lehre von der Erbsünde, die in Judentum und Islam allenfalls schwache Entsprechungen findet. Schärfster Dissens herrscht auch zwischen dem erotomanen Tannhäuser und den frommen Rom-Pilgern, denen der Landgraf von Thüringen seine Stimme leiht, wenn er die die Schuld verdammenden Worte spricht bzw. singt:

> Ein furchtbares Verbrechen ward begangen: –
> es schlich mit heuchlerischer Larve sich
> zu uns der Sünde fluchbelad'ner Sohn. –
> Wir stoßen dich von uns, – bei uns darfst du
> nicht weilen; schmachbefleckt ist unser Herd
> durch dich, und dräuend blickt der Himmel selbst
> auf dieses Dach, das dich zu lang' schon birgt. 2, 28

Das Schlüsselwort »Larve« hat Wagner klug platziert. Es meint zweierlei: im kulturellen Bereich die Maske, die das authentische Gesicht verdeckt, und im Bereich der Zoologie die (hässliche) Vorform der eigentlichen (schönen) Gestalt – aus der Raupenlarve wird der Schmetterling. Das den Sphären der Kultur wie der Natur gleichermaßen zugehörige Wort hat demnach selbst Larven-Qualität. In der Larve des Orgienliebhabers Tannhäuser steckt das ästhetisch-religiöse Genie und vice versa. Und in Roma eterna, wohin der sündige Sänger nunmehr wallfahrt, um seine Schuld zu sühnen, verkappen sich Amor und der Heilige Geist.

> Mit ihnen (den frommen Pilgern, J. H.) sollst du wallen
> zur Stadt der Gnadenhuld,
> im Staub dort niederfallen
> und büßen deine Schuld! 2, 28 f.

Jedoch: Der Papst wird Tannhäuser nicht von seinen Sünden und seiner Schuld lossprechen, Gott aber lässt seinen vertrockneten Pilgerstab neu erblühen. Der evangelisch sozialisierte, aber jungdeutsch-religionskritische Wagner lässt im Wort »Gnadenhuld« Luthers berühmte Formel »sola gratia« anklingen: Allein durch die Gnade Gottes und nicht durch gute Taten ist die Vergebung von Sünde und Schuld möglich. Luthers an Paulus und Augustinus anknüpfende Rechtfertigungslehre begreift den Menschen als sündig und gerechtfertigt zugleich – simul justus et peccator. Der anarchistischem Gedankengut zugängliche Wagner radikalisiert und überwindet (wie Nietzsche) die lutherische Rechtfertigungslehre mit einem Gewaltstreich. Gegen ein Gesetz verstoßen und damit Schuld auf sich laden kann man nur, wenn es Gesetze gibt – »wo kein Gesetz ist, da achtet man der Sünde nicht« (Römer 5, 13 – s. oben). Also ist der Gedanke verführerisch, kein Gesetz anzuerkennen, ja Gesetze überhaupt zu verwerfen. Denn wo kein Verbot ist, ist auch keine Schuld und Sünde.

Wagners diskursive Strategie bei seinen programmatischen Überlegungen zur Verwerfung aller Schuld-Logiken ist bemerkenswert. Er übt sich in der Kunst der affirmativen Kritik. Konkret: Er knüpft an Christus, Paulus und Luther an und spielt sie zugleich gegen die christliche Theologie aus, die sich auf diese religiösen Köpfe beruft. Wie Novalis und Hölderlin versteht auch Wagner Christus als den letzten griechischen Gott, der den Polytheismus mit einem paradoxen Trinitäts-Monotheismus verbindet. Ihr Telos findet diese Argumentation aber nicht in einem gnostischen Programm der Erlösung von dieser Welt, sondern vielmehr in innerweltlicher Erlösung. In Wagners später, 1880 in den *Bayreuther Blättern* erschienenen sogenannten Regenerations-Schrift *Religion und Kunst* heißt es: »Nie ist es den Griechen beige-

kommen, ›den (einen monotheistischen, J.H.) Gott‹ sich als Person zu denken, und künstlerisch ihm eine Gestalt zu geben
wie ihren benannten Göttern; er blieb ein ihren Philosophen
zur Definition überlassener Begriff, um dessen deutliche
Feststellung der hellenische Geist sich vergeblich bemüh-
te, – bis von wunderbar begeisterten armen Leuten die un-
glaubliche Kunde ausging, der ›Sohn Gottes‹ habe, für die Erlösung der Welt aus ihren Banden des Truges und der Sünde,
sich am Kreuze geopfert.« 10, 215 Der abstrakte Begriff ward
Fleisch und wohnte mitten unter den Menschen. Wagners
eurobuddhistische Lesart der Christologie zielt auf »die Erlösung der Welt aus ihren Banden des Trugs und der Sünde«,
des Trugs nämlich, irdisches Dasein sei sündiges Dasein, das
seiner über- bzw. hinterweltlichen Erlösung harre. Wie profan innerweltliche Erlösung zu verstehen ist, stellt Wagner
konfessionsgeschichtlich handfest heraus, um sodann eine
atemberaubend zügige Volte zu einer Diagnose seiner Epoche machen: »Luther's eigentliche Empörung galt dem fre-
ventlichen Sündenablasse der römischen Kirche, welche bekanntlich sogar vorsätzlich erst noch zu begehende Sünden
sich bezahlen ließ: sein Eifer kam zu spät: die Welt wußte
die Sünde bald gänzlich abzuschaffen, und die Erlösung vom
Übel erwartet man jetzt gläubig durch Physik und Chemie.«
10,256

Das geht flott: Luthers buchstäblich von Reformations-
impulsen, also vom Willen der Wiederherstellung religiöser
Grundorientierung angetriebener Streit gegen den Ablass-
handel im 16. Jahrhundert kommt zu spät. Denn die Neuzeit
startet bereits im Zeichen der Weltimmanenz durch, die sich
im Glauben des 19. Jahrhunderts an die vom Übel erlösende
Macht der Physik und der Chemie vollendet. Dem Programm
einer weltimmanenten Erlösung von Übel und Schuld sind
aber nach Wagners Diagnose nicht nur Technik und Wissenschaften, sondern auch die Künste verpflichtet. Der nicht
nur als Manager der Bayreuther Festspiele und Bauherr von
Wahnfried durchaus von Technik faszinierte Wagner[11] zählt
zu den wenigen Köpfen, die das fast allseits beliebte kulturkritische Schema, Kunst gegen Wissenschaft und Technik

auszuspielen, nicht bedienen. Vielmehr sieht er in der Entwicklungslogik von Wissenschaft, Technik und Kunst im 19. Jahrhundert starke und begründete Parallelen. Kunst und Technik verwinden gemeinsam im 19. Jahrhundert die Metaphysik. Von Wagners Schwiegervater Liszt, der gerne dabei gewesen wäre, als das Ehepaar Schnorr in Biebrich Passagen aus *Tristan und Isolde* vortrug, stammt der medientechnisch visionäre Ausruf: »Gäbe es nur schon elektrische Telegraphen zu Gunsten der musikalischen Ubiquität!«[12] Ein Wunsch, ein Traum von Radioübertragungen, den Wagner teilte, war er doch, wie übrigens auch Ludwig II., von den Möglichkeiten der Elektrizität fasziniert.

Das Bayreuther Festspielhaus wie die Villa Wahnfried waren früh elektrifiziert. In Cosimas Tagebüchern findet sich unter dem Datum 24. Juni 1882 ein von Wagner beschriebener Zettel, auf dem zu lesen steht: »Elektrischer Telegraph für den Takt.« CTB 2, 968 Von der Elektrizität erhoffte sich Wagner, der in romantischer Tradition auffallend häufig vom Phänomen des Elektrisiertseins sprach, auch soziale Fortschritte: »Er spricht von der Elektrizität und hofft ihre Anwendung auf die Eisenbahnen, um die Kohlenarbeiter zu vermindern.« CTB 2, 605 Elektrizität ist eines der Lieblingsthemen seiner späten Jahre. So hält Cosimas Tagebuch am 9. Dezember 1880 fest: »Hoffnung darauf, daß die Elektrizität die Kohlen überflüssig machen wird. Auch das Salz weniger notwendig bei Gemüse als bei Fleisch, ›ja‹, ruft er aus, ›wir wandeln wie die Götter im Walhall auf dieser Oberfläche und denken nicht an diese Nacht und Gräßlichkeit unter uns‹.« CTB 2, 634 Dieser Enthusiasmus für Elektrizität schließt maschinenkritische Gedanken nicht aus, sondern ein. Cosima notiert am 25. März 1882:

---

11 Vgl. dazu die Abhandlungen von Friedrich Kittler: *Wagners Untergänge*; in: *Programmhefte der Bayreuther Festspiele 1987 – Tristan und Isolde*; und: *Weltatem – Über Wagners Medientechnologie*; in: ders.: *Die Wahrheit der technischen Welt*, hrsg. von H. U. Gumbrecht. Frankfurt am Main 2013. Vgl. auch den instruktiven Sammelband von Johanna Dombois und Richard Klein (Hrsg.): *Richard Wagner und seine Medien – Für eine kritische Praxis des Musiktheaters*. Stuttgart 2012.
12 Zit. bei Martin Gregor-Dellin: a. a. O., S. 495.

»Er hat gut geschlafen; beim Frühstück teile ich ihm mit, was Stein mir von dem Ersatz der Kohlenindustrie durch Elektrizität schreibt; er eifert dagegen, ›es bleibt die Maschine‹, ruft er aus und erzählt mir, welche Krüppel-Zustände durch die Maschinen hervorgebracht werden.« CTB 2, 915

Bei aller obligatorischen Kritik des 48er-Revolutionärs an Ausbeutung und Maschinenwesen war Wagner, um es neudeutsch zu formulieren, doch ein Technikfreak. Und ein diagnosescharfer Beobachter der tiefenstrukturalen Verschiebungen, die sich im 19. Jahrhundert technisch-wissenschaftlich wie künstlerisch manifestieren und zugleich von Technik und Kunst programmatisch vorangebracht werden. Kein Geringerer als Beethoven dient Wagner wiederholt als Kronzeuge für den Sieg gegen falsche metaphysische Schuld-Erlösungsversprechen im Prozess der Säkularisierung. Die Pointe von Wagners Zeitdiagnose ist es wert, bedacht zu werden. Denn die verbreitete, nicht sonderlich originelle, deshalb aber nicht schon grundsätzlich falsche Säkularisierungsthese versieht der Schopenhauer-Leser Wagner mit einer ästhetischen Pointe: Die überwundene Metaphysik kehrt weltimmanent als Kunstreligion wieder – Kunst ist die eigentlich metaphysische Sphäre in postmetaphysischen Zeiten. Götter am Kunsthimmel wie Goethe und Beethoven stehen bei frommen Gemütern zu Recht im Verdacht, mit der christlichen Schuld- und Sündentheologie gebrochen zu haben. Sie bieten aber zugleich eine ästhetische Wiederkehr des Göttlichen an. Gott ist tot – es lebe das Göttliche. In den Worten von Wagners Abhandlung *Kunst und Religion*: »Aber was sagten unserer heutigen Welt auch die göttlichsten Werke der Tonkunst? Was können diese tönenden Offenbarungen aus der erlösenden Traum-Welt reinster Erkenntniß einem heutigen Konzert-Publikum sagen? Wem das unsägliche Glück vergönnt ist, mit Herz und Geist eine dieser vier letzten Beethoven'schen Symphonien rein und fleckenlos von sich aufgenommen zu wissen, stelle sich dagegen etwa vor, von welcher Beschaffenheit eine ganze große Zuhörerschaft sein müßte, die eine, wiederum der Beschaffenheit des Werkes selbst wahrhaft entsprechende, Wirkung durch

eine Anhörung desselben empfangen dürfte: vielleicht verhülfe ihm zu solch einer Vorstellung die analogische Heranziehung des merkwürdigen Gottesdienstes der Shaker-Sekte
in Amerika, deren Mitglieder, nach feierlich und herzlich bestätigtem Gelübde der Entsagung, im Tempel singend und
tanzend sich ergehen. Drückt sich hier eine kindliche Freude über wiedergewonnene Unschuld aus, so dürfte uns, die
wir die, durch Erkenntniß des Verfalles des menschlichen
Geschlechtes errungene Sieges-Gewißheit des Willens über
sich selbst mit unserem täglichen Speise-Mahle feiern, das
Untertauchen in das Element jener symphonischen Offenbarungen als ein weihevoll reinigender religiöser Akt selbst
gelten.« 10, 250

Von Luther zu Physik und Chemie, von Beethovens späten Symphonien zu den seltsam zwischen Himmel und Erde
oszillierenden Ess- und Tanzgewohnheiten der amerikanischen Shaker – wiederum hat Wagner keine Angst vor gro
ßen Sprüngen. Beethoven und die heute kaum mehr anzutreffenden Shaker, die in kultischen Schütteltänzen erstarrten Traditionen entraten wollten, die ehelos lebten, Frauen
und Männer für gleichberechtigt erachteten und Christus als
Menschen, nicht als Teil der göttlichen Trinität verehrten –
die Shaker und Beethoven haben in Wagners Wahrnehmung
eine starke Gemeinsamkeit. Die Pastorale und die 9. Symphonie geben wie die Shaker, die tagtäglich ein Abendmahl feiern, tanzen und singen, der »kindlichen Freude über wiedergewonnene Unschuld« Ausdruck. Wenn sie sich auf Christus
berufen, so nehmen sie die frohe Botschaft ernst, dass der
ganz Mensch gewordene Gottessohn Sünde und Schuld überwunden hat. Im nicht auskomponierten, aber konzeptionell
weit vorangetriebenen Musikdrama *Jesus von Nazareth*, an
dem Wagner im Revolutionsjahr 1848 arbeitete, tritt Jesus als
Anarch(ist) auf. Jesus: »Zwischen Vater und Sohn, d. i. dem
ewiglebendigen Gott, habt ihr das Gesetz gestellt, und so Gott
mit sich entzweit: ich tödte das Gesetz und verkünde statt seiner den heiligen Geist, – das ist die ewige Liebe.« – »Ich bin
gekommen, zu binden, was ihr gelöset, und zu lösen, was ihr
gebunden habt.« 2, 298 Und dann folgt theologischer bzw. anti

theologischer Klartext: »An der Welt ist keine Sünde, sie ist vollkommen, wie Gott, der sie schuf und erhält: und rein ist jeglich Geschöpf, das in ihr lebt, denn sein Leben ist die Liebe Gottes, und das Gesetz, nach dem es lebt, ist das Gesetz der Liebe. So lebte auch der Mensch einst in der Unschuld, doch die Erkenntniß des Guten und Bösen, das, was nützt und schadet, brachte ihn außer sich, und er lebte nach Gesetzen, die er sich selbst schuf sich zum Tode: nun bringe ich den Menschen wieder zu sich selbst, dadurch daß er Gott in sich erkennt, und nicht außer sich: Gott aber ist das Gesetz der Liebe, und so wir es recht wissen und darnach wandeln, wie jedes Geschöpf darnach wandelt, ohne es zu wissen, sind wir Gott selbst: denn Gott ist das Wissen von sich.« 11, 298

Es steckt viel von diesem spezifisch Wagner'schen Jesus in Siegfried. Er ist die Inkarnation dessen, der schuldlos ist, weil er gesetzlos lebt. Siegfried wird nicht von Schuldgefühlen geplagt. Das ist bemerkenswert, denn wer kann schon auf eine so beeindruckende Liste von Taten zurückblicken, die nach allen billigen juristisch-moralischen Kriterien hochgradig verwerflich sind? Der Held erschlägt seinen Ziehvater Mime, der zwar kein Sympathieträger ist, aber den Findling doch zu einer bemerkenswert kräftigen Figur gedeihen ließ. An diese psychisch-moralische Schuld schließt sich sogleich eine ökonomisch-kriminelle an. Siegfried erschlägt, vom frisch zurückliegenden Tötungsdelikt nicht ansatzweise mit schlechtem Gewissen infiziert, den ihm zuvor unbekannten Fafner; also eine Figur, die zwar auch nicht sonderlich sympathisch ist, aber den blonden Helden nicht ansatzweise bedroht hat. Siegfried raubt das Riesenvermögen dessen, der so gerne in Ruhe gelassen würde und andere in Ruhe ließe, wenn sie ihn nicht töten wollten. Der Enkel des Gottes, der ein gebrochenes Verhältnis zum Vertragsrecht hatte, kommt nach dieser Tat so richtig in Schwung. Nach der Vatertötung und dem Raub legt er sich mit dem höchsten Gott selbst an, so als wolle er demonstrieren, dass er nicht nur die moralische und ökonomische, sondern eben auch die theologische Valenz des (Erb-)Schuldbegriffs zu ignorieren bereit ist. Er zerschlägt den Speer seines Großvaters Wotan, dem bei

allem Wohlwollen für den ungestümen Enkel doch ein wenig bang sein dürfte angesichts der Frivolität Siegfrieds, der
sich auf ein Leben jenseits von gut und böse einstellt. Um
so deutlich zu machen wie nur möglich, dass Siegfried die
Worte Gesetz und Schuld nichts bedeuten, ja dass ihm jedes
Schuld-Tabu unvertraut ist, genießt er delirant den Inzest
mit seiner Tante Brünnhilde, die ja ihrerseits keinen Zweifel
daran aufkommen ließ, was sie von göttlichen Gesetzen hält.
All diese lustvollen Verstöße gegen das Schuld-Tabu geschehen in dichter Folge. Sie sind ersichtlich einem Programm
verschrieben. Egal ob in moralischer, ökonomischer, theologischer oder sexueller Hinsicht – dieser Held hat keine Angst,
Schuld auf sich zu laden. Denn er kennt die Kategorie Schuld
nicht; würde er sie kennen, so würde er sie doch nicht aner-
kennen. Und er überwindet damit wenn nicht den Tod, den
Paulus als der Sünde Sold bestimmt hatte, so doch die Angst
vor dem Tod, die das Leben vergiftet. Enthusiastisch bestärkt
wird dieser Überwinder aller Schuld durch Brünnhilde, die
als Wotan-und-Erda-Tochter Erfahrung im Umgang mit
himmlischen wie irdischen Gesetzen hat und sie wie Siegfried enthemmt verwirft.

> Fahr' hin, Walhall's
> leuchtende Welt!
> Zerfall' in Staub
> deine stolze Burg!
> Leb' wohl, prangende
> Götter-Pracht!
> Ende in Wonne,
> du ewig Geschlecht!
> Zerreißt, ihr Nornen,
> das Runenseil!
> Götter-Dämm'rung,
> dunk'le herauf!
> Nacht der Vernichtung,
> neb'le herein! –
> Mir strahlt zur Stunde
> Siegfried's Stern;

er ist mir ewig,
er ist mir immer,
Erb' und Eigen,
ein' und all':
leuchtende Liebe,
lachender Tod. 6, 175 f.

»Leuchtende Liebe, lachender Tod.« Alle Menschen müssen sterben – gut so, das gibt dem Leben die Würze des Knappen. Nur das Knappe ist wertvoll. Wagner lässt sich angesichts ernstester Themen und Probleme auf eine von deliranten Momenten nicht freie Rhetorik ein, die Symbiosen von Leicht- und Tiefsinn riskiert. Um ein Wort Nietzsches zu zitieren: Nicht nur die Griechen waren, auch Brünnhilde und Siegfried sind »oberflächlich – aus Tiefe«. [13] Genau das hat Wagners Sternenfreund und Hausphilosoph goutiert. Der Aphorismus *Tod* aus *Menschliches, Allzumenschliches* klingt wie ein Nachhall aus dem Schluss von *Siegfried*: »Tod. – Durch die sichere Aussicht auf den Tod könnte jedem Leben ein köstlicher, wohlriechender Tropfen von Leichtsinn beigemischt sein – und nun habt ihr wunderlichen Apotheker-Seelen aus ihm einen übelschmeckenden Gift-Tropfen gemacht, durch den das ganze Leben widerlich wird!« [14] Wer wie Brünnhilde und Siegfried den Tod und mit ihm Gott verlacht, kündigt zugleich den onto(theo)logischen Schuldner-Gläubiger-Vertrag, der sich nach Wagners und Nietzsches übereinstimmender Diagnose in unterschiedlichen Formen, gesteigert aber im Christentum, durch die (Seins-)Geschichte zieht. »Das Bewußtsein, Schulden gegen die Gottheit zu haben«, so heißt es in Nietzsches *Genealogie der Moral*, »ist, wie die Geschichte lehrt, auch nach dem Niedergang der blutver-

[13] »Diese Griechen waren oberflächlich – *aus Tiefe* ...«, heißt es in der Vorrede zur zweiten Auflage der *Fröhlichen Wissenschaft* (Bd. 2, S. 15). In seiner Schrift *Nietzsche contra Wagner* hat Nietzsche diese Formulierung und ihren Kontext wortwörtlich wiederholt (Bd. 2, S. 1061).
[14] Friedrich Nietzsche: *Werke*, hrsg. von Karl Schlechta, München 1966. Bd. 1, S. 1000 f.

wandtschaftlichen Organisationsform der ›Gemeinschaft‹ keineswegs zum Abschluß gekommen; die Menschheit hat, in gleicher Weise, wie sie die Begriffe ›gut und schlecht‹ von dem Geschlechts-Adel (samt dessen psychologischem Grundhange, Rangordnungen anzusetzen) geerbt hat, mit der Erbschaft der Geschlechts- und Stammgottheiten auch die des Drucks von noch unbezahlten Schulden und des Verlangens nach Ablösung derselben hinzubekommen. (...) Das Schuldgefühl gegen die Gottheit hat mehrere Jahrtausende nicht aufgehört zu wachsen. (...) Die Heraufkunft des christlichen Gottes, als des Maximal-Gottes, der bisher erreicht worden ist, hat deshalb auch das Maximum des Schuldgefühls auf Erden zur Erscheinung gebracht. Angenommen, daß wir nachgerade in die *umgekehrte* Bewegung eingetreten sind, so dürfte man mit keiner kleinen Wahrscheinlichkeit aus dem unaufhaltsamen Niedergang des Glaubens an den christlichen Gott ableiten, daß es jetzt bereits auch schon einen erheblichen Niedergang des menschlichen Schuldbewußtseins gäbe; ja die Aussicht ist nicht abzuweisen, daß der vollkommne und endgültige Sieg des Atheismus die Menschheit von diesem ganzen Gefühl, Schulden gegen ihren Anfang, ihre *causa prima* zu haben, lösen dürfte. Atheismus und eine Art *zweiter Unschuld* gehören zueinander.« [15]

Wagner und Nietzsche kultivieren gemeinsam diese Denkfigur; sie sind im Hinblick auf das Motiv einer Verwerfung jeder Schuldgrammatik einander so nahe wie in keiner zweiten Hinsicht. Bleibt Nietzsches Enttäuschung über Wagners mit dem *Parsifal* vermeintlich vollzogenen »Kniefall vor dem Kreuz«. Doch es spricht vieles dafür, dass der ansonsten so genaue Leser und Hörer Nietzsche die von der Fixierung auf Erlösung erlösende Pointe dieses kunstreligiösen Bühnenweihfestspiels nicht bemerkt hat. Wagner hat das Motiv der Schuldlosigkeit auch in anderen Kontexten entfaltet. Mehrfach hat er die berühmte Formel »alle Schuld rächt sich auf Erden« aus dem traurigen Lied des Harfners in Goethes Roman *Wilhelm Meisters Lehrjahre* zitiert – um sie satirisch

[15] Friedrich Nietzsche: *Werke*, a. a. O., Bd. 2, S. 830 f.

zu wenden. Carl Friedrich Glasenapps frühe Wagner-Biographie berichtet anekdotisch knapp von einer Szene, in der Wagner diese mehrfach vertonten Goethe-Verse über Schuld travestiert: »Ein anderes Mal war er nachmittags mit den Kindern ausgefahren und hatte ihnen im Restaurant Bauer Schokolade vorgesetzt, während er sich selbst Bier reichen ließ; auch dieses war ihm nicht gut bekommen. ›Denn alle Schuld rächt sich auf Erden, und trinkst du Bier, so fühlst du die Beschwerden‹, reimte er nachher melancholisch-humoristisch darüber.«[16] Ungleich ernster sind die Schuldkontexte im *Tristan*. Der Beginn auch dieses Musikdramas steht ganz im Zeichen von Schuld – und eben, bei aller Lust an thanatologisch-erotischem Tiefsinn, auch im Zeichen profaner/ökonomischer Schuldenprobleme. Wer Ohren hat zu hören, sollte sich vom Sog der *Tristan*-Musik nicht verführen lassen, die überaus profane fiskal- und steuerpolitische Dimension des anfänglichen Konflikts zwischen Cornwall und Irland, Tristan und Isolde auszublenden. Der im Dienste seines Onkels Marke, des Königs von Cornwall, stehende Tristan hat den irischen Fürsten Morold, der ausstehende Schuld- und Zinszahlungen eintreiben wollte, flugs erschlagen – eine bündige Reaktion auf Schuldtitel. Morolds Verlobte Isolde hat deshalb allen Grund, Tristans Schuld rächen zu wollen.

ISOLDE
nachdem sie zuerst bei der Meldung in Schauer
zusammengefahren, gefaßt und mit Würde.
> Herrn Tristan bringe
> meinen Gruß,
> und meld' ihm was ich sage. –
> Sollt' ich zur Seit' ihm gehen,
> vor König Marke zu stehen,
> nicht möcht' es nach Zucht
> und Fug gescheh'n,
> empfing' ich Sühne

16 Carl Friedrich Glasenapp: *Das Leben Richard Wagners.*
Leipzig 1905 (4). Bd. 6, S. 693.

> nicht zuvor
> für ungesühnte Schuld:
> drum such' er meine Huld. 7, 16 f.

Doch auch dieser Schuldtitel wird sich nicht eintreiben lassen. Isolde verfällt, nachdem sie die Ermordung ihres Verlobten Morold ungerächt ließ (»er [Tristan] sah mir in die Augen. / (...) Das Schwert – ich ließ es fallen«), erneut dem erotischen Zauber Tristans und den Wirkungen des Liebestranks. Und also wird sie dem Geliebten Schuld und Schulden zum zweiten Mal vergeben. Um Finanzen und Tributzahlungen geht es fortan nicht mehr. Ein großzügiger Gläubiger ist auch König Marke; er erklärt Tristan, der ihn mit seiner Frau betrog, ausdrücklich für unschuldig.

> MARKE.
>
> Warum, Isolde,
> warum mir das?
> Da hell mir ward enthüllt,
> was zuvor ich nicht fassen konnt',
> wie selig, daß ich den Freund
> frei von Schuld da fand!
> Dem holden Mann,
> dich zu vermählen,
> mit vollen Segeln
> flog ich dir nach:
> doch Unglückes
> Ungestüm,
> wie erreicht es, wer Frieden bringt?
> Die Ärnte mehrt' ich dem Tod:
> der Wahn häufte die Noth! 7, 79

Markes erstaunlich großzügige Reaktion lässt sich profan, nämlich psychologisch-juristisch, zugleich aber auch tiefsinnig theologisch verstehen. Er hat von der Verwechslung des Todes- mit dem Liebestrank erfahren, die Tristan zum schuldfreien Opfer einer Pharmakologie macht; dem männerbündisch-homophilen König fällt es zudem leicht, auf (s)eine Frau zu verzichten. Zugleich aber überwindet er auch den für die Not der Welt und des Daseins verantwortlichen »Wahn« der Erbschuldlehre. Über die Kosten der Überwindung von Schuld-Theologie hat sich Wagner, den die Rendezvous von Sakralem und Profanem reizten, keine Illusionen gemacht. Sie liegen im Verzicht auf alles Jenseitige, wie Siegfried und Brünnhilde heilig nüchtern bezeugen, wenn sie »Zerfall' in Staub / deine stolze Burg! / Leb' wohl, prangende / Götter-Pracht! / Ende in Wonne, / du ewig Geschlecht! / ... Nacht der Vernichtung, / neb'le herein« jubeln. Keine Frage: hier herrscht ein lockerer Umgang mit den großen Problemen von Sein und Nichts, von »to be or not to be«. Wagner, der gerne lebte und der besonders gerne luxuriös lebte, war bereit, einen hohen Preis zu zahlen, um Schuld und Schulden jeder Art loszuwerden – den Preis eines affirmativen Umgangs mit dem Tod.

Kommentar zu Leitmotiv Nr. 3 Tannhäuser: Verminderte Akkorde

Dass man eine Hure oder eine zwielichtig erotische Person harmonisch interessanter vertonen müsste als eine Heilige, liegt auf der Hand. Venus und Tannhäuser müssen auf Abwege geraten; Elisabeth sollte auf dem Pfad der harmonischen Tugenden wandeln. Harmonische »Abwege« sind – auch vor *Tristan* – überhaupt nichts Ungewöhnliches, wenn wir beispielsweise schon an manche Madrigale des Gesualdo di Venosa denken. ㉗ ㉘

Und Johann Sebastian Bach hatte auch so manches »auf Lager«, das uns heute noch erstaunt. ㉙

Selbst im Zeitalter der Wiener klassischen Ausgewogenheit entdecken wir – vor allem in den Solokadenzen der Instrumentalkonzerte – einige Kühnheiten, die sowohl als improvisierte Überraschungen wie auch als kalkulierte Nebengleise gesehen werden können. ㉚ Katalysatoren der freien Harmonik sind im früheren 19. Jahrhundert oft die zeitweise inflationär (vor allem in Opern) eingesetzten verminderten Septakkorde (bestehend aus drei kleinen Terzen) [1], in denen man beispielsweise jeden der vier Töne zum dominantischen Leitton erklären kann – [2] ㉛ oder zum chromatischen Vorhalt einer Terz oder Quint. [3] ㉜

[1] In der Harmonielehre nennt man ihn auch einfach DV (sprich: De-Vau), s. Leitmotiv 2 / Kommentar.
[2] Als verkürzter (d. h. ohne Grundton) Dominantseptakkord mit verminderter None; siehe auch Notenbeispiel ⑥ in Kap. 1.
Diether de la Motte weist in seiner *Harmonielehre*. Kassel / München 1976 darauf hin, dass man diese verminderten Septakkorde nicht unbedingt mit dem imaginären Grundton, also »verkürzt«, hören muss und diese Sichtweise erst durch spätere Rückdeutung entstanden sei.

Später kommen noch die übermäßigen Dreiklänge (bestehend aus zwei großen Terzen) hinzu, die ähnlich vielseitige Veranlagungen zeigen. ③③

Immer geht es darum, einen oder auch zwei der Töne des Klanges chromatisch (also im Halbtonschritt) nach oben oder unten streben zu lassen und in einer Dreiklangsharmonik zu etablieren beziehungsweise in einen neuen Spannungsklang zu leiten.

Von dieser Technik machten vor allem in der Mitte des 19. Jahrhunderts viele Komponisten reichlich Gebrauch. Die Kritik empfand sogar teilweise schon Chopins Harmonik in seinen Klavierkonzerten als verworren, wenn sie zu schnell modulierte. ③④

Vor diesem Hintergrund ist die teilweise Ablehnung der Wagner'schen Harmonik im *Tannhäuser* zu verstehen. Denn auch wenn das Grundgerüst der Ouvertüre klar in E-Dur zu finden ist, moduliert bereits der in der Ouvertüre anfangs präsentierte Pilgerchor chromatisch in die entfernte Region von b-Moll, kehrt aber bald »reumütig« zurück. Und tatsächlich wird diese Modulation (im 1. Akt, 3. Szene, dann von G-Dur aus, im 3. Akt, 1. Szene von Es-Dur) verwendet, wenn es um »der Sünden Last«, um »Sühn' und Buß'« und um »Reu'« geht – eigentlich doch eine treffende Charakterisierung! ③⑤

In der Ouvertüre wird das Material der Venusberg-Szene mit verführerischen verminderten Septakkorden vorgestellt und mündet im Thema von Tannhäusers Preislied »Dir, Göttin der Liebe, soll mein Lied ertönen«; alles erklingt im strahlenden E-Dur. Die Venusberg-Musik ist allerdings von chromatischerem Kaliber und verwendet besagte verminderte Septakkorde in vielen Variationen und funktionalen Deutungen. ③⑥

Die Reprise des Pilgerchor-Themas als Ende der Ouvertüre wurde später in der Wiener Fassung (1875) gestrichen. Für die Aufführung in Paris (1861) mit vollständiger Ouvertü-

---

i Als verkürzter Sept-Non-Akkord der Doppeldominante
(der Dominante zur Dominante).

re[4] wurden ganze Szenen umgeschrieben – der »Hauptsponsor«, der *Jockey-Club*, verlangte ein Ballett, das Wagner im 1. Akt als *Bacchanale* auf dem Venusberg auch lieferte. Das war allerdings so nicht gewünscht, denn die Mitglieder des *Jockey-Clubs* erschienen erst zum 2. Akt und wollten ihre Favoritinnen dann auf der Bühne sehen. Weder in Dresden noch in Paris wurden die ersten Aufführungen zum Erfolg. Wahrscheinlich lag es in Dresden eher am Sujet als an der Musik, die ohne Einteilung in Nummern durchkomponiert und lediglich in Szenen wie im Sprechtheater eingeteilt ist, die nahtlos ineinander übergehen. (Das war aber bereits im *Holländer* unabhängig von der Nummerierung teilweise praktiziert worden.) Aber trotz einiger harscher Kritik und ablehnender Haltung wird der *Tannhäuser* in den folgenden Jahren mehrfach zur Aufführung gebracht, unter anderen wiederum von Louis Spohr in Kassel. Zahlreiche Änderungen und Streichungen werden im Laufe der Zeit vorgenommen, meist aus technischen Gründen oder Unvermögen und ohne Wagners Zustimmung, weilte er doch schon im schweizerischen Exil.

Im großstädtischen Paris wird man sich an der (un)moralischen Aussage des Sujets kaum gestört haben. Ebenso wenig wird man an der kühnen Harmonik im *Venusberg* Anstoß genommen haben, war man an die Musik von Liszt doch schon einigermaßen gewohnt, die teilweise harmonisch die Kühnheiten Wagners damals noch an Freiheiten überbot.[5] Die Änderungen für Paris waren jedoch immerhin 15 Jahre nach der Uraufführung vorgenommen worden und atmeten bereits *Tristan*-Harmonik, beispielsweise in der besagten Ballettmusik, der *Bacchanale*.

Und manche seiner im Laufe der Zeit erworbenen ästhetischen Überzeugungen, wie die Ablehnung von großen Ensembleszenen, in denen man den Worten vor lauter Polyphonie nicht mehr folgen kann, sind hier (wie ja auch im

---

4 Die Ouvertüre wurde in dieser Fassung vollständig gespielt,
   s. Klavierauszug sämtlicher Fassungen im Schott-Verlag von 2012.

5 Zum Beispiel Liszts *Années de Pélerinage* aus dem Jahr 1839.

Lohengrin) noch nicht berücksichtigt. Nur in der »Prügel-fuge« der *Meistersinger* (2. Aufzug, 7. Szene) macht er dieses Dilemma zum komischen Prinzip: Es soll schließlich chao-tisch sein.

Musikalisch ist der *Tannhäuser* aus diesem Grund Wag-ners Sorgenkind geblieben. Die Fassung, die er 1875 für Wien anfertigte, ist auch nicht lückenlos dokumentiert, so-dass es immer noch einer akribischen Forschungsarbeit be-darf und vieler Entscheidungen. Letztendlich war der Kom-ponist bis zuletzt nicht damit zufrieden, was seinem be-rühmten Satz auf dem Sterbebett zu entnehmen ist: » Ich bin der Welt noch einen Tannhäuser schuldig.«

Leitmotiv Nr. 4
Zugrundegehen oder
Die Lust am Verlust –
Wagners Todesbilder

Sehr rücksichtsvoll und einfühlsam war der große Brief nicht, den Richard Wagner am 25./26. Januar 1854 aus Zürich an den seit Jahren im Zuchthaus einsitzenden Freund August Röckel schrieb. Der leidenschaftliche Revolutionär Röckel hatte weniger Glück und Geschick gehabt als der gleichermaßen steckbrieflich gesuchte Barrikadenkämpfer Wagner, der dem zum Tode Verurteilten und dann zu lebenslanger Kerkerhaft Verdammten die wenig tröstlichen Zeilen schrieb: »Statt der Worte: ›ein düstrer Tag dämmert den Göttern: in Schmach doch endet Dein edles Geschlecht, lässt Du den Reif nicht los!‹ lasse ich jetzt *Erda* nur sagen: ›Alles was ist – endet: ein düstrer Tag dämmert den Göttern: Dir rath' ich, meide den Ring!‹ – Wir müssen *sterben* lernen, und zwar sterben, im vollständigsten Sinne des Wortes; die Furcht vor dem Ende ist der Quell aller Lieblosigkeit, und sie erzeugt sich nur da, wo selbst bereits die Liebe erbleicht. Wie ging es zu, dass diese höchste Beseligerin alles Lebenden dem menschlichen Geschlechte so weit entschwand, dass dieses endlich alles was es that, einrichtete und gründete, nur noch aus Furcht vor dem Ende erfaßt? Mein Gedicht zeigt es.« SB 6, 67 Eine knappe, aber gleich in zweifacher Hinsicht auffallende Wendung. Wagner charakterisiert sein monumentales Musikdrama *Der Ring des Nibelungen* als »Gedicht«, und er stellt lakonisch fest, dass dieses Gedicht etwas »zeigt«. Das ist seltsam, denn Gedichte – den Begriff auf fiktionale Schriften überhaupt und nicht nur auf Lyrik zu beziehen war im 19. Jahrhundert üblicher als heute – sind sprachlich verfasst, sie sagen etwas aus, sie legen etwas dar, aber sie zeigen nicht etwas als etwas. Das tun Bilder, Gemälde, Photographien und andere visuelle Künste.

Nun lässt sich die kleine Irritation, die von der Wendung »Mein Gedicht zeigt es« ausgeht, leicht auflösen. Das Werk *Der Ring des Nibelungen*, um das es in Wagners Brief geht, ist erstens tatsächlich Lyrik-nah (ist es doch in Versen geschrieben, es kennt Reime, es ist hochmetrisch strukturiert etc.) und zweitens zugleich ein Bühnenwerk, also einer Gattung zugehörig, die ständig etwas zeigt, vorführt, vor Augen stellt. Da das Gedicht überdies gesungen und von starken Orchestertönen getragen und gar nicht so selten auch konterkariert wird, erschließt sich schnell, was Wagner mit dem von ihm wenn nicht geprägten,[1] so doch durch ihn berühmt gewordenen Begriff »Gesamtkunstwerk« meinte. Seltsam ist allerdings, dass die heute gängige Verwendung dieses Begriffs im Sinne einer Integration aller Künste aus Franz Brendels 1854 in Leipzig erschienenem Buch *Die Musik der Gegenwart und die Gesamtkunst der Zukunft* stammt. Brendel war Professor am Leipziger Konservatorium und Herausgeber der *Neuen Zeitschrift für Musik*, in der auch Wagner publizierte – unter anderem auch die erste Fassung seines unsäglichen Traktats *Das Judentum in der Musik*. Wagners briefliche Äußerungen über Brendel an den »allertheuersten Freund und Genossen« Theodor Uhlig vom September 1850 liefern ein irritierendes bis erschreckendes Bild von Wagners – nach Thomas Manns Wort – »schäbigem Charakter«: »Brendel – so höre ich – druckt das Judenthum und stellt mir seine Zeitschrift zur disposition: es ist ein rechter dreck, diese Zeitschrift, faute de mieux nimmt man es aber an. Er hat mir auch durch Dich und Karl etwas von Honorar gemunkelt: ich muß mich, das sehe ich wohl, bescheiden mit dem was er giebt, und wünsche demnach überhaupt nur, er gebe etwas. Wird er mir das Judenthum honoriren? Verzeihe mir diese jüdische frage, allein eben die Juden sind daran schuld, daß ich an jeden heller Verdienst denken muß!« SB 3, 427 Man muss kein Psychoanalytiker sein, um hier Projektionsmechanismen in ihrer unreinsten Form zu gewahren.

---

1 Der Begriff »Gesamtkunstwerk« findet sich schon vor Wagner bei Eusebius Trahndorff in dessen Schrift *Ästhetik oder Lehre von der Weltanschauung und Kunst* (Berlin 1827).

Doch zurück zur Konzeption des Gesamtkunstwerks: Was Wagner von Brendels Rezeption der Gesamtkunstwerk-Theorie hielt, steht eindeutig fest: nichts. So heißt es im Brief an Liszt vom 16. August 1853: »Brendel und seine Genossen und Gegner haben meine Schriften noch gar nicht einmal so gelesen, wie sie gelesen werden müssen, um verstanden zu werden. Es wäre sonst ganz unmöglich, daß als Frucht von all meinen Darstellungen endlich diese unglückliche ›Sonderkunst‹ und ›Gesamtkunst‹ herausgekommen wäre. Ehrlich gesagt: mich ekelt es, mit geistlosen Leuten über Dinge mich zu unterhalten, die sie nun und nimmermehr kapieren, weil sie einmal keine Spur künstlerisches und wahrhaft menschliches Wesen an sich haben.«[2] In diesem Fall hat Wagner so unrecht nicht. Brendel fokussiert ganz auf die Durchdeklination der Künste, die sich zweifellos auch in Wagners voluminöser Abhandlung findet, aber nicht deren Pointe ist. Tanzkunst, Tonkunst und Dichtkunst behandelt das zweite Kapitel über den »künstlerischen Menschen und die von ihm abgeleitete Kunst«; Baukunst, Bildhauerkunst und Malerkunst sind Themen des dritten Kapitels über den »Menschen als künstlerischen Bildner aus natürlichen Stoffen«.[3] Wagners Programm zielt aber eben nicht »nur« auf die »Wiedervereinigung« der getrennten Künste (»Wiedervereinigung« ist ein Lieblingswort der Abhandlung), sondern auf gattungsgeschichtliche Wiedervereinigung alles Getrennten überhaupt (notabene unter Ausschluss alles Jüdischen; Einheitsdelirien sind obligatorisch auf starke Ausschlussmechanismen angewiesen). Wagners Gesamtkunstwerk-Programm könnte megalomaner nicht sein. Nur auf nachgeordneter, operativer

[2] *Franz Liszt / Richard Wagner: Briefwechsel*, hrsg. von Hanjo Kesting, Frankfurt am Main 1988, S. 320. Dass Wagner schon im Sommer 1853 mit den 1854 in Buchform veröffentlichten Thesen von Franz Brendel vertraut war, ist leicht zu erklären. Beide kannten sich bestens; Brendel hatte in der von ihm herausgegebenen *Neuen Zeitschrift für Musik* Auszüge aus seinem Buch vorab veröffentlicht.

[3] Zum Verhältnis von Richard Wagner zur bildenden Kunst und zur Wirkung seines Werkes auf die bildende Kunst vgl. den instruktiven Ausstellungskatalog von Manfred Fath (Hrsg.): *Gold Macht Lust – Richard Wagners Werk in Bildern*. Mannheim 2000.

Ebene zielt es auf die Wiedervereinigung aller Künste. Der heiße Kern des Programms »großes Gesamtkunstwerk« aber ist die totale ästhetische Mobilmachung eben nicht nur der Kunstgattungen, sondern der Menschheitsgattung. Daran lässt die 1850 erschienene Abhandlung über *Das Kunstwerk der Zukunft* keinen Zweifel. In ihr heißt es: »Das große Gesammtkunstwerk, das alle Gattungen der Kunst zu umfassen hat, um jede einzelne dieser Gattungen als Mittel gewissermaßen zu verbrauchen, zu vernichten zu Gunsten der Erreichung des Gesammtzweckes aller, nämlich der unbedingten, unmittelbaren Darstellung der vollendeten menschlichen Natur, – dieses große Gesammtkunstwerk erkennt er (›der Geist, in seinem künstlerischen Streben nach Wiedervereinigung mit der Natur im Kunstwerke‹, J.H.) nicht als die willkürlich mögliche That des Einzelnen, sondern als das nothwendig denkbare gemeinsame Werk der Menschen der Zukunft. Der Trieb, der sich als einen nur in der Gemeinsamkeit zu befriedigenden erkennt, entsagt der modernen Gemeinsamkeit, diesem Zusammenhange willkürlicher Eigensucht, um in einsamer Gemeinsamkeit mit sich und der Menschheit der Zukunft sich Befriedigung zu gewähren, so gut der Einsame es kann.« 3, 60 f.

Sehr präzise sind diese Äußerungen nicht. Erhellend sind sie dennoch. Denn sie manifestieren ein Problem, das Wagners Leben und Werk wie kein zweites umtreibt: das Problem der »einsamen Gemeinsamkeit mit sich und der Menschheit der Zukunft«. Von diesem Problem wissen Rienzi und Lohengrin, Siegfried und Hans Sachs, Senta und Parsifal ein Lied zu singen. Sie alle üben sich in der Kunst, einsam in trüben Tagen die ganz große Gemeinsamkeit zu pflegen, zu halluzinieren, zu feiern. »Einsame Gemeinsamkeit« ist ersichtlich ein Oxymoron. Wagner ist in munterer Schizophrenie zugleich dem Gedankengut einer führerkultisch überdrehten Genieästhetik[4] und dem kommunistischen Gemeinsamkeitswahn verpflichtet. Dass beide Konzepte trotz oder eben wegen

[4] Vgl. dazu Max Kommerell: *Der Dichter als Führer in der deutschen Klassik. Klopstock – Herder – Goethe – Schiller – Jean Paul – Hölderlin.* Berlin 1928.

ihrer Widersprüchlichkeit und doppelten Wahnhaftigkeit realhistorisch leicht zueinanderfinden können, macht der kommunistische Personenkult um Lenin, Stalin, Mao und diverse Kims auf schaurige Weise deutlich. Der mit feudalen Kreisen gut vernetzte Revolutionär Wagner hat den mit der Kombination von Geniekult und universaler Wiedervereinigungsprogrammatik gegebenen Problemen immer erneut Ausdruck verliehen – mal analytisch, häufig aber unfreiwillig, indem er sich in Paradoxien verwickelte. So auch in den Notizen unter dem schönen Titel *Das Genie der Gemeinsamkeit*, die im Kontext der Arbeit an *Das Kunstwerk der Zukunft* entstanden: »Jede Einzelkunst kann heutzutage nichts neues mehr erfinden, und zwar nicht nur die bildende Kunst allein, sondern die Tanzkunst, Instrumentalmusik und Dichtkunst nicht minder. Nun haben sie alle ihre höchste Fähigkeit entwickelt, um im Gesammtkunstwerk, im Drama, stets neu wieder erfinden zu können, d. h. aber nicht einzeln an sich allein, sondern eben nur in der Darstellung des Lebens, des immer neuen Gegenstandes.« 12, 269

Schon ein paar Seiten zuvor hat Wagner klargestellt, dass diese ästhetische Wiedervereinigung der unterschiedliche Wege gehenden Kunstgattungen in einem ganz großen Kontext steht – im Kontext der Wiedervereinigung der gesamten Menschheit. »VI. Wiedervereinigung. (Egoismus – Kommunismus.) Geben ist seliger denn nehmen. / Zu VI. Diese Wiedervereinigung kann, dem ganzen Zustande unserer jetzigen socialen Bildung gemäß, nur in dem Einzelnen, einer ihm inwohnenden ungewöhnlichen Fähigkeit gemäß, vollbracht werden: wir leben daher in der Zeit des vereinzelten Genies, der reichen, entschädigenden Individualität Einzelner. In der Zukunft wird diese Vereinigung wirklich kommunistisch durch die Genossenschaft zu Stande kommen; das Genie wird nicht mehr vereinzelt dastehen, sondern alle werden am Genie thätig Theil haben, das Genie wird ein gemeinsames sein.« 12, 262 Faszinierend ist das Gesamtkunstwerk, weil es (enthemmt, wie Kritiker nicht ohne Grund sagen) alle Register ziehen kann: die ästhetischen sowieso, aber eben auch die gattungsgeschichtlichen, ja noch die metaphysischen – und das im Zeitalter nach der Metaphysik, das Wagners Hausphilosophen Feuerbach, Schopenhauer und Nietzsche gemeinsam bedenken. Wagners theoretische Konzeption des Gesamtkunstwerks kreist in seltsamer, ab und an aber auch reizvoll missglückter revolutionärer Amtssprachen-Diktion um eine verrückte Idee: die der genialen Gemeinsamkeit aller – inklusive der Verstorbenen. Wagners musikalische Werke setzen dieses Motiv ungleich faszinierender in Szene, als seine Kanzleiprosa das vermag. Und sie sind, wieder einmal, um Klassen klüger und komplexer als das ausdrückliche Theoriegeflecht. Mitunter ist sich Wagner des Abstandes zwischen seinem eigentlichen Werk und seinen Theorie-Ambitionen halbwegs bewusst; so etwa im Brief an Franz Liszt vom 6. Dezember 1856: »Mir geht's so, so! Dieser Tage werde ich mit der ersten Scene fertig. Sonderbar! erst beim Komponiren geht mir das eigentliche Wesen meiner Dichtung auf: überall entdecken sich mir Geheimnisse, die mir selbst bis dahin noch verborgen blieben.« SB 8, 219

Das verborgene Geheimnis schlechthin ist das des Todes. Wagners Ehrgeiz ist kein geringerer, als dieses Geheimnis zu enthüllen. Er will aus der Totenstille ein tönendes Schweigen machen; er will das Unmögliche – die Kommunikation mit dem Tod. Und er läuft dabei Gefahr, sich eine Kommunion mit dem Tod einzuhandeln. Morituri te salutant / die, die da sterben werden, grüßen dich. Das geflügelte Wort, das nach Suetons Auskunft die römischen Gladiatoren an Caesar richteten, wird von Wagner aufgenommen, moduliert und radikalisiert. Die, die da sterben werden, grüßen in den gewaltigsten Takten des Wagnerschen Werkes die schon Verstorbenen und kommunizieren mit ihnen, ja haben mit ihnen Kommunion, geniale Gemeinschaft. Der erhabenste Gesang der Operngeschichte, Isoldes Liebestod, nimmt dieses entrückte Motiv ernst, er lässt es tatsächlich erklingen. Dazu gleich mehr. Angesagt aber ist zuvor die nüchterne Erinnerung an die operativen, in jedem Wortsinne poetischen, also machbaren Möglichkeiten des Gesamtkunstwerks. Es verfügt funktional über einen so schlichten wie beeindruckenden Vorteil gegenüber konkurrierenden Künsten, die nur

visuell oder sprachlich prozedieren können. Es kann zeigen,
was sich nicht (aus)sagen lässt; es kann umgekehrt noch
über das sprechen, was sich nicht wahrnehmen lässt; und es
kann darüber hinaus Musik erklingen lassen, die, um nochmals Thomas Manns Wendung zu zitieren, »höher ist als alle
Vernunft«,[5] weil sie Sprache wie Bilder, Kommunikation wie
Wahrnehmung sprengt.

Ein romantisches Drama, das genregemäß sprachlich
prozediert, dabei aber starke Bilder und Klänge evoziert,
also von der Oper träumt, hat die Erwartung in Form gegos-
sen, die Wagner dann erfüllt – Kleists *Penthesilea*. Im coup de
foudre, der Achill und Penthesilea gemeinsam schlägt und
illuminiert, kommen Töne und Bilder zusammen. Die Formel, die dieses Rendezvous beschließt, verweist auf den Mythos vom Schwan, der sterbend Sinn und Sinne ertönen lässt:

ACHILLES.
> O du, die eine Glanzerscheinung mir,
> Als hätte sich das Ätherreich eröffnet,
> Herabsteigst, Unbegreifliche, wer bist du?
> Wie nenn ich dich, wenn meine eigne Seele
> Sich, die entzückte, fragt, wem sie gehört?

PENTHESILEA.
> Wenn sie dich fragt, so nenne diese Züge,
> Das sei der Nam, in welchem du mich denkst. –
> Zwar diesen goldnen Ring hier schenk' ich dir,
> Mit jedem Merkmal, das dich sicher stellt;
> Und zeigst du ihn, so weis't man dich zu mir.
> Jedoch ein Ring vermiss't sich, Namen schwinden;
> Wenn dir der Nam' entschwänd, der Ring sich
> mißte:
> Fänd'st du mein Bild in dir wohl wieder aus?
> Kannst du's wohl mit geschloßnen Augen denken?

5 Thomas Mann: Tristan; in: *Frühe Erzählungen*, Frankfurter Ausgabe, hrsg. von Peter de Mendelssohn. Frankfurt am Main 1981, S. 247.

ACHILLES.
Es steht so fest, wie Züg' in Diamanten.

PENTHESILEA.
Ich bin die Königin der Amazonen,
Er nennt sich Marserzeugt, mein Völkerstamm,
Otrere war die große Mutter mir,
Und mich begrüßt das Volk: Penthesilea.

ACHILLES.
Penthesilea.

PENTHESILEA.
Ja, so sagt' ich dir.

ACHILLES.
Mein Schwan singt noch im Tod': Penthesilea.[6]

Die »Glanzerscheinung«, die unbegreiflich aus dem Äther-reich herabsteigt und zum Bild gerinnt, das sich »mit ge-schlossenen Augen denken« lässt, verlangt danach, benannt zu werden. Doch es wäre Frevel, die erhabene, die nicht-repräsentierbare, die »unbegreifliche« Erscheinung einem Namen zu unterstellen. Deshalb sagt Achill, dass er, wenn er Penthesileas Namen ausspricht, den Liebestod erlitten und genossen haben wird. Die entzückte eigene Seele gehört nicht mehr ihm, sondern gehört der Geliebten zu. Das ist Lie-beswahnsinn. Amantes sunt amentes, das wussten schon die Alten; wirklich Liebende sind verrückt, sie sind nicht mehr von dieser Welt. Deshalb ist der Schwan, der nicht erst seit der Sage von Zeus und Leda als erotisches Tier gilt, zugleich das musische Thanatostier schlechthin. »Mein Schwan singt noch im Tod': Penthesilea.« Tiere können anders als das menschliche ζῷον λόγον ἔχον nicht sprechen. Das ist seit den Zeiten des Aristoteles das gängigste Unterscheidungs-merkmal zwischen Menschen und Tieren. Aber einige Tiere wie die Nachtigall oder der Schwan können singen; sie las-sen die Sphäre der Sprache hinter sich, ohne sie je erreicht zu haben, und bringen Klänge hervor, die höher sind als die

---

[6] Kleist: *Penthesilea*; in: *Sämtliche Werke und Briefe in vier Bänden*, hrsg. von Ilse-Marie Barth et al., Bd. 2. Frankfurt am Main 1987, S. 211.

Vernunft des animal rationale. Große Musik lässt erklingen, was nicht aussagbar ist. Das ist ein Kernmotiv von Wagners Musikphilosophie, wie eine von Cosima überlieferte Aussage festhält: »Heute früh, wie ich zitierte: des Schweigens Herrin heißt mich schweigen, sagte R.: ›Das ist der Bereich der Poesie, wo alles in Baumwolle umwickelt sein muß, der andre, wo alles herausplatzt, ist Musik.‹« CTB 2, 610

Die paradoxe Inkarnation bzw. eben Nicht-Inkarnation des Unsagbaren und nicht Wahrnehmbaren ist der Tod. Die in allen Kulturen herrschende Sitte, Verstorbenen alsbald die Augen zu schließen, hängt wohl damit zusammen, dass sich ihr Blick nicht erwidern lässt. Man kann Toten nicht tief in die Augen schauen; ihr objekt- und weltloser Blick verliert sich wegen bzw. trotz seiner Starre im Nichts. Und man kann Tote nicht befragen. Denn sie verweigern, ohne dass man ihnen das sinnvoll vorwerfen könnte, nicht nur den Blickkontakt, sondern jede noch so rudimentäre Form von Kommunikation. Deshalb sind Wendungen wie »Die Toten schweigen« oder »es ist totenstill« oder »Es herrscht Friedhofsruhe« in allen Sprachen verbreitet. »Der Tod verurteilt zum Schweigen. Jede Leiche spottet der Sprache. Aber wir reden weiter, als würde uns der Stimmenlärm vor dem Tode schützen. (...) Die Toten schweigen, und wir müssen reden, um zu beweisen, daß wir noch leben.«[7] Weil die Toten schweigen, können wir nicht wissen, wie es ist, tot zu sein. Gäben sie darüber Auskunft, wären sie nicht tot. »Kommt, reden wir zusammen, / wer redet ist nicht tot«,[8] lauten berühmte Gottfried-Benn-Zeilen. Sie stehen unter dem Titel *Kommt!* Zum seltsamen Zauber der Oper und durchaus auch zur Unseriosität, die diese aufwendigste, verrückteste und verschwenderischste aller Kunstgattungen kennzeichnet, gehört ihre Affinität zum Tod. Wer ins Opernhaus kommt, muss nicht nur damit rechnen, vielen lebenden Bühnen-Leichen zu begegnen, sondern auch damit, Sterbenden sehr lange nun eben beim Sterben zuzuse-

[7] Thomas Macho: *Todesmetaphern. Zur Logik der Grenzerfahrung.* Frankfurt am Main 1987, S. 7.
[8] Gottfried Benn: *Kommt!;* in: *Sämtliche Werke – Gedichte 1 – Stuttgarter Ausgabe.* Stuttgart 2002 (2.), S. 300.

hen und zuzuhören, ja er muss selbst die Paradoxie für möglich halten, bereits Verstorbene noch singen zu hören. Ohne Stimmen aus dem ultimativen Off ist der Zauber der Oper nicht zu haben. Sie kreist um die ebenso unmögliche wie fixe Idee, den Tod zu töten.

Am Anfang der legendären Operngeschichte steht die ergreifende Mythe von Orpheus und Euridice, die singend antreten, um die Negation, die der Tod ist, ihrerseits zu negieren, also Thanatos im Namen von Eros zu verwerfen, zu überwinden, an die Wand zu singen. Operngeschichte – das ist immer wieder diese eine unmögliche Geschichte vom scheinbar erlösenden und dann doch scheiternden Gang in das und vor allem hinaus aus dem Reich des Todes.[9] Jacopo Peris Oper *L'Euridice* gilt als eine der ersten Opern überhaupt; sie erklang erstmals 1600 in Florenz. Ihr folgte alsbald (1602) eine Oper namens *Euridice* von Giulio Caccini. Zahlreiche weitere Orpheus-und-Euridice-Opern folgten; bis heute im Repertoire ist Claudio Monteverdis erste Oper *L'Orfeo* (1607). Überdruss an dem allzu bekannten Stoff scheint sich nicht eingestellt zu haben. Als Christoph Willibald Gluck anderthalb Jahrhunderte später eine neue Epoche der Opernkomposition einleiten wollte, schuf er ein Reformwerk, dessen Titel und Stoff traditioneller nicht hätten sein können: *Orpheus und Euridyke* (1762). Und so geht es weiter und wird nicht enden mit Hans Werner Henzes *Orpheus* von 1978 und Philipp Glass' *Orphée* von 1993.[10]

Noch der ältere Wagner erklärte einen Besuch von Glucks Orpheus-Oper in Dessau im Jahre 1872 zu seinem besten Opernerlebnis überhaupt: »Ich bezeuge laut, nie eine edlere und vollkommenere Gesammtleistung aus einem Theater erlebt zu haben. (…) Hier war die Operntheater-Dekoration zu einem, jeden Augenblick lebenvoll mitwirkenden, Grundelemente der ganzen Darstellung geworden: in diesem

[9] Vgl. Roland Treiber: *Die Todesszene in den Bühnenwerken Richard Wagners* (Diss.) Heidelberg 1975.
[10] Vgl. dazu die Liste im Wikipedia-Artikel *Orpheus-Opern* und die Studie von Tanja Sofia Göddertz: *Che farò senza Euridice? Orpheus von Poliziano bis Badini*. Aachen 2007.

Elemente trug jeder Faktor des scenischen Lebens, Gruppirung, Malerei, Beleuchtung, jede Bewegung, jedes Dahinwandeln, zu jener idealen Täuschung bei, die uns wie in ein dämmerndes Wähnen, in ein Wahrträumen des nie Erlebten einschließt.« 9, 286 f. »Wähnen« ist bekanntlich eine Lieblingsvokabel Wagners, der 1872 seine Villa Wahnfried bezog (vgl. dazu ausführlicher Leitmotiv 7). Und »Wahrträumen des nie Erlebten« ist eine Formel, die sich auf die unmögliche bzw. unmöglich zu kommunizierende Erfahrung, tot zu sein, beziehen lässt, um die alle Orpheus-und-Euridice-Opern, ja fast alle Opern überhaupt, in frivoler Lust noch Operetten wie Offenbachs *Orpheus in der Unterwelt* kreisen. Selbstredend ist das Motiv der Hadesfahrt nicht an das Operngenre gebunden.[11] Auch Epen (wie stilbildend Buch XI der *Odyssee* und Dantes *Divina Comedia*), Gedichte, Kurzgeschichten (etwa die von Edgar Allen Poe über M. Valdemar), philosophische Dialoge (Platons *Politeia* Buch X), religiöse Texte (Christi Todesabstieg) oder Dramen (Fausts Zeitreise zu Helena) können Fahrten in das Reich des Todes und der Toten evozieren. Sie verfügen aber nicht über die nur dem Operngenre gegebene Möglichkeit des »tönenden Schweigens«. Wagner kennt wie bei der Wendung von der »einsamen Gemeinsamkeit« auch bei dieser berühmten Formulierung keine Scheu vor dem Paradoxen. »Ich kehre nun«, so heißt es im berühmten Brief an die Geliebte Mathilde Wesendonck, »zum *Tristan* zurück, um an ihm die tiefe Kunst des tönenden Schweigens für mich zu Dir sprechen zu lassen.«[12]

Auch hier manifestiert sich wie etwa beim Umgang mit dem Begriff »Schuld/en« Wagners eigentümliche Lust, Profanes und Sakrales zu verschmelzen. Der profane Sinn der Formel »tönendes Schweigen« offenbart sich schnell. Wagner kann, da vom Ehemann der Geliebten und der eigenen Ehefrau misstrauisch beobachtet, häufig nur vieldeutig schweigend bzw. in Andeutungen und Gesten mit Mathilde kommu-

---

11 Vgl. zu diesem Motiv Rüdiger Görner: *Hadesfahrten. Untersuchungen zu einem literarästhetischen Motiv*. München 2014.
12 Richard Wagner an Mathilde Wesendonck – *Tagebuchblätter und Briefe 1853–1871*. Leipzig 1913 (43. (!) Aufl.), S. 68.

nizieren. Zugleich aber arbeitet er an *Tristan und Isolde*, also an einem Werk, das entschieden mehr ist und bedeutet als nur eine weitere Variation des profanen Motivs boy meets girl; es geht unüberhörbar um mehr als nur um eine gehobene Manifestation des Standardthemas »schwierige Affäre zwischen einem Künstler und einer angebeteten Frau«. Daran lässt Isoldes berühmter Schlussgesang, nicht nur kompositorisch, sondern auch im Hinblick auf den Text das Beste, was Wagner je gelungen ist, keinen Zweifel. Das szenische Arrangement macht deutlich, dass Isolde für Kommunikation mit den sie umgebenden Lebenden nicht mehr zugänglich ist. Wohl aber blickt sie, die Lebende, die zuvor wie eine Tote teilnahmslos vor sich hingeblickt hat, in die geöffneten Augen eines Toten, dessen Aussagen sie zugleich vernimmt.

> BRANGÄNE.
>> Hör'st du uns nicht?
>> Isolde! Traute!
>> Vernimmst du die Treue nicht?
> ISOLDE
> *die theilnahmlos vor sich hingeblickt, ohne zu*
> *vernehmen, heftet das Auge endlich auf Tristan.*
>> Mild und leise
>> wie er lächelt,
>> wie das Auge
>> hold er öffnet:
>> seht ihr, Freunde,
>> seht ihr's nicht?
>> Immer lichter
>> wie er leuchtet,
>> wie er minnig
>> immer mächt'ger,
>> Stern-umstrahlet
>> hoch sich hebt:
>> seht ihr, Freunde,
>> seht ihr's nicht?
>> Wie das Herz ihm
>> muthig schwillt,

voll und hehr
im Busen quillt;
wie den Lippen
wonnig mild
süßer Athem
sanft entweht: –
Freunde, seht –
fühlt und seht ihr's nicht? –
Höre ich nur
diese Weise,
die so wunder-
voll und leise,
Wonne klagend
Alles sagend,
mild versöhnend
aus ihm tönend,
auf sich schwingt,
in mich dringt,
hold erhallend
um mich klingt?
Heller schallend,
mich umwallend,
sind es Wellen
sanfter Lüfte?
Sind es Wogen
wonniger Düfte?
Wie sie schwellen,
mich umrauschen,
soll ich athmen,
soll ich lauschen?
Soll ich schlürfen,
untertauchen,
süß in Düften
mich verhauchen?
In des Wonnemeeres
wogendem Schwall,
in der Duft-Wellen
tönendem Schall,

in des Welt-Athems
wehendem All –
ertrinken –
versinken –
unbewußt –
höchste Lust!

Wie verklärt sinkt sie sanft in Brangäne's Armen
auf Tristan's Leiche. – Große Rührung und Entrücktheit
unter den Umstehenden, Marke segnet die Leichen. –
Der Vorhang fällt langsam.

Was hier erklingt, ist fraglos kein Akt normaler Kommunikation. Isoldes Gesang ist entrückt, verrückt, ekstatisch. Selten aber erklingen Ekstasen sinnvoller als hier. Ja, das Wort
ἔκστασις / Ekstase zeigt seinen buchstäblichen Sinn: Hier
gerät eine Frau außer sich, sie ist keine Lebende mehr und
noch keine Tote, sie ist im Außen des Lebens und des Todes
zugleich. Und sie sieht etwas, was die Umstehenden nicht gewahren. »Seht ihr, Freunde / seht ihr's nicht« – sie sieht in die
geöffneten Augen eines Toten, sie teilt den Blick eines Verstorbenen und erkennt in ihm ein Licht, eine Entbergung,
ein »es« (»seht ihr's nicht«), das schwer zu fassen ist. Und so,
als spüre sie die Gefahr, dass ihre Vision nun allzu abgeho-
ben werde, moduliert Isoldes Gesang aus der buchstäblich
meta-physischen Sphäre, die alles real Gegebene ekstatisch
übersteigt, in eine gänzlich weltimmanente Sphäre zurück –
die des Eros. Die erotischen Vibrationen nicht nur der Musik,
sondern eben auch des Textes sind unüberhörbar. Tristan erhebt sich »minnig und mächtig«, er schwingt sich auf und
dringt in Isolde ein – der erhabene Gesang versteht Auferstehung nicht nur religiös, umkreist er doch lustvoll die Assonanz von Resurrektion und Erektion (so wie der grandiose
Schluss von Goethes *Faust*: »Das ewig Weibliche zieht uns hin-
an«). Tristan und Isolde vereinen sich endlich. In Isoldes Gesang aber feiern nicht nur zwei Liebende ihr endliches Rendezvous; ein Rendezvous haben auch Sinn und Sinne, Eros
und Thanatos, Musik und Rede, Wahrnehmung und Kommu-

nikation, Klänge und Schweigen. So als wolle er die Möglichkeiten des Gesamtkunstwerks nicht nur ekstatisch, sondern auch analytisch vorführen, lässt Wagner Isoldes klingende Vision von der visuellen in die auditive Sphäre hinübermodulieren. In schöner Doppeldeutigkeit heißt es, dass Isolde eine Botschaft hört, die unerhört ist. »Höre ich nur diese Weise« – bin ich allein es denn, die diese Weise hört, höre ich nichts anderes als diese alte Weise, die leise erklingt, aber dann immer heller erschallt und mich umwallt?

Die alte Weise, die Isolde mit Tristan vernimmt und versteht, ist die des Welt-Atems. Mit ihm wird sie eins. Der Welt-Atem erklingt dort, wo Tristans Leiche liegt – Wagners Gesamtkunstwerk, das da den Titel *Tristan und Isolde* trägt, liegt offenbar an diesem drastischen Arrangement. Es ist um das Leichenparadox konstelliert; der tote Tristan ist wie die noch lebende Isolde an- und abwesend zugleich. »Wie gern wir den Tod als den Übergang ins ›Nichts‹ denken! – als müßten wir verleugnen, daß etwas übrigbleibt nach dem Sterben: die Leiche. Nicht *alle* Bestimmungen werden aufgehoben; die meisten Toten lassen sich identifizieren, mitunter sogar Jahre nach ihrer Beerdigung. Das Leichenparadox bleibt ungelöst: daß dieser Tote ein bestimmter Mensch ist – und doch zugleich nicht ist.«[13] Die Liebenden, die da Tristan und Isolde heißen, haben sich den Wonnen der erotischen Ent-Individuierung hingegeben. Sie erfahren liebend und sterbend, dass Tod und Liebe keine »zackige(n) Demarkationslinie(n) zwischen Physis und Bedeutung«[14] markieren, sondern Schwellenerfahrungen ermöglichen. »In ungemess'nen Räumen / übersel'ges Träumen. / Du Isolde, / Tristan ich, / nicht mehr Tristan, / nicht Isolde; / ohne Nennen, / ohne Trennen, / neu Erkennen.« 7, 50 f.

»Neu erkennen« – auch hier schwingt die erotische Valenz des Wortes mit. Neu erkannt aber wird von den ekstatisch

[13] Thomas Macho: *Todesmetaphern*, a. a. O., S. 97.
[14] Walter Benjamin: *Ursprung des deutschen Trauerspiels*; in: *Gesammelte Schriften*, hrsg. von Tiedemann / Schweppenhäuser, Bd. I/1. Frankfurt am Main 1974, S. 343.

Liebenden auch die Botschaft der alten Weise: Die Welt des Menschen ist bedeutsam um ihrer Endlichkeit willen.[15] Wer dem Sinn und der Bedeutung von Sein und Dasein auf den Grund gehen will, muss seine Endlichkeit erfahren und zugrunde gehen. Wagners *Tannhäuser* verleiht diesem Zusammenhang bündigen Ausdruck. Es gelingt dem kühnen Sänger, die vom Landgrafen im allgemeinen Interesse gestellte Aufgabe – »Könnt Ihr der Liebe Wesen mir ergründen« 2, 21 – bündig zu lösen: Liebe ist Genießen, jouissance, joui-sens, Genieß-Sinn. Und eben weil Tannhäuser das Wesen der Liebe ergründet hat, muss er zugrunde gehen. Wer Lust erfahren will, muss mit Verlusten rechnen, ja er muss gewahren, dass Verlust die Bedingung der Möglichkeit von Lust ist. »Verlieren« und »Verlust« sind Lieblingsbegriffe Wagners – »Verloren! Ach verloren! Ewig verlor'nes Heil!« 1, 288 f. Wagner hat mehrfach den Zusammenhang von Lust und Verlust in dichte Wendungen gebannt. »Mir erkoren, mir verloren«, 7, 4 singt Isolde ahnungsvoll, als sie Tristan / Tantris wiedersieht und bevor sie (tantristisch) in die Geheimnisse höchster Lust eingeweiht wird. »Wohin verlierst du dich? Was ficht dich an?«, 2, 5 fragt Venus ihren Geliebten Tannhäuser, der präzise antwortet, wenn er auf den Zusammenhang von Lust und Verlust verweist:

> wenn stets ein Gott genießen kann,
> bin ich dem Wechsel unterthan;
> nicht Lust allein liegt mir am Herzen,
> aus Freuden sehn' ich mich nach Schmerzen:
> aus deinem Reiche muß ich flieh'n, –
> o, Königin, Göttin! Laß mich zieh'n! 2, 6

Auch Wotan weiß, dass Lust und Verlust eng aneinander gebunden sind, wie seine Abschiedsworte an die geliebte Tochter signalisieren.

---

[15] Vgl. dazu ausführlich Jochen Hörisch: *Bedeutsamkeit. Über den Zusammenhang von Zeit, Sinn und Medien.* München 2009.

muß ich verlieren,
dich, die ich liebte,
du lachende Lust meines Auges. 6, 83

Tannhäuser, Isolde und Wotan können sich, wenn sie den Zusammenhang von Lust und Verlust bedenken, auf das »herrliche ›Gastmahl‹ des dichterischen Philosophen« 9, 137 berufen,
das Wagner mehrfach begeistert las. Das in Platons *Symposion* poetisch entfaltete Argument überzeugt: Wünschen, begehren, verlangen kann man nur, was man nicht hat, was man
nicht mehr hat, was man verloren hat (s. dazu ausführlicher
Leitmotiv 10). Denn das, was man hat, braucht man ja nicht zu
begehren – hat man es doch schon. Und also ist der Wunsch,
das Begehren, das Verlangen das, was wir eigentlich wünschen, begehren, verlangen. Ohne Versagung, ohne Verlust
keine Lust. Wagner hat dieses Denkmotiv aufgegriffen und
ihm eine spezifische Wendung verliehen. Er assoziiert, was
zusammengehört. Das Lust / Verlust-Motiv korrespondiert
mit dem knirschenden Doppelsinn der Wendung »zu Grunde
gehen«, die zu Wagners Lieblingsformulierungen zählt.
Evoziert seien nur einige Passagen, die Wagners Obsession für doppeldeutiges Zu-Grunde-Gehen belegen. Rienzi ist prinzipienfest und singt: »Eh' du von Neuem mich be-
wegst, / Soll alle Welt zu Grunde geh'n!« 1, 69 Der Fliegende
Holländer hat nur den einen Trost, dass selbst seine schlechte Unendlichkeit am Ende aller Tage in einem Exzess des Endes ihrerseits endet und zugrunde geht.

Nur eine Hoffnung soll mir bleiben,
nur eine unerschüttert steh'n:
so lang' der Erde Keime treiben,
so muß sie doch zu Grunde geh'n.
Tag des Gerichtes! Jüngster Tag!
Wann brichst du an in meine Nacht?
Wann dröhnt er, der Vernichtungs-Schlag,
mit dem die Welt zusammenkracht?
Wann alle Todten aufersteh'n,
dann werde ich in Nichts vergeh'n.

Ihr Welten, endet euren Lauf!
Ew'ge Vernichtung, nimm mich auf! 1, 261

In Senta findet der fliegende Holländer eine adäquate Ge-
fährtin. Sie teilt »in höchster Verzückung« die Obsession
des Geliebten: »Er sucht mich auf! Ich muß ihn seh'n! / Mit
ihm muß ich zu Grunde geh'n!« Auch Wagners Briefe bekunden eine Vorliebe für die apokalyptische Wendung, die die
Offenbarung der letzten Gründe an das Zugrundegehen koppelt. So schreibt er am 25. Februar 1849 an seine Schwäge-
rin Cäcilie Avenarius: »Führt mich diese gelegenheit durch
Leipzig, so bringe ich Euch vielleicht Minna mit, und mit
ihr könntest Du dann sogleich mit nach Dresden gehen: d. h.
wenn bis dahin die welt nicht zu grunde gegangen ist, denn
unsre edlen fürsten sammt und sonders scheinen es in allem
was sie thun durchaus darauf abzusehen, die welt zu grunde
zu richten.« SB 2, 645 In vielfacher Hinsicht aufregend ist auch
die ebenfalls an Cäcilie Avenarius gerichtete Briefreflexion
vom 30. Dezember 1852, in der es heißt: »Im Ganzen sind mir
die Männer am meisten zuwider, und am ehesten gewinne
ich noch angenehme Eindrücke von Frauen. Es ist ein gräß-
licher Unsinn, daß die Männer immer wieder mit Männern,
und die Frauen mit Frauen umgehen: das ganze menschliche
Geschlecht muß durch diese Verkehrtheit endlich zu Grunde
gehen. Wenn nur nicht die Frauen meist auch schon so ruinirt
wären! Die Männer sind heut zu tage geborene Philister, und
die Frauen werden es durch sie. So ist's!« SB 5, 147 Männerbünde – seien es Schiffsbesatzungen, Gralsgemeinschaften, Her-
renzirkel um König Marke, Gefolgschaften um den Kämpen
Hagen oder ein Nürnberger Meistergesangsverein – Männerbünde sind ein kapitales Thema von Wagners Werken. Umso
bemerkenswerter ist die zitierte kritische Briefäußerung zu
den ruinösen Effekten konservativer Männerbünde. Sie wird
wieder einmal konterkariert durch die trostlosen antisemitischen Reflexe, denen Wagner auch in seinem Brief an Franz
Liszt vom 30. März 1853 freien Lauf lässt: »›Philister, Juden
und Jesuiten‹ – das ist's: – aber keine Menschen! Sie schreiben,
schreiben – und schreiben, und wenn sie recht viel ›geschrie-

ben‹ haben, so denken sie nun 'was rechtes zu sein! Dummköpfe! für Euch soll unser Herz nicht mehr schlagen! Was versteht denn dieß ganze Pack davon! – Laß sie fahren; gieb ihnen noch einen Tritt mit dem Fuße und komm mit mir in die weite Welt: wär's auch, drin flott zu Grunde zu gehen, in irgend einem Abgrunde lustig zu zerschellen!« SB 5, 234 Unübersehbar ist nicht nur die apokalyptische, nämlich Offenbarung und Untergang aneinanderkoppelnde Doppeldeutigkeit der Wendung vom zu-Grunde-gehen, sondern auch die abgründige Ambivalenz, mit der Wagner dem Zugrundegehen begegnet. Der 48er-Revolutionär kritisiert die ruinöse Politik von Fürsten und Männerbünden – und er ist zugleich tief vom finalen Zugrundegehen fasziniert. Wagner mochte und konnte sich nicht entscheiden, ob »nur« Fürsten und Götter (und Juden sowieso) oder aber ob »alles« zugrunde gehen solle und müsse.

In Brünnhilde inkarniert sich diese Ambivalenz. Sie weiß, so heißt es in Wagners Brief an August Röckel vom 25./26. Januar 1854, »dass die Liebe das einzig Göttliche ist: so möge denn Walhall's Pracht zu Grunde gehen, aber den Ring – (die Liebe) – opfert sie nicht.« SB 6, 70 Dafür nimmt sie nicht nur billigend, sondern lachend in Kauf, dass »alles« zugrunde geht. Siegfried und Brünnhilde erfahren ekstatisch die Symbiose von Lust und Verlust. Sie wollen lachend zugrunde gehen – ein Wunsch, der ihnen nur zum Teil gewährt wird. Sie gehen zugrunde; zum Lachen haben und geben sie dabei wenig Anlass, lustig ist die Geschichte ihrer verlustig gegangenen Lust nicht. Früh zugrunde gehen muss auch Siegfrieds Vater Siegmund. Das erfährt er, der noch Lebende, in der Todesverkündigungsszene der *Walküre* aus dem Mund seiner noch göttlichen Halbschwester Brünnhilde. Moriturus te salutat – Siegmund lebt nach der Liebesbegegnung mit seiner Zwillingsschwester Sieglinde im Zeitmodus des zweiten Futurs. Er erfüllt damit fast, aber eben nur fast die aufschlussreiche Definition, die Richard Wagner im Gespräch mit Cosima von einem Heiligen gegeben hat: »der Heilige betrachtet sich als Gestorbener, durch den Willen Gottes noch eine Zeit lang hienieden zurückgehalten«. CTB 2, 595 Vom Heiligen in Wagners Verständnis unterscheidet sich Siegmund nämlich dadurch, dass er durch eigenen Willensentscheid noch eine Zeit lang hieneden zurückbleibt. Siegmund weiß, dass er gelebt und geliebt haben wird. Brünnhildes Todesverkündigung lässt daran keinen Zweifel aufkommen:

> BRÜNNHILDE.
>   Siegmund! –
>   Sieh' auf mich!
>   Ich – bin's,
>   der bald du folg'st.
> SIEGMUND
> *richtet den Blick zu ihr auf.*
>   Wer bist du, sag',
>   die so schön und ernst mir erscheint?
> BRÜNNHILDE.
>   Nur Todgeweihten
>   taugt mein Anblick!
>   wer mich erschaut,
>   der scheidet vom Lebens-Licht. 6,49

Brünnhilde ist eine imposante, strahlende, also eigentlich unübersehbare Erscheinung. Dass sie dennoch ausdrücklich verlangt, angesehen zu werden – »Sieh' auf mich!« – ist bemerkenswert und gleichwohl leicht zu erklären. Siegmund hat Augen nur für seine geliebte Schwester, muss nun aber erkennen, dass es noch weitere schöne weibliche Erscheinungen gibt. Dabei entgeht ihm die eigentümliche Pointe, dass sich Brünnhilde nur Todgeweihten zu erkennen gibt. Deshalb ertönt aus dem Munde der schönen Göttin, deren Alltagsgeschäft es ist, erschlagene Helden einzusammeln, die Mahnung: »wer mich erschaut, / der scheidet vom Lebens-Licht«. Um etwas (und sei es eine schöne und ernste, ja göttliche Person) als etwas sehen zu können, muss das Erschaute sprachlich identifiziert und mit Bedeutung versehen werden. Wagner versteht sich auf die Kunst, das Visuelle und das Semantische somatisch zu vereinen. Brünnhilde verkörpert (paradox, wie sonst?) die Siegmund bevorstehende Entkörperlichung. Sie ist als Medium eine Botschaft, und ihre

Botschaft lautet: Du wirst bald gelebt haben. Siegmund ist erst einmal bereit, sich von den Vorzügen einer postmortalen Existenz überzeugen zu lassen. Ihn, der den Kopf seiner ohnmächtigen, also zugleich an- und abwesenden Zwillingsschwester auf seinem Schoß ruhen lässt, reizt die Perspektive, in Walhall vereint mit Sieglinde zu leben und endlich seinem Vater zu begegnen. Er lässt sich den Tod schmackhaft machen, verwirft ihn aber brüsk, so als ließe sich der Tod zurückweisen, sobald er erfährt, dass Sieglinde nicht mit ihm sterben, sondern weiterhin Erdenluft atmen wird.

> SIEGMUND.
> Hehr bist du;
> heilig gewahr' ich
> das Wotanskind:
> doch Eines sag' mir, du Ew'ge!
> Begleitet den Bruder
> die bräutliche Schwester?
> Umfängt Siegmund
> Sieglinde dort?
> BRÜNNHILDE.
> Erdenluft
> muß sie noch athmen;
> Sieglinde
> sieht Siegmund dort nicht!
> SIEGMUND.
> So grüße mir Walhall,
> grüße mir Wotan,
> grüße mir Wälse
> und alle Helden –
> grüß' auch die holden
> Wunsches-Mädchen: –
> zu ihnen folg' ich dir nicht. 6, 50 f.

Auch diese dichte Textpassage hat es in sich. Siegmund ist nicht folgsam. Er sieht nicht mehr nur eine schöne Frau, er »gewahrt«, nachdem Brünnhilde sich ihm als Medium, das die Botschaft ist, offenbart hat, eine »Ewige«, und er vernimmt eine ewige, nicht sonderlich überraschende Wahrheit – dass Menschen sterblich sind. Die Pointe dieser Szene liegt nicht in der tiefsinnigen Trivialität, dass alle Menschenleben endlich sind, sondern in ihrem Zeitmodus, dem Futur II: Siegmund wird gelebt haben. Auch dieses Motiv ist nicht ohne Tiefsinn, auch dieses ist zugleich vertraut. Umwerfend ist hingegen die Paradoxie, dass auch die ausdrücklich als »Ew'ge« Angesprochene ewig gewesen sein wird. Brünnhilde wird länger leben als ihr Halbbruder, sie wird sich auf eine amour fou mit dessen Sohn Siegfried einlassen, aber sie wird, da ihr Vater Wotan die Gottheit von ihr küssen wird, ewig gewesen sein. So als könne er diese Paradoxie vorausgewahren, kündigt Siegmund der noch göttlichen Halbschwester Brünnhilde die Gefolgschaft – »zu ihnen (nämlich zur göttlichen Familienbande, J. H.) folg ich dir (der Ew'gen) nicht«. Dies ist eben keine Gladiatorengeste. Vielmehr klingen hier Motive aus Franz Schuberts zärtlichsten Liedern an – *Sei mir gegrüßt*[16] und *Der Tod und das Mädchen* lassen ihrerseits grüßen. Siegmund verwirft den Tod; er lässt Wotan, seinen Gott-Vater, freundlich grüßen, verzichtet aber im Namen der Liebe darauf, ihn alsbald zu sehen. Das verschlägt Brünnhilde fast die Sprache, tut Siegmund doch so, als stehe der Tod zur Disposition, als könne ein Todgeweihter den Tod ab- und in die Schranken weisen. Doch das gelang schon dem Mädchen aus Schuberts Lied nicht.

> BRÜNNHILDE.
>
> So lange du leb'st
> zwäng' dich wohl nichts;
> doch zwingt dich Thoren der Tod: –
> ihn dir zu künden
> kam ich her. 6, 51

[16] Cosima hält am 29. August 1880 in ihrem Tagebuch fest: »abends gelangen wir zu einigen sehr freundlichen Stunden, dadurch unvergeßlich geweiht, daß R. uns den Anfang des Adagios aus der 9ten spielt und daß ›Sei mir gegrüßt‹ gespielt [wird].« CTB 2, 589

Siegmund muss einsehen, dass seine Todesverwerfung zwar eine wundersame Geste ist, die ihn auf Augenhöhe mit Goethe bringt, von dem das große Wort überliefert ist »Den Tod aber statuiere ich nicht« – eine wundersame, aber eben auch eine unhaltbare Geste. Belastbar ist hingegen seine zweite Geste, die der Transzendenzverwerfung. Wenn er denn sterben muss, so will er nicht in göttlich-metaphysische Sphären einrücken, sondern »Hella« verbunden bleiben. Siegmund lässt es an Deutlichkeit nicht missen. Er bezeichnet Wotans Entscheidung, ihn, dem doch das rettende Schwert zuteil wurde, dem Tod zu weihen, als »Schande« und verzichtet darauf, nach seinem Tod »ewige Wonne« zu genießen.

> O Schande ihm,
> der das Schwert mir schuf,
> beschied er mir Schimpf für Sieg!
> muß ich denn fallen,
> nicht fahr' ich nach Walhall –
> Hella halte mich fest!
> BRÜNNHILDE *erschüttert.*
> So wenig achtest du
> ewige Wonne? 6, 52 f.

Ein seltsames Kunstwort – »Hella«. Das monumentale Grimm'sche Wörterbuch widmet ihm keinen Artikel, vermerkt aber unter »Hölle« die althochdeutsche Form »hella«. Das Wort »Hella« ist phonetisch dem Wort »Wahlhall« kontrastiv verwandt; es kombiniert und evoziert das Helle wie das Dunkle (durch den Vokal a), Frau Holles unterirdische Existenz (Wagner war gerade von diesem Märchen fasziniert: »Frau Holda kam aus dem Berg hervor«, singt der junge Hirte im *Tannhäuser*) und die Hölle, das griechische Hellas und die chthonische Todesgöttin, der Wagner ebendiesen Namen verleiht: Hella. In der Wagner gut vertrauten Prosa-Edda, neben dem Nibelungenlied seine Hauptquelle für die *Ring*-Dichtung, gelangt der Lichtgott Baldur nach seinem Tod in die »Hel«. Mit Hella verbunden ist nach Brünnhildes feinem Gespür möglicherweise auch Siegmunds Sohn Siegfried. Die göttliche Tochter möchte wie Elsa bei der Begegnung mit Lohengrin sinnvollerweise die Identität und Herkunft des Mannes erfahren, der sie bezwingt bzw. erlöst.

> BRÜNNHILDE *heftig zitternd.*
>   Wer ist der Mann,
>   der das vermochte,
>   was dem stärksten nur bestimmt?
> SIEGFRIED
> *immer noch auf dem Steine im Hintergrunde.*
>   Ein Helde, der dich zähmt –
>   bezwingt Gewalt dich nur.
> BRÜNNHILDE *von Grausen erfaßt.*
>   Ein Unhold schwang sich
>   auf jenen Stein; –
>   ein Aar kam geflogen
>   mich zu zerfleischen! –
>   Wer bist du, Schrecklicher?
> SIEGFRIED – *schweigt.*
>   Stamm'st du von Menschen?
>   Komm'st du von Hella's
>   nächtlichem Heer? 6, 206 f.

Es gehört zu den kaum je interpretierten Unheimlichkeiten des *Rings*, dass der gegen seinen göttlichen Vater revoltierende Siegmund sich ebenso mit Hella verbündet wie Wotans Antipode Alberich. Denn auch der Nachtalbe beabsichtigt ein Bündnis mit der chthonischen und götterkritischen Hella; seine Kampfansage an Wotan könnte deutlicher nicht sein:

>   Wird der neidliche Hort
>   dem Niblung wieder gehören?
>   Das sehrt dich mit ew'ger Sorge.
>   Denn fass' ich ihn wieder
>   einst in der Faust,
>   anders als dumme Riesen
>   üb' ich des Ringes Kraft:
>   dann zitt're der Helden

heiliger Hüter!
Walhall's Höhen
stürm' ich mit Hella's Heer:
der Welt walte dann ich! 6, 125

Der Wotans-Sohn Siegmund, der Wotans-Enkel Siegfried und der Wotan-Antipode Alberich haben eine irritierende Gemeinsamkeit – sie spüren wenn nicht »sympathy for the devil«,[17] so doch für »Hella«. Mit seltsamer Hartnäckigkeit lässt Wagner, romantischen Motiven folgend, »die alten Götter die Rund« machen, um die berühmten Verse aus Eichendorffs Gedicht *Schöne Fremde* zu zitieren. Das gilt nicht nur überevident für das Götterpersonal des *Rings*, sondern auch für die altrömischen Götter im *Rienzi*, für Venus im *Tannhäuser*, für Ortrud im *Lohengrin*, die gegen ihre christlichen Widersacher ausruft: »Entweihte Götter! Helft jetzt meiner Rache!«, 2, 87 für Isoldes einst machtvolle Mutter, die sich zum Zorn ihrer Tochter entmachten ließ (»Entartet Geschlecht,/ unwerth der Ahnen!/ Wohin, Mutter,/ vergab'st du die Macht,/ über Meer und Sturm zu gebieten?« 7, 2) und für Klingsor und Kundry im *Parsifal*. Mit Heines Diana geht Wagner davon aus, »daß die alten Götter nicht tot sind, sondern sich nur versteckt halten in Berghöhlen und Tempelruinen, wo sie sich nächtlich besuchen und ihre Freudenfeste feiern.«[18]

Ein erotisch-rauschhaftes Freudenfest haben auch die Zwillingsgeschwister Siegmund und Sieglinde gefeiert. Nun aber sehen sie ihrem Tod entgegen. Ihre Halbschwester Brünnhilde hat die heikle Aufgabe, Siegmund im Namen des gemeinsamen Vaters den Tod und die danach folgende Auffahrt zum Vater zu verkünden. Doch Siegmund entsinnt sich wenn nicht älterer Götter, so doch der ältesten Macht, der des Todes, der Macht Hellas: »Hella halte mich fest!« Mit dem Schwert, das ein »trugvoller« Gott ihm, dem »Treuen« schuf,

[17] Vgl. zu diesem Motiv Albert Kümmel-Schnur (Hrsg.): *Sympathy for the devil*. München 2009.
[18] Heinrich Heine: *Werke und Briefe in zehn Bänden*, hrsg. von Hans Kaufmann. Berlin / Weimar 1972 (2), Bd. 7, S. 87.

will er seiner Schwester und sich selbst das Leben nehmen bzw. den Tod geben, dem keine Auferstehung folgen soll. Die göttliche Todesverkünderin Brünnhilde ist von dieser souveränen Geste sichtlich beeindruckt; sie lässt sich von Siegmund, der lieber seine Schwester und sich selbst töten als Brünnhilde zum göttlichen Vater folgen will, überzeugen. Sie entschließt sich ihrerseits, dem göttlichen Vaterwillen nicht zu genügen, sondern Siegmund und Sieglinde beizustehen.

> SIEGMUND *sein Schwert ziehend.*
> Dieß Schwert –
> das dem Treuen ein Trugvoller schuf;
> dieß Schwert –
> das feig vor dem Feind mich verräth: –
> frommt es nicht gegen den Feind,
> so fromm' es denn wider den Freund! –
> *Das Schwert auf Sieglinde zückend.*
> Zwei Leben
> lachen dir hier: –
> nimm sie, Nothung,
> neidischer Stahl!
> Nimm sie mit einem Streich!
> BRÜNNHILDE
> *im heftigsten Sturme des Mitgefühls.*
> Halt' ein, Wälsung,
> höre mein Wort!
> Sieglinde lebe –
> und Siegmund lebe mit ihr!
> Beschlossen ist's;
> das Schlachtloos wend' ich:
> dir, Siegmund,
> schaff' ich Segen und Sieg! 6, 54

Erfolgreich wird diese Geschwisterallianz gegen Wotan nicht sein. Siegmund, der Wälse, fällt nach Wotans bzw. Frickas Willen im Kampf mit Hunding. Der Tod lässt sich nicht besiegen. Wohl aber kann man leben, ohne ihm Gefolgschaft zu leisten, ohne sich von ihm faszinieren zu lassen. Wagners Werk

Böcklin: *Die Toteninsel* (dritte Version von 1883)

mag und kann sich bei der Frage, ob das Geheimnis und die Macht von Eros größer sei als das Rätsel und die Gewalt von Thanatos, nicht entscheiden. Die zu Recht als legendär geltende Bayreuther *Ring*-Inszenierung (1976–1980) von Patrice Chéreau und seinem Bühnenbildner Richard Peduzzi hat sich auf die Kunst verstanden, Wagners zwischen Todesaffirmation (»wir müssen sterben lernen«) und Todesverwerfung oszillierende Thanatos-Ambivalenzen[19] wirkungsvoll ins Bild zu setzen. Der Brünnhilde-Felsen dieser Inszenierung ist seit der Überarbeitung von 1977 (im Premierenjahr 1976 evozierte das Bühnenbild noch das Matterhorn als Symbol der Abstürze von Gipfelstürmern) deutlich nach dem Bilde von Böcklins Gemälde *Die Toteninsel* gestaltet – ein Bild, das ebenfalls älteren Göttern als dem christlichen Gott verschrieben ist.

Das berühmte Gemälde ist in fünf Versionen überliefert, die zwischen 1880 und 1886 entstanden. Die dritte vollendete Böcklin in Wagners Todesjahr 1883 als Auftragsarbeit für den Galeristen Fritz Gurlitt, der Max Klinger veranlasste, 1890 eine Radierung des schnell berühmt gewordenen Bildes zu schaffen. Tiefsinn und kommerzieller Erfolg müssen sich bekanntlich nicht ausschließen. Mit dem Original aber hat es eine eigentümliche Bewandtnis. Es wurde fünfzig Jahre nach

---

19 Vgl. dazu Jochen Hörisch: »*Eines nur will ich noch: das Ende*« – *Todesfaszination bei Richard Wagner und Thomas Mann*; in: Athenäum 2002 (s. o.), S. 189–197.

seiner Entstehung, also im Wagner-Gedenkjahr 1933, auf dem Kunstmarkt zum Verkauf angeboten. Und es fand einen prominenten Käufer – den neuen Reichskanzler Adolf Hitler.

Böcklin »war ohne Zweifel ein besonderer Favorit Hitlers.«[20] Damit ist Böcklins Werk so sehr oder so wenig diskreditiert wie das von Hitlers Lieblingskomponisten Wagner, so wie Vegetarier und Schäferhundliebhaber durch Hitlers einschlägige Vorlieben (nicht) in Frage gestellt sind. Seit Juni 1936 hing die dritte, heute in der Berliner Nationalgalerie ausgestellte Fassung von Böcklins *Toteninsel* im Empfangssaal des Berliner Reichskanzlerpalais. Dieser Saal diente zugleich als »Musiksalon, hier stand der Flügel, hier befand sich auch eine Musikanlage und Hitlers Schallplattensammlung. Das Gemälde hierhin zu hängen machte Sinn, denn Böcklin galt als »Maler aus dem Geiste der Musik«, wie eine Monographie von 1943 titelte.[21] Seine Landschaften wurden insbesondere mit der Musik Richard Wagners in Verbindung gebracht; 1904 war sogar ein Buch über *Richard Wagner und Arnold Böcklin* erschienen.[22] »(...) Winifred Wagner und ihre Kinder waren hier häufig zu Gast. Der Wagner-Clan empfand, ebenso wie das der ›Meister‹ getan hatte, eine starke Nähe zu Böcklin. Richard und Cosima hatten mehrfach versucht, bei ihm Bühnenbilder in Auftrag zu geben. Doch der Maler hatte sich der Aufgabe entzogen.«[23] In Cosimas Tagebuch heißt es am 20. März 1878 lakonisch: »Maler Böcklin, Maler Seitz jun. schlagen es mir ab, Skizzen für Dekorat. und Kostüme für ›Parsifal‹ zu machen. Architekt Sitte verlangt, die Musik zuvor zu hören. O Deutschland!« CTB 2, 65

O Deutschland! Es gibt viele ästhetische Bezüge zwischen Böcklins und Wagners Werken. Von »Verwandtschaft zwischen Böcklin und dem Wagner des Tristan«[24] hat Adorno

[20] Birgit Schwarz: *Geniewahn. Hitler und die Kunst.* Wien / Köln / Weimar 2009, S. 29.

[21] Max F. Schneider: *Arnold Böcklin – Ein Maler aus dem Geiste der Musik.* Basel 1943.

[22] Gottfried Niemann: *Richard Wagner und Arnold Böcklin oder Über das Wesen von Landschaft und Musik.* Leipzig 1904

[23] Ebd., S. 154.

gesprochen, ohne dieses Motiv im Einzelnen auszuführen. In seiner Kritik einer *Ariadne*-Aufführung aus dem Jahr 1926 (also genau ein halbes Jahrhundert vor Chéreaus Bayreuther Regiearbeit) schreibt Adorno überdies: »In der heroischen Landschaft mußte man sich, zunebst grünen Sternen, einen leibhaftigen Nachen gefallen lassen, auf dem Bacchus heran-knirschte, nachdem er vorher schon auf einer Felsplatte erschienen. Kurz, die Operninszenierung scheint jetzt in das Zeitalter von Böcklin und Klinger getreten, und bei allem Mitgefühl für mythologischen Kitsch: so geht es doch nicht.«[25] Was geht, was nicht geht, stand damals wie heute zur Diskussion. Es gibt aber nicht nur ästhetische, sondern auch biographisch-konstellative Bezüge zwischen (der) Wagner-(-Familie) und Böcklin. Der bekannte Heidelberger Kunsthistoriker Henry Thode hatte während seiner Jahre in Florenz freundschaftlichen Kontakt mit Böcklin. Verheiratet war er mit Cosima Wagners Tochter aus erster Ehe, mit Daniela von Bülow. Wie seine Schwiegermutter Cosima und sein rassistisch-antisemitischer Schwager Houston Stewart Chamberlain schätzte und protegierte er die deutsche Malerei des späten 19. Jahrhunderts (also Maler wie Böcklin, Feuerbach, Spitzweg, Menzel und andere). In einem vielbeachteten, auf eine Heidelberger Vorlesung zurückgehenden Buch aus dem Jahr 1888 mit dem Titel *Böcklin und Thoma* polemisierte Thode gegen den undeutschen, sensationsheischenden und oberflächlichen Impressionismus, dessen Qualitäten sein Kollege Julius Meier-Graefe früh erkannt hatte. Gegen Thode polemisierte seinerseits in einer Reihe von Leserbriefen in der *Frankfurter Zeitung* kein Geringerer als Max Liebermann – eine Kontroverse, die hohe Wellen schlug[26] und als »Böcklin-Streit« in der Kunstgeschichte Epoche machte.

[24] Theodor W. Adorno: *Zweite Nachtmusik*; in: *Gesammelte Schriften*, Bd. 18. Frankfurt am Main 1984, S. 50.
[25] Theodor W. Adorno: *Frankfurter Opern- und Konzertkritiken*; in: *Gesammelte Schriften*, Bd. 19. Frankfurt am Main 1984, S. 82.
[26] Das belegen u. a. die Schrift *Der Fall Böcklin und die Lehre von den Einheiten* von Julius Hoffmann (Stuttgart 1905) und die Polemik von Adolf Grabowsky: *Der Kampf um Böcklin*. Berlin 1906.

Es ist nicht sicher nachzuweisen, aber doch wahrscheinlich, dass diese Kontexte dem Regisseur des Bayreuther Jahr-
hundertrings, Patrice Chéreau, und seinem Bühnenbildner
Richard Peduzzi vertraut waren, als sie sich hundert Jahre
nach der *Ring*-Premiere in Bayreuth ans Werk machten
und nach der Premiere für bürgerkriegsähnliche Zustän-
de auf dem grünen Hügel sorgten. In seinem Beitrag zur
1980 erschienenen Buchdokumentation zum Jahrhunder-
tring erwähnt Peduzzi zwar ausdrücklich Böcklins Toteninsel, nicht aber die Bezüge zwischen Böcklin, Wagner, dem
Wagner-Clan und dem Bildbesitzer Hitler. Peduzzi schreibt
über den Walkürenfelsen: »Was war das für ein Gefängnis,
wo die einzigen Gefährten der schlafenden Gefangenen die
Einsamkeit und der Traum waren? Was war das für ein Ort
auf Erden, wo schließlich das Leben und das Licht die Stille und das Dunkel überwinden? Auf welcher Erde würden
sich Wotan und Siegfried, einer nach dem anderen, zu Füßen
Brünnhildes niederknien? Die Antwort hat Arnold Böcklin
in seinem berühmtesten Bild – *Die Toteninsel* – gegeben. Ein
enormer Steinblock, verloren inmitten eines Ozeans, eine
häßliche, fleischfressende Pflanze, die selber von der Stille
des Himmels und der Fluten verschluckt wird, unerbittlich
auf Raubfang aus und bereit, sich nach jedem Beutezug wieder zu verschließen. Der Tod schien inmitten dieser verwun-
schenen Insel sein feuchtes und schattiges Königreich ein-
gerichtet zu haben. / Es stand nicht zur Debatte, das Gemälde Böcklins zu reproduzieren; aber der Ort, den wir gesucht
hatten, war gefunden.«[21] Die suggestive Wirkung dieses Ge-
mäldes wird schon durch seine Wirkungsgeschichte belegt.
Komponisten wie Sergei Rachmaninow (*Die Toteninsel*, Ton-
dichtung für großes Orchester, op. 29, 1909) und Max Reger
(*Die Toteninsel*, in: Vier Tondichtungen nach Arnold Böcklin
op. 128, 1913) – um nur sie zu nennen – ließen sich von diesem
Gemälde inspirieren; unter anderem in August Strindbergs

[21] Richard Peduzzi: *Wie meine Bilder zu Bühnenbauten werden*;
in: Pierre Boulez et al.: *Der ›Ring‹ – Bayreuth 1876–1980*. Berlin /
Hamburg 1980, S. 109.

Drama Die *Geistersonate*, in Heinrich Manns Roman *Die Göttinnen* und in Friedrich Dürrenmatts Novelle *Der Richter und
sein Henker* wird die *Toteninsel* poetisch evoziert.

Erstaunlich ist diese lebhafte Resonanz nicht. Denn das
Gemälde lädt zu starken Reaktionen ein. Es zeigt eine aus
ruhiger See schroff aufragende, hufeisenförmige hohe Felswand, die eine Gruppe von Zypressen halb umschließt. Die
immergrüne Zypresse gilt seit der Antike als Totenbaum, sie
wiegt sich auf mediterranen Friedhöfen im Hadeswind. In
die Felswand eingelassen sind mit Säuleneingängen verse-
hene Grabkammern; die höchstgelegene am rechten Bild-
rand ist mit den Initialen von Arnold Böcklin versehen: AB.
Ein unheimliches Motiv – der Schöpfer dieses Bildes posi-
tioniert sich, wie Siegmund und Brünnhilde in der Todesverkündigungsszene der *Walküre*, im Zeitmodus des zweiten Futurs. Böcklin wird gelebt haben, er wird in und mit
diesem Bild überleben, aber diese Emphase ändert nichts
an der Feststellung, dass in der Grabkammer eine Leiche
zu Hause sein wird. Die Toteninsel ist von den Urelemen-
ten Wasser und Luft umgeben; Böcklin hat diese Elemente
farblich so gestaltet, dass sie fließend ineinander übergehen. Versinken, ertrinken, auf sich schwingen, in mich drin-
gen – weder die Untiefen noch der Himmel werden diese fel-
senfeste und massive Toteninsel dazu bewegen können zu
verschwinden. Mors certissima. Zwar weht über diese Insel
ein sanfter Hadeshauch, wie die sich biegenden Wipfel der
Zypressen und die kleinen Wellen andeuten, die gegen die
massiven Felssteine plätschern. Aber auf der Insel ist kein
bewegtes menschliches Leben auszumachen, die erstarrten
Leichen sind in ihren Kammern verschlossen, die Welt der
Toteninsel ist eine Welt ohne Menschen. Auch der Tote im
mit weißem Linnen und einer Girlande versehenen Sarg, der
auf einer Barke zur Insel gebracht wird, ist in jedem Wortsinne ruhiggestellt. Der dunkle Ruderer und der von weißen
Sakralgewändern gänzlich verhüllte Seelenführer, die diesen vor- bzw. nachindividuellen Toten, alten Topoi entsprechend, vom Reich der Lebenden in das des Todes übersetzen, wenden dem Betrachter den Rücken zu. Sie haben uns

nichts Distinktes mitzuteilen, sie geben kein Arkanwissen zu erkennen, sie werden wie Wagners Walküren weiterhin ihre Transportdienste leisten.

Man muss diese massive Todesallegorie vor Augen haben, um die Pointe von Peduzzis Bühnenbild zu verstehen. Von Böcklins Vorlage unterscheidet es sich in mehrfacher Hinsicht. Der Walkürenfelsen umschließt ja nicht Verstorbene, sondern eine ehemals göttliche Frau, die in todesnahen Dauerschlaf versenkt wurde, nun aber zum zweiten irdischen Leben erweckt wird. Ihr Felsen ist nicht von weiten Ozeanen umgeben, sondern geerdet. Und der Kontrast zwischen Himmel und Erde ist anders als bei Böcklin deutlich markiert. An die Stelle des tiefen und stillen Wassers, das vom diaphanen Himmelsblau kaum zu unterscheiden ist, ist das konkurrierende Element des Feuers getreten. Das Element des Wassers, in dessen Zeichen der Beginn der Tetralogie stand, hat sich in Dampf aufgelöst. Versinken, ertrinken wird Brünnhilde nicht. Vielmehr steht der *Siegfried*-Schluss (fast!) gänzlich im Zeichen des Triumphes von Eros über Thanatos. Das visuelle Signal ist deutlich wie die signalhafte Musik, die da ein wenig zu laut erschallt: Jetzt wird feurig gelebt und geliebt. Aber dieser Sieg von Eros über Thanatos, der »das reaktionäre Prinzip schlechthin« ist,[28] steht unter einem starken Vorbehalt. Die ekstatisch Liebenden verlachen nicht im Namen des Lebens den Tod, sondern sie akzeptieren jubilierend die Ekstasen des Todes – »leuchtende Liebe, lachender Tod«. Ihre Emphase verdampft.[29] Mit *Siegfried* ist Wagners gewaltigstes und gewalttätigstes Werk eben nicht an sein Ende gekommen. Wagner versteht sich auf die Kunst der Zweideutigkeiten. Er lässt den Liebes- und Todesekstasen von *Walküre* und *Siegfried* eine abendliche Götterdämmerung folgen, von der dahinsteht, ob mit ihr eine Morgenröte der Menschen korrespondiert. Chéreaus *Ring*-Inszenierung flieht in ihrem grandiosen Schlussbild nicht in die mal reizvolle, mal wohl-

28 Peter Sloterdijk: *Du musst dein Leben ändern: Über Anthropotechnik.* Frankfurt am Main 2009, S. 626.

feile Kunst der Vieldeutigkeit. Sie zeigt eine Menschenmenge, die erstaunt konstatiert, dass sie das Ende der Götter hinter sich und eine ungewisse Zukunft vor sich hat – und die zugleich ahnt, dass es keine bessere Zeit gibt als die erfüllte Gegenwart.

29 Adorno hat den Schluss der *Ring*-Tetralogie mit dieser Überlegung bedacht: »Der Weltuntergang am Ende des Rings ist zugleich ein Happy-End. Er bequemt sich dem Schema von Tod und Verklärung an, das in der Phraseologie der Todesanzeigen, Zeitungsnachrufe und Grabinschriften seinen Warencharakter enthüllt: noch die Unausdenkbarkeit des Todes wird zum Mittel, das schlechte Leben zu vergolden. Der Kategorie der Erlösung, der ihr theologischer Sinn entzogen ist, wird Trostfunktion zugeschrieben, ohne daß ihr irgend fester Inhalt mehr zukommt: es ist der Heimgang ohne Heimat, die ewige Ruhe ohne Ewigkeit, das Trugbild des Friedens ohne Substrat dessen, der am Frieden teilhätte. Auch über den Tod meldet das verdinglichte Leben seine Herrschaft an, indem es den Toten das Glück zuspricht, das es den Lebenden verweigert, dafür aber die Existenz als Besitz sich selber vorbehält, ohne die der Name solchen Glückes Lüge bleibt und Gemeinheit.« (*Versuch über Wagner*, GS 13. Frankfurt am Main 1971, S. 138).

Kommentar
zu Leitmotiv Nr. 4
Walküre:
Todesverkündigung

In das System der von Wagner selbst nicht so genannten Leitmotive wurde nachträglich alles hineingepackt, was in einem musikdramatischen Werk charakteristisch war und gelegentlich als Reminiszenz auftrat, identisch oder variiert beziehungsweise musikalisch »durchgeführt« im symphonischen Sinne.[1] Dass auch Komponisten vor Wagner bestimmte Motive für vergleichbare oder darauf bezogene Situationen oder bestimmte Personen verwendeten, ist hinreichend bekannt. Oft wird natürlicherweise auf Wagners großes Vorbild Carl Maria von Weber verwiesen, der zum Beispiel im *Freischütz* seinen berühmten verminderten Septakkord mit Streichern, tiefen Klarinetten und Pizzicato der Bässe mit dumpfen Schlägen der Pauke immer in Bezug auf die dunklen Kräfte, Samiel und die Wolfsschlucht bezieht. ㊳–㊶ Es gibt auch frühere Beispiele bei Mozart (*Don Giovanni, Zauberflöte*), in denen man Bezüge von bestimmten Klängen, Melodien, Tonarten auf Personen oder Situationen herstellen kann. Als symphonisch-dramatisches Werkzeug wird dieses Prinzip bei Hector Berlioz (»idée fixe«) in der *Symphonie fantastique* und bei *Harold en Italie* angewandt. Aber von der bewussten Verknüpfung und Organisation des gesamten musikalischen Geschehens auf immer wiederkehrende Motive kann man wohl erst ab dem *Ring des Nibelungen* reden. Jedoch sind hier die »offiziellen« Bezeichnungen der Motive (»Schicksals-, Todesklage-, Erlösungs-, Walhall-Motiv« etc.) nicht auf Wagner selbst zurückzuführen, sondern aus dem Kon-

---

1 Das von Lothar Windsperger herausgegebene *Buch der Motive* (Schott-Verlag) nennt sogar Leitmotive in *Rienzi*.

text gefolgert und teilweise eher beschreibend als elementar konstruktiv. [2]

Wenn behauptet wird, ab *Tristan* (also nach dem 2. Aufzug *Siegfried* [3]) habe sich Wagners harmonisches System grundlegend verändert, so ist doch zu betonen, dass schon vor *Tristan* ein freier Umgang mit Verbindungen von Tonarten, weitgehende enharmonische Verwechslungen und Umdeutungen zu seinem kompositorischen Handwerk gehörten. Der »Stilbruch« ist eher in der Pariser Fassung des *Tannhäuser* spürbar als im *Ring*, zumal auch in der *Götterdämmerung* immer wieder auch kadenzielle Ordnung herrscht und natürlich auch die Leitmotive aus *Rheingold*, *Walküre* und den ersten Teilen des *Siegfried* verwendet werden.

Auf der anderen Seite kann man es auch als eine »geniale« Fügung verstehen, dass Wagners harmonische und enharmonische Verknüpfungen immer komplexer werden angesichts einer zunehmend aus den Fugen geratenen Weltordnung in der *Götterdämmerung*.

Nehmen wir die 4. Szene des 2. Aufzugs der *Walküre*, in der Siegmund von Brünnhilde sein naher Tod verkündet wird. Sie beginnt mit dem sogenannten »Schicksals-Motiv«, ㊷ das in der Grundtonart fis-Moll [4] notiert ist, jedoch mit einem d-Moll-Akkord beginnt und sich als Vorhalt zu einem verminderten Dreiklang (d-eis[f]-gis) entpuppt, eine Irreführung durch das Weglassen des harmonisch klärenden Tones h, der das d zu einer kleinen None des zu erreichenden Cis-Septakkords (cis-eis-gis-h, Dominante zu fis-Moll) machen würde, aber auch subdominantischen Charakter hören lässt. Jedoch geht es nun nicht mit der Haupttonart fis-Moll weiter, sondern wir hören dieselbe Wendung um einen Ganzton höher

---

[2] Die sogenannte Leitmotiv- oder Grundthementechnik wird in der Literatur auch eher auf die Opern von Louis Spohr zurückgeführt. Vgl. dazu Wolfram Boder: *Die Kasseler Opern von Louis Spohr*. Kassel 2007.

[3] Als Wagner seine kompositorische Arbeit am *Ring* für zehn Jahre unterbrach.

[4] Die Ton- und Tonartbezeichnungen beziehen sich naturgemäß auf die Singstimmen und die nicht transponierenden Instrumente. Dementsprechend nicht transponiert ist der Klavierauszug.

noch einmal, durch den gemeinsamen Ton h verknüpft; vermeintliches e-Moll (notiert als e-fisis-h) mündet in den Dis-Septakkord (Dominante zu gis-moll), und wiederum geht es nicht in gis-Moll weiter, sondern das Motiv sequenziert sich (wiederum einen Ganzton höher, verknüpft durch den gemeinsamen Ton cis) nach fis-Moll, dem »Todesklage«-Motiv, ㊷ das ein wenig an die Einleitungsmelodie von Mendelssohns *Schottischer Symphonie* erinnert.[5] ㊸

Man könnte also deutungsgemäß sagen: Das Schicksal nimmt einen unerwarteten Verlauf, landet aber dennoch in vorgegebener Bahn, in der ab der *Vierten Scene* notierten Tonart (drei Kreuze = fis-Moll). Dieses Motiv führt harmonisch aber nicht (wie bei Mendelssohn) in seine Dominante, sondern in den Fis-Septakkord, also in die Dominante zu H. Gerade diese Wendung birgt den melodischen Kern des Schicksals-Motivs, freilich in anderer Harmonisierung. Und nun wechselt die vorgezeichnete Tonart in fünf Bs, die Tonart des Walhall-Motivs,[6] es erklingt jedoch erneut das Schicksals-Motiv in quasi e-Moll, verknüpft durch den Ton h(ces), notiert wiederum enharmonisch verwechselt als fes-g-ces, welches in einen Es-Septakkord (Dominante zu as-Moll) führt, erneut sequenziert von fis-Moll / ges-Moll (ges-a-des) in F[7]; das Todesklage-Motiv, dann folgerichtig in as-Moll, führt zum As-Septakkord, der Dominante zu Des-Dur. Und dahin soll die Reise gehen, nach Walhall, dessen Motiv nun auch endlich, kadenziell bestätigt, erklingen darf. (Der Begriff Kadenz leitet sich bekanntlich von cadere = fallen her und bezeichnet den Quintfall des Basses bei dieser Wendung. Siegmund »fällt« also nach Walhall, könnte man deuten, als Todesfalle.) Von hier aus ist der Weg zurück nach fis-Moll, der Ausgangstonart der Szene einfach: Des-Dur als Septakkord kadenziert zurück nach ges-Moll / fis-Moll. Brünnhilde bestätigt sie mit dem Ruf: »Siegmund«, nochmals ㊷. Und dieses komplexe harmonische Geschehen erklingt lediglich als Einleitung dieser Szene.

[5] Auch ein Klagelied: das über Mary Stuart.
[6] Dieses erklingt im Verlaufe der *Walküre* und des gesamten *Rings* in mehreren Tonarten.

Diese wiederholt nun zunächst harmonisch das bereits Gehörte, wechselt dann ebenso in die Vorzeichen von Des-Dur (Walhall), das jedoch nicht erklingt, sondern die Kadenz (vom Septakkord in F) wird »erfüllt« nach B-Dur und ins terzverwandte Ges-Dur (Mediante). Will Brünnhilde vielleicht das Ziel in etwas hellerem Licht erscheinen lassen, die Worte »*wer mich erschaut, der scheidet vom Lebenslicht*« abmildern, jedoch die an sich positive Wendung »*wer mich gewahrt, zur Wal kor ich ihn mir*« in düsterer Tonart präsentieren? Man kann das Ges-Dur aber auch als Fis-Dur hören, was zum vorherrschenden fis-Moll der ganzen Szene als positiver Abschluss verstanden werden kann. Und dieses Fis-Dur erklingt dann auch, als Brünnhilde, bewegt von der Entschlossenheit Siegmunds, beschließt, ihn zu retten. ㊹ »SEHR LEBHAFT« Die tonalen Zentren ändern sich in ebenso atemberaubender Schnelligkeit wie die Gefühls- und Stimmungslage der Protagonisten. Trotzdem werden über den größten Teil dieser Szene die vorgezeichneten drei Kreuze beibehalten, wie als Klammer. Oft fragt man sich, wo der Bezug zu dieser Grundtonart überhaupt noch gegeben ist. Die gesamte Szene, obwohl sie nie für längere Zeit auf eine Tonart bezogen ist, wird nur in der Todesklage-Tonart fis-Moll oder Des-Dur notiert, mit einer einzigen Ausnahme: in der Ausnahmesituation, als Siegmund sich anschickt, Sieglinde mit dem Schwert zu töten. An dieser Stelle schreibt er kein Tonart-Vorzeichen, obwohl (oder weil) das Geschehen weiterhin äußerst chromatisch verläuft. Ein Hinweis könnte die Tonart des »Schwert-Motivs« C-Dur sein, die jedoch nicht erklingt, lediglich einmal kurz a-Moll. Genauso wird in den mit Des-Dur vorgezeichneten Passagen auch nicht zwingend das Walhall-Motiv verarbeitet, es deutet nur auf im Text erscheinende Bezüge auf Walhall, Wotan und all das, was Siegmund dort erwartet. Steckt hierin vielleicht eine Symbolik oder geheime Botschaft, die sich nur dem Musik-Lesenden erschließt?

Der Weg zur sogenannten Tristan-Harmonik ist auch hier in komplexen chromatischen Entwicklungen und enharmonischen Verwechslungen deutlich zu erkennen.

Leitmotiv Nr. 5
Geheimnisse und Rätsel oder Lösen, Auslösen, Erlösen

»Das Geheimnis der Liebe ist größer als das des Todes.«[1] Diese klaren Worte erklingen aus dem Mund einer schönen Frau, die soeben einen Mann hat köpfen lassen, weil er ihren Liebreizen nicht verfiel und der sich nun nicht länger dagegen wehren kann, wenn sie seinen verstummten Mund küsst. Die so legendären wie lakonischen Worte ertönen am Ende von Oscar Wildes Drama *Salomé* bzw. der gleichnamigen Oper, die Richard Strauss in souveräner Anknüpfung an Wagners Kompositions- und Leitmotivtechnik komponierte und die 1905 in der Wagner-Stadt Dresden uraufgeführt wurde. »Le mystère de l'amour est plus grand que le mystère de la mort. Il ne faut regarder que l'amour«, heißt es bei Oscar Wilde.[2] Richard Strauss hat in seiner auf die Übersetzung von Hedwig Lachmann zurückgreifenden Librettofassung den Folgesatz – »Man darf nur der Liebe Aufmerksamkeit schenken« – gestrichen. Salomé lässt sich auch vom Geheimnis des Todes faszinieren. Ihr monströses Verhalten ist ein Rätsel. »Sie ist ein Ungeheuer, deine Tochter«, sagt Herodes zu Salomés Mutter Herodias, »elle est monstrueuse, ta fille, elle est tout à fait monstrueuse«, heißt es bei Wilde. Das letzte Wort des Werkes, das der Liebe mehr Bedeutung zumisst als dem Tod, hat der Tod. »Man töte dieses Weib!« / »Tuez cette femme!«

Zu den kleineren Rätseln und Geheimnissen, die dem Tod und der Liebe innewohnen, zählt auch, dass ihr grammatisches Geschlecht im Deutschen anders ist als in den

[1] Richard Strauss: *Salome – Drama in einem Aufzuge*, nach Oskar Wilde's gleichnamiger Dichtung, übers. von Hedwig Lachmann. Berlin 1905, S. 46.
[2] *Salomé – Drama en un acte*, avec quinze dessins par Aubrey Beardsley. Söcking 1949, S. 46.

romanischen und auch slawischen Sprachen: der (masku-
line) Tod vs. la mort / la muerta / lat. mors (fem.) – die (femi-
nine) Liebe vs. l'amour, lat. und spanisch amor (masc.). Der
männliche Tod und die weibliche Liebe im Deutschen kontrastieren mit dem femininen Tod und der maskulinen Liebe
in der Romania, so wie die Sonne (solus) und der Mond (luna),
der nächtlichen Zauberglanz auf Salomé wirft, ihr Genus tauschen, wenn sie aus deutschen in romanische Kontexte oder
vice versa wechseln. Die Verhältnisse werden nicht weniger
rätselhaft, wenn man bedenkt, dass auch das Englische den
Mond als Dame (Lady Moon) und die Sonne als Herrn (Mister
Sunshine) erfahrbar macht. Offenbar geben Tod und Liebe,
Mond und Sonne das Geheimnis ihrer (erotischen) Identität nicht sinnfällig zu erkennen. Auch sprachlich bleibt ihre
Identität ein Rätsel. Richard Wagner war von der Lust und
vom Ehrgeiz umgetrieben, letzte Geheimnisse um Liebe
und Tod, um Licht und Dunkel in offenbare Geheimnisse zu
überführen und immer erneut sich einstellende Eros-Tha-
natos-Rätsel zu lösen. Geheimnis und Rätsel sind einander
eng verwandt und doch grundverschieden. Das Geheimnis
(griech. μυστήριον / Mysterium) gehört der visuellen Sphäre
zu, es will enthüllt und offenbar werden. Das Rätsel (griech.
αἴνιγμα / Enigma) ist hingegen sprachlich verfasst, es will gelöst und dechiffriert werden. Das Geheimnis ist in sakralen
Dimensionen zu Hause, das Rätsel in profanen. Gott ist ein
Mysterium. Wer kundtut, dass ihm das Verhalten Gottes ein
Rätsel sei, lässt schon den gebotenen Respekt vermissen. In
ein Mysterium wird man weihevoll initiiert; Rätsel werden
durch technischen Witz gelöst und geknackt, sie kennen
nicht einmal die fromme Scheu vor Kalauern (wie: Was ist
zwischen Berg und Tal? Das »und«. / Wer war der erste Auto-
fahrer? Jesus – er predigte in einem fort.).

Gemeinsam ist dem Geheimnis und dem Rätsel der Bezug
auf Texte und Textilien.[3] Texte / Textilien: Beide Worte sind
einander nächste Verwandte, wie (nicht nur) Goethe wusste,

---

[3] Uwe C. Steiner: *Verhüllungsgeschichten.*
Die Dichtung des Schleiers. München 2006.

dessen Mutter eine geborene Textor war. Das Rätsel dieses Mutternamens ist schnell gelöst. Die Vorfahren von Goethes Mutter hatten den verbreiteten Namen Weber latinisiert; Textor klingt edler als Weber, Molitor edler als Müller. Geheimnisse werden von textilen Schleiern vor dem allzu neugierigen Auge verdeckt. Wer wie Schillers wissensdurstiger Jüngling das Geheimnis der nackten Wahrheit enthüllen und schauen will, muss damit rechnen, ge- und verblendet, ja irre zu werden und zu reden. Textil aber sind auch die Metaphern, die das Sagen und Erzählen vergegenwärtigen. Die Dichter weben und spinnen, Arachne (die Spinne) ist ihr Totemtier. [4] Sie sorgen sich darum, dass der Erzählfaden – und sei es der lügenhafte des Seemannsgarns – nicht reißt. Goethes *Faust*, das intertextuelle Widerlager von Wagners *Ring*, ist von Web- und Faden-Metaphorik durchzogen. So spricht der Geist zu Faust, der darüber verzweifelt, dass »des Denkens Faden ... zerrissen« ist, v. 1748 die goldenen Worte:

> GEIST. In Lebensfluten, im Tatensturm
> Wall' ich auf und ab,
> Webe hin und her!
> Geburt und Grab,
> Ein ewiges Meer,
> Ein wechselnd Weben,
> Ein glühend Leben,
> So schaff' ich am sausenden Webstuhl der Zeit
> Und wirke der Gottheit lebendiges Kleid. v. 501–509

Richard Wagners Genie bestand nicht zuletzt in der faustischen Fähigkeit, sich von Geheimnissen und Rätseln faszinieren, aber nicht bannen zu lassen. Sein »aufklärungskonservativer« [5] Ehrgeiz, letzte Geheimnisse zu enthüllen und Rätsel zu lösen, also wissen zu wollen, was die Welt im Innersten zusammenhält, war immens. Und sein thematisch einschlä-

---

[4] Raimar S. Zons / Klaus Lindemann: *Lauter schwarze Spinnen. Spinnenmotive in der deutschen Literatur – Eine Sammlung.* Bonn 1990.
[5] Peter Sloterdijk: *Du musst dein Leben ändern: Über Anthropotechnik.* Frankfurt am Main 2009, S. 17.

giges szenisches Repertoire ist weit gefächert. Es reicht von der offenbarenden Enthüllung der geheimnisvollen Identität des Fliegenden Holländers oder Lohengrins bis zur Enthüllung des Grals bzw. von der fröhlich-bedrohlichen Quizrunde zwischen dem Wanderer und Mime über die Lösung des in Beckmessers Preislied verborgenen Nonsens-Rätsels und die Auflösung der enigmatischen Identität von Tantris und Tristan bis zu Brünnhildes ebenso ergreifender wie verzweifelter Frage: »wo ist nun mein Wissen gegen dieß Wirrsal, / wo sind meine Runen gegen dieß Räthsel?« 2, 204 Auch eine ehemalige Göttin steht vor der kaum zu lösenden Aufgabe, Geheimnisse zu enthüllen und Rätsel zu lösen. Und das am letzten Tag einer Tetralogie, die zuvor bereits einigen Aufwand getrieben hat, um letzte Fragen zu klären, und die nach Thomas Manns schöner Wendung im Zeichen eines »monistischen Welteträtselungsdünkels« [6] angetreten ist. Die *Götterdämmerung* beginnt an dem Ort, an dem *Siegfried* endete – am Walkürenfelsen, der gleichermaßen ein Eros- wie Thanatos-Topos ist. Dort haben sich Nornen eingefunden, die die im 13. Jahrhundert in Island niedergeschriebene Edda als Schicksalsgöttinnen kennt, die aber wie so viele der germanischen Götter Wagners nach griechischen Vorbildern, in diesem Fall nach dem Bilde der Moiren, lat. Parzen gestaltet sind. Moiren, Parzen, Nornen finden sich bei Geburt und Tod ein. Sie sorgen dafür, dass ein kontinuierlicher Faden das Menschenleben zwischen Geburt und Tod durchzieht. Ein Faden, der mit dem Tod durchschnitten wird. Wagners Nornen evozieren die Parzen aus dem zweiten Teil von Goethes *Faust*, die laut Regieanweisung »griechische Mythologie ... in moderner Maske« erscheinen lassen und deren erste (Atropos) singt:

ATROPOS.
Mich, die Älteste, zum Spinnen
Hat man diesmal eingeladen;

[6]   Thomas Mann: *Leiden und Größe Richard Wagners*; in: *Leiden und Größe der Meister*, Frankfurter Ausgabe, hrsg. von Peter de Mendelssohn. Frankfurt am Main 1982, S. 716.

Viel zu denken, viel zu sinnen
Gibt's beim zarten Lebensfaden.

Daß er euch gelenk und weich sei,
Wußt' ich feinsten Flachs zu sichten;
Daß er glatt und schlank und gleich sei,
Wird der kluge Finger schlichten.

Wolltet ihr bei Lust und Tänzen
Allzu üppig euch erweisen,
Denkt an dieses Fadens Grenzen,
Hütet euch! Er möchte reißen. v. 5305–5316

Auch Wagners Nornen spinnen und sind ganz der Text(il)-metaphorik verschrieben. Anders als die Rheintöchter sind sie nicht nackt und bloß, ihre Textilien schreibt die Regieanweisung vielmehr präzise vor (»lange, dunkle und schleierartige Faltengewänder«). Irritiert müssen diese Schicksalsgöttinen feststellen, dass ihr Geschick nicht ausreicht, um die Kontinuität eines roten Fadens zu sichern, der »das Ganze« durchwebt. Nicht nur der Faden, der menschliche Einzelgeschichten mit der einen großen Geschichte von Menschheit und Gottheit verknüpft, verwebt, verstrickt, wird zerrissen sein, sondern auch das Seil der einen Welt- und Heils-Geschichte.

Walkürenfelsen.
Die Scene ist dieselbe wie am Schlusse des zweiten Tages. –
Nacht. Aus der Tiefe des Hintergrundes leuchtet Feuerschein auf.
DIE DREI NORNEN.
Hohe Frauengestalten in langen, dunklen und schleierartigen Faltengewändern. Die erste (älteste) lagert im Vordergrunde rechts unter der breitästigen Tanne;
die zweite (jüngere) ist an einer Steinbank vor dem Felsengemache hingestreckt; die dritte [jüngste] sitzt in der Mitte des Hintergrundes auf einem Felssteine des Höhensaumes. – Eine Zeit lang herrscht düsteres Schweigen.

DIE ERSTE NORN
ohne sich zu bewegen.
   Welch' Licht leuchtet dort?
DIE ZWEITE.
   Dämmert der Tag schon auf?
DIE DRITTE.
   Loge's Heer
   umlodert feurig den Fels.
   Noch ist's Nacht:
   was spinnen und singen wir nicht?
DIE ZWEITE *zur ersten.*
   Wollen wir singen und spinnen,
   woran spann'st du das Seil? 6, 178

Eine eindringliche Szene, die die Regieanweisung mit einer aufschlussreichen Formel versieht: »düsteres Schweigen«. Sie versammelt gedrängt visuelle Schlüsselworte (Licht, leuchten, dämmern, lodern, Nacht, düster), die auf sich enthüllende Mysterien verweisen, um sodann danach zu fragen, ob und wie das Sich-Zeigende, Sich-Offenbarende und doch auch düster Sich-Entziehende sprachlich gefasst werden kann – singend und spinnend soll ergründet werden, was die Welt(geschichte) im Innersten zusammenhält. Wieder einmal spielt Wagner die Möglichkeiten des Gesamtkunstwerks aus, das zugleich (Geheimnisse) zeigt und (Rätsel) aussagt, indem es ertönen lässt, wie schwierig es ist, Wahrnehmung und Kommunikation miteinander zu verbinden – »so gut und schlimm es geh«. Denn es gibt keinen Fixpunkt, keinen Ursprung, kein transzendentales Letztsignifikat, das alle Wahrnehmungen und Äußerungen mit ultimativem Sinn und Bedeutung speist. Der Ast einer Tanne ist nicht stark genug, das Schicksalsseil fest zu vertäuen. Die Tanne der Nornen ist ein müder Nachkomme der Welt-Esche, die allerdings ihrerseits auch Risse und ursprüngliche Sprünge aufweist.

DIE ERSTE NORN
erhebt sich und knüpft während ihres Gesanges ein goldenes Seil mit dem einen Ende an einen Ast der Tanne.

So gut und schlimm es geh',
schling' ich das Seil, und singe. –

An der Welt-Esche
wob ich einst,
da groß und stark
dem Stamm entgrünte
weihlicher Äste Wald;
im kühlen Schatten
schäumt' ein Quell,
Weisheit raunend
rann sein Gewell':
da sang ich heiligen Sinn. –

Die erste Norn wollte das wertvolle, »goldene« Seil des Diskurses am Ursprungsort, an der Welt-Esche, vertäuen, verankern, fixieren. Dort schäumt, der Tradition des erzroman-
tischen Natura-loquitur-Topos entsprechend, »ein Quell,
Weisheit raunend«. Raunen in heiligen Sinn zu übersetzen,
kybernetisch nüchtern gesprochen: aus Noise eine Bit-för-
mige Message zu machen, ist keine leichte Aufgabe. Selbst
die erste der Nornen beansprucht nicht, dies geleistet zu haben. Ihr Gesang übersetzt nicht etwa Raunen in Sinn, er ertönt vielmehr parallel zum Rauschen und Raunen. Bündig
aussagen mag und kann selbst eine Norne den heiligen Sinn
nicht. Deshalb wirft sie das Seil der Schwester zu, die es jedoch sofort zurückwirft, so als wolle sie den Wortsinn des Begriffs Diskurs drastisch in Szene setzen. Der Sinn-Diskurs der
Nornen diskurriert, er läuft, ja springt in verschiedene Rich-
tungen, er kennt gerade keinen letztbegründenden Konsens,
sondern beruht auf dem Dissens von Rauschen bzw. Raunen
und Sinn, von Wahrnehmung und Kommunikation.

Wollt ihr wissen
wann das wird,
schwingt mir, Schwestern, das Seil!
Sie wirft das Seil der zweiten, diese es wieder der ersten zu.
DIE ERSTE NORN *das Seil von neuem anknüpfend.*

Die Nacht weicht;
nichts mehr gewahr' ich:
des Seiles Fäden
find' ich nicht mehr;
verflochten ist das Geflecht.
Ein wüstes Gesicht
wirrt mir wüthend den Sinn: –
das Rheingold
raubte Alberich einst:
weißt du was aus ihm ward? 6, 181

Der Norn wird alles zum Rätsel; ihr vergehen Hören und Sehen; sie gewahrt nichts mehr; ihr Sinn ist verwirrt. Sie läuft Gefahr, den Faden zu verlieren. Ariadnes Faden verhalf Theseus nach seinem erfolgreichen Kampf gegen den Minotaurus dazu, durch die verwirrenden Höhlengänge den Weg zurück ins Freie zu finden. Am Seil der Nornen aber können sich weder Siegfried noch Brünnhilde, ja nicht einmal mehr die Nornen selbst orientieren. Das eine Seil besteht aus vielen Fäden, die eine Weltgeschichte aus unendlich vielen Geschichten. Sie verbindlich ineinanderflechten zu wollen ist ein aussichtsloses Vorhaben. Und das trotz scheinbar günstiger Umstände. »Die Nacht weicht«, es wird hell, das sind gute Bedingungen für das Projekt der Aufklärung. Aber gerade unter lichten Bedingungen zeigt sich, dass das Geflecht so verwirrt ist wie »der Sinn«. Deshalb nimmt der Gesang eine in jedem Wortsinn dramatische Wende. Er wendet sich ab von der fundamentalsemiologischen Frage, warum und woher überhaupt Bedeutsamkeit sei und nicht vielmehr nicht, er verabschiedet die große Frage nach der einen Welt- und Sinn-Geschichte, um stattdessen eine spezifische Geschichte zu erzählen. Mit einem Wort: Narration oder – nach Thomas Manns pointierter Wendung – »weihevoller Weltenklatsch«[1] tritt an die Stelle von Diskursen mit Letztbegründungsansprüchen.

---

[1] Thomas Mann: *Leiden und Größe Richard Wagners*, a. a. O., S. 724.

DIE ZWEITE NORN
mit mühevoller Hast das Seil um den Stein windend.

> Des Steines Schärfe
> schnitt in das Seil;
> nicht fest spannt mehr
> der Fäden Gespinnst:
> verwirrt ist das Geweb'.
> Aus Neid und Noth
> ragt mir des Niblungen Ring: –
> ein rächender Fluch
> nagt meiner Fäden Geflecht:
> weißt du was daraus wird?

DIE DRITTE NORN
das zugeworfene Seil hastig fassend.

> Zu locker das Seil!
> Mir langt es nicht:
> soll ich nach Norden
> neigen das Ende,
> straffer sei es gestreckt!

Sie zieht gewaltsam das Seil an: es reißt in der Mitte.

DIE ZWEITE.

> Es riß!

DIE DRITTE.

> Es riß!

DIE ERSTE.

> Es riß!

Erschreckt sind die drei Nornen aufgefahren und nach der Mitte der Bühne zusammengetreten: sie fassen die Stücken des zerrissenen Seiles und binden damit ihre Leiber an einander. 6, 181

Eine großartige Szene: Das Seil scheint fester denn je vertäut zu sein. Kein schwankender Tannenast und keine gespaltene Welt-Esche, sondern ein Stein, ein Fels, seit Petri Zeiten Inbegriff des Letztfundaments, auf das sich bauen und vertrauen lässt, dient ihm zur Verankerung. Doch gerade das scheinbare fundamentum inconcussum erweist sich eben nicht als

verlässlicher Letztgrund, sondern als Ursprung des Sprun-
ges, des Risses, der das Seil auseinandersprengt. Die Letzt-
begründung ist nicht die Lösung des Problems einer festen
Verankerung aller Diskurse, sondern das Problem selbst.
Wagner, dem aufmerksamen Leser Schopenhauers (und Hegels!), war der Satz vom Grund, über dessen Abgründe Hegel
nicht nur in seiner *Wissenschaft der Logik* handelt und über
den Schopenhauer promoviert hatte, geläufig.[8] Nihil est sine ratione, nichts ist ohne Grund; alles, was ist und geschieht,
geschieht begründet, aus Gründen. Nun wäre es eigenartig,
wenn alles seinen Grund hätte, nur nicht der Satz vom Grund
selbst. Also müsste es einen Grund des Satzes vom Grund,
einen Grund des Grundes (des Grundes des Grundes ...) geben. Der aber verliefe sich in einem Abgrund, der keinen
Letztgrund erkennen lässt. Die Alternative zu dieser Selbst-
dekonstruktion des Satzes vom Grund liegt nahe, ist tiefsinnig und hat doch zugleich auch die Qualität einer frivolen
Rätsellösung. Der Satz vom Grund – nihil est sine ratione – ist
anders zu verstehen, als es sich die Schulweisheit erträumt:
Ja, das Nichts ist ohne Grund, es nichtet grundlos und unausgesetzt, durch Gegengründe lässt sich das grundlos nichten-
de Nichts nicht einschüchtern – ein Argument, eine Lösung
des Rätsels um Sein und Nichts, um »to be or not to be«, die
dem Apokalyptiker und von Vernichtungsprozessen aller Art
faszinierten Wagner einleuchtete.

Der Stein, an dem die Nornen das goldene Seil fest gründen und verankern wollen, ist scharf wie verbindliche Argumente und zerschneidet eben dadurch das Seil. Konsens er-
zielen die drei Nornen, die bislang diskurrierten, nun aber
»ihre Leiber an einander« gebunden haben, nur bei der drei-
maligen Feststellung »Es riß. / Es riß. / Es riß.« Und in der
Feststellung, dass ewiges Wissen bzw. die Phantasmagorie
ewig gültigen Wissens zu Ende, also eben nicht mehr ewig ist.
Ein reizvolles Paradox: inklusives Wissen ist entweder ewig
oder es ist zu und am Ende. Hier aber befinden ...

---

[8] Martin Heidegger hat diesem Satz seine argumentationsfreu-
digste Studie gewidmet: *Der Satz vom Grund*. Pfullingen 1986 (6.).

DIE DREI NORNEN.
Zu End' ewiges Wissen!
Der Welt melden
Weise nichts mehr: –
hinab zur Mutter, hinab!
Sie verschwinden.
Der Tag, der zuletzt immer heller gedämmert, bricht
vollends ganz an, und dämpft den Feuerschein in der Tiefe.
6, 181

Wagner bleibt seiner argumentativ gut zu entfaltenden Intuition treu. Wer den letzten Grund ergründen und begründen will, muss zugrunde gehen. Wer Lösungen letzter Fragen anstrebt, wird bald selbst erlösungsbedürftig sein. Wer ultimative Geheimnisse enthüllen will, muss mit zunehmenden Verhüllungen rechnen. Noch das szenische Detail, dass der Feuerschein aus der Tiefe gedämpft wird, wenn der Tag »vollends ganz anbricht«, überzeugt. Zu viel Evidenz blendet, sie blendet tiefe Einsichten aus und lässt das, was clair-obscur und eben deshalb gültig ist, nicht länger zur Geltung kommen. Den Rätseln, die die Nornen lösen möchten und nicht können, entsprechen die tiefen Geheimnisse, die sich in dem Maße verhüllen, in dem sie ausgeleuchtet werden.

Bei aller offenbaren Sensibilität für die Dialektik der Aufklärung ist Wagner das Gegenteil eines Dunkelmannes. Seine erzromantische Energie beim Versuch, die Aufklärung über sich selbst aufzuklären, ist unerschöpflich. Unüberseh- und unüberhörbar ist auch Wagners aufklärungskonservativer Impuls, falschem Tiefsinn zu widerstehen. So entfaltet er eine bemerkenswerte trinitäre Konstellation um das Konzept des »Lösens«. Ihre profane Basis ist erstens die Ökonomie des Auslösens von Geiseln und Hypotheken aller Art, ihr folgt zweitens eine von frivolen Zügen nicht freie Rhetorik des Rätsellösens, und sie vollendet sich drittens in einer ästhetischen Theologie des Erlösens, die latent profane Daseinsrätsel in die Sphäre des Geheimnisses hinübermoduliert. Gleich zu Beginn des *Rings* werden diese drei Dimensionen zusammengezogen. »Freia, die Gute, / Freia gilt es zu

lösen« 5,233, singt Wotan, das den Worten »auslösen«, »erlösen«, »Rätsel lösen« gemeinsame Kernwort »lösen« akzentu-
ierend. Wotan weiß, wie das zu bewerkstelligen ist. »Erlösen-
des Gold« 5,234 vermag Wunder zu wirken. Die Riesen sind
bereit, ihre Geisel Freia auslösen zu lassen, und die Götter
sind ihrerseits bereit, sich auf diesen irdischen Deal einzulassen. Hans Blumenberg hat eindringlich darauf hingewiesen, dass Scheckheftdiplomatie als Strategie der Problem-
lösung keine Innovation der späten Moderne ist, sondern
eine lange, wenn auch von Peinlichkeiten nicht ganz freie,
theologische Vorgeschichte hat. »Geht man zurück auf den
authentischen Befund der sprachlichen und imaginativen
›Bedeutungen‹ bei der zum Begriff (›Erlösung‹, J.H.) tendieren-
den Formulierung, wird man verblüfft, befremdet, vielleicht
brüskiert durch die Unvermeidlichkeit des Komplexes ›Löse-
geld‹. Schließlich haben Philosophie und Theologie an ihrer
Wurzel die Chrematophobie, das Zurückweichen vor dem
Geldsyndrom, gemeinsam: Sokrates wie Jesus und beider
›Jünger‹ bis hin zu Luthers Rebellion gegen die Verbindung
von Heil und Geld. Es hört sich daher nicht gut an, daß Erlösung genuin ›Auslösung‹ aus Fremdgewalt durch Erlegung
eines geforderten oder ausgehandelten Preises gewesen
sei.«[9] Die profane Dimension solcher Deals ist unübersehbar.
Latent verstellt aber wird durch diese Evidenz ihr sakrales
Fundament, nämlich das Theologomenon so gut wie aller Religionen, dass »der Mensch ... sich nicht rühmen (dürfe), sich
selbst zu gehören«.[10] Es gehört zu Wagners theologischen
Subtilitäten, dass noch eine Göttin wie Freia die Erfahrung
machen muss, sich nicht selbst zu gehören, also auslöse- und
erlösungsbedürftig zu sein. Das hat die Göttin mit dem fins-
teren Nachtalben Alberich, aber auch mit dem zur Ewigkeit
verdammten Fliegenden Holländer gemeinsam – sie erfahren Erlösung als Auslösung. Dem Pumpgenie Wagner war die
Dringlichkeit dieses Problems nur zu gut vertraut. Er wusste, was es bedeutet, von Gläubigern erlöst, aus drohender
Schuldhaft ausgelöst werden zu müssen. »Immer und ewig

---

9 Hans Blumenberg: *Matthäuspassion*. Frankfurt am Main 1988, S. 51.
10 Ebd., S. 55.

bin ich Ihr Eigen, Ihr Erlöster / Richard Wagner«, so lautet die Grußformel im Brief vom 7. September 1865 an den bayerischen Märchenkönig Ludwig II.[11]

Wagners Auslösungsszenen sind strukturell dem Schema verwandt, das Goethes Bildungsroman *Wilhelm Meisters Lehrjahre* um die rätselhafte Gestalt Mignons herum ausgestaltete. Wagner war von dieser Figur fasziniert, wie unter anderem sein großer Beethoven-Essay aus dem Beethoven-Jubiläums-Jahr 1870 bezeugt. In ihm heißt es:»Ungefähr so, wie Goethe damals die Musik verstand, wird von Wilhelm Meister ›Mignon‹ erkannt. Der Dichter läßt unsere Empfindung es deutlich inne werden, daß an ›Mignon‹ ein empörendes Verbrechen begangen wird; seinen Helden jedoch geleitet er über die gleiche Empfindung hinweg, um ihn in einer, von aller Heftigkeit und tragischen Exzentrizität befreiten Sphäre, einer schönen Bildung zugeführt zu wissen. Er läßt ihn in einer Gallerie sich Bilder besehen. Zu Mignon's Tode wird Musik gemacht, und Robert Schumann hat diese später wirklich auch komponirt.« 9,124 Nur Musik, so die These Wagners, kann die musische Rätselfigur der Tänzerin Mignon erkennen, deren Bewegungen (be)schreiben, was sich nicht sagen lässt. In Goethes Roman wird Mignon direkt als »Rätsel« apostrophiert: »Wilhelm sah das wunderbare Kind auf der Straße bei andern spielenden Kindern stehen, machte Philinen darauf aufmerksam, die sogleich nach ihrer lebhaften Art dem Kinde rief und winkte und, da es nicht kommen wollte, singend die Treppe hinunter klapperte und es herauf-führte. / ›Hier ist das Rätsel‹, rief sie, als sie das Kind zur Türe hereinzog. Es blieb am Eingange stehen, eben als wenn es gleich wieder hinausschlüpfen wollte, legte die rechte Hand vor die Brust, die linke vor die Stirn und bückte sich tief. ›Fürchte dich nicht, liebe Kleine‹, sagte Wilhelm, indem er auf sie losging. Sie sah ihn mit unsicherm Blick an und trat einige Schritte näher. / ›Wie nennest du dich?‹ fragte er. – ›Sie heißen mich Mignon.‹ – ›Wieviel Jahre hast du?‹ – ›Es hat sie

11 *König Ludwig II. und Richard Wagner: Briefwechsel,* hrsg. von Otto Strobel, 5 Bände, Karlsruhe 1936 (Bd. 1, S. 174).

niemand gezählt.‹ – ›Wer war dein Vater?‹ – ›Der große Teufel ist tot.‹ / ›Nun, das ist wunderlich genug!‹ rief Philine aus. Man fragte sie noch einiges; sie brachte ihre Antworten in einem gebrochenen Deutsch und mit einer sonderbar feierlichen Art vor; dabei legte sie jedesmal die Hände an Brust und Haupt und neigte sich tief. / Wilhelm konnte sie nicht genug ansehen. Seine Augen und sein Herz wurden unwiderstehlich von dem geheimnisvollen Zustande dieses Wesens angezogen. Er schätzte sie zwölf bis dreizehn Jahre; ihr Körper war gut gebaut, nur daß ihre Glieder einen stärkern Wuchs versprachen oder einen zurückgehaltenen ankündigten. Ihre Bildung war nicht regelmäßig, aber auffallend; ihre Stirne geheimnisvoll.«[12]

Die Bewegung dieser Passage führt in schöner Eindeutigkeit vom Rätsel in die Sphäre des Geheimnisvollen – »hier ist das Rätsel« / Mignons »Stirn (ist) geheimnisvoll«. Die Rätselfragen, die Mignon gestellt werden, beantwortet sie und beantwortet sie zugleich nicht. Goethes wie Wagners Textur umkreist die Frage, ob das Verhältnis von textilem, sich enthüllendem Geheimnis und textlichem Rätsel seinerseits geheimnisvoll oder rätselhaft ist, ob sich die Verbindung von Geheimnis und Rätsel zeigt, offenbart, enthüllt oder aber aussagen und anschreiben lässt. »Der große Teufel ist tot« ist keine oder eben bestenfalls eine rätselhafte, »wunderliche« Antwort auf die Frage nach dem Vater. Sehr konkret bzw. verwunderlich allein um ihrer drastischen Handfestigkeit willen ist hingegen die Antwort, die das Rätsel Mignon auf die Frage erhält, wie viel Laertes und Wilhelm Meister bezahlt haben, um sie aus den Seiltänzer-Familienbanden auszulösen, die sie bislang gefangen hielten. »Des andern Tages, als die Seiltänzer mit großem Geräusch abgezogen waren, fand sich Mignon sogleich wieder ein und trat hinzu, als Wilhelm und Laertes ihre Fechtübungen auf dem Saale fortsetzten. ›Wo hast du gesteckt?‹ fragte Wilhelm freundlich, ›du hast uns viel Sorge gemacht.‹ Das Kind antwortete nichts

12 Goethe: *Wilhelm Meisters Lehrjahre,* Hamburger Ausgabe Bd. 7, S. 98.

und sah ihn an. ›Du bist nun unser‹, rief Laertes, ›wir haben dich gekauft.‹ – ›Was hast du bezahlt?‹ fragte das Kind ganz trocken. ›Hundert Dukaten‹, versetzte Laertes; ›wenn du sie wiedergibst, kannst du frei sein.‹ – ›Das ist wohl viel?‹ fragte das Kind. – ›O ja, du magst dich nur gut aufführen.‹ – ›Ich will dienen‹, versetzte sie.« [13]

»Dienen ... dienen« 10, 364 will auch Kundry. Sie ist eine musische Schwester Mignons. Wie Goethes dienstbereite Rätselfigur löst sich auch Kundry aus Zusammenhängen, die den Armen bzw. die Arme schuldig werden lassen. Am Karfreitag, einem Tag, an dem sich Schuldverhältnisse ungeheuer verdichten, einem Tag, von dem schwer zu entscheiden ist, ob er Auslösungs- oder Erlösungsbedürftigkeit signalisiert, ja ob da einer andere erlöst oder selbst von schwersten Leiden erlöst wird, am Karfreitag findet Gurnemanz eine katatonisch erstarrte Kundry vor, deren Glieder er löst, bis sie so gelenkig sind wie die der Seiltänzerin Mignon. Auch Kundrys rätselhaft vorsprachliche Artikulationen müssen beweglich und flüssig werden. Ihr Schreien und Stöhnen wandelt sich in Sprache, in rätselhafte Sprache.

> Erwach', erwache dem Lenz!
> kalt – und starr! –
> Dießmal hielt' ich sie wohl für todt: –
> doch war's ihr Stöhnen, was ich vernahm!
> *Er zieht Kundry, ganz erstarrt und leblos, aus dem*
> *Gebüsche hervor, trägt sie auf einen nahen Rasenhügel,*
> *reibt ihr stark die Hände und Schläfe, haucht sie an,*
> *und bemüht sich in Allem, um die Erstarrung weichen*
> *zu machen.* 10, 364

Kundry wird aus ihrer katatonischen Erstarrung ge- und erlöst. Erstarren werden hingegen Mignon und die Gestalt der Ottilie aus Goethes *Wahlverwandtschaften*, die Wagner ebenfalls in den Bann zogen. [14] Cosimas Tagebuch berichtet wiederholt von der intensiven gemeinsamen Lektüre dieses

[13] Ebd., S. 106 f.

Romans. So heißt es am 11. November 1882: »Ich beende unter Tränen die ›Wahlverwandtschaften‹. (…) Da er den Band auf dem Tisch abends neben mir sieht, blickt er hinein, findet auch die ›Lehrjahre‹ darin und liest mir alles auf Mignon Bezügliche mit unbedingtester Bewunderung.« CTB 2, 1044 Und ein Jahrzehnt zuvor, am 28. Februar 1872, notiert Cosima: »ich gestehe R., daß Charlotte selbst und der Hauptmann mich immer auch gerührt hätten, darauf ereifert er sich und sagt: ›Nein, ich lese wie ein Kind und nehme leidenschaftlich Partei für Ottilie und Eduard; diese Resignation von Charlotte, die doch weiter lebt, womöglich Visiten empfängt u. s. w., ist nichtig, ja schauderhaft. Du hast nicht geliebt, als du das Buch last, sonst hättest du keine Teilnahme für Charlotte, ich hatte wenigstens die Anlage zur Liebe.‹« CTB 1, 644 Nur zwei Tage zuvor haben Cosima und Richard, mit welchem Grad an Selbsttransparenz auch immer, Goethes Formel vom Daseinsrätsel aus dem chemischen Roman verwendet: »(wir sprechen) von dem Hochmut der Naturwissenschaft, die sich einbildet, das Rätsel des Daseins zu lösen.« CTB 1, 643

Richard Wagner war ein ungemein aufmerksamer Leser des *Wahlverwandtschaften*-Romans, in dem Menschen zu lebenden Bildern erstarren und in dem sich die rätselhafte Formel findet, die da lautet: »Das Leben war ihnen ein Rätsel, dessen Auflösung sie (Eduard und Ottilie, J. H.) nur miteinander fanden.«[15] Der scheinbar schlichte Satz stellt selbst ein Rätsel dar und vor: Bezieht sich das Relativpronomen (»dessen Auflösung«) auf das Wort Rätsel oder auf das Leben der beiden Liebenden? Dieses rätselhaft symbiotische Doppelleben wird sich nur ein Kapitel später aufgelöst haben, das Rätsel des Lebens aber hat sich für die Liebenden zu Lebzeiten nicht

[14] Zu Bezügen zwischen Wagners Werken und Goethes *Wahlverwandtschaften* vgl. Rainer Wiertz: Goethes ›Wahlverwandtschaften‹ und Wagners ›Tristan und Isolde‹. Frankfurt am Main 1984.
[15] Goethe: *Wahlverwandtschaften*, Hamburger Ausgabe Bd. 6, S. 478. Vgl. dazu ausführlicher Jochen Hörisch: »*Das Leben war ihnen ein Rätsel*« – Offenbare Geheimnisse und verborgene Rätsel in Goethes Romanen; in: *Die andere Goethezeit – Poetische Mobilmachung des Subjekts um 1800*. München 1992, S. 172–190.

gelöst. Und noch das Versprechen des berühmten Schluss-
satzes der *Wahlverwandtschaften* steht in seiner klaren Rät-
selhaftigkeit der Doppeldeutigkeit des zitierten Rätselsatzes
nicht nach: »So ruhen die Liebenden nebeneinander. Friede
schwebt über ihrer Stätte, heitere, verwandte Engelsbilder
schauen vom Gewölbe auf sie herab, und welch ein freundlicher Augenblick wird es sein, wenn sie dereinst wieder zusammen erwachen.«[16] Wenn – falls ... Tote sind stumm, sie
werden das Lösungswort auf den Zauber des Lebens und
das Geheimnis des Todes nicht finden. Es wird sich ihnen
auch nicht im Augenblick (Augen-Blick) des Erwachens offenbaren, wenn, ja wenn / falls sie denn zusammen wieder
erwachen.

Wie Ottilie und Eduard sind auch Kundry und Parsifal
auf der Suche nach dem Lösungswort für das Daseinsrätsel.
Auch sie hoffen, dass sich ihnen letzte Geheimnisse enthüllen
und dass sie sich aus erstarrten Verhältnissen lösen können.
Aus Erstarrung lösen, erstarrte Verhältnisse zum Tanzen
bringen – diese Bedeutung ist den drei ausdifferenzierten Begriffen auslösen, Rätsel lösen und erlösen gemeinsam. Wer
aus Gefangenschaft und Geiselhaft ausgelöst wird, kann sich
wieder frei bewegen; wer ein Rätsel löst, beweist diskursive
Beweglichkeit und löst sprachliche Blockaden; wer gar erlöst wird, ist nicht länger in irdische Zwänge verstrickt oder
gar leichenstarr, sondern erfährt die unendliche Leichtigkeit
des überirdischen Seins. So ernsthaft wie im *Parsifal* geht es
im *Ring* nicht zu, wenn es darauf ankommt, vorletzte Rätsel
zu lösen und Geheimnissen auf den Grund zu gehen. Bemerkenswert gelöst und munter erscheint Wotan, der Wanderer, bei Mime, der Wert auf seine starre Sesshaftigkeit legt.
»Einsam will ich / und einzeln sein, / Lungerern lass' ich den
Lauf.« 6,101 Doch der lauernde Lungerer, den Mime gerne los-
wäre, lässt sich so leicht nicht vertreiben. Er verwickelt den
Zwerg, der da der Pflegevater seines Enkels Siegfried ist, in
einen Zwangsdialog, der um das Schlüsselwort »lösen« kreist.

[16] Johann Wolfgang von Goethe: *Wahlverwandtschaften*,
a. a. O., S. 490.

Dramaturgisch hat das Rätsellösespiel zwischen Wotan und Mime, das im 2. Akt des zweiten Dramas der Tetralogie, also genau in dessen Mitte (wenn man das Vorspiel abrechnet) platziert ist, die Funktion einer strukturalistischen Selbstanalyse und Gliederung des gewaltigen Werkes. Die Zuhörer und Zuschauer genießen ein bei aller Spannung – immerhin geht es bei diesem Rätsellösen um Leben und Tod – doch auch entspannendes Memo der bisherigen Ereignisse. Mime fragt Wotan danach, wer in der Erde Tiefe wohnt, wer auf der Berge Rücken weilt und wer auf wolkigen Höhen zu Hause ist. Man muss kein Gott, sondern nur ein einigermaßen aufmerksamer Hörer von Wagners Werk sein, um diese leichten Fragen bündig zu beantworten: die Nibelungen, die Riesen und die Götter. Ja, Mimes Fragen sind von geradezu verdächtiger Leichtigkeit; er, der kein Interesse an »müßigem Wissen« hat, will den Wanderer offenbar nur loswerden. Dabei ist der mögliche Gewinn der »Wissens-Wette« gewaltig – der Wanderer setzt seinen göttlichen Kopf als Pfand, wohl wissend, dass er »mit Lehren einlösen« kann, was Mime fordert.

MIME
immer ängstlicher, da der Wanderer sich nähert.
>   Müß'ges Wissen
>   wahren manche:
>   ich weiß mir g'rade genug;
>   mir genügt mein Witz,
>   ich will nicht mehr:
>   dir Weisem weis' ich den Weg!

WANDERER
setzt sich am Herde nieder.
>   Hier sitz' ich am Herd,
>   und setze mein Haupt
>   der Wissens-Wette zum Pfand:
>   mein Kopf ist dein,
>   du hast ihn erkies't,
>   entfräg'st du mir nicht
>   was dir frommt,
>   lös' ich's mit Lehren nicht ein. 6, 101

Mime muss und will offenbar akzeptieren, dass der Wanderer seine Frageknoten löst und sich damit aus drohender Lebensgefahr er- bzw. ausgelöst hat: »Fragen und Haupt / hast du gelös't«, 6,104 lässt er generös den Wanderer wissen. Man darf nicht vergessen, dass Mime sein Ziel erreicht. Der Wanderer macht nämlich seiner Bezeichnung alle Ehre, er wandert »lachend«, wie die Szenenanweisung ausdrücklich vermerkt, weiter, nachdem es ihm gelang, die drei Fragen Mimes »sinnig zu lösen« 6,102 und Mime seinerseits mit drei Quiz-Fragen zu behelligen.

> Nach Wettens Pflicht
> pfänd' ich nun dich,
> lösest du drei
> der Fragen nicht leicht:
> drum frische dir, Mime, den Muth! 6,105

Mime lässt sich das nicht zweimal gesagt sein. Er spricht zu und über sich selbst in der dritten Person, wiederum das Schlüsselwort »(aus)lösen« verwendend. »Vielleicht glückt mir's gezwungen / zu lösen des Zwergen Haupt.« Mimes Wunsch glückt und missglückt zugleich. Er kann immerhin zwei der drei Fragen Wotans, die anders als seine eigenen komplexe Ereignis- und nicht schlichte topographische Strukturfragen sind, beantworten. Die erste Frage – »welches ist das Geschlecht, / dem Wotan schlimm sich zeigt, / und das doch das liebste ihm lebt?« 6,105 – hat es in sich. Mime kann sie beantworten, er ist mit den schwierigen mentalen Zuständen und unübersichtlichen Familienverhältnissen Wotans offenbar gut vertraut: die Wälsungen. Die zweite und die dritte Frage betreffen halb oder ganz die Zukunft und sind insofern unfair. Denn klar beantworten lassen sich nur Fragen, die Vergangenes oder Gegenwärtiges betreffen. Zukünftiges ist hingegen systematisch ungewiss – wer wüsste das besser als Wotan? Nothung allein, so die rechte Antwort auf die zweite Frage, kann den Drachen Fafner bezwingen. Wer aber die Bruchstücke dieses Schwertes zusammenschweißen kann, diese dritte Frage, eine reine

Zukunftsfrage, vermag Mime nicht zu beantworten. Das ist trotz der futurischen Dimension der Frage seltsam bis rätselhaft. Denn allzu gewagt wäre die Prognose nicht, dass dafür nur einer in Frage kommt, zumal einer, der Mime gut, allzu gut vertraut ist, nur der nämlich, der das Fürchten nicht gelernt hat – wer sonst als Siegfried.

Ein rätselhaftes Frage-und-Antwort-Spiel, das Wagner da verfasst hat. Es liegt bei aller komödiantischen Lust an Quizsituationen doch über dem Niveau des Harpe-Kerkeling-Liedes, das TV-Quiz-Shows begleitete und lautet: »Das ganze Leben ist ein Quiz, / Und wir sind nur die Kandidaten. / Das ganze Leben ist ein Quiz, / Ja, und wir raten, raten, raten.« Rätselhaft ist zumal, dass Mime das dritte Rätsel des Wanderers gewissermaßen im Vorgriff schon gelöst hat, nämlich mehr als nur implizit bei der Beantwortung der zweiten Frage:

> Nun verwahrt die Stücken (des Schwertes Nothung, J. H.)
> ein weiser Schmied;
> denn er weiß, daß allein
> mit dem Wotansschwert
> ein kühnes dummes Kind,
> Siegfried, den Wurm versehrt.
> *Ganz vergnügt.* 6,107

Wotans dritte Frage verlangt eine Antwort, die Mime zuvor schon gegeben hat, die erneut auszusprechen er aber rätselhafterweise verweigert. *Siegfried*, wenn nicht der Komödienteil, so doch der komödiennahe Mittelteil der Tetralogie, lässt Protagonisten auftreten, denen es nicht ganz ernst ist. »Der witzigste bist du / unter den Weisen« verspottet der Gott den Zwerg, mit dem Doppelsinn des Wortes »witzig« (gewitzt, komisch) spielend. Mime ist gewitzt und zugleich eine tragikomische Erscheinung, der es bald an den Kragen gehen wird. Wotan aber kann erst einmal generös darauf verzichten, den Wettgewinn, Mimes Kopf, einzulösen. Und das gleich aus einem zweifachen Grund: Erstens muss es seiner Götterehre widerstreben, auf dem Wettgewinn zu bestehen, denn Mime hat die entscheidende Frage ja schon gelöst. Und zweitens ist ihm klar, dass Mime seinen witzigen Kopf sowieso nicht mehr lange behält.

> Dein weises Haupt
> wahre von heut':
> verfallen – lass' ich's dem,
> der das Fürchten nicht gelernt.
> *Er lacht und geht in den Wald.* 6, 108

Noch und gerade wenn ein Gott lacht, hat Wagners Humor seine unheimlichen Seiten. »Heimlich mir graut – / weil hier es munter will hergeh'n«, 7, 264 singt Beckmesser, der wie Mime ein gewitzter Kopf ist und aus plausiblen Gründen wie dieser auch als antisemitische Karikatur eines berechnenden Juden verstanden werden kann.[11] Mime mag ein passabler Rätsellöser sein, Beckmesser mag, wenn er höchste Kunst produzieren will, rätselhaften Nonsens verzapfen – die tiefsten Geheimnisse erschließen sich beiden nicht. Rätsel sind profane Vorstufen sakraler Geheimnisse, Geheimnisse sind das Andere der Rätsel. Noch Adornos *Ästhetische Theorie* ist diesem Denkmotiv verpflichtet: »Am Ende lebt im Rätselcharakter, durch den Kunst dem fraglosen Dasein der Aktionsobjekte am schroffesten sich entgegensetzt, deren eigenes Rätsel fort. Kunst wird zum Rätsel, weil sie erscheint, als hätte sie gelöst, was am Dasein Rätsel ist, während am bloß Seienden das Rätsel vergessen ward durch seine eigene, überwältigende Verhärtung. Je dichter die Menschen, was anders ist als der subjektive Geist, mit dem kategorialen Netz

---

[11] Adorno hat auf die antisemitischen Züge in der Charakteristik gleich mehrerer Figuren Wagners hingewiesen: »Der Gold raffende, unsichtbar-anonyme, ausbeutende Alberich, der achselzuckende, geschwätzige, von Selbstlob und Tücke überfließende Mime, der impotente intellektuelle Kritiker Hanslick-Beckmesser, all die Zurückgewiesenen in Wagners Werk sind Judenkarikaturen.« (*Versuch über Wagner.* Gesammelte Schriften, Bd. 13. Frankfurt am Main 1972, S. 21.) Vgl. dazu u. a. auch Jacob Katz: *The Darker Side of Genius – Wagner's Anti-Semitism.* Brandeis 1986; Marc A. Weiner: *Wagner and the Anti-Semitic Imagination.* Lincoln 1995.

übersponnen haben, desto gründlicher haben sie das Staunen über jenes Andere sich abgewöhnt, mit steigender Vertrautheit ums Fremde sich betrogen. Kunst sucht, schwach, wie mit rasch ermüdender Gebärde, das wiedergutzumachen. A priori bringt sie die Menschen zum Staunen, so wie vor Zeiten Platon von der Philosophie es verlangte, die fürs Gegenteil sich entschied. / Das Rätselhafte der Kunstwerke ist ihr Abgebrochensein. Wäre Transzendenz in ihnen zugegen, sie wären Mysterien, keine Rätsel; das sind sie, weil sie als Abgebrochene dementieren, was sie doch sein wollen.«[18]

Durchs Rätsel zum Mysterium – Adornos Überlegungen zum Rätselcharakter der Kunst verweisen paradigmatisch auf Siegfried, der die rätselhafte Sprache der Vögel versteht und so zu dem Ort, zu dem Topos geleitet wird, an dem sich ihm das Mysterium von Weibes Wonne und Wert enthüllt. »Erst der verstünde Musik, welcher so fremd sie hörte wie ein Unmusikalischer und so vertraut wie Siegfried die Sprache der Vögel.«[19] Siegfried schreitet, wenn er sich Brünnhildes Felsen nähert, aus der Sphäre der Rätsel (was bedeutet der Vogelgesang?) in die des sich offenbarenden Geheimnisses. So sakral, so transzendenzlastig, so mysteriös aber ist die Enthüllung der Wahrheit nicht, die ihm gelingt, wenn er Brünnhilde im doppelten Wortsinne erkennt. Mit verlässlicher Regelmäßigkeit kann selbst ein Bayreuth-frommes Publikum ein Lachen nicht unterdrücken, wenn Siegfried Brünnhilde entdeckt und feststellt: »Das ist kein Mann.« 6, 165 Nun sprechen alle Indizien dagegen, dass Wagner in dieser Szene eine unfreiwillige Komik unterlaufen ist, ist sie doch klug konstelliert. Nach der musikdramatischen Quizshow zwischen Wotan und Mime und nach der Dechiffrierung des rätselhaften Vogelgesangs ist Siegfried reif und bereit für die Initiation in tiefste Geheimnisse. Der furchtlose Held enthüllt wenn nicht die nackte, so doch die verborgene Wahrheit.

18 Theodor W. Adorno: Ästhetische Theorie, Gesammelte Schriften, Bd. 7. Frankfurt am Main 1970, S. 191.
19 Ebd., S. 185.

Er durchschneidet mit zarter Vorsicht die Panzerringe
zu beiden Seiten der ganzen Rüstung, und hebt dann
die Brünne und die Schienen ab, so daß nun Brünnhilde
in einem weichen weiblichen Gewande vor ihm liegt. –
Überrascht und staunend fährt er auf.

Das ist kein Mann! – –
Brennender Zauber
zückt mir in's Herz;
feurige Angst
faßt meine Augen:
mir schwankt und schwindelt der Sinn! –
Wen ruf' ich zum Heil,
daß er mir helfe? –
Mutter! Mutter!
Gedenke mein'! 6,165

Schon die Regieanweisung ist es wert, sorgfältig gelesen zu werden. Sie kontrastiert Hartes und Kaltes (Rüstung, Schienen, Panzerringe) einerseits mit Weichem und Weiblichem (Brünnhildes Gewand) andererseits. Siegfried setzt sein im Kampf mit dem Drachen erprobtes Schwert ein, doch er tut dies mit »zarter Vorsicht«. Wagner liebt es, Kontraste zu vereinen. Das gilt auch im Hinblick auf den Kontrast, der profane sprachliche Rätsel von sich dem Auge offenbarenden sakralen Geheimnissen scheidet. Wagner verwendet in einem Brief an Liszt gar ausdrücklich die Wendung »rätselvolles Geheimnis«.[20] Siegfried, der Brünnhilde aus ihrer Verbannung erlöst, wird nicht in letzte metaphysische Geheimnisse initiiert, sondern verliebt sich unsterblich in eine schöne Frau, die eine göttliche Vergangenheit hat, nun aber ganz Mensch geworden ist. Die metaphysikkritische Pointe

[20] »Wo somit mein Tristan das Licht der Welt erblicken wird, ist mir zur Stunde noch ein rätselvolles Geheimnis. Am leichtesten so scheint es – dürfte mir jedoch diese Geburt werden, wenn ich die Entbindung dem König von Hannover anvertraue.« (*Franz Liszt – Richard Wagner – Briefwechsel*, hrsg. von Hanjo Kesting. Frankfurt am Main 1988, S. 647).

dieser profan-sakralen Szene ist unüberseh- und unüberhörbar. Das sich ihm offenbarende Geheimnis der Liebe ist
größer als das Transzendenzmysterium. Wagner hat noch
und gerade gegenüber Manifestationen des Allerheiligsten
eine analytische Attitude bewahrt. Das gilt auch in kunstreli-
giöser Hinsicht. Ihm galt nach Auskunft seiner Autobiographie *Mein Leben* Beethovens 9. Symphonie als »mystische(r)
Anziehungspunkt all meines phantastisch-musikalischen
Sinnens und Trachtens. Was mich zuerst zu ihr hinzog, war
die damals gewiß nicht nur unter den Leipziger Musikern gültige Meinung, daß dieses Werk von Beethoven bereits im halben Wahnsinn geschrieben worden sei: sie galt als das *Non-
plus-ultra* alles Phantastischen und Unverständlichen, und
dies war Grund genug, mich zur Erforschung dieses Dämo-
niums leidenschaftlich anzuregen. Was mich beim Anblick
der mühsam verschafften Partitur sogleich wie mit Schick-
salsgewalt anzog, waren die lang andauernden reinen Quin-
tenklänge, mit welchen der erste Satz beginnt: diese Klänge,
die, wie ich erzählte, in meinen Jugendeindrücken von der
Musik eine so geisterhafte Rolle spielten, traten hier wie der
gespenstige Grundton meines eigenen Lebens an mich heran.
Diese Symphonie mußte das Geheimnis aller Geheimnisse
enthalten; und so machte ich mich zunächst darüber, durch
mühsame Abschriften mir die Partitur davon anzuzeigen.«[21]

Das Nonplusultra alles Phantastischen, Dämonischen,
Schicksalhaften, das Geheimnis aller Geheimnisse will nicht
nur angebetet, sondern auch erforscht werden. Wagner
macht sich analytisch über die Partitur her, um sie sich durch
mühsame Abschriften anzueignen. Dechiffrierung aber ist
eine profane Aktivität, eine Technik, eine Geste, die keinen
falschen Respekt vor dem Mysteriösen kennt. Es gehört zu
den Rätseln, die Wagners Werk so reizvoll machen, dass sie
Rätsel gegenüber Geheimnissen privilegieren. Das gilt noch
für den erhabenen Schluss der *Götterdämmerung*. Brünnhilde, die verzweifelt fragte: »wo ist nun mein Wissen gegen

Leitmotiv Nr. 5 Geheimnisse und Rätsel oder Lösen, Auslösen, Erlösen

[21] Richard Wagner: *Mein Leben*, hrsg.
von Martin Gregor-Dellin. München 1963, S. 42 f.

dieß Wirrsal, / wo sind meine Runen gegen dieß Räthsel?«,
2,204 Brünnhilde knüpft in ihrem Schlussgesang an den (zerrissenen!) Faden der Nornen an, spricht mit den »heiligen Hü-
tern« und dem »hehrsten Gott« Klartext und weiß stolz, dass
sie »alles« weiß. Ihr hat sich der apokalyptische Zusammenhang von Offenbarung und Zugrundegehen offenbart und
enträtselt.

> Wiss't ihr wie das ward? –
>
> O ihr, der Eide
> heilige Hüter!
> Lenkt eu'ren Blick
> auf mein blühendes Leid:
> erschaut eu're ewige Schuld!
> Meine Klage hör',
> du hehrster Gott!
> Durch seine tapferste That,
> dir so tauglich erwünscht,
> weihtest du den,
> der sie gewirkt,
> des Verderbens dunkler Gewalt: –
> mich – mußte
> der Reinste verrathen,
> daß wissend würde ein Weib! –
> Weiß ich nun was dir frommt? –
>
> Alles! Alles!
> Alles weiß ich:
> alles ward mir nun frei! 6, 252 f.

Die meisten Geheimnisse, um die Wagners Werke kreisen,
lösen sich sprachlich, werden also in Rätsel verwandelt. Den
Fliegenden Holländer und Lohengrin umgibt die Aura des
Geheimnisvollen. Die aber verfliegt und hört doch nicht auf
aufzuhören, wenn sie ihren Namen kundgeben. Das Geheimnis des wunderbaren Preisliedes, das in den *Meistersingern*
ertönt, erweist sich als dechiffrierbares Rätsel – so und nicht

anders muss Beckmessers Nonsens-Text rückübersetzt, gelesen und verstanden werden. Und noch die Musikdramen Wagners, die am hartnäckigsten um Geheimnisse zu kreisen scheinen, *Tristan* und *Parsifal*, sind dem Schema verpflichtet, lösbare Rätsel als Kern von Geheimnissen zu präsentieren. König Markes Frage nach dem »unerforschlich furchtbar tief geheimnisvollen Grund« 7,55 hat keine Scheu vor hyperbolischer Rhetorik und kann doch nüchtern beantwortet werden – »wer macht der Welt ihn kund?« (Dazu beim nächsten Leitmotiv mehr.) Und die Enthüllung des Grals am Ende des *Parsifal*, die nun wirklich ganz dem Schema der visuellen Offenbarung des Mysteriösen verpflichtet zu sein scheint, wird von dichten Rätselworten begleitet, die es in sich haben: »Erlösung dem Erlöser.«

Nietzsche hat als Erster erkannt, dass gerade in den scheinbar ultimativ auf Geheimnis, Offenbarung und Erlösung, auf Apokalypse im doppelten Wortsinn fokussierten Passagen von Wagners Werken ein seltsam frivoler Ton mitschwingt. »Das Problem der Erlösung ist selbst ein ehrwürdiges Problem. Wagner hat über nichts so tief wie über die Erlösung nachgedacht: seine Oper ist die Oper der Erlösung. Irgendwer will bei ihm immer erlöst sein: bald ein Männlein, bald ein Fräulein – dies ist *sein* Problem. – Und wie reich er sein Leitmotiv variiert! Welche seltenen, welche tiefsinnigen Ausweichungen! Wer lehrte es uns, wenn nicht Wagner, daß die Unschuld mit Vorliebe interessante Sünder erlöst? (der Fall im Tannhäuser). Oder daß selbst der ewige Jude erlöst wird, *seßhaft* wird, wenn er sich verheiratet? (der Fall im Fliegenden Holländer). Oder daß alte verdorbene Frauenzimmer es vorziehn, von keuschen Jünglingen erlöst zu werden? (der Fall Kundry). Oder daß schöne Mädchen am liebsten durch einen Ritter erlöst werden, der Wagnerianer ist? (der Fall in den Meistersingern). Oder daß auch verheiratete Frauen gerne durch einen Ritter erlöst werden? (der Fall Isoldens). Oder daß ›der alte Gott‹, nachdem er sich moralisch in jedem Betracht kompromittiert hat, endlich durch einen Freigeist und Immoralisten erlöst wird? (der Fall im ›Ring‹). Bewundern Sie insonderheit diesen letzten Tiefsinn! Verstehn Sie ihn? Ich – hüte mich, ihn zu verstehn ...«[22]

Wagner hat sich glänzend auf die Kunst der Doppeldeutigkeiten verstanden. Ihm, dem Virtuosen des Gesamtkunstwerks, ist eigentümlich klar bewusst, dass im Verhältnis von visueller Wahrnehmung und Kommunikation, von dem, was sich zeigt, und dem, was darüber ausgesagt wird, von verschleiertem oder offenbartem Geheimnis einerseits und gelöstem Rätsel andererseits, der Rede eine systematische Vorherrschaft zukommt. Denn das Verhältnis von Wahrnehmung und Sprache kann nicht wahrgenommen, wohl aber ausgesagt werden. Zu ganz großer Form laufen Wagners Werke deshalb immer dann auf, wenn ein Wort, aber eben nicht irgendein Wort, sondern ein Name, ein Eigenname, so genannt und offenbart wird, dass ein Geheimnis zum offenbaren Geheimnis wird, also aufhört, geheim zu sein. Namen sind bei Wagner die Rätsel- und eben auch Geheimnislöser schlechthin. Die klassischen Stellen sind dem Ohr jedes Wagner-Hörers unvergesslich: der Fliegende Holländer, Lohengrin und Siegmund geben ihr Geheimnis preis, wenn ihr Name nicht länger ein Rätsel ist, sondern offenbar(t) wird. Kundry ist in dieser Reihe ein Fall für sich, wird sie doch ausdrücklich als »Namenlose« geführt. Kundry ist kein Eigenname, sondern ein Attribut, das die (Heil-)Kundige, die Kündigerin und die Geschmückte (von franz. conrée) bezeichnet. Klingsor ruft Kundry also nicht bei ihrem Namen, sondern bei ihren Funktionen und ihren Reinkarnationsstadien, wenn er ihr bei ihm sich einzustellen befiehlt:

> Herauf! Hieher! zu mir!
> Dein Meister ruft die Namenlose:
> Ur-Teufelin! Höllen-Rose!
> Herodias war'st du, und was noch?
> Gundryggia dort, Kundry hier:
> Hieher! Hieher denn, Kundry!
> Zu deinem Meister, herauf! 10, 345 f.

22 Friedrich Nietzsche: *Der Fall Wagner*, a. a. O., S. 908.

Anders als die hässliche Cundrie la Surziere in Wolframs mittelalterlichem Epos ist Wagners Kundry von (fast) unwiderstehlicher Schönheit. In Klingsors Zaubergarten gerät Parsifal sofort in ihren Bann, weil Kundry ihn, der seinerseits ein Namenloser ist (»GURNEMANZ. Dein Name dann? / PARSIFAL. Ich hatte viele, / doch weiß ich ihrer keinen mehr.« – 10, 336), bei seinem Namen nennt, der ja ebenfalls ein Funktionsname ist (Parsifal, Fal-parsi / reiner Tor).

> KUNDRY'S *Stimme.*
>> Parsifal! – Bleibe!
> *Die Mädchen erschrecken und halten sogleich ein. –*
> *Parsifal steht betroffen still.*
> PARSIFAL.
>> Parsifal ...?
>> So nannte träumend mich einst die Mutter. –
> KUNDRY'S *Stimme.*
>> Hier weile, Parsifal! –
>> Dich grüßet Wonne und Heil zumal. – –
>
>> (...)
> PARSIFAL *noch ferne stehend.*
>> Riefest du mich Namenlosen?
> KUNDRY.
>> Dich nannt' ich, thör'ger Reiner
>> »Fal parsi«, –
>> Dich, reinen Thoren »Parsifal«.
>> So rief, da in arab'schem Land er verschied,
>> dein Vater Gamuret dem Sohne zu,
>> den er, im Mutterschooß verschlossen,
>> mit diesem Namen sterbend grüßte.
>> Dir ihn zu künden, harrt ich deiner hier:
>> was zog dich her, wenn nicht der Kunde Wunsch?
> 10, 354 f.

Kundry macht ihrem Nicht-Namen alle Ehre. Sie verkündet dem, der diese Kunde wünscht, seinen Namen. Und die erste Amtshandlung des neuen Gralskönigs Parsifal wird es sein, die namenlose Höllenrose und Urteufelin zu taufen – auf den Namen, den sie immer schon hatte und der doch kein rechter Name ist. Kundrys Name wird in dem bemerkenswert kurzen Taufsakrament nicht einmal genannt. Kundry ist und heißt Kundry, wenn sie nicht noch einen geheimen Namen hat.

Wagners Namensobsession ist unverkennbar. Nur ein weiterer Beleg dafür aus Cosimas Aufzeichnungen vom 19. Februar 1878: »›Wer ist Titurel?‹ frägt er mich; ich sinne, ›Wotan‹, sagt er, ›in der Weltentsagenheit wird ihm die Erlösung zu Teil, ihm wird das höchste Gut anvertraut, und nun hütet er es kriegerisch göttlich‹ – – – ein schöner Gedanke! Ich sage, man müßte den Namen Wotan im Namen Titurel wiederfinden, er sagt: Titurel, der kleine Titus, Titus das Sinnbild für königliches Ansehen und Macht, Wotan der Gott-König.« CTB 2, 47 f. Aber nicht nur Menschen, auch außerordentliche Dinge und exorbitante Werke wie das Schwert Siegmunds bzw. Siegfrieds oder Walters Preislied sind es in Wagners Werk wert, getauft zu werden und einen Eigennamen zu erhalten, um so im übergroßen Thesaurus ordinärer Signifikanten einen erhabenen Platz zu erlangen. Die einschlägigen Szenen sind schnell in Erinnerung gebracht. Senta steht ganz im Bann eines geheimnisvollen Porträts, das *sie* in der Spinnstube fokussiert und *das* sie in der Spinnstube fokussiert. All ihre Webarbeit reicht nicht aus, um den Knoten zu lösen, der den anschauend-angeschauten Porträtierten zum Rätsel macht. Aber das Bild belebt sich, der Geschaute erscheint und spricht; die Wahrheit inkarniert sich, der bislang nur aus der Ferne Angebetete gibt sich zu erkennen.

> HOLLÄNDER.
> Befrag die Meere aller Zonen, frag
> den Seemann, der den Ozean durchstrich: –
> er kennt dies Schiff, den Schrecken aller Frommen:
> den *fliegenden Holländer* nennt man mich! 1, 290

Damit ist ausgesprochen, was zuvor ungesagt blieb. Der Knoten ist gelöst, das Rätsel gleichermaßen. Der Fliegende Holländer hat sich sprachlich zu erkennen gegeben. Seine Formulierung »den *fliegenden Holländer* nennt man mich« klingt und ist jedoch eigentümlich sachlich; ihr mangelt romantisches Pathos. Der ewig Umhergetriebene vermeidet die emphatische Wendung »ich bin der Fliegende Holländer«, ich bin derjenige, den man so nennt. Dass er so spricht, hat seinen guten bzw. schlechten Grund. Denn nun, da er seine Identität ausgesprochen hat, muss er erneut auf seine große endlose Fahrt gehen, also sich somatisch genau dann entziehen, wenn er sich semantisch offenbart hat. Ein Ende findet diese trostlose Dialektik allein durch das Opfer, das Senta bringt. Erlöst wird der Fliegende Holländer nur, indem er endlich endlich sein kann; gelöst wird die Unsagbarkeitsparadoxie nur um den Preis, dass das Geheimnis, das keines mehr ist, wenn es zum Rätsel mit ausgesprochenem Lösewort wird, sich endgültig entzieht. Zu den bleibenden Rätseln um den Fliegenden Holländer gehört auch dieses: dass er nicht eigentlich seinen Eigennamen preisgibt. »Fliegender Holländer« ist ersichtlich ein Übername und kein Eigenname. Senta kann Erik, nicht aber den Ahasverus der Meere bei seinem Namen rufen.

Lohengrin ist hingegen ein exquisiter Eigenname. In der berühmten Gralserzählung gibt der Schwanenritter sowohl seinen Rang als auch seinen Namen preis.

Nun hört, wie ich verbot'ner Frage lohne!
Vom Gral ward ich zu euch daher gesandt:
mein Vater Parzival trägt seine Krone,
sein Ritter ich – bin Lohengrin genannt. 2, 110

Auch diese Namensoffenbarung ist wohlkomponiert. Lohengrin löst das Rätsel seiner Herkunft, seines Ranges und seines Namens nicht, indem er sagt »Ich bin bzw. ich heiße Lohengrin«. Seine Antwort auf die untersagte Frage ist vielmehr um eine Ellipse herum organisiert, der Gedankenstrich weist ausdrücklich auf diese rhetorische Figur hin: »Sein Ritter ich – bin Lohengrin genannt.« Das große Rätsel löst sich, zwei kleine Rätsel bleiben. Denn der eine berühmte Antwortsatz ist in sich zweiteilig. Seine elliptische Struktur provoziert Ergänzungen. Vervollständigt würde der Satz lauten: Ich bin sein Ritter, und ich werde Lohengrin genannt bzw. ich heiße, mein Name ist Lohengrin. Aber mit solchen Worten löst Lohengrin gerade nicht das Rätsel seiner Identität. Der erste Teil seines Satzes (»Sein Ritter ich –«) spart das Verb bzw. die Kopula »bin« aus, der zweite Teil (»– bin Lohengrin genannt«) spart dafür das Personalpronomen »ich« aus. Und so bleibt mit der ungewöhnlichen Wendung »bin xy genannt« offen, ob die Gestalt, die sich da zu erkennen gibt, Lohengrin ist, Lohengrin heißt oder Lohengrin genannt wird (bzw. genannt ist). Das Sein und das Benannt-Sein können in Lohengrins großem Rätsellösesatz nicht recht zusammenkommen. Damit korrespondiert, dass sich das offenbarte Geheimnis zügig den staunenden Blicken entzieht.

In *Lohengrin* hat Wagner dieses aus dem *Fliegenden Holländer* vertraute Motiv des sich verbergenden Entbergens bzw. der sich verknotenden Rätsellösung noch entschiedener ausgestaltet. Die romantische Oper kreist um ein gleich dreifach ausgesprochenes Frageverbot – »Nie sollst du mich befragen, noch Wissens Sorge tragen«. Auch hier gilt geradezu überdeutlich, dass das Aussprechen des Unsagbaren einen ungeheuren Preis fordert. Lohengrin muss wie der Fliegende Holländer gerade dann in unerreichbare und buchstäblich uneinsichtige Sphären eingehen, wenn das Geheimnis, das ihn umgibt, ausgesagt ist. »Was rissest du nun mein Geheimnis ein? / Jetzt muß ich – ach! von dir geschieden sein!« Lohengrin kehrt in die andere Sphäre der Gralsgemeinschaft zurück, in der sich letzte metaphysische Geheimnisse erschließen und Konstellationen aussagbar werden, die ansonsten unverständlich blieben. Doch auch und gerade in diese metaphysischen Kontexte spielen psychologische Motive subtil hinein. Man muss kein militanter Freudianer sein, um es auffallend zu finden, dass Lohengrin um seine »Manneskraft« fürchtet, wenn seine Identität ausgesagt und öffentlich gemacht wird.

DER KÖNIG UND DIE EDLEN *Lohengrin umringend.*
O bleib! O zieh uns nicht von dannen!
Des Führers harren deine Mannen.

> O König, hör! Ich darf dich nicht geleiten!
> Des Grales Ritter, habt ihr ihn erkannt,
> wollt' er in Ungehorsam mit euch streiten,
> ihm wäre jede Manneskraft entwandt! 2, 112

Seinen Segen, seine Macht und seine Potenz entfaltet das Geheimnis nur, wenn es nicht entdeckt, benannt und ausgesagt wird. Nicht ausgesagt werden zu können, alles zu übersteigen, was sich argumentativ artikulieren lässt, höher zu sein denn alle kommunizierbare Vernunft – das gehört traditionell zur Definition des Heiligen und Göttlichen.[23] Wer dem Mysterium begegnet, soll, darf und muss verstummen. So jedenfalls will es eine starke Tradition, die enge religiös-kulturelle Grenzen überschreitet und in unterschiedlicher Ausprägung unter anderem den griechischen Mysterienkulten, dem Judentum, dem Christentum, dem Islam, dem Buddhismus und dem Shintuismus gemeinsam ist. Wagner, dessen Interesse an Religionen nicht synkretistisch, sondern komparatistisch ausgerichtet war, hat in seinen Gesamtkunstwerken die Sphären metaphysisch-religiöser Unsagbarkeit umkreist. Ihm war das Paradox bewusst, dass derjenige, der da sagt, etwas sei nicht sagbar, eben damit etwas über das Unsagbare aussagt.[24] Der früh mit Feuerbachs Religionskritik vertraute Komponist weiß, dass er genau in dem Maße, in dem er sich Unsagbarkeiten nähert, gar nicht anders kann, als einem aufklärerischen Programm verschrieben zu sein – nämlich das Unsagbarkeitstabu dadurch zu brechen, dass er es namhaft macht, dass er noch darüber spricht, worüber

[23] Rudolf Otto: *Das Heilige – Über das Irrationale in der Idee des Göttlichen und sein Verhältnis zum Rationalen.* Breslau 1917.
[24] Auf dieses Paradox verweist das Gespräch zwischen einem Großvater und seiner Enkelin im Roman von Dietmar Dath: *Waffenwetter – Roman.* Frankfurt am Main 2007, S. 44: »es gibt überhaupt nichts, was man nicht sagen kann! (...) ›das unsagbare‹, nörgelte er ..., ›also wenn du etwas unaussprechliches kennst, dann sage mir doch mal, was das sein soll, ich glaube nicht daran!‹ Da antwortet die Enkelin: ›aber wenn ichs dir sagen würde, wäre es ja nicht mehr unaussprechlich.‹«

man, ginge es nach alten Autoritäten, eigentlich nur ehrfurchtsvoll schweigen kann.

Große, übergroße Manneskraft wächst Siegmund genau in dem Augenblick zu, in dem er aus dem Mund seiner Zwillingsschwester diesen seinen rechten Namen erhält – Siegmund. Der rhetorische Weg bis zur Offenbarung seines Namens ist allerdings weit und dornenreich. Siegmund stellt sich anfangs Hunding und Sieglinde mit einem Namen vor, den er sich gewissermaßen aus sachlich zwingenden Gründen selbst gegeben hat: »Wehwalt hieß ich mich selbst.« 6,5 Dieser Name ist richtig im Sinne von sachlich angemessen – und falsch zugleich. Der Verfolgte hat vielfach erfahren müssen, dass Weh über seinem Leben waltet. Deshalb »muss« er sich Wehwalt nennen. Doch es gibt neben »müssen« auch andere Modalverben. Und die erprobt er systematisch, als Sieglinde ihn *»unbefangen und theilnahmvoll«* fragt: »Gast, wer du bist / wüßt' ich gern.« Die Antwort wird wiederum von einem bedeutungsvollen Augen-Blick begleitet:

SIEGMUND
blickt auf, sieht ihr in das Auge, und beginnt ernst.
Friedmund darf ich nicht heißen;
Frohwalt möcht' ich wohl sein:
doch Wehwalt muß ich mich nennen. 6,7

Sieglinde schwant, dass dieser Name nicht der eigentliche bzw. eben nicht der Eigenname des so rätselhaft vertrauten Fremden ist. In einer atemberaubenden Passage, die immer wieder das Blicken, Erblicken und Durchblicken mit dem Sprechen, Benennen und Umbenennen engführt, kommt es zu der schönsten und komplexesten Anagnoresis-Szene der Weltliteratur. Sie führt vom Narziß-Motiv der sich spiegelnden Selbsterkennung zum Motiv, im geliebten Anderen den Anderen bzw. die Andere seiner bzw. ihrer selbst zu erkennen. Damit erneuert und verwandelt Wagner keinen geringeren Text als den Narziß-Mythos, dem Ovid in seinen *Metamorphosen* kanonische Gestalt gegeben hat. Die Nymphen-Mutter des schönen Knaben Narziß fragt nach dessen Geburt einen schicksalskundigen Seher (»fatidicus vates«), ob ihrem Sohn ein langes Leben beschieden sei. Und der antwortet mit einer hintersinnigen Formel: »si se non noverit«[25] – ja, wenn er sich nicht selbst (er)kennt, selbst erschaut bzw. wenn er sich nicht selbst erneuert. So dichte wie hintersinnige Worte. Die Nymphe Echo wird sich unsterblich in Narziß verlieben. Dieser aber flieht vor der Liebestollen, erblickt im Bach sein eigenes Bild, verliebt sich in sich selbst, ertrinkt beim Versuch, sich selbst zu umarmen, und verwandelt sich dabei in die Blume, die seitdem seinen Namen trägt.

Thomas Manns frühe Skandalnovelle *Wälsungenblut* versteht es glänzend, die Narzißmythe in Wagners *Walküre* et vice versa zu spiegeln. Doch auch Wagners Musikdrama selbst entfaltet deutlich Bezüge zu Ovids metamorphotischer Szene, wobei die Neuakzentuierungen und Umkodierungen unüberhörbar sind. Wie Narziß ist auch Siegmund auf der Flucht, wie dieser wird jener nicht lange leben, wie sein mythischer Vorgänger wird der Wälse von seiner Schwester bzw. seinen Walküren-Halbschwestern beweint, wie Narziß macht Siegmund Erfahrungen mit der Stimme Widerhall, wie dessen, so endet seine Geschichte in einer Benennungsszene. Bei Wagner aber ist es Sieglinde, die sich selbst bespiegelt, solange sie beim ungeliebten Gatten Hunding leben muss. Dann aber verfällt sie ganz und gar dem Fremden, den sie in jedem Wortsinn erkennt, so wie er sich leidenschaftlich mit ihr vereint und dabei neu erfindet (»se noverit«) – er wird ein anderer und er heißt anders.

Leitmotiv Nr. 5 Geheimnisse und Rätsel oder Lösen, Auslösen, Erlösen

[25] Ovid: *Metamorphosen III*, v. 348. »Wird sich selbst er nicht schauen«, übersetzt Erich Rösch (Ausgabe der Tusculum-Bibliothek. München 1952, S. 105), »wenn er sich nicht kennt«, übersetzt Reinhart Suchier (*Ovid: Werke* in zwei Bänden, erster Band – Bibliothek der Antike. Berlin 1973, S. 66). Zur Interpretation dieser Szene, dieses Satzes vgl. Hans-Dieter Bahr: *Der Spiegel, das winzige Wasser und die Maschine*; in: *Konkursbuch – Zeitschrift für Vernunftkritik 3*. Tübingen 1979. – Wiederum lohnt ein Blick in Cosimas Tagebücher. Dort heißt es: »Abends lesen wir im Ovid, tags vorher in Lucrez; R. sagt: Es ist so recht die Literatur von vornehmen Leuten auf ihren Villen, es hat nichts Volkstümliches, ist aber anziehend durch Bildung, Witz, kurz durch Vornehmheit.« CTB 1, 287

SIEGLINDE.

Im Bach erblickt' ich
mein eigen Bild –
und jetzt gewahr' ich es wieder:
wie einst dem Teich es enttaucht,
bietest mein Bild mir nun du!

SIEGMUND.

Du bist das Bild,
das ich in mir barg.

SIEGLINDE *den Blick schnell abwendend.*

O still! lass' mich
der Stimme lauschen:
mich dünkt, ihren Klang
hört' ich als Kind – –
doch nein! ich hörte sie neulich,
als meiner Stimme Schall
mir wiederhallte der Wald.

SIEGMUND.

O lieblichste Laute,
denen ich lausche!

SIEGLINDE *schnell ihm wieder in's Auge spähend.*

Deines Auges Gluth
erglänzte mir schon: –
so blickte der Greis
grüßend auf mich,
als der Traurigen Trost er gab.
An dem kühnen Blick
erkannt' ihn sein Kind –
schon wollt' ich bei'm Namen ihn nennen – –

Sie hält inne, und fährt dann leise fort.

Wehwalt heiß'st du fürwahr?

SIEGMUND.

Nicht heiß' ich so,
seit du mich lieb'st:
nun walt' ich der hehrsten Wonnen!

SIEGLINDE.

    Und Friedmund darfst du
    froh dich nicht nennen?

SIEGMUND.

    Heiße mich du,
    wie du lieb'st, daß ich heiße:
    den Namen nehm' ich von dir! 6, 20

Siegmund macht sich nicht einen Namen, er gibt sich nicht einen Eigennamen, er nimmt und raubt sich auch nicht einen Namen, sondern er nimmt den von der Zwillingsschwester vergebenen Namen an, er heißt, wie seine Schwester ihn zu heißen heißt. Die vaterkritische, die gottvaterkritische Pointe dieser Szene ist deutlich (s. Leitmotiv 2). Auch diesen Sohn, auch diese Tochter, auch dieses liebende Geschwisterpaar hat der Vatergott verlassen, in dessen Namen Kinder ansonsten getauft werden. An die Stelle der Taufe im Namen des Vaters tritt ein radikales Gegenmodell: die Taufe durch die Schwester. Statt eines Mannes vergibt eine Frau den Namen eines anderen, statt eines Altvorderen vollzieht eine gleichaltrige Zwillingsschwester diesen exquisiten Taufakt.

    so laß mich dich heißen,
    wie ich dich liebe:
    Siegmund –
    so nenn' ich dich!

SIEGMUND

springt auf den Stamm zu und faßt den Schwertgriff.

    Siegmund heiß' ich,
    und Siegmund bin ich:
    bezeug' es dieß Schwert,
    das zaglos ich halte! 6, 21

Der durch die Schwester benannte Siegmund weiß sich erkannt und recht benannt. Er ist, wie er heißt, und er heißt, wie er ist: Siegmund. Und er, der sich in und mit seiner Schwester neu erkannt hat, wird sogleich seinerseits das Requisit taufen, das die Angemessenheit seines Namens bezeugt.

Nothung! Nothung!
so nenn' ich dich Schwert –
Nothung! Nothung!
neidlicher Stahl! 6, 21

Der frisch Benannte und seinerseits sogleich Benennende
heißt und ist Siegmund. Soma und Sema, Sein und Sinn vereinen sich liebevoll, so wie die Geschwister es alsbald tun
werden, um Siegfried zu zeugen. Und Siegfried wird seinerseits im Namen einer Frau auf diesen seinen Namen getauft
werden. Bevor der zürnende und strafende Vatergott die
Halbschwestern erreicht, überreicht Brünnhilde Sieglinde
das zerstückelte Schwert, das Siegmund aus dem Stamm zu
ziehen die übermenschliche Kraft hatte, nachdem er seinen
rechten Namen erfuhr.

Sie reicht ihr die Stücken von Siegmund's Schwert.

Verwahr' ihm die starken
Schwertes-Stücken;
seines Vaters Walstatt
entführt' ich sie glücklich:
der neu gefügt
das Schwert einst schwingt,
den Namen nehm' er von mir –
»Siegfried« freu' sich des Sieg's! 6, 69

Eine musisch wie textlich bemerkenswerte Konstellation um
das Rätsel und das offenbar(t)e Geheimnis von Namen. Auch
in den *Meistersingern* geht es unüberhörbar um Namen; der
gleich am Anfang des 1. Aufzugs erklingende Choral der Ge-
meinde ist ein Taufgesang: »Da zu mir der Heiland kam, / wil-
lig deine Taufe nahm« sind die ersten Worte der *Meistersinger*,
die leitmotivisch um den »edlen Täufer, / Christ's Vorläufer«
7, 151 kreisen. Im Zentrum dieses Werkes steht denn auch eine
exquisite Taufe – die der Morgentraumdeut-Weise. Gerade
dieses Werk um den integrierten Außenseiter mit dem Tauf-
namen Walther fragt danach, welche Gewalten über uns wal-

ten und ob bzw. wie wir sie gestalten können. Im frühneuzeit-
lichen Nürnberg der *Meistersinger* gibt es neben Gestalten mit
treudeutschen Namen wie Kunz Vogelgesang und Veit Pogner
auch auffallend viele Personen, die biblische Namen wie Eva,
David, Magdalene und Hans / Johannes tragen. Sie sind am
Johannestag, also an dem Tag, der den Namen des Täufers
Johannes trägt, in seltsame Handel verstrickt. Und die fünf
wichtigsten Figuren finden sich am Namenstag von Hans bzw.
Johannes Sachs in dessen Stube ein, um ein Kind zu taufen,
das viele Väter hat und einen seltsamen Namen erhält. Die
Meistersinger spielen souverän mit dem liberi-libri-(Kinder-
Bücher-)Topos. Das zu taufende Kind ist ein unvergleichlich
schönes Lied, eine selige Weise, die den Un-Namen selige
Morgentraumdeut-Weise erhält.

HANS SACHS.

   Die Zeugen sind da, Gevatter zur Hand;
   jetzt schnell zur Taufe; nehmt euren Stand!
Alle blicken ihn verwundert an.
   Ein Kind ward hier geboren;
   jetzt sei ihm ein Nam' erkoren.
   So ist's nach Meister-Weis' und Art,
   wenn eine Meisterweise geschaffen ward:
   daß die einen guten Namen trag',
   dran Jeder sie erkennen mag. –
   (...)

   Daß die Weise Kraft behalte zum Leben,
   will ich nur gleich den Namen ihr geben: –
   »die selige Morgentraumdeut-Weise«
   sei sie genannt zu des Meisters Preise. –
   Nun wachse sie groß, ohn' Schad' und Bruch:
   die jüngste Gevatterin spricht den Spruch.

EVA.

   Selig, wie die Sonne
   meines Glückes lacht,
   Morgen voller Wonne,
   selig mir erwacht!

Traum der höchsten Hulden,
himmlisch Morgenglüh'n!
Deutung euch zu schulden,
selig süß Bemüh'n!
Einer Weise mild und hehr,
sollt' es hold gelingen,
meines Herzens süß' Beschwer
deutend zu bezwingen.
Ob es nur ein Morgentraum?
Selig deut' ich mir es kaum.
Doch die Weise,
was sie leise
mir vertraut
im stillen Raum,
hell und laut,
in der Meister vollem Kreis,
deute sie den höchsten Preis! 7, 254 f.

Träume bringen Visuelles und ab und an auch Visionäres mit rätselhaften Sprachereignissen zusammen. Wagners Musikdramen laufen zu ganz großer Form auf, wenn sie Szenen besingen, in denen sich Namen offenbaren. So kommt es zu Rendezvous von Wahrnehmungen und Kommunikationen, die mystisch zu überhöhen sich Wagner jedoch mit freundlicher Konsequenz weigert. Denn seinem Theorie-Theater ist offenbar das Argument geläufig, das in Hegel'scher Diktion lautet: Nur eine Seite der Relation von Wahrnehmung und Kommunikation ist fähig, die Relation als solche zu begründen. Noch die gängige Rede der Unsagbarkeitstopik, dass sich etwas Unsagbares zeige und offenbare, ist eine Rede. Reden haben das vorletzte Wort, weil es letzte Worte so wenig gibt wie Letztfundierungen und letzte Geheimnisse. Wohl aber gibt es Töne, die geheimnisvoll und rätselhaft, nämlich Wonne klagend und alles sagend erklingen, weil sie höher sind denn alle begründende Vernunft. Sie bezwingen deutend noch die Sphäre, in der (nach einem so heiteren wie tiefen Wort Wolfram Hogrebes) nicht etwa alles Wesen gründet, sondern alle Gründe verwesen.

Kommentar
zu Leitmotiv Nr. 5
Lohengrin:
Grals-Erzählung

Zur Geschichte und Funktion der Opernouvertüre hat sich Wagner bekanntlich kritische Gedanken gemacht.[1] Wiederum ist es Mozart, der in seiner *Entführung aus dem Serail*, in *Don Giovanni*[2] und der *Zauberflöte* das geforderte Ideal verwirklicht, in den dramatischen Gehalt der folgenden Handlung einzuführen, wichtiges musikalisches Material bereits zu präsentieren, ohne die Handlung vorwegzunehmen,[3] aber auch ohne sämtliche Melodien in der Art eines »Potpourri« schon vorzustellen. Die Funktion aber, das Publikum aus dem Alltagsleben zu entführen in die fabelhafte Welt des Theaters und nicht nur zu signalisieren, »daß heute gesungen werde«,[4] wird dem Opernbesucher auch heute noch an so manchem Abend vor Augen und Ohren geführt, wenn ein Teil des Publikums bei orchestralen Einleitungen, ja sogar bei Zwischen- und Nachspielen noch oder wieder mit »irdischen« Dingen befasst ist, die dem Nachbarn mitzuteilen sind. Solches kann bei *Lohengrin* sehr leicht als besonders störend empfunden werden. Denn hier sagt uns die Musik, wie in den meisten Ouvertüren, nicht etwa: »Achtung! Ruhe!«, was die meisten Opernkomponisten mit lauten und gebieterischen Tutti-Akkorden auszudrücken pflegen. Im pp beginnt die vierfach geteilte Violingruppe im hohen A-Dur-Register, leise unterstützt von Flöten und Oboen, dann getoppt von vier einzelnen Solo-Violinen mit höchsten Flageolett-Klängen. ㊺

---

[1] Richard Wagner: *Über die Ouvertüre.* Bd. V, a. a. O., S. 194–207
[2] Bei Wagner wie damals geläufig: *Don Juan.*
[3] Das wird von ihm sogar (in aller Bewunderung für das Werk) bei Beethovens *Leonoren*-Ouvertüre (Nr. 3) kritisiert. Ebd.
[4] Ebd., S. 194

Dieser Anfang ist im umgekehrten Sinne ebenso schockierend wie die leere *ff*-Quinte des *Fliegenden Holländers*. Selbstbewusst fordert der Komponist hiermit, dass gefälligst Ruhe zu herrschen habe, bevor man beginnt. *Lohengrin* hat in diesem Sinne keine Ouvertüre mehr, sondern Wagner nennt es »Vorspiel«. [5]

Bis zum 20. Takt hört man nur diese hohen Streicherklänge, bis die Holzbläser einsetzen und das Geschehen sich langsam von himmlischen Höhen auf die Erde herniedersenkt. Die Hörner und tieferen Streicher kommen, abgesehen von einem sehr leisen Hornsignal, erst im 36. Takt leise hinzu, ebenso leise die Posaunen und Tuba im 45. Takt, bis das Orchester beim *crescendo* in Takt 50 endlich vollständig auf der Erde angekommen ist. Laut bleibt es aber höchstens sechs Takte lang (etwa eine halbe Minute), um bereits im 8. Takt danach »*sehr ruhig*« und leise den Weg vom Himmel auf die Erde (in den Violinen, Flöten und 3. Horn) und den Aufstieg von der Erde in Gegenbewegung (Celli, Bässe und 3. Fagott) zu beschreiben und das Ganze wieder in höchsten Flageolett-Registern im pp entschwinden zu lassen. [6]

Das musikalische Material des Vorspiels wird erst im 3. Aufzug wieder aufgenommen, wenn Lohengrin von seiner Herkunft erzählt. Die Tonart A-Dur ist dieselbe, die einleitenden Akkorde sind identisch, die in tiefer Lage beginnende Tenorstimme Lohengrins wird zunächst nur von hohen Streichern mit Flöten und Oboen begleitet.

Die »vom Himmel nahende Taube« wird durch die Folge von terzverwandten Klängen A-Dur, fis-Moll, dann Cis-Dur und E-Dur charakterisiert, und wer sich noch an das Vorspiel erinnert, erkennt dort in Takt 13 und 14 noch den »Flügelschlag« der vier Soloviolinen. ㊻

Sein erstes hohes A in dieser Episode singt Lohengrin bei der Erwähnung des Wortes »Gral«. Die Funktion der »Ritterschaft« aber wird zu ernsteren Klängen mit Posaunen, Tuba

---

[5] Allerdings heißt es auch bei den *Meistersingern* dann Vorspiel, obwohl es sich dort schon eher um eine veritable Ouvertüre handelt.
[6] Giuseppe Verdis Preludio zu *La Traviata*, das ein paar Jahre nach *Lohengrin* entstand, zeigt eine ähnliche Tendenz.

und Celli erklärt. Die Kontrabässe setzen erst beim Wort »Nacht« ein. Das zweite hohe A Lohengrins erklingt wiederum bei »Gral« im stolzen Fortissimo mit dem ganzen Orchester und das letzte hohe A dieser »Gralserzählung« auf dem Wort »Ritter«, was für manche Tenöre schon problematischer sein kann.[1]

Viele Heldentenöre, wie Lohengrin, kommen ja aus dem hohen Bariton-Fach, für die ein hohes A bereits ein Spitzenton sein kann. Wagner war sich dessen bewusst und hat diese sehr ökonomisch für besonders wichtige Aussagen sparsam verwendet. Dennoch gelten Rollen wie Tannhäuser, Lohengrin, Tristan und Siegfried noch immer als die anstrengendsten ihres Faches. –

Die nagenden Zweifel über die Identität werden mit einer Serie verminderter Septakkorde (DV) und steigender Auflösung verstärkt, die theoretisch endlos weitersequenziert werden könnte, jedoch bei »erkennt ihr ihn –« innehält und mit den Worten »dann muß er von euch ziehn« in die A-Dur-Kadenz zurückfällt. ㊼

Wenn das Geheimnis der Identität gelüftet ist und wir das »Lohengrin-Motiv« als Bestätigung im vollen Orchester gehört haben, erfahren wir auch den Sinn der gegenläufigen Skalen der Violinen und Bässe aus dem Vorspiel: »Hör ich so seine höchste Art bewähren, entbrennt mein Aug in heil'gen Wonnezähren!« ist der Text, der uns hier endlich sinngebend nachgeliefert wird. Und handelt es sich hierbei nicht wirklich um Klänge echt empfundener Rührung? Für Elsa (»wie vernichtet«) bleibt nur ein fahles Tremolo der Celli und der Pauke in a-Moll. Sie steht quasi nackt vor allen. »Mir schwankt der Boden! Welche Nacht! ...« ㊽

---

[1] In der Stimmcharakterisierung unterscheidet man manchmal zwischen einem »A«-Tenor und einem »I«-Tenor, was nichts weiter bedeutet, als dass manche Sänger ihre hohen Töne besser auf dem einen oder anderen Vokal singen können.

Leitmotiv Nr. 6
»Er sah mir in die Augen«
oder Das große
(Ver-)Schweigen

»Wovon man nicht sprechen kann, darüber muß man schweigen.«[1] Der Schlusssatz aus Wittgensteins 1921, also knapp vierzig Jahre nach Wagners Tod, erschienenem *Tractatus logico-philosophicus* ist der wohl meistzitierte Satz der neueren Philosophie, wenn nicht der Philosophiegeschichte überhaupt. Selbstredend ist dieser Satz paradox. Denn er schweigt ja nicht, wenn er Schweigen vorschreibt. Es sei denn, er will sophistisch verstanden werden, also darauf verweisen, dass geschriebene anders als gesprochene Sätze nicht erklingen, sondern eben schweigen. Gerade weil sie schweigen, haben geschriebene Sätze über das Schweigen Aussicht auf dauerhafte Geltung. Scripta manent, verba volant. Wovon man nicht sprechen kann, darüber muss man schreiben. Schweigen steht bei allen, die ihre Hochschätzung von Tiefsinn und Ernst kundtun, seit jeher hoch im Kurs. Si tacuisses, philosophus mansisses. Reden ist Silber, Schweigen ist Gold. Schweigen hat gerade bei beredten Kritikern des andauernden Geredes und Geschwätzes eine anhaltend gute Presse.[2] Schweigen ist überdies eine risikoarme Option. Wer schweigt, kann nichts Falsches sagen, kann sich nicht versprechen und kann sich nicht um Kopf und Kragen reden. Autoren von Rang sind, auch wenn sie nicht so voll Mitteilungsdrang sind wie Richard Wagner, ironisch und reflexiv genug, um den gefälli-

[1] Ludwig Wittgenstein: *Tractatus logico-philosophicus*; in: *Schriften 1*. Frankfurt am Main 1969, S. 83.
[2] So etwa bei Hans-Willi Weis: *Denken, Schweigen, Übung – Eine Philosophie des Geringfügigen*. Freiburg i. B. 2012. Niklas Luhmann / Peter Fuchs: *Reden und Schweigen*. Frankfurt am Main 1989, analysieren systemtheoretisch die Paradoxien, die die Reden vom Schweigen obligatorisch begleiten.

gen Schweigekult nicht mitzumachen. Ihnen erschließt sich leicht die Paradoxie, dass wer »The rest is silence« sagt, ebendies sagt und nicht schweigt, oder dass die Vögelein, die im Walde schweigen, dank des Gedichts, das von ihrem Schweigen und der Ruhe über allen Gipfeln sprachlich Zeugnis ablegt, eine außerordentlich bedeutsame Botschaft kundtun – warte nur, balde ruhest du auch.

Der souveräne Wagner-Kenner Thomas Mann hat das Motiv des Schweigens buchstäblich wie numerisch in den Mittelpunkt seines Nietzsche- und Wagner-Romans *Doktor Faustus* gestellt. Im 25. Kapitel des sieben mal sieben Kapitel umfassenden Romans kommt es zum beredten Gespräch über das Schweigen und die Stille zwischen einem an Wagner geschulten Komponisten und dem Teufel. Beide haben sich viel zu sagen. Die Aufzeichnungen, die Adrian Leverkühn über sein Rendezvous mit dem Teufel angefertigt hat, beginnen mit den orthographisch inkorrekten und latent agrammatischen Worten »Weistu was so schweig«.[3] Ihre doppelte Lesbarkeit erschließt sich zügig. Weißt du etwas, so schweig, so verschweige es, so behalte es für dich, lautet die erste Lesart, die sich wie eine knappe Paraphrase des Satzes von Mephisto aus Goethes *Faust* ausnimmt, der Sigmund Freuds Lieblingszitat war und der da lautet: »Das Beste, was du wissen kannst, / Darfst du den Buben doch nicht sagen.« Die zweite Lesart klingt weniger taktisch: »Weißt du, was so schweigt?« In dieser Lesart schwingt der Tiefsinn mit, der unter anderem Goethes nächtlichen Wanderer, Schuberts winterlich Reisenden oder Büchners irren und irrenden Lenz daran leiden lässt, dass kein transzendentales Signifikat Antwort auf die Frage nach dem letzten Sinn gibt. Thomas Mann lässt Adrian Leverkühn bei Familie Schweigestill wohnen. Ein rätselhafter Name, von dem schwer auszumachen ist, ob er einer Semantik der verstärkenden Wiederholung verpflichtet ist (dieses Schweigen ist wirklich still), ob er im-

3 Thomas Mann: Doktor Faustus. Das Leben des deutschen Tonsetzers Adrian Leverkühn erzählt von einem Freunde, hrsg. von Peter de Mendelssohn, Frankfurter Ausgabe. Frankfurt am Main 1980, S. 300.

perativisch zu verstehen ist (»schweig stille!« ist eine idiomatische süddeutsche Wendung) oder ob ihm eine doppelte Negation innewohnt – dieses Schweigen negiert sich selbst, das Verstummen verstummt, dieses Schweigen ist beredtes Schweigen. Die an Adrians eigene Mutter erinnernde Frau mit dem sprechenden Namen Schweigestill ist jedenfalls selbst dann von robuster und resoluter Beredtheit, wenn Doktor Faustus nach enthemmten Äußerungen zusammenbricht und verstummt. »Weistu was so schweig. Schweige so vor mich hin.« Der verstummte Komponist bietet einen mitleiderregenden Anblick. Er hat alles gesagt und nichts mehr zu sagen.

Um Sätze, Schweigen und den richtigen Blick auf die Welt kreist auch der vorletzte Satz von Wittgensteins *Tractatus*: »Meine Sätze erläutern dadurch, daß sie der, welcher mich versteht, am Ende als unsinnig erkennt, wenn er durch sie – auf ihnen – über sie hinausgestiegen ist. (Er muß sozusagen die Leiter wegwerfen, nachdem er auf ihr hinaufgestiegen ist.) / Er muß diese Sätze überwinden, dann sieht er die Welt richtig.«[4] Offenbar ist auch der Vater der analytischen (Sprach-)Philosophie mystisch und seherisch genug disponiert, um dem richtigen Sehen den Vorrang vor dem Sprechen einzuräumen. Wagner hat, wie im voranstehenden Leitmotiv dargelegt, das Verhältnis von richtigem Sehen der Welt und Aussagen über und in der Welt analytischer bestimmt als Wittgenstein – nämlich zugunsten der tiefsinnig-oberflächlichen Tautologie, dass Worte auch im Kompetenzstreit mit Bildern und Erleuchtungen das letzte Wort haben. Noch der Satz, dass ein Bild mehr sagt als tausend Worte, reiht Worte aneinander. Um es weniger tautologisch zu sagen: Enigmadechiffrierung ist leistungsfähiger als Geheimnisenthüllung. Sehen, Ansehen, Erblicken und Augen-Blicke spielen in Wagners Werken dennoch eine entscheidende Rolle. Aber nicht etwa deshalb, weil sie es ermöglichen, die Welt richtig zu sehen, sondern weil zwei Augen-Blicke, die sich treffen und vereinen, eine beglückende Dyade und mit ihr eine neue Welt eröffnen.

---

4 Ludwig Wittgenstein: *Tractatus*, a. a. O., 6.54.

Richard Wagners Theorie-Theater ist vom Motiv des symbiotischen In-die-Augen-Schauens ganz offenbar fasziniert. Die Augen nicht niederzuschlagen, einem Blick nicht auszuweichen, sondern einem Blick sehenden Auges zu begegnen, gilt seit jeher als Indiz für Offenheit und Integrität, aber eben auch für eine reizvolle bzw. unziemliche Intimität. Ludwig II. verlangte von all seinen Bediensteten, absolutistischen Traditionen und eigenen Neurosen entsprechend, ihn nicht anzublicken. Fricka verlangt hingegen, am Wahrheitsgehalt der Äußerungen ihres Göttergatten zweifelnd, dass er ihr in die Augen schaut. »Sieh' mir ins Auge, / sinne nicht Trug!« 6,34 Fricka und Brünnhilde mögen sich nicht sehr, sie haben auch nicht viel gemeinsam, aber diese eine Gemeinsamkeit haben sie doch – den einäugigen Gott Wotan wortgleich aufzufordern, ihnen offen ins Auge zu sehen: »O sag', Vater! / Sieh mir in's Auge.« 6,75 Dass dieses Motiv des offenen Blicks eine lange Vor- und Nachgeschichte hat, versteht sich von selbst. Die Wendung »schau mir in die Augen, Kleines« aus dem Film *Casablanca* zählt zu den populärsten Kinozitaten überhaupt. Übrigens handelt es sich um eine recht freie Synchronisation, heißt es doch im amerikanischen Wortlaut: »here is looking at you, kid.« Unsterblich ist auch das Lied, das Bruno Balz dichtete, Lothar Brühne komponierte und Heinz Rühmann im 1938 die Lichtspielhäuser erobernden Film *Fünf Millionen suchen einen Erben* sang: »Ich brech' die Herzen der stolzesten Frau'n, / weil ich so stürmisch und so leidenschaftlich bin. / Mir braucht nur eine ins Auge zu schau'n / und schon isse hin.« »Warum gabst du uns die tiefen Blicke«: Nicht erst Babelsberger Filmstreifen und das ganz große Hollywood-Kino haben entdeckt, was es mit den tiefen Blicken auf sich hat. Schon in der klassischen Antike findet man wiederholt ein lasziv-sachlich aufzählendes Schema der erotischen Annäherung in fünf Stufen. Die quinque lineae, die zur erotischen Vereinigung führen, nehmen ihren Ausgang beim Augen-Blick, ihm folgt die Anrede, sodann die Berührung, der Kuss und der Coitus. Im vielgelesenen Terenz-Kommentar des Aelius Donatus zu Terenz' Komödie *Eunuchus* steht geschrieben: »quinque lineae sunt amoris, / scilicet visus, allocutio, tactus, osculum sive suavium, coitus.« Ein Denkschema der Eros-Analyse, das sich über längste Epochen durchhält und immer wieder aufgegriffen wird. So heißt es noch in den frivolen Gesängen der *Carmina Burana*: »Visu, colloquio / Contactu, basio / Frui virgo dederat; / Sed aberat / Linea posterior / Et melior / Amori.«[5]

Auch Wagners Werke zeigen sich immer erneut von der erotischen Initialzündung durch Blickkontakt fasziniert. Sie greifen damit den Quinque-lineae-Topos auf, dem Schiller in seiner romantischen Tragödie *Die Jungfrau von Orleans* kanonische Gestalt gegeben hat. Wagner ließ sich gerade von diesem Werk zu seiner komplexen Ausgestaltung des Augen-Blick-Motivs inspirieren. Die Szene ist schnell in Erinnerung gebracht: Johanna kämpft mit Lionel auf Leben und Tod, sie schlägt ihm das Schwert aus der Hand und den Helm vom Kopf. Doch sie kann ihn nicht töten, weil sie ihm in die Augen geblickt hat. In Schillers hochdramatischen Worten:

LIONEL.

Verfluchte, rüste dich zum Kampf – Nicht beide
Verlassen wir lebendig diesen Platz.
Du hast die Besten meines Volks getötet,
Der edle Talbot hat die große Seele
In meinen Busen ausgehaucht. – Ich räche
Den Tapfern oder teile sein Geschick.
Und daß du wissest, wer dir Ruhm verleiht,
Er sterbe oder siege – Ich bin Lionel,
Der letzte von den Fürsten unsers Heers,
Und unbezwungen noch ist dieser Arm.
er dringt auf sie ein, nach einem kurzen Gefecht schlägt sie ihm das Schwert aus der Hand.
Treuloses Glück!
er ringt mit ihr.

[5] Die Zitate sind entnommen aus Ernst-Robert Curtius: *Europäische Literatur und lateinisches Mittelalter.* Bern / München 1969 (7.), S. 501.

JOHANNA *ergreift ihn von hinten zu am Helmbusch
und reißt ihm den Helm gewaltsam herunter, daß sein
Gesicht entblößt wird, zugleich zückt sie das Schwert
mit der Rechten.*

    Erleide, was du suchtest,
    Die heil'ge Jungfrau opfert dich durch mich!
*in diesem Augenblick sieht sie ihm ins Gesicht, sein
Anblick ergreift sie, sie bleibt unbeweglich stehen
und läßt dann langsam den Arm sinken.*
LIONEL.
    Was zauderst du und hemmst den Todesstreich?
    Nimm mir das Leben auch, du nahmst den Ruhm,
    Ich bin in deiner Hand, ich will nicht Schonung.
Sie gibt ihm ein Zeichen mit der Hand, sich zu entfernen.
    Entfliehen soll ich? Dir soll ich mein Leben
    Verdanken? – Eher sterben!
JOHANNA *mit abgewandtem Gesicht.*
    Ich will nichts davon wissen, daß dein Leben
    In meine Macht gegeben war. [6]

Isolde ist eine musikdramatische Schwester dieser blickver-
fallenen Johanna. Mit ihr teilt sie die von Emmanuel Lévinas
philosophisch thematisierte Erfahrung, dass der tiefe Blick
ins Auge des anderen es unmöglich macht, diesen anderen
zu töten – und dass ein solcher Blick zum coup de foudre
werden kann. Statt dem »überfrechen« Tristan endgültig die
Augen zu verschließen und damit den Mord an ihrem Verlobten Morold zu rächen, verfällt sie gänzlich dem verletzten
Mann, der ihr in die Augen sieht. Isolde zu Brangäne:

    Von seinem Bette
    blickt' er her, –
    nicht auf das Schwert,
    nicht auf die Hand, –

---

[6] Schiller: *Die Jungfrau von Orleans*; in: *Werke und Schriften
in zwölf Bänden, Dramen IV,* hrsg. von M. Luserke. Frankfurt am
Main 1996, S. 234.

er sah mir in die Augen.
Seines Elendes
jammerte mich;
das Schwert – das ließ ich fallen. 7, 11

So eng können Eros und Thanatos beieinander sein. Lange
bevor Brangäne den Todes- mit dem Liebestrank verwechselt, hat ein Augen-Blick einen tödlichen Racheimpuls in leidenschaftliches Erkennen verwandelt. Ein Blick sagt mehr
als tausend Worte. Die Passion, die Tristan und Isolde vereint,
beginnt und endet mit einer tiefen Versenkung in den Blick
des bzw. der anderen: »... wie das Auge hold er öffnet, / seht
ihr, Freunde, / seht ihr's nicht?« Auch im *Tannhäuser* hat
Wagner dieses Motiv ausgestaltet. Elisabeth fordert ihren
Onkel, den Landgrafen, auf, ihr ins Auge zu blicken. Nur so,
nicht aber sprachlich, könne sich ihm ihr süßes Geheimnis
erschließen.

LANDGRAF.
　　Drängt es dich, dein Herz mir endlich
　　zu erschließen?
ELISABETH.
　　Blick' mir in's Auge! Sprechen kann ich nicht.
LANDGRAF.
　　Noch bleibe denn unausgesprochen
　　dein süß Geheimniß kurze Frist;
　　der Zauber bleibe ungebrochen
　　bis du der Lösung mächtig bist. –
　　So sei's! Was der Gesang so Wunderbares
　　erweckt und angeregt, soll heute er
　　enthüllen auch und mit Vollendung krönen.
　　Die holde Kunst, sie werde jetzt zur That! 2, 20

Es gehört zu den Feinheiten dieser Passage, dass das Unaus-
gesprochene nur für kurze Frist verschlossen, dann aber enthüllt sein soll. Wenn die holde Kunst zur Tat wird, werden
Blick und Sprache zusammengefunden haben; ein Schema,
das auch für die Beziehung von Elsa und Lohengrin Geltung

hat. Die Angeklagte, die sich sprachlich nicht recht gegen den Vorwurf zur Wehr zu setzen vermag, sie habe ihren Bruder getötet, erfährt beglückt, dass ihre Vision vom rettenden Ritter eine Inkarnation gefunden hat und zur Tat geworden ist. Sie erblickt in Lohengrin ihren Retter; auf ihn heftet sich ihr Auge, vor ihm sinkt sie in die Knie, von ihm muss sie aber auch erfahren, dass er das Geheimnis seiner Identität nicht enthüllen darf.

> ELSA
>
> *die, seit sie Lohengrin erblickte, regungslos, wie von süßem Zauber festgebannt, ihr Auge auf ihn geheftet hatte, sinkt, gleichsam durch seine Ansprache erweckt, von wonnigem Gefühle überwältigt, zu seinen Füßen hin.*
>> Mein Held, mein Retter! Nimm mich hin!
>> Dir geb' ich alles was ich bin! 2, 75

Zu solcher Ausschließlichkeit – Du und kein anderer / Du und keine andere – kann sich Wotan nicht entschließen. Zum Zauber und Geheimnis des Blicks in die Augen einer oder eines anderen zählt ja gerade die symbiotische Qualität dieses Kontakts. Wenn zwei sich tief in die Augen sehen, können Umstehende allenfalls wahrnehmen, dass ebendies geschieht, sie können sich aber nicht in diese innige Versenkung zweier Augenpaare einklinken. Kein Dritter kann die Blick-Dyade sprengen. Wohl aber können Dritte belauschen, was zwei Liebende sich zu sagen haben, ja sie können sogar für störende Zwischenreden sorgen. Daland weiß, dass ihm das Geschäft seines Lebens winkt, und er weiß zugleich, dass Liebende gerne allein sind. Also zieht er sich diskret zurück, als seine Tochter ganz in den Anblick des Fliegenden Holländers (et vice versa!) versunken ist.

> *Senta, ohne ihn* (Daland, J. H.) *zu beachten, wendet ihren Blick nicht vom Holländer ab, sowie auch dieser, ohne auf Daland zu hören, nur in den Anblick des Mädchens versunken ist. – Daland wird es gewahr; er betrachtet Beide.*

> Doch Keines spricht ... Sollt' ich hier lästig sein?
> So ist's! Am besten lass' ich sie allein.
> *Zu Senta.*
> Mögst du den edlen Mann gewinnen!
> Glaub' mir, solch' Glück wird nimmer neu.
> *Zum Holländer.*
> Bleibt hier allein! Ich geh' von hinnen: –
> Glaubt mir, wie schön, so ist sie treu!
> *Er geht langsam ab, indem er die Beiden wohlgefällig und verwundert betrachtet. – Senta und der Holländer allein.* 1, 279

Kommunikation ist anders als visuelle Kommunion prinzipiell eine offene und öffentliche Angelegenheit. Vom Motiv, dass zwei Liebende durch die Intervention Dritter aufgeschreckt werden, dass eine sich in sich versenkende Blick-Dyade durch Zwischenrufe gesprengt und der triadischen Ordnung des Symbolischen unterstellt wird, sind Wagners Werke durchweg gebannt. Erik stört die Zweisamkeit von Senta und dem Fliegenden Holländer, Elisabeths Stimme entzieht Tannhäuser den Blicken von Venus, Telramunds Mannen schrecken Lohengrin und Elsa in der Brautnacht auf, König Marke und sein Gefolge ertappen Tristan und Isolde kurz vor dem tantristisch hinausgezögerten Höhepunkt, Eva und Walther werden bei ihrem Fluchtversuch gestellt, und Parsifals Mutter-Imago lässt Kundrys Symbiosekünste scheitern. Allein den großen Liebespaaren des *Rings* gelingt für eine Weile die folie à deux. Siegmund und Sieglinde ist eine inzestuös blühende Symbiose beschieden, bevor Dritte, Hunding und Wotan, ihre Leidenschaft brutal zur Vernunft bringen. Und Siegfried / Brünnhilde feiern ekstatisch ihre Zweisamkeit, doch ausgerechnet Siegfried wird zum gespenstischen Dritten, wenn er selbst in Gestalt Gunthers die Symbiose sprengt, die ihn mit Brünnhilde verband. Die Versenkung in den Blick des anderen währt nur wenige Augenblicke. Dann hat der Liebes-Wahn, es könne ein Diesseits der triadischen Ordnung des Symbolischen geben, ein Ende. Und es bewahrheitet sich das lakonische Gesetz Lacans, demnach das Begehren des Subjekts das Begehren des anderen ist.

Die Figur, die in Wagners Werken am sachlichsten über Liebesdinge spricht und singt, ist denn auch keine andere als die des einäugigen Gottes Wotan. Wotans Einäugigkeit ist ihm selbst ein Problem, und das nicht erst, als sein Enkel Siegfried ihn mit der Unbefangenheit des wilden Kindes wegen seines Organmangels zur Rede stellt.

> Doch darunter fehlt dir ein Auge!
> Das schlug dir einer
> gewiß schon aus,
> dem du zu trotzig
> den Weg vertrat'st?
> Mach' dich jetzt fort!
> Sonst möchtest du leicht
> das and're auch noch verlieren.
> WANDERER.
> Ich seh', mein Sohn,
> wo nichts du weißt,
> da weißt du dir leicht zu helfen.
> Mit dem Auge,
> das als and'res mir fehlt,
> erblick'st du selber das eine,
> das mir zum Sehen verblieb.
> SIEGFRIED *lacht.*
> Zum Lachen bist du mir lustig! – 6,160

Wotan argumentiert komplex, so als hätte er das Märchen *Einäuglein, Zweiäuglein und Dreiäuglein* der Brüder Grimm und all die Ödipus-, Teiresias- und weiteren Blendungsmythen gelesen. Doch er muss es sich gefallen lassen, dass Siegfried, der auf dem Weg zu Brünnhilde ist, der er tief in die Augen sehen wird, seine Selbstdeutung verlacht. Wotans fehlendes Auge ist das Auge, mit dem Siegfried sein eines Auge ansieht, ohne sich in diesen Blick zu versenken. Siegfried müsste demnach ein Auge zu viel haben. Durchblicken wird er dennoch nicht. Vielmehr wird er zum Opfer einer üblen Intrige. Er lässt sich von Hagen und Gunther blenden und in die Irre führen; Brünnhilde wird er kein zweites Mal erkennen; ihr wird er bei der gespenstischen Wiederbegegnung auch nicht in die Augen schauen. Siegfried wiederholt damit gesteigert die Lieblosigkeit, die die Affären seines Großvaters kennzeichnet. Wotan weiß nicht Weibes Wonne und Wert, sondern der Weiber Wonnen und Werte zu schätzen. Er hat sein Liebesleben gerade nicht der romantischen Leitkodierung verschrieben, die da »Du und kein anderer bzw. keine andere« lautet und die Eva in den *Meistersingern* mustergültig vorlebt bzw. vorsingt, wenn sie, »sich vergessend«, Walter von Stolzing verspricht: »Euch, oder Keinen!« 7,155 Dass Eva dabei Walter, den sie eben erst kennengelernt hat, leidenschaftlich in die Augen schaut, versteht sich gewissermaßen von selbst. Wotan hingegen kann man / frau bestenfalls in das eine Auge, nicht aber in die Augen sehen. Seine Frau Fricka kann jedoch hören, was er, der Wanderer, über die Liebe zu sagen hat – dass sie das Wandern liebt.

> Wandel und Wechsel
> liebt wer lebt:
> das Spiel drum kann ich nicht sparen.
> FRICKA.
> Liebeloser,
> leidigster Mann!
> Um der Macht und Herrschaft
> müßigen Tand
> verspielst du in lästerndem Spott
> Liebe und Weibes Werth?
> WOTAN *ernst.*
> Um dich zum Weib zu gewinnen,
> mein eines Auge
> setzt' ich werbend daran:
> wie thörig tadelst du jetzt!
> Ehr' ich die Frauen
> doch mehr als dich freut! 5,216

Das ist süffig gesagt und gesungen. Ein für alle Mal denkt Wotan – hierin ein würdiger Nachfolger Mephistos – »die Schönen im Plural«.[1] Anders aber als Mephisto, der, wie Frau Marthe zu ihrer Enttäuschung erfahren muss, wenig Interesse am schönen Geschlecht hat, denkt der einäugige Gott nicht nur die Frauen im Plural, er pflegt auch tatsächlich libertären Umgang mit vielen Frauen. Im Gespräch mit seiner Lieblingstochter Brünnhilde gibt der göttliche Womanizer tiefe Einblicke in sein Innenleben; die Lebensbeichte, die er an sie adressiert, ist mit einem unverwandten Blick »in das Auge« der Tochter grundiert. Seltsame Singularbildung – so als habe nicht nur der göttliche Vater, sondern auch seine Tochter nur ein Auge.

WOTAN.

> Was Keinem in Worten ich künde,
> unausgesprochen
> bleib' es ewig:
> mit mir nur rath' ich,
> red' ich zu dir. – – –
> *Mit noch gedämpfterer, schauerlicher Stimme, während*
> *er Brünnhilden unverwandt in das Auge blickt.* 6, 37

Die Formulierung »in das Auge« statt »in die Augen« ist offenbar mit Bedacht gewählt, wiederholt Wagner sie doch, wenn er Wotan Brünnhilde »ergriffen in das Auge« blicken lässt, bevor er sie im Feuerkreis einschließt, 6, 82 – und problematisiert er doch ausdrücklich die Differenz von das Auge / die Augen, wenn Siegfried sie erweckt.

> *Langes Schweigen. – Dann fährt er seufzend auf.*
> Wie weck' ich die Maid,
> daß sie die Augen mir öff'ne? –
> Das Auge mir öff'ne?
> Blende mich auch noch der Blick?
> Wagt' es mein Trotz?
> Erträg' ich das Licht? 6, 165

[1] Goethe: Faust V. 10175.

244 Unter vier Augen findet hingegen die inzestuös enge Blick-
vereinigung der Wotan-Kinder Siegmund und Sieglinde statt.
Ihrer passionierten Liebe ist nur kurze Dauer beschieden. Sie
ist ganz dem Augenblick, der aufgeladenen Erfüllungszeit und
dem Zauber der Blick-Symbiose geweiht. »Als dein Blick zuerst
mir erblühte«, jubelt Sieglinde dem Bruder zu, endet ihr Leben in und aus der Verkennung. Die Liebenden erkennen sich.

> Fremdes nur sah ich von je,
> freundlos war mir das Nahe;
> als hätt' ich nie es gekannt,
> war was immer mir kam.
> Doch dich kannt' ich
> deutlich und klar:
> als mein Auge dich sah,
> war'st du mein Eigen:
> was im Busen ich barg,
> was ich bin,
> hell wie der Tag
> tauch' es mir auf,
> wie tönender Schall
> schlug's an mein Ohr,
> als in frostig öder Fremde
> zuerst den Freund ich ersah.
> *Sie hängt sich entzückt an seinen Hals, und*
> *blickt ihm nahe in's Gesicht.*
>
> SIEGMUND.
> O süßeste Wonne!
> Seligstes Weib!
> SIEGLINDE *dicht an seinen Augen.*
> Lass' in Nähe
> zu dir mich neigen,
> daß deutlich ich schaue
> den hehren Schein,
> der dir aus Augen
> und Antlitz bricht,
> und so süß die Sinne mir zwingt!

SIEGMUND.

    Im Lenzesmond

    leuchtest du hell;

    hehr umwebt dich

    das Wellenhaar:

    was mich berückt

    errath' ich nun leicht –

    denn wonnig weidet mein Blick. 6,19

Inniger als in Wagners Werken versenken sich nirgends zwei Augenpaare ineinander, um sich wechselseitig von »deines Auges Gluth« 6,20 entflammen zu lassen. Und so »zünden die Blicke, / zehren die Athem sich; / Aug' in Auge, / Mund an Mund.« 6,174 Eine Leidenschaft, die Verblendung nicht ausschließt, wie Siegfrieds Begegnung mit Gutrune belegt.

SIEGFRIED

mit schnell entbrannter Leidenschaft den Blick
auf sie heftend.

    Die so mit dem Blitz

    den Blick du mir seng'st,

    was senk'st du dein Auge vor mir?

GUTRUNE

schlägt, erröthend, das Auge zu ihm auf.

SIEGFRIED.

    Ha, schönstes Weib!

    Schließe den Blick!

    Das Herz in der Brust

    brennt mir sein Strahl:

    zu feurigen Strömen fühl' ich

    zehrend ihn zünden mein Blut!

Mit bebender Stimme.

    Gunther – wie heißt deine Schwester?

GUNTHER.

    Gutrune. 6,194

Auch hier folgt der Blickszene eine Sprach- und Namens-
szene. Aber sie ist entschieden anders strukturiert als die
jubilatorische Taufszene um Siegmund und Nothung, kreist
sie doch um ein großes Verschweigen. Siegfried kann, pharmakologisch konditioniert, nicht kundtun, in welche Geschichte er verstrickt ist. Und also verstrickt er sich in die
Abgründe des (Ver-)Schweigens. Die destruktive Macht des
Verdrängens, Verschweigens und Verwerfens lässt sich nicht
eindringlicher darstellen, als Wagners Werke es vorführen.
Sie kreisen unablässig um das Verschwiegene, Ungesagte,
Untersagte und Unbeantwortete.[8] Wagner, der alle Fragen,
von den profansten bis zu den letzten Fragen, beantworten
wollte, hat ein intimes Verhältnis zum (Ver-)Schweigen, das
er zugleich mit aufgeklärter Indiskretion zum Reden bringen möchte.

Fragen spielen in Richard Wagners Musikdramen unüberhörbar eine außerordentlich wichtige Rolle. Nicht immer
aber werden sie so schnörkellos klar gestellt und beantwortet wie im dichten Wortwechsel des Fliegenden Holländers
mit Daland:

> HOLLÄNDER. Hast du eine Tochter?
> DALAND. Fürwahr, ein treues Kind.
> HOLLÄNDER. Sie sei mein Weib! –
> DALAND *freudig betroffen.*
>> Wie? Hör' ich recht? Meine Tochter sein Weib?
>> Er selbst spricht aus den Gedanken! ... 1, 264

In dieser Szene geht es wunderbar direkt zu. Zwei Männer
verstehen sich glänzend; sie müssen nicht lange und umständlich miteinander reden, um zum Punkt zu kommen.
Das liegt auch daran, dass es zwischen den Gedanken, die

---

[8] Das Folgende ist eine leicht überarbeitete Passage aus meinem
Beitrag zur Festschrift für Wolfram Hogrebe: Jochen Hörisch:
*»Das sagt sich nicht« – Ausgestaltungen des Unsagbaren in Wagners
Musikdramen;* in: Joachim Bromand / Guido Kreis (Hrsg.): *Was
sich nicht sagen lässt – Das Nicht-Begriffliche in Wissenschaft, Kunst
und Religion.* Berlin 2010, S. 521–532.

beide Männer umtreiben, ebenso wenig eine Differenz gibt
wie zwischen dem Gedanken und dem Aussprechen des Gedankens. Das Gedachte liegt auf der Zunge, es drängt unmittelbar zum Wort. Und so stellen sich Entsprechungsverhält-
nisse ein, die ein wenig zu harmonisch sind, um nicht dunkle
Ahnungen aufziehen zu lassen. Gedanken und Worte passen
so glänzend zusammen wie die Wünsche zweier Männer, wie
Frage und Antwort, wie ein verliebter Mann und ein verlieb-
tes Weib. Trotz aller Kargheit der Kommunikation zwischen
Daland und dem Fliegenden Holländer gilt: Hier bleibt (fast)
nichts ungesagt.

Am Ende von Wagners ingeniösem, wenn auch von schau-
erromantischen Elementen nicht freiem Frühwerk häufen
sich hingegen Fragen, die keine direkte Antwort mehr finden. Sie streifen die Grenzen des Sagbaren. Von harmonischen Entsprechungsverhältnissen zwischen »hören« und
»sehen«, zwischen einem liebenden Mann und einer liebenden Frau, zwischen Frage und Antwort kann nicht länger die
Rede sein. Sentas Verlobter Erik, und nicht nur er allein, hat
allen Grund, verwirrt zu sein und Fragen aneinanderzurei-
hen, auf die er keine befriedigende Antwort erhält. Die Irritation stellt sich ein, obwohl »hören« und »sehen« nicht miteinander im Konflikt liegen, sondern dasselbe Signal senden.
Eindeutig aber ist trotz aller Evidenz und trotz allem klaren
Hörensagen, dass hier eine antwortbedürftige Uneindeutig-
keit die Sinne verwirrt.

ERIK. Was mußt' ich hören, Gott, was mußt' ich sehen!
   Ist's Täuschung, Wahrheit? Ist es Tat?
SENTA *sich mit peinlichem Gefühle abwendend.*
   O frage nicht! Antwort darf ich nicht geben! 1, 287

Dass etwas, und zwar das Entscheidende, nicht ausgesprochen werden darf oder schlechthin nicht ausgesagt werden
kann, ist ein Leitmotiv in allen Werken Wagners. Gerade weil
sie musische Töne und Klänge, die als solche erst einmal prä-,
sub- oder gar a-semantisch sind, mit einem ausgeprägten
sprachlichen Artikulationswillen kombinieren, arbeiten sich

Wagners Musikdramen lustvoll an einem Problem ab, das philosophierende Linguisten als das des Nichtpropositionalen charakterisieren.[9] Sie können sich dabei auf eine Notiz Wittgensteins berufen, in der es heißt: »Das Unaussprechliche (das, was mir geheimnisvoll erscheint und ich nicht auszusprechen vermag) gibt vielleicht den Hintergrund, auf dem das, was ich aussprechen konnte, Bedeutung bekommt.«[10] Wolfram Hogrebe führt dazu aus: »Diesem ›Wink‹ folgend erhielte das Unaussprechliche bzw. darüber hinaus das *real unknown* eine fundierende Stellung für die Bedeutungsmöglichkeit des Aussprechbaren, erzeugte ein Nichtverstehen erst die Möglichkeit des Verstehens. Die *sekundäre Identität* baut sich auf, wenn ein Wahrnehmbares auf ein Nicht-Wahrnehmbares, Unaussprechliches, Nicht-Gewußtes hin *angesprochen* wird. Die Heine-Frage ›ich weiß nicht, was soll es bedeuten, daß p‹ macht ›daß, p‹ erst bedeutungsvoll. So sehen wir die Weltverhältnisse an, das Faktische im Lichte einer sich entziehenden, einer entzogenen Bedeutungshaltigkeit, auf die das Faktische verweist und dadurch zeichenhaft wird. Das Nichtverstehen ist *der Sache nach* das Erste, das Verstehen das Zweite.«[11]

Zahlreiche Figuren der Musikdramen Richard Wagners würden heftig zustimmend nicken, wenn sie diese weisen Sätze zur Kenntnis nehmen könnten. Senta und Elsa, Siegfried und Parsifal, Beckmesser und Tristan und viele weitere Protagonisten aus Wagners Universum sind leidende, traumatisierte, mitunter aber auch beglückte Spezialisten des Nichtverstehens. Damit sind sie – wenn auch herausragende – Glieder einer langen literarischen Ahnenreihe. Denn das Motiv, dass etwas nicht ausgesagt werden darf oder kann, hat eine bemerkenswert breit ausgestaltete Vorgeschichte in der Weltliteratur und in der Kulturgeschichte. Es ist ein Topos,

[9] Vgl. u. a. Gottfried Gabriel: *Literarische Form und nichtpropositionale Erkenntnis in der Philosophie*; in: G. G.: *Zwischen Logik und Literatur.* Stuttgart 1991.
[10] Ludwig Wittgenstein: *Vermischte Bemerkungen.* Frankfurt am Main 1977, S. 38.
[11] Wolfram Hogrebe: *Echo des Nichtwissens.* Berlin 2006, S. 83.

wenn ein Autor bekennt, dem Ungeheuren, das er da zu erzählen habe, sprachlich nicht gewachsen zu sein.[12] Viele Religionen kennen und pflegen das Tabu, das es verbietet, Gott, das Allerheiligste oder das Böse selbst beim Namen zu nennen; noch dem unerschrockenen Harry Potter geht der Name dessen, der nicht genannt werden darf, kaum über die Lippen. Zahlreiche Kulturen kennen Schweigegebote aller Art. Sie können Profan-Unanständiges, aber auch Sakrales untersagen und beispielsweise Initiierten verbieten, weiterzuerzählen, was sie gesehen, gehört und erfahren haben, als sie mit den eleusinischen Mysterien oder mit den Riten eines Geheimbundes vertraut gemacht wurden. Der Unsagbarkeitstopos kann sich aber auch auf letzte Fragen[13] beziehen und auf das abzielen, was sich schlechthin nicht aussagen lässt, weil es sich sprachlich nicht erschließen bzw. nicht in sprachliche Form gießen lässt, sondern allenfalls zeigt und offenbart.

Wagners gewaltiges Werk ist unüberhörbar ein Großversuch, noch und gerade das auszusprechen und zu sagen, worüber andere (andere Autoren, andere Diskurse, andere Künste) nur schweigen können. Richard Wagner ist ein Virtuose in der Präsentation von Unsagbarkeiten. Auffallend ist zumal sein Geschick, komplexe und philosophisch hochambitionierte Ausgestaltungen des Unsagbaren mit psychologischen Motiven zu verbinden. Zahlreiche Szenen seiner Musikdramen bringen das Unsagbare und das Unsägliche in eine reizvolle Beziehung, so als wollte Wagner systematisch zeigen, dass noch die reinsten und höchsten metaphysischen Fragen und Antwortversuche fundamentalpsychologische Implikationen aufweisen. Kein zweiter Autor, auch

---

[12] Vgl. u. a. Ernst-Robert Curtius: *Europäische Literatur und lateinisches Mittelalter*, a. a. O., Kap. 8, § 5: Unsagbarkeitstopoi; Manfred Frank: *Das Sagbare und das Unsagbare – Studien zur deutsch-französischen Hermeneutik und Texttheorie*. Frankfurt am Main 1990; Waldemar Fromm: *An den Grenzen der Sprache. Über das Sagbare und das Unsagbare in der Literatur und Ästhetik der Aufklärung, der Romantik und der Moderne*. Freiburg i. Br. 2006; und Emmanuel Alloa / Alice Lagaay (Hrsg.): *Nicht(s) sagen. Strategien der Sprachabwendung im 20. Jahrhundert*. Frankfurt am Main 2008.

[13] Vgl. Jochen Hörisch: *Vorletzte Fragen*. Stuttgart 2007.

kein zweiter Komponist und Librettist, der seine Werke in der Zeit nach Sigmund Freud geschaffen hat, dürfte Philosophie und Psychologie so ineinander verschränkt haben wie Wagner. Die häufig gestellte Frage, wie denn Wagners philosophischer Weg von Feuerbach über Schopenhauer bis zu Nietzsche zu verstehen sei, ist vergleichsweise einfach zu beantworten. Alle drei für Wagner ausschlaggebenden Denker haben bei allen scharfen Differenzen doch diese beiden Gemeinsamkeiten: dass sie erstens mit Kant metaphysische Fragen für argumentativ unklärbar, damit aber noch nicht für überwunden halten und dass sie zweitens gegen Kant und die kantische Tradition Psychologie und Philosophie als zwei Seiten einer Medaille begreifen. Letzte metaphysische Fragen lassen sich nur beantworten, wenn man vorletzte Sphären wie die der Psychologie (in anderen Zusammenhängen auch die der Ökonomie, der Soziologie oder der Politik) anerkannt hat. Man kann, ja man muss deshalb Wagners Werk auch als gewichtigen Beitrag zu einer Kritik der unreinen Vernunft[14] verstehen und hören. In den Entwürfen zu seinem Drama *Jesus von Nazareth* lässt Richard Wagner in jungdeutscher Beschwingtheit den irdisch-unreinen, inter urinam et faeces geborenen Gottessohn aus Fleisch und Blut verkünden: »Ihr stammet aus Gott: aus Gott aber kann nichts Unreines stammen. Denn ist der Anbruch heilig, so ist auch der Teig heilig; ist die Wurzel heilig, so sind auch die Zweige heilig. Gerecht ist also auch der Menschen Fleisch und Blut, und kein Unrecht kann an ihm sein: sondern alles Ärgerniß und Sünde kommen durch das Gesetz, das wider den Menschen ist, darum bin ich gekommen, euch von dem Gesetze zu erlösen, ohne das es keine Sünde giebt.« 11, 291

Handfest psychologisch und zugleich tiefsinnig philosophisch geht es schon im Frühwerk *Der Fliegende Holländer* zu. Die transparenten psychologischen Dispositionen der Protagonisten – ein erlösungsbedürftiger Mann, ein auf seinen Vorteil bedachter Vater, eine junge Frau mit träumerischen

14 Vgl. dazu Jochen Hörisch: *Tauschen, sprechen, begehren. Eine Kritik der unreinen Vernunft.* München 2011.

Fixierungen, ein redlicher, junger, aber nicht faszinierender Mann – markieren den Beginn des Musikdramas, der weder Unsagbares noch Unsägliches kennt. Ungleich komplexer stellt sich das Ende des *Fliegenden Holländers* dar. Denn es führt vor Augen und Ohren, dass die Zeit der klaren Antworten und Aussagen vergangen ist. »Antwort darf ich nicht geben«, muss Erik, der sich auf das Treueversprechen seiner Geliebten beruft, aus Sentas Mund hören, als er Aussagen über das verlangt, was ihm unverständlich bleibt. *Der Fliegende Holländer* ist das Musikdrama der ungewollten Täuschung und der enttäuschten Hoffnung auf Treue. Mit »Treue« aber ist eben nicht nur die Verlässlichkeit des erotischen Verhältnisses zwischen Senta, Erik und dem Fliegenden Holländer gemeint. »Treue« meint vielmehr die Verlässlichkeit der semantischen Verhältnisse überhaupt. Und um die ist es heikel bestellt. Antwort auf die Frage, wer denn der Mensch sei, der da so direkt um Sentas Hand angehalten hat, und was es mit ihm auf sich habe, kann niemand geben, der auf festem Boden steht. Auskunft können allenfalls »die Meere aller Zonen« und der Seemann geben, der sich diesem unsicheren Element anvertraut.

Dem psychologisierenden Anfang seiner romantischen Oper hat Wagners schon früh entfaltete Kunst des Übergangs eine philosophisch-metaphysische Wende gegeben. Dass der Fliegende Holländer dazu verdammt ist, ewig leben zu müssen, wenn ihn nicht die bedingungslose Liebe einer Frau zum endlichen Leben erlöst, ist mehr als ein nur psychologisches Motiv, über das Heinrich Heine in seiner Schrift *Aus den Memoiren des Herren von Schnabelewopski* geistreich spottete: »Die Moral des Stückes ist für die Frauen, daß sie sich in acht nehmen müssen, keinen Fliegenden Holländer zu heuraten; und wir Männer ersehen aus diesem Stücke, wie wir durch die Weiber, im günstigsten Falle, zugrunde gehn.«[15]

251

Leitmotiv Nr. 6 »Er sah mir in die Augen« oder Das große (Ver-)Schweigen

15 Heinrich Heine: *Aus den Memoiren des Herren von Schnabelewopski;* in: *Werke und Briefe in zehn Bänden,* hrsg. von Hans Kaufmann. Berlin / Weimar 1972 (2.)., Bd. 4, S. 83.

Falschen Respekt vor Autoritäten und Sphären, die sich mit Schweigegeboten umgeben und sich dabei auf den Unsagbarkeitstopos berufen, haben, wenn auch in ganz unterschiedlichen Konstellationen, weder Tannhäuser noch Wotan, weder Mime noch Siegfried (beide reden sich buchstäblich um Kopf und Kragen), weder Hans Sachs noch Walther von Stolzing. Sie alle machen namhaft, was sie als wahnhaft durchschaut zu haben glauben; sie alle bemühen sich, den tief geheimnisvollen Grund aller Verwicklungen und Offenbarungen zu benennen und dadurch zu erhellen. Zumal in *Tristan und Isolde* und in *Parsifal* hat Wagner das Unsagbarkeitsmotiv souverän ausgestaltet. In beiden Werken geht es unüberhörbar um letzte Fragen – nach Liebe und Leiden, Geburt und Tod, Sein und Sinn, Sagbarem und Unsagbarem. Und in beiden Werken versteht sich Wagner auf die subtile Kunst, keinen falschen Tiefsinn zuzulassen, sondern vielmehr Psychologie als den Königsweg vorzustellen, der in metaphysisch letzte Sphären hineinführt und ihnen eine postmetaphysische Wende gibt.

Tristan, Isolde und König Marke umkreisen immer erneut die Sphären des Schweigens und des Unsagbaren.[16] Bevor es dabei um ein metaphysisches Verständnis des unaussprechlich bzw. »unerforschlich tief geheimnisvollen Grundes« aller Gründe und Abgründe geht, drehen sich die stockenden, aber umso subtiler auskomponierten Wortwechsel um ein sehr konkretes psychologisches bzw. erotisches Problem. Isolde will wissen, warum Tristan sich ihr gegenüber so lieblos-distanziert benommen hat.

ISOLDE. Hart am Ziel.
　　Tristan, gewinn' ich Sühne?
　　Was hast du mir zu sagen?
TRISTAN *düster.*
　　Des Schweigens Herrin

16 Christiaan L. Hart-Nibbrig: *Rhetorik des Schweigens – Versuch über den Schatten literarischer Rede.* Frankfurt am Main 1981, S. 147 ff.

heißt mich schweigen:
fass' ich, was sie verschwieg,
verschweig' ich was sie nicht faßt.

ISOLDE.

Dein Schweigen fass' ich,
weichst du mir aus. 7, 24

Das ist ein harter und dichter Wortwechsel, den Bassklarinette und Englischhorn, das Liebesmotiv herbeizitierend, mit musisch zartem Gegensinn versehen. Der lieblose Wortwechsel lässt sich unpoetisch in psychologischen Klartext übersetzen. Tristan erfasst, was Isolde nicht offen aussprechen mag: dass sie ihm erotisch verfallen ist, seit er, der im Kampf mit ihrem Verlobten Morold Verletzte, ihr in die Augen sah. Und Tristan verschweigt, was Isolde nicht fassen und was er, der Konvention gehorchend, nicht aussprechen kann: dass er (bis zur Einnahme des Liebestranks) an Frauenliebe desinteressiert und vielmehr Mittelpunkt eines homophilen Männerbundes ist. Ohne Männerbünde sind Wagners Opern und Musikdramen nicht zu haben (s. Leitmotiv 5). In *Tristan* ist die homophile Stimmung des markanten Männerbundes unüberhörbar. Umso erstaunlicher ist es, wie viele *Tristan*-Interpreten über dieses zentrale Motiv hinweghören, obwohl Wagner, das Wort »Minne« auf Beziehungen zwischen Männern anwendend, es gleich mehrfach deutlich namhaft macht. Zu Kurwenal sagt Tristan, laut Regieanweisung »gleichsam um Sprache ringend«, indem er ihn »an sich zieht und umarmt«:

Mein Kurwenal,
du trauter Freund,
Du Treuer ohne Wanken,
wie soll dir Tristan danken?
Mein Schild, mein Schirm,
im Kampf und Streit
zu Lust und Leid
mir stets bereit:
wen ich gehaßt,

den haßtest du;
wen ich geminnt,
den minntest du. 7, 64

Diese Äußerung bezieht sich sowohl auf König Marke als auch
auf Melot, über den Tristan zu Isolde sagt: »Mein Freund war
der, / er minnte mich hoch und teuer,« so wie König Marke,
der über sich selbst in der dritten Person spricht, aus der Art
seiner Zuneigung zu Tristan gerade kein Geheimnis macht –
er liebt ihn so sehr, dass er sich nicht vermählen möchte:

Dem kinderlos einst
schwand sein Weib,
so liebt' er dich,
daß nie aufs neu'
sich Marke wollt' vermählen. 7, 52

Tristans erotischer Verrat stellt deshalb für König Marke ein
unlösbares, aber durchaus profanes Geheimnis dar. Marke,
die Inkarnation des Männerbündlers, kann schlechthin nicht
verstehen, dass Tristan (nach Einnahme des Liebestranks)
Isolde erotisch verfallen ist – was Tristan seinerseits wiederum verstehen kann:

MARKE. Den unerforschlich
furchtbar tief
geheimnisvollen Grund,
wer macht der Welt ihn kund?
TRISTAN
das Auge mitleidig zu Marke erhebend.
O König, das –
kann ich dir nicht sagen;
und was du frägst,
das kannst du nie erfahren. –
*Er wendet sich seitwärts zu Isolde, welche die Augen
sehnsüchtig zu ihm aufgeschlagen hat.* 7, 54

Ein Blick Tristans auf Marke, ein sehnsüchtiger Blick Isoldes auf Tristan – so klar ist das szenische Arrangement der Personen, das sich in dem Maße neu konstelliert hat, in dem Tristan sich in jedem Wortsinne dem Heteron, dem anderen Geschlecht, aber eben auch dem ganz Anderen, dem totaliter aliter zuwendet. Wagner belässt es nicht bei der Darstellung der erotisch-psychologischen Konstellation von Homo- und Heterosexualität als Sphären, deren eine unter Verschwiegenheitstabu steht (bzw. stand) und die sich wechselseitig schlechthin nicht verstehen können.

Nun ist *Tristan und Isolde* als erotisches Musikdrama zugleich ein thanatologisches Musikdrama. Der Tod aber ist das ganz Andere des Lebens. Über das Leben und die Liebe lässt sich unendlich viel sagen bzw. ließe sich unendlich viel sagen, wenn nicht der Tod die Redezeit verknappte. Über die Sphäre des Todes lässt sich hingegen (fast) nichts sagen.

Das ehrgeizigste Ziel von Kunst ist es jedoch, das Schweigen der Toten und des Todes zu überwinden. Große Kunst hat sich immer auch als Versuch verstanden, noch darüber zu sprechen, worüber sich nur schweigen lässt, weil Todesstille herrscht. Werke wie die *Odyssee*, die *Aeneis*, *Die göttliche Komödie*, *Hamlet*, *Faust*, *Ulysses*, *Der Zauberberg* oder *Der Jäger Gracchus* (um nur sie zu nennen) versuchen, noch dem Schweigen der Toten eine Botschaft abzulauschen. Tristan gehört in die große Reihe der poetischen Gestalten, die wie Orpheus und Odysseus, Persephone und Herakles eine Fahrt in den Hades (das Aussprechen dieses Götter-Namens war im antiken Griechenland tabuisiert) oder wie Christus in das Reich des Todes unternommen haben. Er hat das ganz Andere des Lebens kennengelernt. Deshalb kann und muss Tristan, nachdem er, um klinisch-profan zu sprechen, aus einem Koma erwachte, Kurwenal widersprechen, der ihn als Rückkehrer ins Leben »daheim, daheim«, »im Heimatland« begrüßt:

KURWENAL.
    Nun bist du daheim zu Land:
    im ächten Land,
    im Heimath-Land,

> auf eig'ner Weid' und Wonne,
> im Schein der alten Sonne,
> darin von Tod und Wunden
> du selig sollst gesunden. 7, 60

In seiner Antwort auf Kurwenals liebevolle Begrüßungsworte häuft Tristan die Wendung »das kann ich dir nicht sagen«; und er bemüht das Schlüsselwort »anders« (»ich weiß es anders«), um darauf hinzuweisen, dass er eine Erfahrung des Heteron, des Heterologen, des ganz Anderen gemacht hat, die sich nicht kommunizieren läßt. Diesmal aber beziehen sich Tristans Wendungen nicht auf erotische, sondern auf thanatologische Erfahrungen.

> TRISTAN *nach einem kleinen Schweigen.*
> Dünkt dich das, –
> ich weiß es anders,
> doch kann ich's dir nicht sagen.
> Wo ich erwacht,
> weilt' ich nicht;
> doch, wo ich weilte,
> das kann ich dir nicht sagen.
> Die Sonne sah ich nicht,
> noch sah ich Land und Leute:
> doch, was ich sah,
> das kann ich dir nicht sagen.
> Ich war –
> wo ich von je gewesen,
> wohin auf je ich gehe:
> im weiten Reich
> der Weltennacht.
> Nur ein Wissen
> dort uns eigen:
> göttlich ew'ges
> Ur-Vergessen, – 7, 61

Tristans um Sprache ringende Worte sind um eine Paradoxie herum konstelliert. Sie wollen das eine Wissen, auf das es eigentlich ankommt, also den unerforschlich tief geheimnisvollen Grund, benennen, sie wollen Unsagbares aussagen, und können ebendies nicht – bzw. doch. Denn genau dies, dass sich das eine Zauberwort, das alle anderen Worte grundiert, nicht sagen lässt, weil es sich in »göttlich ew'gem Urvergessen« verliert, lässt sich aussagen. Man kann Tristans Worte in die Sprache der Philosophie übersetzen: Es gibt kein Fundament des Fundaments, keinen Grund des Grundes, keinen Sinn des Sinns und keine Bedeutung von Bedeutung.[11] Wer nach dem Ursprung allen Seins und allen Sinns forscht, muss, wenn er dies intellektuell redlich tut, die Erfahrung machen, dass im Ursprung ein Sprung, ein Riss, eine Differenz ist, die sich nicht tilgen lässt.

Das weite Reich der Weltennacht, in das Tristan abtaucht, in dem er, in sich selbst versunken, versinkt, erweist sich nicht als Sphäre des letzten Grundes aller Gründe, sondern als Sphäre, in der alle Gründe verwesen. Sowenig es einen letzten Grund aller Dinge gibt, so wenig gibt es ein transzendentes Letztfundament allen Sinns (s. Leitmotiv 5). Wer mag, kann diese tiefe Einsicht als Richard Wagners musische Variante des Buddhismus oder als Dekonstruktion avant la lettre begreifen. Textlich erfährt diese Einsicht im *Parsifal* ihre schwerlich zu überbietende Zuspitzung. Der reine Tor qualifiziert sich als Erlösergestalt auf paradoxe Weise ebendeshalb, weil er erst einmal so gut wie nichts von dem versteht, was um ihn herum geschieht und gesprochen wird. Wagners Parsifal ist wie sein mittelalterlicher Bruder im Geiste auf der Suche nach einer Antwort auf die Frage, was all das denn bedeute. Eine erhellende Antwort auf diese Frage erwartet er zu Recht von dem Ritual, auf das die Menschen, die ihn umgeben und die ihm unendlich klüger scheinen als er selbst, auffällig fokussiert sind: vom »letzten Liebesmahle«, vom Abendmahl, vom Gral. Die Schweige- und die Gralsszenen des *Parsifal* kreisen dabei stets auch um die Frage, »ob dieß ›bedeutet‹ oder ›ist‹«.[10, 88] Die Wendung, die Konstellationen von Sein und Bedeuten problematisiert, findet sich

[11] Vgl. Jochen Hörisch: *Bedeutsamkeit. Über den Zusammenhang von Zeit, Sinn und Medien*. München 2009.

übrigens auch im Roman *Der Grüne Heinrich* von Gottfried Keller, mit dem Wagner im Zürcher Exil engen Kontakt pflegte. Dort heißt es in dem Kapitel, das Heinrichs großen Brücken-Traum von der Rückkehr in die Heimat schildert: »Alles, was auf der Brücke geht, ist und bedeutet nur etwas, insofern es aus dem Gelände hüben und drüben kommt und und wieder dahin geht.« [18]

Wagner setzt beide Schlüsselworte (ist / bedeutet) in Anführungszeichen und markiert sie allein schon dadurch als bedeutsame Worte und nicht als ontologische Größen (»ist«). Die Passage, in der Wagner die Frage-Wendung, »ob dieß ›bedeutet‹ oder ›ist‹«, lanciert, ist es wert, ein wenig ausführlicher zitiert zu werden. Die Wendung entstammt dem Essay *Publikum und Popularität*, der im Sommer 1878 in den *Bayreuther Blättern* erschien. Dort heißt es nach Hinweisen auf Schillers inkarnationsästhetische Gestaltung des Johanna-Dramas: »Sehet nun den Christusknaben auf den Armen der Sixtinischen Madonna. Was dort unserem Schiller für die Erkennung der wunderbar begabten Vaterlandsbefreierin eingegeben, war hier Rafael für den theologisch entstellten und unkenntlich gewordenen Erlöser der Welt aufgegangen. Sehet dort das Kind auf euch herab, weit über euch hinweg in die Welt und über alle erkennbare Welt hinaus, den Sonnenblick des nun unerläßlich gewordenen Erlösungs-Entschlusses ausstrahlen, und fragt euch, ob dieß ›bedeutet‹ oder ›ist‹?« 10, 88 Jeanne d'Arc ist wie Jesus Christus ein Medium, das die Botschaft ist. The medium is the message. Im Gral bzw. in den eucharistischen Elementen, die an den Gottes- und Menschensohn erinnern, sollen das Bedeutsame und das Seiende, der Sinn und das Sein, Sema und Soma, Semiologie und Ontologie zur Deckung kommen. Ge-

---

[18] Gottfried Keller: *Der grüne Heinrich* (Erstfassung). *Sämtliche Werke in fünf Bänden,* hrsg. von Thomas Böning / Gerhard Kaiser, Bd. 2. Frankfurt am Main 1985, S. 775 f. Ähnliche Wendungen durchziehen den Roman. So heißt es einmal, dass »wir selbst auch in unserm äußern Erscheinen etwas s i n d und bedeuten« (ebd., S. 170) – eine Formulierung, die mehr meint als die Sein-Schein-Diskrepanz, die Kellers Novelle *Kleider machen Leute* thematisiert.

nau dies aber ist unmöglich. Wer Identitäten aussagt, muss ja zuvor die Elemente geschieden haben, die da identisch sein sollen. Diese dialektische Erfahrung macht selbst der tumbe Tor Parsifal, der seinen Seelenführer Gurnemanz fragt:

> Wer ist der Gral?
> GURNEMANZ. Das sagt sich nicht;
> doch bist du selbst zu ihm erkoren,
> bleibt dir die Kunde unverloren. – 10, 338

Auch dieser Wortwechsel hat es in sich. Und dies nicht nur deshalb, weil Parsifal einer Rhetorik der prosopopeia, der personificatio verpflichtet ist, wenn er fragt, »wer« und nicht etwa »was« der Gral sei. Die Antwort von Gurnemanz ist dagegen bemerkenswert sachlich und unpersönlich: »Das sagt sich nicht.« Offenbar kommt es diesen von unerhörter Verwandlungsmusik umgebenen, selbst aber eigentümlich statuarisch gesungenen Worten darauf an, das Unsagbare nicht als persönlich zurechenbare Schwäche eines Sprechers auszuweisen. »Das sagt sich nicht« ist eine ebenso knappe und klare wie rätselhafte Aussage, insistiert sie doch darauf, dass sich etwas schlechthin nicht aussagen lässt – und zwar ausgerechnet das Fundament bzw. der (»wer ist der Gral?«) Garant allen Sinns und aller Bedeutung.

Richard Wagner war ein Künstler, dem bei aller unüberhörbaren Lust an einer Ästhetik der Überwältigung doch auch außerordentlich daran lag, seine Werke so zu gestalten, dass sie philosophisch-theoretischen Nachfragen standhalten. Und so verwundert es nicht, dass er dem Problem des Unsagbaren auch in seinen Briefen und Schriften nachgegangen ist. So heißt es in der 1860 entstandenen Abhandlung *Zukunftsmusik*: »In Wahrheit ist die Größe des Dichters am meisten danach zu ermessen, was er verschweigt, um uns das Unaussprechliche selbst schweigend uns (sic) sagen zu lassen; der Musiker ist es nun, der dieses Verschwiegene zum hellen Ertönen bringt, und die untrügliche Form seines laut erklingenden Schweigens ist die *unendliche Melodie*.« 7, 129 Damit hat Wagner das Leitmotiv seiner Überlegungen zum

Zusammenhang von Musik und Sprache klar benannt. Er hätte sich dabei auf den Bayreuther poeta doctus Jean Paul berufen können, der die Musik als »Dolmetscherin des Unsagbaren« begriffen hat. Nach Wagners eigenen eindringlichen Worten ist »die göttliche Musik, diese zweite Offenbarung der Welt, das unaussprechlich tönende Geheimniß des Daseins«. 8, 213 Nun ist es eine höhere Trivialität, dass Instrumentalmusik keine distinkten Themen hat, dennoch aber als hochbedeutsam empfunden wird. Wagner hat Vokalmusik als Lösung und Kunstreligiosität durchaus auch als Erlösung der Unsagbarkeitsparadoxie verstanden. Im tönenden Schweigen der Musik wird deutlich, dass es gerade die letzte Todes- und Sinn-Stille ist, die alles Sagen freisetzt. Sprache, Sinn und Bedeutung gibt es demnach nur deshalb, weil es keinen Letztsinn gibt und tönendes Schweigen das vorletzte Wort hat.

Theoretisch und konzeptionell wird das dadurch deutlich, dass Wagner die Reimworte »Wonne klagend – alles sagend«, die bei Isoldes Liebestod erklingen, auch in seiner späten Schrift *Religion und Kunst* verwendet. Dort heißt es: »Ihr edelstes Erbe hinterließ uns die christliche Kirche als alles klagende, alles sagende, tönende Seele der christlichen Religion. Den Tempel-Mauern entschwebt, durfte die heilige Musik jeden Raum der Natur neu belebend durchdringen, der Erlösungs-bedürftigen Menschheit eine neue Sprache lehrend, in der das Schrankenloseste sich nun mit unmißverständlichster Bestimmtheit aussprechen konnte.« 10, 250 Die Formulierung ist hochgradig paradox. Denn das »Schrankenloseste« kann, eben weil es unbegrenzt und unbestimmt ist, nicht »mit unmißverständlicher Bestimmtheit« ausgesprochen werden. Aber es kann in der »neuen Sprache« der Musik erklingen und aufmerksam werden lassen für das unerhörte Paradox, dass Unsagbares alles Sagen erst ermöglicht. Der Satz »Das sagt sich nicht« lässt sich sagen – und singen.

Kommentar zu Leitmotiv Nr. 6 Augenblicke

Da sich die Komposition des *Ring des Nibelungen* über einen langen Zeitraum von etwa 20 Jahren – mit Unterbrechungen – hingezogen hat, konnte eine Weiterentwicklung der musikalischen Sprache und der Wagner zur Verfügung stehenden kompositorischen Mittel nicht ausbleiben; man spricht immer gern von der Zeit vor und nach *Tristan*. Etwa drei Viertel des *Ring* – genauer: *Rheingold, Walküre* und die beiden ersten Akte des *Siegfried* – entstanden bis 1857, *Tristan* zwischen 1856 und 1860. Die kompositorische Arbeit am 3. Akt des *Siegfried* und an der *Götterdämmerung* wurde vermutlich erst in der Zeit zwischen 1868 und 1874 wiederaufgenommen, nachdem bekanntlich noch *Die Meistersinger von Nürnberg* komponiert und zur Uraufführung gebracht waren. Die Zeitspanne ist also länger als die zwischen der Entstehung der Dresdener und der Pariser Fassung seines *Tannhäuser* (s. Leitmotiv 2). Trotzdem ist ein »Stilbruch« im *Ring* nicht eklatant hörbar. Das liegt sicher vor allem auch an der Leitmotiv-Technik, die im *Ring* expliziter zur Anwendung kommt. So hören wir das sogenannte »Götterdämmerungs-Motiv« bereits zu den Warnungen von Erda: »Ein düstrer Tag dämmert den Göttern …« in der 4. Szene von *Rheingold*. ㊾

Und das alles beschließende »Erlösungsmotiv«, in der »Walhall«-Tonart Des-Dur am Ende der *Götterdämmerung*, ㊿ wird bereits in der *Walküre* von Sieglinde (»*in größter Rührung*«) auf Brünnhildes Verheißung ihrer Geburt Siegfrieds mit den Worten: »O hehrstes Wunder! Herrlichste Maid!« in G-Dur eingeführt. (51)

Das »Natur-Motiv« aus dem Vorspiel zum *Rheingold* (52) ist mit dem »Erda-Motiv« eng verwandt, (53) Erdas Weisheit ist die Natur. Wie eine Umkehrung dazu erscheint das »Götterdämmerungs-Motiv«. ㊾ Der ganze *Ring* ist leitmotivisch so eng verwoben, dass man zuweilen annehmen kann, ständig dieselbe Musik zu hören. So fasziniert Claude Debussy bei seinem ersten Bayreuth-Besuch (vor allem vom *Parsifal*) gewesen war, später nerven ihn im *Ring* gerade diese ständigen Rückbezüge auf immer dieselben Leitmotive.[1] »Stellen Sie sich vor, dass sie niemals ohne Begleitung ihres verdammten Leitmotivs auf der Bühne erscheinen, manchmal singen sie es sogar!« Doch wie schon (in Leitmotiv 4) erläutert, sind auch die früheren Leitmotive wie das »Schicksals-Motiv« harmonisch bereits weit über die *Tannhäuser*- und auch *Lohengrin*-Tonalität hinaus. Ähnliches gilt für das »Schlaf-Motiv«, das am Ende der *Walküre* für Brünnhilde, (54) in *Siegfried* (im 3. Aufzug, also nach *Tristan* komponiert) aber für Erda, Brünnhildes Mutter, erklingt. (55)

Und ist nicht auch das sogenannte »Wanderer-Motiv«, das bereits im 1. Akt des *Siegfried* auftaucht, mit dem »Schlaf-Motiv« verwandt? (56) Einmal erklingt es am Anfang der Szene Wanderer – Mime, angedeutet dann bei den Worten: »und setze mein Haupt der Wissens-Wette zum Pfand«, deutlich bei: »ewig gehorchen sie alle des Speeres starkem Herrn.« Und noch einmal notengetreu am Schluss der Szene: »Dreimal solltest du fragen, dreimal stand ich dir frei«.

Als Musik für den Wanderer bleibt aber eigentlich die folgende diatonisch-irdisch schreitende Musik eher im Gedächtnis.

Im 3. Akt des *Siegfried* taucht das sogenannte »Wanderer-Motiv« nur noch einmal am Anfang der Szene Siegfried – Wanderer auf, auf Siegfrieds Frage nach Wotans »großem Hut«: »Das ist so Wanderers Weise, wenn dem Wind entgegen er geht«, das »Schlaf-Motiv« erklingt jedoch in der Erda-Wanderer-Szene zu Beginn des 3. Akts öfter. Abgesehen davon sind beide Motive durch eine höchst chromatische Verbindung von Harmonien gekennzeichnet, die nicht un-

1 Siehe Claude Debussy: *Monsieur Croche et autres écrits.* Sämtliche Schriften und Interviews. Stuttgart 1982.

bedingt vermuten lassen, es handele sich um ein Produkt der »Vor-*Tristan*'schen« Schaffensperiode. Aber Ähnliches gilt ja beispielsweise auch für das »Schicksals-Motiv« (s. Leitmotiv 4, Kommentar). Dieses, wie auch das »Todesklage-Motiv« (s. Leitmotiv 4, Kommentar) und das besagte »Schlaf-Motiv«, wird vor allem in der Nornen-Szene zu Beginn der *Götterdämmerung* öfter in den Text eingearbeitet, sodass man schwerlich zu spüren bekommt, dass diese Passagen erst viele Jahre nach Vollendung der *Ring*-Kompositionen bis zum 3. Akt des *Siegfried* entstanden sind. Außer vielleicht, dass das musikalische Geschehen selbstverständlicher miteinander verwoben und verarbeitet ist. Auch bricht die *Götterdämmerung* die Serie der eher flächenmäßigen Einleitungen der vorigen Abende: *Rheingold* lässt 136 Takte lang den Rhein, die Natur, in Es-Dur ertönen (s. Leitmotiv 10, Kommentar), *Walküre* stürmt 60 Takte auf dem dramatischen D der Bratschen und 2. Violinen, und *Siegfried* »grübelt« erst einmal 50 Takte lang düster mit zwei Fagotten um das Tremolo-F der Pauken, ehe die Bratschen und Celli, noch einmal 37 Takte lang ebenso düster das Geräusch des Schmiedehammers der Nibelungen um das F herum imitieren / meditieren, sekundiert vom »Wehe«-Klagen des Englischhorns.

Die *Götterdämmerung* dagegen kommt gleich zur Sache, zitiert »Heil dir, Sonne ...« (aus dem 3. Akt *Siegfried* , ein neues Motiv) um bald mit dem (seit den *Walküren* bekannten) »Schicksals-Motiv« zu den Nornen überzuleiten. Allerdings beinhaltet das sogenannte »Vorspiel« der *Götterdämmerung* dann im Anschluss bereits die Nornen-Szene und Siegfrieds Abschied von Brünnhilde, ist also eher ein Prolog.

Debussys Vorwurf, dass man ständig dieselbe Musik höre, könnte man bei den wirklichen Haupt-Leitmotiven »Ring«, »Vertrag«, »Schwert«, »Walhall« etc. noch einigermaßen rechtfertigen. Es gibt dennoch viele kompositorische Elemente, die im Laufe des *Ring* neu entstehen, wie beispielsweise schon Siegmunds »Arie« (»Winterstürme«), auch der »Walkürenritt« ist neu, das »Grübel-Motiv«, die »Wanderer-Musik« (s. o.), das »Erwachens-Motiv« (»Heil dir, Sonne ...; s. o.) und viele Erfindungen, die aus der dramatischen Situation entstehen; etwa die häufiger zur (wohl unfreiwilligen) Heiterkeit anregende Weckszene aus dem 3. Akt *Siegfried*: »Das ist kein Mann!«, wo ein neues, in der Schott-Tabelle gar nicht aufgeführtes, Motiv erscheint,[2] (57) das aber auch nur hier verwendet wird und nicht etwa in der vergleichbaren »Liebesglut-Szene« mit Gutrune. Warum nicht? Hier soll die Musik wohl eher das Erschrecken als die Liebesglut ausdrücken. Oder erschiene es Wagner vielleicht als »Sakrileg«, Siegfrieds Liebe zu Brünnhilde mit der künstlich durch eine Droge erzeugten zu Gutrune zu vergleichen? Und doch geht es beide Male um das Sehen, das Erblicken und das in Liebe Entbrennen: SIEGFRIED: »Wie weck ich die Maid, dass sie ihr Auge mir öffne? Das Auge mir öffne?«[3] Und die erschrockene Reaktion Siegfrieds klingt doch etwas ähnlich, oder? (57)

In der *Götterdämmerung* wird ein neues Motiv, das für Gutrune, hinzugefügt. (58) (59) Von simpler Übertragung der Leitmotive 1:1 ist keine Spur. Viele der Motive sind Neuerfindungen für neue Situationen und neu eingeführte Personen und sollten gar nicht Leitmotiv genannt werden, nur um das System zu rechtfertigen oder ad absurdum zu führen. Die Bezüge sind vielleicht im *Rheingold* noch ziemlich klar. Das Beziehungsgeflecht am Ende des *Ring* ist komplexer geworden, und es zerfällt zum Ende hin alles. Nur die Natur (Rheintöchter) holt sich alles zurück. Auch die Harmonieverbindungen werden komplexer, alles passt zusammen. Aber am Ende bleibt, in klarem unchromatischem Des-Dur, das »Erlösungs-Motiv« der Sieglinde, das zwischenzeitlich keine Rolle gespielt hatte, und beschließt geradezu überwältigend den gesamten *Ring*. Wie froh können wir doch sein, dass vor der *Götterdämmerung* bereits *Tristan und Isolde* komponiert worden war!

[2] Das bei einigen »Leit-Motiv-Sammlern« als »Liebesglut(h)-Motiv« bezeichnet wird. (richard-wagner-werkstatt.com).
[3] So die Textfassung im Klavierauszug bei Schott. In der ersten Textfassung: »... dass sie die Augen mir öffne? Das Auge mir öffne?« In der Orchesterpartitur: »... dass sie ihr Auge mir öffne? Das Auge mir öffne?«

Leitmotiv Nr. 7
Wähnen
und Träumen

»Zu Tisch sprechen wir von der Unfähigkeit, sich durch die Sprache verständlich zu machen, die Sprache eine Konvention; nur die Liebe, die sich selbst aufgibt, versteht den anderen, und der durch die Kunst Hingerissene«, notiert Cosima am 31. Juli 1872 in ihr Tagebuch CTB 1, 555. Wie unsicher und ebendeshalb aufschlussreich das Verständigungsmedium Sprache sein kann, musste Cosima Wagner mehr als einmal erfahren. So hält ihr Tagebuch am 6. September 1880 einen freudschen Versprecher fest. »Wir teilen dagegen unsere Absicht mit, eine Wahnfried-Zeitung monatlich herauszugeben, und da beim Sprechen die Zunge sich mir dreht und anstatt Peitschen-Knall ich Kneitschen-Pall sage, wird unter Gelächter erklärt, die Zeitung würde so heißen.« CTB 2, 595 Zur Gründung einer Wagner-Hauspostille dieses Namens ist es nicht gekommen, zu der der zwei Jahre zuvor erstmals erschienenen *Bayreuther Blätter* hingegen schon. Zur Grundsteinlegung und Vollendung der Villa, die da den eigentümlichen Namen Wahnfried trägt, kam es gleichermaßen – eine seltsame Konstellation. Am 28. April 1874 hatte Wagners wunderliche Familie Wahnfried bezogen. Und am 13. August 1876 erklang bei der Bayreuther *Ring*-Uraufführung erstmals vor exquisitem Publikum (anwesend waren unter anderen Kaiser Wilhelm I., der brasilianische Kaiser Pedro II., Franz Liszt, Peter Tschaikowski, Friedrich Nietzsche, Gottfried Semper und Leo Tolstoi) Loges hellsichtige Prognose für Götter, die herrschaftliche Prunkbauten beziehen.

LOGE
im Vordergrunde verharrend und den Göttern
nachblickend.

> Ihrem Ende eilen sie zu,
> die so stark im Bestehen sich wähnen.
> Fast schäm' ich mich
> mit ihnen zu schaffen. 5,267

»Wähnen« ist ein Lieblingswort Wagners, »Wahn« desgleichen. Über den repräsentativen Eingang seiner Villa ließ er bekanntlich die sperrigen Worte eingravieren: »Hier, wo mein Wähnen Frieden fand, / – ›Wahnfried‹ – sei dieses Haus von mir benannt.« Wagner, der Täufer und virtuose Ausgestalter von Taufszenen (s. Leitmotiv 5), nimmt auch im Hinblick auf den von Ludwig II. finanzierten Prachtbau das Herrenrecht der Namensgebung in Anspruch. Und er erklärt sich und Cosima zu den beiden exklusiven Köpfen, die den Sinn dieser Benennung verstehen. »Am Nachmittag«, so heißt es in Cosimas Tagebuch vom 7. Mai 1874, »sagte mir R., ich hätte immer gewünscht, daß er das Haus taufe, nun habe er einen Namen für dasselbe, ›Wahnfriedheim‹, in Hessen gäbe es einen Ort Wahnfried, es habe ihn so mystisch berührt, diese Zusammensetzung der beiden Worte, ›und wie das Gedicht von Goethe, was nur zu dem Weisen gesprochen sei, so würde nur der Sinnige ahnen, was wir darunter verstehen‹.« CTB 1,814 Tatsächlich gibt es im Werra-Meißner-Kreis einen Ort namens Wanfried (ohne h). Auch der Bezug zu Goethe erschließt sich schnell. »Sagt es niemand, nur den Weisen, / Weil die Menge gleich verhöhnet«, lauten die häufig zitierten Angfangszeilen des *Divan*-Gedichts *Selige Sehnsucht* aus der Feder Goethes, der ja seinerseits vom Landesvater ein angenehmes Gartenhaus im Park an der Ilm und eine repräsentative Bleibe mit der hübschen Anschrift Am Frauenplan zum Geschenk erhalten hatte. Besonders »sinnig« oder gar weise muss man nicht sein, um die Bezüge und den Sinn der Benennung »Wahnfried« zu ergründen. Richard Wagner ist angekommen, in Wahnfried erfüllt sich seine selige Sehnsucht, aus dem Wähnen ist Wahrheit geworden. Und doch ließen sich zu Cosimas

Kummer Missverständnisse um den Namen »Wahnfried« und die ihn erklärende Inschrift nicht vermeiden. Eine »unselige Presse« und die öffentliche Meinung sorgten für Entstellungen. »Ein Sonderbares ist auch, daß die Inschrift unseres Hauses durch die ganze Welt nun falsch verbreitet ist, weil der erste, der sie las, sie falsch las; statt Wähnen und seinem bedeutsamen Sinn, welcher mit Ahnen zusammenfällt, sagen sie Wahn! – – –« CTB 1, 836 Böse Journalisten, »die seit Jahr und Tag nichts wie Schandnotizen über unsere Unternehmungen gebracht« haben (ebd.), hatten offenbar insinuiert, dass Wagners Wahn und nicht etwa sein Wähnen hier am Hofgarten von Bayreuth seinen Frieden gefunden habe.

So unverständlich ist die journalistische Sottise nicht. Mild wahnhafte Momente haben dem Bayreuther Meister viele Zeitgenossen nachgesagt. Sein Auftreten, sein Kleidungsstil, seine Megalomanie, die rauschhaft-enthemmten Passagen seiner Kompositionen und seine Unfähigkeit, (nicht nur) in finanziellen Angelegenheiten das Realitätsprinzip zu respektieren, gaben und geben bis heute vielfältigen Anlass zu lästerlichen Reden. »Wahnsinn, Wagner!« war denn auch der Titel einer ZDF-Sendung im Wagner-Jahr 2013 (am 19. Juli), der sich die Pointe nicht entgehen ließ, dass der Name des alliterationssüchtigen Wagner dieselben Anfangsbuchstaben wie das Wort »Wahnsinn« hat. Dass Wagner Wahnmomente aufweise, behauptete schon zu Lebzeiten des Meisters Arzt Theodor Puschmann in seinem 1872 erschienenen Buch *Richard Wagner – Eine psychiatrische Studie*. Seine Ferndiagnose lautete: Wagners unsittliche Lebensführung (Puschmann ist über die Familienverhältnisse gut unterrichtet) spreche für sich bzw. gegen Wagner; sein Werk dokumentiere überdies eine starke Perversität der Begierden, einen völligen Mangel an sozialen Talenten und ein entspanntes bis halluzinatorisches Verhältnis zur Realität. Wer Wagners Musik höre, setze sich starken Angriffen auf seine mentale und kognitive Integrität aus; Wagner-Hörer brauchen, so Puschmann, Gehörnerven so dick wie Schiffstaue. Cosima und Richard Wagner erfahren über Nietzsche von der Veröffentlichung dieser Schrift: »In München, erzählt mir Pr. Nietzsche, hat ein Dr. Puschmann, Privatdozent an der dortigen Universität, eine Schrift soeben herausgegeben, in welcher er psychiatrisch beweist, daß R. wahnsinnig. Daß so etwas möglich ist, geduldet wird!« CTB 1, 601 Cosima verfällt nach der Lektüre »leider auf den Gedanken, in eine Entgegnung auf Dr. Puschmann's den Blick zu werfen, und mußte bis in die tiefste Seele erbeben, zarte Verhältnisse hin und her besprochen zu sehen.« Sie sammelt sich aber und nimmt den Skandal »mit ganzer Seele als Sühne und Buße!« CTB 1, 666

Ein Jahr nach dem Erscheinen von Puschmanns Studie schickte Wagner seinem Freund Nietzsche, der keine fünf wachen Jahre mehr vor sich hatte, ein Paket mit seinen Werken und mit einem Widmungsgedicht, das deutlich zu selbstironisch ist, um als Ausfluss eines wahnsinnigen Kopfes verstanden werden zu können.

An Nietzsche.

Was ich mit Noth gesammelt,
neun Bänden eingerammelt:
was darin spricht und stammelt,
was geht, steht oder bammelt, –
Schwert, Stock und Pritsche,
kurz, was im Verlag von Fritzsche
schrei', lärm' oder quietsche,
das schenk' ich meinem Nietzsche:
wär's ihm zu 'was nütze!

Bayreuth, (2. November) Allerseelentag 1873. 12, 380 f.

Nicht nur diese Verse sind ein Dokument des souveränen Umgangs, den Wagner in seinen guten Momenten mit sich selbst pflegte. Nahegegangen ist ihm die Puschmann'sche Diagnose gleichwohl. In Cosimas Tagebuch wird in deutungsbedürftigen Worten eine Blick- und Gesprächsszene wiedergegeben, die um Puschmanns Wagner-Wahn-Diagnose kreist. »Nach Tisch, wie ich R. lange betrachtete, sagt er: ›Du machst wohl Studien nach Puschmann‹, ich erwiderte:

Das brauchte ich nicht, da ich vollständig überzeugt sei, daß wir beide eigentlich im Wahnsinnigen begriffen seien! ›Doch‹, sagt er, ›denken wir nicht zu gut von der Welt, aber was wohl als Wahnsinn erscheinen mag, ist, daß bei dieser pessimistischen Erkenntnis der Welt man noch das will, was man will.‹«

CTB 1, 666 f. Besonders klar sind diese Äußerungen nicht. Deutlich ist aber immerhin, dass das Paar sich zur folie-à-deux bekennt und ein entwickeltes Bewusstsein von den problematischen Grenzen hat, die den Wahnsinn von der wirklichen Welt scheiden. Wagner hatte genug Schopenhauer-Lektüre hinter sich und war buddhistisch hinreichend imprägniert, um mit der These vertraut zu sein, dass mitunter der epidemisch gewordene Wahn Vernunft genannt wird. Entgegensetzungen von Wahn und Wirklichkeit, Traum und Wachwelt, Schein und Sein, Fata morgana und Realität sind dann notorisch unterkomplex, wenn sie verkennen, dass es den Wahnsinn, die Träume, den Schein und die Halluzinationen wirklich gibt. Wie belastbar, realitätstauglich und falsifizierbar die Vorstellungen sind, die wir uns von der Welt machen, erweist sich daran, wie sie den Willen stimulieren, etwas so und nicht anders zu sehen und zu machen. Wagners von Cosima festgehaltene Äußerung hat es in sich: Vorstellungen sind, weil sie Vorstellungen sind, per se störungsanfällig, der Wille aber kann nicht anders als mit sich identisch sein – selbst dann, wenn der eigene Wille vom Willen anderer geprägt ist.

Puschmanns Buch war der erste Beitrag zur Diskussion um wahnhafte Momente in Wagners Leben und Werk. Ihm folgten viele weitere. Noch eine neuere Arbeit zu Wagner steht unter dem konventionellen Titel *Genie und Wahn* und diagnostiziert bei Wagner zumindest Ansätze von Größenwahn.[1] Aufschlussreich ist es nun zu sehen, dass Wagner durchaus Krankheitseinsicht zeigt, was neben seiner ausgeprägt selbstironischen Disposition gegen die Diagnose »Wahnsinn« spricht. Ihm ist transparent, ja er ist »vollständig überzeugt«, dass er mitsamt Cosima »eigentlich im Wahnsin-

1 Axel Brüggemann: *Genie und Wahn – Die Lebensgeschichte des Richard Wagner.* Weinheim 2013.

nigen begriffen« ist. Auch über die mentalen, kognitiven und psychischen Verwirrungen und Verrückungen, die die Rezeption seiner Werke auslösen kann, braucht man Wagner nicht zu belehren. Zu Recht berühmt sind die Briefzeilen, die er im April 1859 an seine Geliebte Mathilde Wesendonck schreibt: »Kind! Dieser Tristan wird was furchtbares!/Dieser letzte Akt!!! – – – – – – –/Ich fürchte die Oper wird verboten – falls durch schlechte Aufführung nicht das Ganze parodirt wird –: nur mittelmässige Aufführungen können mich retten! Vollständig gute müssen die Leute verrückt machen, – ich kann mir's nicht anders denken. So weit hat's noch mit mir kommen müssen!! O weh!« SB 11, 58 Diese Einschätzung ist bemerkenswert realistisch. Bekanntlich erlitt der große Wagner-Dirigent Felix Mottl bei seinem hundertsten Tristan-Dirigat am 21. Juni 1911 einen Zusammenbruch, an dem er wenige Tage später starb. Auch der Dirigent Joseph Keilberth ließ sterbend den Taktstock aus der Hand fallen, als er sechzigjährig am 20. Juli 1968 in der Münchner Oper Tristan und Isolde dirigierte.

Die Droge Wagner kann tödlich sein. Auffallend ist, dass Wagners ebenso musische wie intelligente Räusche in todesaffinen Wahnsinnsfilmen wie Apocalypse now von Francis Coppola oder Melancolia von Lars von Trier unüberhörbar präsent sind. Die Droge Wagner kann insbesondere Menschen, die dem Wahn verfallen sind bzw. verfallen werden, affizieren; Ludwig II. und Friedrich Nietzsche sind die prominentesten Wahnsinnigen unter den Wagner-Fans. Anders als der bayerische Märchenkönig und der Denker, der vom enthusiastischen Wagner-Bewunderer zum schärfsten Wagner-Kritiker wurde, stand Richard Wagner selbst nicht unter einem Wahnsinnsverdacht, der psychiatrische Interventionen nahelegte. Dass Genie und Wahnsinn eng beieinander sein können, weil Genies per definitionem enorm, also nicht normal sind, ist eine verbreitete Einsicht. Wagner ist gewissermaßen die Inkarnation des ganz normalen Künstlerwahnsinns; auf der nach oben offenen ästhetischen Wahnsinnsskala zwischen Nikolaus Lenau und Hölderlin, Lord Byron und Edgar Allen Poe, Rimbaud und Nerval, Carravaggio und Dalí, Robert Schumann und Adrian Leverkühn dürfte er einen moderaten unteren Mittelklasseplatz belegen. Außergewöhnlich, buchstäblich enorm ist allerdings die ungemeine Realitätstauglichkeit des Wagner'schen Wähnens. Es ist ja unbestreitbar eine logistisch-organisatorische Wahnsinns-Leistung, nicht nur zu texten, zu komponieren, zu dirigieren und munter zu publizieren, sondern auch Barrikadenkämpfe zu organisieren, ein brillantes funktionstaugliches Festspielhaus zu entwerfen, erfolgreiches Fundraising in höheren Dimensionen zu betreiben, in reifen Jahren eine Dynastie zu gründen und auf Dauer das prominenteste Musikfestival der Welt zu initiieren.

In den Werken, die im Bayreuther Festspielhaus erklingen, wird das Wort »Wahnsinn« ebenso selten erklingen wie das Wort »verrückt«.[2] Die verwandten, aber gerade deshalb Distinktion signalisierenden Worte »Wahn« und »entrückt« zählen hingegen zu Wagners Lieblingsvokabeln. Wagner untertreibt, wenn er am 1. Juli 1867 aus Tribschen an Malwida von Meysenburg schreibt: »Liebste Freundin! / Wahn! Wahn! überall Wahn! Das ist jetzt mein Thema!« Denn Wahn, nicht Wahnsinn ist sein Thema seit den Anfängen und bis ans Ende seines gewaltigen Werkes. Wagner liegt offenbar daran, seine Protagonisten gerade nicht Wahnsinnsarien der Art singen zu lassen, wie sie in der Operngeschichte so prominent und beliebt sind – eine kluge jüngere Dissertation zu diesem Thema analysiert und kategorisiert ohne Anspruch auf Vollständigkeit vierhundert Wahnsinnsszenen.[3] Senta und Elsa sind psychisch auffällig, aber nicht wahnsinnig oder verrückt wie die Königin der Nacht oder Lucia di Lammermoor. In Wagners Werken wird man keine expliziten Wahnsinnsdiagnosen finden, wie sie etwa im 27. Aufzug des 2. Aktes der *Zauberflöte* vorkommt.

[2] Unter anderem im Frühwerk *Rienzi* und im Spätwerk *Parsifal* kommt das Signalwort ›Wahnsinn‹ vor: »KUNDRY *(rauh und abgebrochen, wie im Versuche, wieder Sprache zu gewinnen.)* / Ach! – Ach! / Tiefe Nacht – / Wahnsinn! – Oh! – Wuth! – / Oh! Jammer! – / Schlaf – Schlaf – / tiefer Schlaf! – Tod!« 10, 346
[3] Esther Huser: »*Wahnsinn ergreift mich – ich rase!*« Die Wahnsinns- szene im Operntext. Diss. Freiburg 2006.

Pamina, halb wahnwitzig mit einem Dolch in der Hand.
Vorige.

PAMINA *zum Dolch*

Du also bist mein Bräutigam?
Durch dich vollend ich meinen Gram.

DIE KNABEN *beiseite*

Welch dunkle Worte sprach sie da?
Die Arme ist dem Wahnsinn nah.

PAMINA

Geduld, mein Trauter, ich bin dein;
Bald werden wir vermählet sein.

DIE KNABEN

Wahnsinn tobt ihr im Gehirne;
Selbstmord steht auf ihrer Stirne.[4]

Über einen Mangel an psychischen Stress-Situationen, die
ihrem Leben perversen Reiz verleihen, brauchen Wagners
Protagonisten nicht zu klagen. Dennoch verfallen sie nicht
dem Wahnsinn, sie werden nicht verrückt. Wohl aber erfahren sie sich mit verlässlicher Regelmäßigkeit als Außenseiter-
figuren, die den vertrauten Kontexten, Lebenswelten, Sozio-
topen und Sphären »entrückt« sind. Um nur einige wenige
Beispiele anzuführen: Tannhäuser lässt sich in seine Peer-
Group reintegrieren, macht aber zugleich deutlich, dass er
erneut einer folie-à-deux verfallen könne, diesmal nicht mit
der Göttin der irdischen, sondern der Heiligen der himmlischen Liebe:

Sei unser, Heinrich! Kehr' uns wieder!
Zwietracht und Streit sei abgethan!
Vereint ertönen unsre Lieder,
und Brüder nenne uns fortan!

TANNHÄUSER

innig gerührt, umarmt Wolfram und die Sänger
mit Heftigkeit.

---

[4] Wolfgang Amadeus Mozart / Emanuel Schikaneder: *Die Zauberflöte*,
hrsg. von Attila Csampai / Dietmar Holland. Reinbek 1982, S. 105.

> Zu ihr! Zu ihr! O, führet mich zu ihr!
> Ha, jetzt erkenne ich sie wieder,
> die schöne Welt, der ich entrückt! 2,16

Entrückt erscheint auch Elsa »allen Männern«, wenn sie
den einen Ausnahmemenschen in lichter Waffen Scheine
so tugendlich und reine ihr zur Rettung eilen wähnt. »ALLE
MÄNNER *leise*. Wie sonderbar! Träumt sie? Ist sie entrückt?«
2,70 »Ganz in Träumerei entrückt« zu sein 6,103 ist aber kein
Privileg der hohen Sphäre. Diese Erfahrung ist auch Mime
vertraut, als er mit den Fragen des Wanderers konfrontiert
wird. Auf den buchstäblichen räumlichen Sinn des Wortes
»entrückt« spielt Tristan an, wenn er feststellt, dass Isolde
die Sphären gewechselt hat:

TRISTAN.
> Der Tag! Der Tag,
> der dich umgliß,
> dahin, wo sie
> der Sonne glich,
> in hehrster Ehren
> Glanz und Licht
> Isolde mir entrückt'! 7,39

Wagners Gebrauch seines Lieblingswortes »entrückt« ist bemerkenswert verlässlich. Entrückt ist, wer sich in andere
Sphären und Kontexte versetzt oder dorthin verführen lässt.
Der Fliegende Holländer wird vom Meer ans Land und aus
der Sphäre der schlechten Unendlichkeit in die der Sterblichkeit entrückt; Tannhäuser entflieht den erotischen Gefilden
des Venusberges, begibt sich auf die Wartburg und pilgert
nach Rom, er ist ein Virtuose des Wechsels aus der Sphäre
irdischer in die der himmlischen Liebe; Lohengrin lässt die
Gralssphäre hinter sich, um einer schönen Frau beizustehen
und sodann ins ferne Land entrückter Unnahbarkeit zurückzukehren; Walther von Stolzing verlässt seinen Adelssitz und
gesellt sich zu selbstbewussten Stadtbürgern, vor denen er
dann aber zusammen mit Eva fliehen möchte; Tristan rückt

nach Irland aus, um dort Tributzahlungen einzutreiben und für König Marke eine Braut zu gewinnen; Parsifal entflieht der mütterlichen Obhut, gelangt zur Gralsgemeinschaft und lässt sich in Klingsors Zaubergarten, wo teuflisch-holde Frauen ihn erwarten, entrücken; und auch Siegfried entrückt seiner ländlichen Abgeschiedenheit, um sich zum Walküren-felsen führen zu lassen und schließlich an einen Hof zu gelangen, an dem Lug und Trug walten – eine Erfahrung, die ihm Mime allerdings schon zuvor in der vermeintlich rousseauistischen Sphäre edler Wildheit vermittelt hat.

Wer wie Wagners Protagonisten den gängigen und vertrauten Kontexten entrückt (ist), ist eben gerade nicht verrückt, wohl aber in jedem Wortsinn exzentrisch. Er kann nämlich aus entrückter Position beobachten, was sich im Zentrum des Geschehens abspielt. Als wolle er die system-theoretisch inspirierte Kunsttheorie plakativ illustrieren, lässt Wagner seine entrückten Figuren alternative Realitäts-versionen ins Spiel der Beobachtungen einspeisen. Entrückt verweisen sie darauf, dass alles ganz anders ist, ganz anders wahrgenommen werden kann, ganz anders bewertet zu werden verdient, als es ihrer Umgebung scheint: Seht ihrs, Freunde, seht ihrs nicht; höre ich nur diese Weise ... Wagners Werke verstehen sich auf die Kunst, »die Funktion der Kunst, Welt in der Welt erscheinen zu lassen«,[5] ihrerseits erscheinen zu lassen. In den Worten von Wagners Essay *Über Staat und Religion*, den er 1864 für den bayerischen König verfasste: »Das vorgeführte Wahngebilde darf nie Veranlassung geben, den Ernst des Lebens durch einen möglichen Streit über seine Wirklichkeit und beweisbare Thatsächlichkeit anzuregen oder zurückzurufen, wie dieß das religiöse Dogma thut: sondern seine eigenste Kraft muß es gerade dadurch ausüben, daß es den bewußten Wahn an die Stelle der Realität setzt. Dieß leistet die K u n s t; und sie zeige ich daher ... als den freundlichen Lebensheiland, der zwar nicht wirklich und völlig aus dem Leben hinausführt, dafür aber innerhalb

[5] Niklas Luhmann: *Die Kunst der Gesellschaft.* Frankfurt am Main 1995, S. 241.

des Lebens über dieses erhebt und es selbst uns als ein Spiel erscheinen läßt, das, wenn es selbst zwar auch ernst und schrecklich erscheint, uns hier doch wiederum nur als ein Wahngebilde gezeigt wird, welches uns als solches tröstet und der gemeinen Wahrhaftigkeit der Noth entrückt.« 8, 28 f.

Kein zweites Gesamtwerk dürfte so ekstatisch – und Ekstase beruht ja auf Entrückung, beunruhigt durch Entrückung – um das kreisen, »was gelungene Kunstwerke auszeichnet, nämlich *unwahrscheinliche Evidenz*.«[6] Wagner spielt ebenso souverän wie ernsthaft mit dem Wechsel von Beobachter- und Teilnehmerperspektive. Dadurch gewinnt er dem Topos der verkehrten Welt neue Dimensionen ab. Besonders deutlich wird das in dem Essay *Das Bühnenweihfestspiel in Bayreuth 1882*, den Wagner an entrücktem Ort, nämlich in Venedig, im Rückblick auf die Erfahrungen mit der Einstudierung der *Parsifal*-Uraufführung schrieb. Darin heißt es: »Somit konnten wir uns, auch durch die Einwirkungen der uns umschließenden akustischen wie optischen Atmosphäre auf unser ganzes Empfindungsvermögen, wie der gewohnten Welt entrückt fühlen, und das Bewußtsein hiervon trat deutlich in der bangen Mahnung an die Rückkehr in eben diese Welt zu Tage. Verdankte ja auch der ›Parsifal‹ selbst nur der Flucht vor derselben seine Entstehung und Ausbildung! Wer kann ein Leben lang mit offenen Sinnen und freiem Herzen in diese Welt des durch Lug, Trug und Heuchelei organisirten und legalisirten Mordes und Raubes blicken, ohne zu Zeiten mit schaudervollem Ekel sich von ihr abwenden zu müssen? Wohin trifft dann sein Blick? Gar oft wohl in die Tiefe des Todes.« 10, 307

Wagners ästhetischer Buddhismus wendet den Blick von der wirklichen Welt ab, die (wirklich!) eine Welt des Lugs und Trugs ist. Diese Abwendung, diese Versetzung, diese Entrückung gibt den Blick frei für die eigentliche Wahrheit – die des Todes. Ich werde gelebt haben, ich werde im Wahn der Wirklichkeit verstrickt gewesen sein, alles ist in dieser entrückten Perspektive ganz anders, totaliter aliter, als ihr

---

[6] Ebd., S. 191.

bislang glaubtet. Wagner arbeitet mit Perspektivwechseln, wie sie entschiedener nicht sein könnten. Aus der dunklen Perspektive des Todes stellt sich die Welt des Lichts als geblendete Wahn-Welt dar – »Produktion der Leiche ist, vom Tode her betrachtet, das Leben.«[1] Nietzsche hat in seiner ganz Wagner verpflichteten frühen Schrift *Die Geburt der Tragödie aus dem Geist der Musik*, die den deutlich seltener zitierten Untertitel *Griechentum und Pessimismus* trägt, diese Todesverfallenheit benannt und in Wagner den Erneuerer antiker Weisheiten erkannt. »Es geht die alte Sage, daß König Midas lange Zeit nach dem weisen *Silen*, dem Begleiter des Dionysus, im Walde gejagt habe, ohne ihn zu fangen. Als er ihm endlich in die Hände gefallen ist, fragt der König, was für den Menschen das Allerbeste und Allervorzüglichste sei. Starr und unbeweglich schweigt der Dämon; bis er, durch den König gezwungen, endlich unter gellendem Lachen in diese Worte ausbricht: ›Elendes Eintagsgeschlecht, des Zufalls Kinder und der Mühsal, was zwingst du mich dir zu sagen, was nicht zu hören für dich das Ersprießlichste ist? Das Allerbeste ist für dich gänzlich unerreichbar: nicht geboren zu sein, nicht zu *sein, nichts* zu sein. Das Zweitbeste aber ist für dich – bald zu sterben.‹«[2]

Es lohnt sich, den feinen Witz dieser ernsten Passage zu registrieren. Die beste Erfahrung, nämlich ungeboren zu sein und zu bleiben, kann keinem Wesen widerfahren – es muss ja sein, um die Erfahrung machen zu können, dass es besser wäre, nie gewesen zu sein. Alfred Polgar hat sich den erhabenen Kalauer nicht entgehen lassen, der da lautet: »Nicht geboren werden ist das Beste, sagt der Weise. Aber wer hat schon das Glück? Wem passiert das schon? Unter Hunderttausenden kaum einem.« Noch das Nicht-Sein muss Nicht-Sein nun eben sein; Negationen setzen, selbst und gerade dann, wenn sie verdoppelt werden, ihr Gegenteil voraus

[1] Walter Benjamin: *Ursprung des deutschen Trauerspiels*; in: *Gesammelte Schriften*, hrsg. von Tiedemann / Schweppenhäuser, Bd. I/1. Frankfurt am Main 1974, S. 392.
[2] Friedrich Nietzsche: *Werke*, hrsg. von Karl Schlechta. München 1966. Bd. 1, S. 29 f.

bzw. frei: N/nichts ist nicht. Eine parmenideische bis hegelsche Einsicht, die entrückte Perspektivwechsel und ein enthusiastisch entspanntes Verhältnis zu Paradoxien wie der freisetzt, dass das Zweitbeste das Beste ist und dass derjenige, der bald sterben wird, bis dahin noch lebendig sein wird. »Dem anders Berufenen und hierfür durch das Schicksal Abgesonderten«, den Wagner im zitierten Parsifal-Essay evoziert, »erscheint dann aber wohl das wahrhaftigste Abbild der Welt selbst als Erlösung weissagende Mahnung ihrer innersten Seele. Über diesem wahrtraumhaften Abbilde die wirkliche Welt des Truges selbst vergessen zu dürfen, dünkt dann der Lohn für die leidenvolle Wahrhaftigkeit, mit welcher sie eben als jammervoll von ihm erkannt worden war. Durfte er nun bei der Ausbildung jenes Abbildes selbst wieder mit Lüge und Betrug sich helfen können? Ihr alle, meine Freunde, erkanntet, daß dieß unmöglich sei, und die Wahrhaftigkeit des Vorbildes, das er euch zur Nachbildung darbot, war es eben, was auch euch die Weihe der Weltentrückung gab; denn ihr konntet nicht anders als nur in jener höheren Wahrhaftigkeit eure eigene Befriedigung suchen.« 10, 307 f.

»Weihe der Weltentrückung« – das ist zweifellos eine hochgestimmte Tonlage. Wagner versteht sich aber auch auf ein anderes genus dicendi als das der weihevollen Töne. Wer dem Wahn der Wirklichkeit und der Wirklichkeit des Wahns entrücken will, muss gut zu Fuß sein. Aus der frühen Pariser Zeit stammt ein launiges Gedicht Wagners, das den Titel *Die Grünen Schuhe* trägt. Der biographische Hintergrund ist schnell genannt. Wagner, dem (wie übrigens auch Goethe) schuhfetischistische Neigungen nicht fremd waren, hatte von seiner Frau Minna ein paar grüne Schuhe zum Geschenk bekommen, für die er sich überschwänglich bedankt. Denn diese Schuhe machen ihn verrückt, sie beglücken, entzücken und entrücken ihn.

> Sprachlos steh' ich, bin entzückt,
> Gott, was habe ich erblickt:
> zwei Schuhe, grün und wunderbar,
> hast du gebracht zum Opfer dar!

Ach, ich bin außer, außer mir
und weiß garnichts zu sagen dir.
Nun bin ich aller Sorgen ledig,
denn nur die Schuhe waren nöthig.
Für deine allzugroße Güte
verdienst du wahrlich eine Düte!
Ja, wenn Gerechtigkeit auf Erden,
soll einst dir diese Düte werden.
Ich bin entrückt, ich bin entzückt,
ach, so beglückt, werd' ich verrückt.
Nun hab' ich grüne Schuhe an,
jetzt, böses Schicksal, komm' heran,
ich werde dir die Wege weisen,
wenn diese Schuhe niemals reißen;
zu keinem Loch sollst du herein –
von nun an hab' ich nichts als Schwein!
Gepriesen, dreimal hoch gepriesen
sei Minna – ach, müßt' ich nicht niesen. 12, 351

Weihevoll sind diese Verse nicht. Sie feiern nicht die »Weihe
der Weltentrückung«, sondern frivol ein elegant verspieltes
Schuhwerk, das es seinem Träger ermöglicht, dem bösen
Schicksal den Weg zu weisen bzw. diesem auszuweichen.
Anders als die Siebenmeilenstiefel, die Fortunatus und Peter
Schlemihl zu einem Dasein in Unrast verdammen, kann
Wagner dank seiner grünen Schuhe tänzelnd den Unbilden
des Schicksals entrücken und nur noch »Schwein haben«.
Die Schuhe, die Hans Sachs fertigt, müssen wir uns nach
dem Bilde dieser grünen Schuhe vorstellen. Der Nürnberger
Schuhmacher und Poet hat viel zu tun. Er fertigt Schuhwerk
für Beckmesser und Eva, denen entscheidende Etappen auf
ihrer Lebensreise bevorstehen. Der eine wird in Schuhen, die
zu groß für ihn sind, verrückte Verse, Nonsens-Poesie, zum
Besten geben. Die andere wird entrückt einem seligen Lied
lauschen, das ihr gewidmet ist. Und sie wird dabei in Schuhen stehen, die Hans Sachs entsagungsvoll für sie angefertigt
hat und in denen sie ihren Lebensweg an der Seite eines anderen gehen wird.

Jahrzehnte nach der Entstehung der *Grünen Schuhe*, genauer am 22. November 1861, schreibt Wagner aus Wien an die nach Dresden zurückgekehrte Minna: »Ich fühle, ich gehe zu Grunde, wenn ich nicht etwas ergreife, was mich für ein Jahr – dieses neue Wartejahr – gänzlich der mir so feindseligen Welt entrückt.« SB 13, 303 Entrückung fand Wagner in der Arbeit an den *Meistersingern*. Ausgerechnet in diesem komödiantisch angelegten Werk erklingt das Wort »Wahn« bemerkenswert häufig. Um »Wahn« und »Not« kreisen im *Tristan* schon die letzten Worte König Markes: »Die Ärnte mehrt' ich dem Tod: / der Wahn häufte die Noth!« 7, 79; und Sachs, der ausdrücklich kein Nachfolger von Marke werden möchte (»von Tristan und Isolde / kenn ich ein traurig Stück: / Hans Sachs war klug, und wollte / nichts von Herrn Marke's Glück« / 7, 254), muss doch erfahren, dass er Markes Nähe zum Wahn teilt. Gemeinsam ist Marke und Sachs, dass sie nicht wahnsinnig sind, wohl aber aus intimer Distanz den Wahn als Macht der Sphäre diagnostizieren, die auch ihre eigene Sphäre ist, ja dass, wie ein tiefer Einblick in Stadt- und Weltchroniken erweist, wenn nicht Wahnsinn, so doch Wahn das Sagen hat.

SACHS

immer noch den Folianten auf dem Schooße, lehnt sich, mit untergestütztem Arme, sinnend darauf, und beginnt dann nach einem Schweigen.

Wahn, Wahn!
Überall Wahn!
Wohin ich forschend blick'
in Stadt- und Welt-Chronik,
den Grund mir aufzufinden,
warum gar bis auf's Blut
die Leut' sich quälen und schinden
in unnütz toller Wuth! 7, 233 f.

Wahn unterscheidet sich vom Wahnsinn dadurch, dass er keine Methode hat, sondern Methode ist. Denn Menschen können nicht anders als methodisch zu wähnen, dass etwas so sei, wie es ihnen erscheine, haben sie doch keinen unmittelbaren

Zugang zum Ding an sich, zur Eigentlichkeit, ja nicht einmal zu den mentalen und kognitiven Zuständen ihrer Mitmenschen. Menschen können einander tief in die Augen (s. Leitmotiv 6), nicht aber in den Schädel schauen, um zu erfahren, was der andere denkt und fühlt. Sie wähnen unausgesetzt, etwas sei so und nicht anders bzw. etwas solle anders als so sein, wie es ist, und sie kommen dabei bestenfalls auf das Niveau zu wähnen, dass andere anders und anderes wähnen als sie selbst.

Zwar zählt das Wort »wähnen« – wie etwa auch die Wendung »mir will dünken« – nicht zu den Standardäußerungen der deutschen Alltagssprache, es war aber zu Lebzeiten Wagners und ist auch heute noch durchaus gebräuchlich. Das Grimm'sche Wörterbuch vermerkt dazu (die folgende Wiedergabe kürzt ab und an, ohne jeweils die Auslassungszeichen zu verwenden): »WÄHNEN, verb. erwarten, hoffen, vermuten, glauben, falsch annehmen u. s. w., ableitung von dem subst. wahn. / I. formales. die bildung ist gemeingerm.: mhd. wænen, ahd. wânnen, wânen aus wânjan (daneben wânôn, s. wahnen), entsprechend as. wânian erwarten, vermuten, glauben, andfränk. (in den psalmen) wânan, mnd. (selten) wênen, afries. wêna meinen, ags. wénan erwarten, worauf rechnen, vermuten, beargwöhnen. / II. gebrauch. nach dem unter wahn bemerkten musz als die ursprüngliche bedeutung die von ›erwarten‹ angesehen werden. im deutschen kommt sie weniger zur geltung, da von anfang an die bedeutung ›annehmen, meinen, vermuten‹ so überwiegt, dasz man geneigt sein würde, diese als grundlage zu betrachten, wenn nicht das subst. nötigte, von ›erwarten‹ auszugehen. von diesem weicht wähnen in der bedeutungsentwicklung auch darin ab, dasz die auffassung der annahme als einer unberechtigten nicht so allgemein geworden ist wie bei wahn und die bedeutung ›vermuten‹ wenigstens in der dichtersprache noch jetzt lebt.« Die Weise von Wagners Gebrauch dieses Wortes entspricht dem, was das gelehrte Wörterbuch andeutet, setzt aber auch einen eigenen Akzent. Das Verb »wähnen« ist demnach dem Substantiv »Wahn« verwandt und bezeichnet ebendeshalb eine Differenz. So wie »Wahn« weniger spektakulär ist als »Wahnsinn«, so ist »wähnen« die psychiatrisch harmlose Aktivität, die sich gerade in intellektuell satisfaktionsfähigen Köpfen kaum vermeiden lässt; erproben sie doch geradezu systematisch Alternativmodelle von Erfahrungen, Wahrnehmungen und Bezeichnungen. Sie wähnen, alles könne anders sein und anders plausibel gemacht werden, als es normalerweise der Fall ist.

Wer wähnt, und zumal der, der wähnt, dass er wähnt, kann mit Differenzen umgehen, muss er doch die Distanz zwischen dem Gewähnten und dem unerschließbaren Eigentlichen stets mitwähnen. Man muss kein approbierter Intellektueller sein, um diese Denkerfahrung zu machen. Der berühmte Ausspruch des tumben Toren »Ich schreite kaum, / doch wähn' ich mich schon weit« und Gurnemanz' nicht minder prominente Replik »Du siehst, mein Sohn, / zum Raum wird hier die Zeit« 10, 339 verdichten die Entrückungserfahrung, die das Wähnen gewährt. Folgt die karfreitägliche Wandlungsmusik, die Entrückung in jedem Klangsinne evoziert, und nach dieser die an den »wie verzaubert« dastehenden Initianden gerichtete Anrede: »Jetzt achte wohl; und laß' mich seh'n, / bist du ein Thor und rein, / welch Wissen dir auch mag beschieden sein.« Parsifals erster Initiationsgang missglückt in produktiver Weise. Aus seinem Wähnen ist kein belastbares Wissen geworden. Ihm steht die entrückende, entzückende, bedrückende Begegnung mit den teuflisch holden Frauen noch bevor, die ihn in Klingsors Zaubergarten fast verrückt werden lassen.

Das Niveau von Wagners musischen Theoriearrangements wird erneut daran deutlich, dass er die gefällige Lösung des Konflikts zwischen Wähnen und Wissen verweigert. Der aus Klingsors entrücktem Zaubergarten in die Gralssphäre zurückgekehrte Parsifal ist nicht in die Sphäre absoluten Wissens initiiert. Vielmehr stellt er sein Wähnen selbst in Frage – »irr' ich wieder?« Das Wort »irren« bezeichnet die falsche Meinung ebenso wie das ziellose Umherschweifen und Herumirren. Auf die Frage von Gurnemanz, woher er komme, antwortet der ja eben nicht zum Ursprung, zur Waldwiese seiner Mutter Herzeleide, sondern in den exzentrischen Gralsbezirk zurückgekehrte Irrende:

> Der Irrniß und der Leiden Pfade kam ich;
> soll ich mich denen jetzt entwunden wähnen,
> da dieses Waldes Rauschen
> wieder ich vernehme,
> dich guten Alten neu begrüße?
> Oder – irr' ich wieder?
> Verwandelt dünkt mich Alles.

GURNEMANZ.

> So sag', zu wem den Weg du suchtest?

PARSIFAL.

> Zu ihm, deß' tiefe Klagen
> ich thörig staunend einst vernahm,
> dem nun ich Heil zu bringen
> mich auserlesen wähnen darf. 10, 367

Parsifal weiß nicht etwa, er wähnt vielmehr, ihm dünkt, dass er auserlesen ist. Auserlesen, erlöst, gelöst ist dieser Erlöser, sofern er dem Wahn entsagt, über absolutes Wissen zu verfügen. Aus dem reinen Toren ist durch die entrückende Begegnung mit Kundry der unreine Tor geworden, der weiß, wie heikel es um Projekte bestellt ist, in denen Gespenster Gespenstern ihre Gespensterhaftigkeit austreiben wollen. Erlösung dem Erlöser.

Wahnsinn wäre es, Theorien oder gar Weltanschauungen ins Spiel bringen zu wollen, die ultimativen Wissensdurchblick bei der Beantwortung letzter Fragen versprechen. Wagners eminent kluges Theorie-Theater schaltet deshalb systematisch von Theorien mit Wahnsinnsanspruch auf Analysen unterschiedlicher Weisen des Wähnens um. Zum Wahnsinn weiter Bezirke der Wagner-Rezeption und zum Wahnsinn vieler sogenannter Wagnerianer gehört es, dass ausgerechnet Wagners gegen alle Letztbegründungsversuche immunisierendes, erlösungs- und offenbarungskritisches Werk seinerseits als Quelle letzter Offenbarungen missverstanden wird.[9] Dabei erschließt sich Wagners musisches Theorie-Theater denen, die Ohren haben zu hören und Augen zu lesen, als eine Sphäre, die Freuds großes Wort anschaulich und unüberhörbar macht, »eine Hysterie sei ein Zerrbild einer

Kunstschöpfung, eine Zwangsneurose ein Zerrbild einer Religion, ein paranoischer Wahn ein Zerrbild eines philosophischen Systems«.[10] Die Hysteriker(-innen), Neurotiker und Paranoiker, die Wagners Schaubühne bevölkern, testen ästhetische, religiöse und philosophische Theorieprogramme. Sie wähnen unausgesetzt; häufig haben sie aber auch ein bemerkenswert hoch entwickeltes Bewusstsein vom eigenen Potential, zu irren, das Falsche zu wähnen und dem Wahn zu verfallen. Sie verschreiben sich wie der Fliegende Holländer »vergeb'ne(r) Hoffnung! Furchtbar eitle(m) Wahn!«[1,261]; sie befragen sich selbst wie Senta »was ich erblicke, ist es Wahn?«[1,279]; sie rechnen wie Elisabeth im *Tannhäuser* damit, »in thör'gem Wahn befangen« zu sein [2,32]; sie machen sich wie die rachsüchtige Ortrud im *Lohengrin* keine Illusionen darüber, dass »der Abtrünnigen schnöde(r) Wahn« nur mit unlauteren Mitteln zu bekämpfen ist: »Wodan! Dich Starken rufe ich! / Freia! Erhab'ne, höre mich! / Segnet mir Trug und Heuchelei, / daß glücklich meine Rache sei!«[2,87]; sie haben wie Elsa ein lucides Wissen darum, dass die Aufforderung »Halt' ein! Beruh'ge deinen Wahn!« wohlfeil ist: »Nichts kann mir Ruhe geben, / dem Wahn mich nichts entreißt, / als – gelt' es auch mein Leben! – / zu wissen – wer du sei'st?«[2,105]. Kurzum: »In des Tages eitlem Wähnen« bleibt nicht nur Tristan, sondern vielen weiteren Wagner-Figuren »ein einzig Sehnen, / das Sehnen hin / zur heil'gen Nacht, / wo ur-ewig, / einzig wahr / Liebes-Wonne … lacht.«[7,43 f.]

Die Nacht ist die Zeit der Träume. Tag- wie Nachtträume sind die uns am besten vertrauten und doch stets erneut befremdlichen Weisen, entrückt zu sein und zu wähnen. Träume liefern große Teile des Stoffes, aus dem die großen Kunstwerke gemacht sind.[11] Müßig, auch nur die wichtigsten Träume der Literatur-, Religions-, Kunst- und Musikgeschichte zwischen Jakobs Traum von der Himmelsleiter über Zettels

9 Einen instruktiven Überblick zu diesem Thema bietet der von Berta Raposo herausgegebene Band *Richard Wagner – ein einmaliger Rezeptionsfall*. Heidelberg 2014.
10 Sigmund Freud: *Totem und Tabu*, in: *Freud-Studienausgabe Bd. IX.* Frankfurt am Main 1974, S. 363.

Mittsommernachtstraum bis zu Schnitzlers Traumnovelle in Erinnerung rufen zu wollen. Wagner war in jedem Wortsinne ein großer und dennoch ungemein realitätstüchtiger Träumer; Cosima hat in ihren Tagebüchern, so als hätte sie schon zu Richards Lebzeiten Freud lesen können, viele dieser Träume festgehalten. Der Traum ist dem Wähnen ersichtlich verwandt, er ist ein weiteres Lieblingsmotiv und -wort von Wagner. Die Traumpassagen seines Werkes sind jedem Ohr unvergesslich, das sie nur einmal hörte. Dabei wird eine aufschlussreiche Standardsituation klar erkennbar: Wagner stellt nicht konventionell Traum und Wirklichkeit gegenüber, er stellt vielmehr pointiert heraus, dass es Träume wirklich gibt und dass sie enorme Effekte im Realen freisetzen. Ob Adrianos Ausruf im *Rienzi*: »Gerechter Gott, so ist's enschieden schon! / Nach Waffen schreit das Volk, – kein Traum ist's mehr!«, 1, 67 ob Eriks sich verwirklichender »unsel'ger Traum«, der Senta vor dem Fliegenden Holländer warnen soll 1, 276 und der sich bestätigt (»Entsetzlich! Ha, mir wird es klar! / Sie ist dahin! mein Traum sprach wahr!«), ob Tannhäusers Traum, der ihn dann wirklich aus dem Venusberg entrückt (»Im Traum war mir's, als hörte ich – / was meinem Ohr so lange fremd!« / 2, 5) – diese und viele weitere Traumpassagen in Wagners Werken bezeugen seine außerordentliche Sensibilität für die Realitätstüchtigkeit des Traumes. Träume sind jedoch nicht nur essentielle Elemente der wirklichen Lebenswelt, sie fokussieren die Aufmerksamkeit auch auf das eigentümlich intime Verhältnis, das die Wirklichkeit mit ihrer Deutung verbindet. Menschen sind Wesen, die die Frage »was bedeutet das alles«, [11] kaum vermeiden können; Menschen sind allenfalls in trivial-extremen Entrücktheitssituationen (wie Koma, Rausch, Bewusstlosigkeit und schwerster Demenz) fähig, Deutungs- und Bedeutungsfragen auszublenden.

Welche Erkenntnispotentiale der Traum erschließt, welche Illusionsgefahren er birgt, wie vernünftig oder unver-

---

[11] Nicht nur die Primär-, auch die Sekundärliteratur zu diesem Thema ist kaum zu überschauen, erwähnt sei nur die Abhandlung von Peter-André Alt: *Der Schlaf der Vernunft – Literatur und Traum in der Kulturgeschichte der Neuzeit.* München 2002.

nünftig er ist – Fragen wie diese standen und stehen seit jeher zur Diskussion. Man liegt nicht ganz falsch, wenn man dem Klischee vertraut, dass Aufklärer (wie paradigmatisch Kant in seiner Schrift *Träume eines Geistersehers*) zumeist traumkritisch, Romantiker (wie paradigmatisch Novalis in den *Hymnen an die Nacht*) hingegen traumaffin denken und schreiben. Kluge Aufklärer und kluge Romantiker teilen dabei die Einsicht, dass Romantik als eine Meta-Aufklärung, als Aufklärung über (Möglichkeiten und Grenzen von) Aufklärung verstanden werden kann. Einer romantisch über sich selbst aufgeklärten Aufklärung ist die Idee vertraut, dass auch Aufklärung ein Traum und ein Traum aufklärend sein kann, dass es sowohl entrückende Träume als auch bedrückende Alpträume gibt, dass dunkle Träume erhellt werden wollen und dass Aufklärung finster alptraumhafte Prozesse nicht ausschließen kann. Emblematisch deutlich wird diese Problemkonstellation in der berühmten Radierung, die Francisco de Goya 1799 seinen *Caprichos* voranstellen wollte und die den so überschaubaren wie irritierenden, dem Bild selbst überdeutlich eingravierten Titel trägt *El sueño de la razón produce monstruos*. Das spanische Wort *sueño* meint zugleich Traum und Schlaf. Keinem auch nur ansatzweise aufgeklärten und aufmerksamen Betrachter kann deshalb der knirschende Doppelsinn des Drucks entgehen. Er signalisiert beides: dass der Schlaf der Vernunft Ungeheuer produziert und / oder dass der Traum der Vernunft monströse Effekte freisetzen kann. Die erste Lesart ist sofort schlüssig. Wer Vernunft, Verstand und Kritikvermögen einschlafen lässt und ausschaltet, öffnet den Ungeheuern der Unvernunft Tür und Tor. Die zweite Lesart ist nur auf den ersten Blick weniger schlüssig. Sie reagiert auf die Erfahrung, dass monströse Entwicklungen häufig im Namen der Vernunft ihren Lauf nehmen. Um zwei naheliegende Beispiele zu nehmen: Der ungeheure jakobinische Vernunftterror war die zeitgenössische Folie von

12 Vgl. Thomas Nagel: *What Does It All Mean? A Very Short Introduction to Philosophy.* New York 1987; und Jochen Hörisch: *Bedeutsamkeit. Über den Zusammenhang von Zeit, Sinn und Medizin.* München 2009.

Goyas *Caprichos*. Die lange Tradition theologisch-vernünftiger Herleitungen monströser Ketzer- und Hexenverfolgung war dem spanischen Künstler nicht minder vertraut. Und so wird seine Radierung zum epochalen Denkbild.

Mit seiner tief ambivalenten Einschätzung des Verhältnisses von Traum / Schlaf / Vernunft-Konstellationen befindet sich Goya in bester zeitgenössischer Gesellschaft. Denn ein kluges Monster mit Pferdefuß liest in Goethes *Faust* keinem Geringeren als dem, der vermeintlich höher ist denn alle Vernunft, die Leviten.

Ein wenig besser würd' er (der Mensch) leben,
Hättst du ihm nicht den Schein des Himmelslichts gegeben;
Er nennt's Vernunft und braucht's allein,
     Nur tierischer als jedes Tier zu sein.

Wagner hat, was nicht sonderlich originell ist, Goethes *Faust* außerordentlich geschätzt. Goyas Schlaf / Traum-Radierung war ihm hingegen wohl nicht bekannt, jedenfalls finden sich in seinem umfangreichen Werk (inklusive Briefbände) keine Belege dafür. Aber die von Goethe wie Goya unterschiedlich perspektivierte Problemlage war ihm vertraut – wie viel Traum steckt in der Vernunft, wie viel Vernunft im Traum? Unter welchen Umständen versteht sich Vernunft darauf, Traumatisierungen zu lösen, unter welchen Umständen entfaltet Vernunft, die ihre romantische Selbstreflexion verweigert, ihrerseits Traumatisierungspotential? Adorno und Horkheimer sind die Ersten nicht, die sich an Analysen der Dialektik der Aufklärung versucht haben.

    In den *Meistersingern* wird besonders komplex geträumt und gedeutet. Die Handlung beginnt traumhaft schön und von Tönen belebt, die göttliche Choralmusik von Bach'scher Qualität, überwältigender Ausdruck himmlischer Liebe, die sich in irdische Liebe wandelt. Das Eingangsmotiv der *Meistersinger*-Handlung ist der Weltliteratur und dem klassischen wie dem Pop-Liedgut nicht ganz unvertraut – boy meets girl. Walther von Stolzing verguckt sich in einer fränkischen Kirche in eine schöne junge Frau namens Eva. Und die glaubt zu träumen, als der Ritter schnell zur Sache kommt:

EVA.
    Gut Lenchen! Ach! Das meint er ja nicht.
    Doch wohl von mir wünscht er Bericht –
      wie sag' ich's schnell? – Versteh' ich's doch kaum!
    Mir ist, als wär' ich gar wie im Traum! –
    Er frägt, – ob ich schon Braut? 7, 153

Evas Traum geht bekanntlich in Erfüllung. Denn der Mann, dem sie und der ihr tief in die Augen sah, ist ähnlich traumbegabt wie sie selbst. Er huldigt der Geliebten, seinem eigenen Traum und Franz Liszts berühmtem Klavierstück *Liebestraum* (Nr. 3) [13] aus dem Jahr 1850, wenn er, nachdem er Sachs von seinem nächtlichem Wähnen berichtet hat, singt:

> Wunder ob Wunder nun bieten sich dar:
> zwiefachen Tag
> ich grüßen mag;
> denn gleich zwei'n Sonnen
> reinster Wonnen,
> der hehrsten Augen Paar
> nahm ich nun wahr. –
> Huldreichstes Bild,
> dem ich zu nahen mich erkühnt:
> den Kranz, vor zweier Sonnen Strahl
> zugleich verblichen und ergrünt,
> minnig und mild,
> sie flocht ihn um's Haupt dem Gemahl.
> Dort Huld-geboren,
> nun Ruhm- erkoren,
> gießt paradiesische Lust
> sie in des Dichters Brust. –
> im Liebestraum. 7,252

[13] Cosimas Tagebucheintragung vom 8. Juli 1879 ist wert, in diesem Kontext angeführt zu werden: »Eine neue Komposition meines Vaters zum Andenken Petöfy's reizt R. zum Spielen: ›Das hat er für mich gesetzt‹, lacht R., ›jetzt bin ich ein Liszt-Spieler.‹ Die Ähnlichkeit mit der Frage von Brünnhilde, ›war es so niedrig‹, unterhält uns auch. – Dann aber 2ter Akt Tristan, vom Anfang bis zum Liebestraum, von R. wirklich ganz gesungen. Unbeschreiblicher Eindruck.« CTB 2, 379

Auch das gekrönte und im doppelten Sinn vollendete Preislied, das Walther auf der Festwiese singt, versprachlicht eine
Traumvision und kreist um das Schlüsselwort »Liebestraum«.

> **WALTHER**
> *der kühn und fest auf den Blumenhügel getreten.*
> > »Morgenlich leuchtend in rosigem Schein,
> > von Blüth' und Duft
> > geschwellt die Luft,
> > voll aller Wonnen
> > nie ersonnen,
> > ein Garten lud mich ein, –
>
> *Die Meister lassen hier ergriffen das Blatt fallen;*
> *Walther scheint es – unmerklich – gewahrt zu haben,*
> *und fährt nun in freier Fassung fort.*
>
> > dort unter einem Wunderbaum
> > von Früchten reich behangen,
> > zu schau'n im sel'gen Liebestraum,
> > was höchstem Lustverlangen
> > Erfüllung kühn verhieß –
> > das schönste Weib,
> > Eva im Paradies.« 7,267

Ein schlichter, Eros-Motive durch milde Sakralisierung über-
höhender Liebestraum vom schönsten nackten Weib in reizvoller Umgebung. Von vielen anderen Traumpassagen nicht
nur der Opernliteratur unterscheidet sich diese Szene dadurch, dass ihr eine ungewöhnlich hohe Theoriedosis mitgegeben ist. Hans Sachs und Walther von Stolzing haben die selige Morgentraumdeutweise, die der Ritter auf seinem Weg
zur Verbürgerlichung vorträgt, theoretisch eingebettet. Der
Kern ihrer Traum-, Traumdeutungs- und Dichtungstheorie ist
prägnant: Der Traum und seine Deutung sind nicht zweierlei,
sondern ein und dasselbe, um es tiefsinnig mit Heraklit zu formulieren: das eine in sich selbst Unterschiedene (εν διαφερον
εαυτω) – und genau dies weiß geglückte Dichtung, der mehr

Theorie innewohnt, als Populärromantikern schwant. Der auf- und abgeklärte Handwerker und der enthusiastische Träumer analysieren, um es in psychoanalytischer Terminologie auszudrücken, die Grenzen, die den Primär- vom Sekundärprozess, den Traum von seiner Deutung trennen.

> WALTHER.
> Ich hatt' einen wunderschönen Traum.
> SACHS.
> Das deutet gut's! Erzählt mir den.
> WALTHER.
> Ihn selbst zu denken wag' ich kaum;
> ich fürcht' ihn mir vergeh'n zu seh'n.
> SACHS.
> Mein Freund, das grad' ist Dichters Werk,
> daß er sein Träumen deut' und merk'.
> Glaubt mir, des Menschen wahrster Wahn
> wird ihm im Traume aufgethan:
> all' Dichtkunst und Poeterei
> ist nichts als Wahrtraum-Deuterei.
> Was gilt's, es gab der Traum euch ein,
> wie heut' ihr sollet Sieger sein?
> WALTHER.
> Nein, von der Zunft und ihren Meistern
> wollt' sich mein Traumbild nicht begeistern.
> SACHS.
> Doch lehrt' es wohl den Zauberspruch. 7, 235 f.

Diese Text-Passage enthält so dichte, so verdichtete, so dichterische Bezüge, dass sich eine an der Maxime gleichschwebender Aufmerksamkeit orientierte Zeile-für-Zeile-Interpretation lohnt. Walther »hatte« einen Traum, der, wie soll es anders sein, zurzeit, da er ihn erzählt, nicht mehr anhält. Ebendeshalb muss dieser wunderschöne Traum, dieser Traum, der zu schön ist, um wahr zu sein, dieser Traum, der der Sphäre des Wunders zugehört, die alle Normen sprengt, wiederholt, sprachlich re-präsentiert werden. Möglich ist diese Wiederholung nur im Modus des Nach-Erzählens. Aber die Differenz, die zwischen dem Traumerlebnis und der nachgeholten Erzählung liegt, muss nicht nur als Mangel verbucht werden; sie kann auch produktiv sein. Die nur zweimal drei Worte, mit denen Sachs auf Walthers knappe, aber enthusiastische Feststellung reagiert, haben es in sich: »Das deutet gut's« ist eine eigentümliche Formulierung. Sie ist nämlich so reizvoll wie schräg und insofern den irren Wortfolgen von Beckmesser oder den ersten Worten der Aufzeichnung von Adrian Leverkühn (»Weistu was so schweig«, s. oben Leitmotiv 6) rätselhaft verwandt. Gemeint, aber eben nicht gesagt ist mit den Worten »das deutet gut's« sowohl »das bedeutet etwas Gutes« als auch »das deutet gut«. Bestehendes und eben auch Vergehendes (wie einen Traum) gut zu deuten, so gut zu deuten, dass der Traum etwas Gutes bedeutet, ist keine ganz leichte Aufgabe. Den berühmten Schlussvers aus Hölderlins *Patmos*-Hymne, »daß gepfleget werde / Der feste Buchstab, und Bestehendes gut / Gedeutet. Dem folgt deutscher Gesang« dürfte Wagner zur Zeit der Arbeit an den *Meistersingern* nicht gekannt haben. Die Geste, Hölderlin als Propheten Bayreuths zu verstehen, geht auf den Geburtstagsbrief zurück, den Nietzsche am 24. Mai 1875 (also fast ein Jahrzehnt nach Vollendung der *Meistersinger*) aus Basel an Wagner richtete und in dem es heißt, »daß ich eine merkwürdig schöne Prophezeiung gefunden« habe – Hölderlins Ode *Gesang des Deutschen*, aus dem Nietzsche ausführlich zitiert, um dann fortzufahren: »Das sagt alles der arme Hölderlin, dem es nicht so gut wurde, wie mir und der es nur in der Ahnung trug, was wir trauen und schauen werden.« SB 4, 214 Wagner waren unterstellte Wahlverwandtschaften mit Hölderlin nicht genehm.[14]

Diesen nüchternen philologischen Überlegungen zum Trotz bleibt die Wendung »das deutet gut's« Versen und Überlegungen Hölderlins affin. Der zweite Teil der Replik »Erzählt mir den (Traum)« hat hingegen eine deutliche Referenz. Er zitiert die Worte des souveränen Traumdeuters Joseph in Ägypten, an den sich der Mundschenk und der Bäcker des Pharaos mit dem Begehren wenden, er möge ihre Träume deuten, und der daraufhin die goldenen Worte spricht: »Auslegen gehört Gott zu, doch erzählt mirs.« 1. Mose 40, 8 Walther, von lauter Trägern biblischer Namen umgeben (Eva, David, Magdalene, Johannes), tut es den beiden biblischen Träumern nun aber gerade nicht nach. Er erzählt nicht sogleich seinen Traum, sondern erhebt erst einmal methodische Bedenken gegen Traumdeutungen: »Ihn selbst zu denken wag' ich kaum; / ich fürcht' ihn mir vergeh'n zu seh'n.« Man kann, muss aber nicht dieses Zögern als Ausdruck eines antiintellektuellen Affekts verstehen. Wenn der Träumende seinen Traum denkt und analytisch angeht, vergeht der Traum. Die Paradoxie ist bemerkenswert. Gerade weil Walther den Traum weiterhin walten lassen möchte, geht er auf Distanz zu ihm und erzählt ihn nicht, sondern initiiert, was er ablehnt – theoriegeleitete Reflexion. Was nichts anderes bedeutet als dies: dass sein Traum nicht mehr nur seiner ist, sondern Hans Sachs an ihm teilhat. Auf diesen Sachverhalt macht schon das doppelbezügliche Wort »selbst« in Walthers Antwort aufmerksam: Ihn, den Traum, selbst zu denken, wage ich, Walther, kaum, das muss ein anderer, das muss Hans Sachs machen. Oder aber: Ihn selbst, den Traum, zu denken, wage ich nicht, denn dann wäre dieser Traum nicht mehr er selbst, sondern ein anderer.

Nach dieser Vorlage setzt Hans Sachs zu einer Traum- bzw. Dichtungstheorie in nuce an. Danach ist Dichtung nicht unmittelbar der Traumrede verwandt, sondern von der Rebus-Struktur des Traumes durch gleich zwei Distanzen unterschieden. Sie deutet und merkt das Träumen. Wobei »merken« wiederum ein bemerkenswertes Wort ist, nicht nur, weil ein »Merker« namens Beckmesser in den *Meister*-

---

14 Cosima und Richard Wagner konnten mit Hölderlins Texten wenig anfangen. In Cosimas Tagebuch vom 25. Dezember 1873 heißt es: »Der Baum, hoch und breit, leuchtet lange, alles ist heiter und froh; nachdem er erloschen ist, lesen wir im ›Hyperion‹; Malwida hat R. Hölderlin's Werke geschenkt. R. und ich erkennen mit einiger Besorgnis den großen Einfluß, den dieser Schriftsteller auf Pr. Nietzsche ausgeübt; rhetorischer Schwulst, unrichtige angehäufte Bilder (der Nordwind welcher die Blüten versengt u. s. w.), dabei ein schöner edler Sinn; nur, sagt R., könne er nicht gut an solche Neugriechen glauben, er erwarte immer, er würde plötzlich sagen: Ich studierte in Halberstadt u. s. w.« CTB 1, 768

singern eine bedeutende und deutungsbedürftige Rolle spielt. Seine Funktion ist es, aufmerksam zu sein, Fehler zu bemerken und zu markieren. Das Wort »merken« meint aber auch registrieren, sich merken, im Gedächtnis speichern. Der Welt und dem Dasein mit gleichschwebender Aufmerksamkeit zu begegnen, sich ihrer zu erinnern und darüber hinaus Welt und Dasein gut zu deuten, ist die Funktion von Dichtung. Sie »ist nichts als Wahrtraum-Deuterei«, weil »des Menschen wahrster Wahn ... ihm im Traume aufgethan« wird. Deutende Dichtung erschließt nämlich den Zusammenhang von Wahrheit und Wahn / Wähnen. Sie weiß, dass Wähnen und Wahrheit ineinander verschlungen sind; sie wähnt, den Wahn überwinden zu können, es ließe sich die Wahrheit an und für sich erschließen. Wirklichkeit ist immer schon gedeutete Wirklichkeit, weil es wirklich so ist, dass wir unablässig deuten und uns im Medium der Bedeutsamkeit bewegen.

Der aufmerksame Wagner- und Freud-Kenner Thomas Mann hat diese Konstellation klar erfasst. Die Traumtheorie-Worte, die er seinen Joseph sprechen lässt, sind erkennbar eine Paraphrase der Äußerungen von Walther und Hans Sachs. Als die Mitgefangenen Joseph bitten, ihre Träume zu deuten, antwortet er nicht ohne Koketterie: »›Ich bin nicht ganz unbewandert auf diesem Gebiet und darf mich einer gewissen Familiarität mit Träumen rühmen – nehmt das Wort nicht für ungut, nehmt es für zutreffend, denn in meiner Familie und Sippe ist allezeit viel und anzüglich geträumt worden. (...) Wie wäre es, wenn ihr ... mir eure Träume erzähltet, daß ich versuche, sie euch zu deuten.‹ (...) ›Bei alledem aber ist es doch zweierlei, zu *träumen* und *Träume* zu *deuten!*‹ / ›Sagt das nicht‹, erwiderte er. ›Sagt es nicht ohne weiteres! Mit der Träumerei möchte es wohl ein Rundes und Ganzes sein, worin Traum und Deutung zusammengehören und der Träumer und Deuter nur scheinbar zweie und unvertauschbar, in Wirklichkeit aber vertauschbar und geradezu ein und derselbe sind, denn sie machen zusammen das Ganze aus. Wer da träumt, der deutet auch, und wer da deuten will, der muß geträumt haben. (...) Im Grunde ... und von Natur ist jedermann seines Traumes Deuter, und nur aus Eleganz läßt er sich mit der Deutung bedienen. Ich will euch das Geheimnis der Träumerei verraten: die Deutung ist früher als der Traum, und wir träumen schon aus der Deutung.‹« [15]

Eleganz bzw. fehlende Eleganz ist auch ein Schlüsselmotiv der *Meistersinger*. Elegant sind Beckmessers surrealistische Traum-Verse nicht. Sie sind buchstäblich der Diskurs eines Anderen; der Merker hat sich den Text eines anderen (bzw. mehrerer anderer) angeeignet, den er nicht versteht. Was nicht ausschließt, dass gerade sein Text (Possessivpronomen sind problematisch, wenn so exzentrische Zuschreibungskonstellationen vorliegen), dass gerade Beckmessers Variante des Textes von Walther und Hans Sachs ein Wahrtraum ist: »auf luft'ger Steige kaum – / häng ich am Baum. (...) Heimlich mir graut – / weil hier es munter will hergeh'n.« 7, 264 So lautet ein Teil der schrecklich-schönen Alptraum-Textur, mit deren Hilfe Beckmesser Evas Hand zu gewinnen wähnt und die aus Beckmessers Hand zu stammen das konsternierte Publikum wähnt. Eine verquere Textur, die danach ruft, durch elegante Deutung erlöst zu werden. Elegant, stimmig, erlöst und beseligend klingen denn auch die Worte der seligen Morgentraumdeutweise, die Walther auf der Festwiese zum Besten gibt. Sie haben einen Kollektiv-Autor; ohne den von Eva ausgehenden Impuls, ohne die Bearbeitungen von Hans Sachs, ohne Kooperation von Eros, Handwerk, Traum und Poesie wären diese Töne nicht möglich. Walther waren solche Maßnahmen zur Steigerung von Eleganz noch suspekt, aber er ließ sich von Hans Sachs überzeugen:

15 Thomas Mann: *Joseph und seine Brüder – Joseph, der Ernährer*, hrsg. von Peter de Mendelssohn, Frankfurter Ausgabe. Frankfurt am Main 1983, S. 82 f. Mit herzlichem Dank an Herbert Anton, der mich früh auf diese Passage aufmerksam machte.

WALTHER.
>Wie ich's begänne, wüßt' ich kaum.

SACHS.
>Erzählt mir euren Morgentraum!

WALTHER.
>Durch eu'rer Regeln gute Lehr',
>ist mir's, als ob verwischt er wär'.

SACHS.
>Grad' nehmt die Dichtkunst jetzt zur Hand:
>Mancher durch sie das Verlor'ne fand.

WALTHER.
>Dann wär's nicht Traum, doch Dichterei?

SACHS.
>'s sind Freunde beid', steh'n gern sich bei. 7, 328

Der Traum und die Dichtung haben das Potential, den Schlaf wie den Traum der Vernunft zu erlösen, weil sie gerade nicht auf rauschhafte Überwältigungstechniken, sondern auf die souveräne Handwerklichkeit setzen, für die Hans Sachs, der Schuhmacher und Poet dazu, einsteht. »Parnaß und Paradies« 7, 268 finden in und dank der Traumdeutweise zusammen; Wagner legt gewissermaßen nebenbei dar, dass Religion ein sich selbst offenbarungslogisch missverstehender Kunsteffekt ist. Die *Meistersinger* klären nicht nur die Aufklärung, sondern auch die Romantik über sich selbst auf; sie ergründen den Zusammenhang von Wähnen und Wirklichkeit, von Träumen und Deutungen, von Überwältigungen und Techniken. Die *Meistersinger* sind ein ästhetisch wie argumentativ bezwingendes Plädoyer für ein analytisches Verhältnis zum Zauber der Schönheit.

Kommentar zu Leitmotiv Nr. 7
Die Meistersinger – alles ein Missverständnis! Walther's got the Blues …

Der 1697 veröffentlichte Anhang zur Geschichte der Stadt Nürnberg 1697 »Von der Meister = Singer holdseligen Kunst« des Universalgelehrten Johan Christoph Wagenseil (1633 bis 1705)[1] hat schon bei der Komposition seines *Tannhäuser* und natürlich als Ideenquelle für seine *Meistersinger von Nürnberg*[2] großen Einfluss auf den immer wissbegierigen Wagner gehabt.[3] Wagenseils Beschreibung der Struktur der Gedichte und Melodien der historischen Meistersinger um Hans Sachs[4] (1494–1576), nach der die »Bar«-Form als Regel zur Komposition eines »Meisterliedes« gilt, nennt einen »Aufgesang«, der aus zwei gleichartigen »Stollen« besteht, und einen »Abgesang« als Antwort, Ergebnis oder Entgegnung zu den beiden »Stollen«. Auch »von den XXXII Fehlern, welche können begangen werden und deren Straffen« wird ausführlich berichtet. Aber neben dem »Bar« werden auch andere Formen beschrieben,[5] aber ob es sich dabei um die

[1] Nicht zu verwechseln mit dem Wiener Komponisten Georg Christoph Wagenseil, der u. a. ein noch heute öfter gespieltes (Probespiel-)Konzert für Altposaune und Orchester geschrieben hat.

[2] Die Idee als heiteres Gegenstück zum *Tannhäuser* stammte schon aus dem Jahr 1845.

[3] Übrigens dürfte wohl auch der darin genannte Meister Nicolaus Klingsohr, der freyen Künste Magister, für seinen *Parsifal* als ironischer Ideenlieferant genannt werden, wie auch andere Namen der Meistersinger direkt in die Rollen eingeflossen sind.

[4] Albert Lortzings Singspiel *Hans Sachs* von 1840 hat zwar eine völlig andere Handlung – Sachs selbst ist einer der Bewerber –, aber um das Stehlen eines meisterlichen Liedes, um es als eigenes auszugeben, geht es auch in diesem Stück; nach der Vorlage eines gleichnamigen Theaterstücks von Johann Ludwig Deinhardstein, das auch Wagner kannte; ebenso in E. T. A. Hoffmanns Novelle *Meister Martin, der Küfner, und seine Gesellen* aus *Die Serapionsbrüder*.

[5] z. B. die »Reprisen-Bar-Form« (AABA), die »Gegen-Bar-Form« (ABB) …

Gesamtform eines Liedes oder nur einer Strophe handelt, wird nicht klar. Ein Missverständnis von Seiten Wagners oder Wagenseils? Jedenfalls bezieht er es in seinen Opern auf eine Strophe, die so – das heißt in der Form: A–A–B– aufgebaut sein soll. Aber fragt nicht Hans Sachs auch in den *Meistersingern* nach einer dritten Strophe, die Walther noch erfinden müsse: »Wolltet ihr noch einen dritten dichten, des Traumes Deutung würd' er berichten«? So sollte es also wohl nach den Regeln sein, aber Walther antwortet eben: »Wo fänd' ich die? Genug der Wort'!«

Ist also vielleicht auch das Weglassen der dritten Strophe eine willkommene Freiheit des neuen »Meisters«?

Heute hat es sich – Wagenseil hin, Wagner her – durchgesetzt, die Gestaltungsform A–A–B als Bar-Form zu bezeichnen. Und solch eine Besonderheit ist diese Form auch wieder nicht, sondern eher eine allgemein gebräuchliche Liedform, die nicht nur in Europa geläufig ist. ⑥⓪ Viele Kirchengesangbuch-Lieder (zum Beispiel *Wachet auf ruft uns die Stimme*, ⑥① *Ach Gott vom Himmel sieh darein,* ⑥② *O Haupt voll Blut und Wunden* ⑥③ und viele andere) sind in dieser Form aufgebaut, aber auch der afroamerikanische Blues folgt diesem Muster, ⑥④ wie auch sämtliche Entwicklungen daraus (Rock'n'Roll, Rhythm and Blues ... ⁶) Und der Ursprung des Blues ist wohl eher afrikanisch. Aber eben nicht nur. Die Bar-Form als Archetyus der Liedkunst? ⁷ ⑥⑤

Vielleicht sind auch daher Wagners Opern ab dem *Tannhäuser* sämtlich in drei Akte gegliedert, selbst *Rheingold.*

Nun ist Stolzings Preislied »Morgendlich leuchtet ...« nicht gerade von knapper Kürze und melodischer Schlichtheit – als Lied. Wolframs »Lied an den Abendstern« im 3. Akt des *Tannhäuser* (auch in Bar-Form) kommt diesem

---

⁶ Allerdings ist der B-Teil des Blues fast immer genauso lang wie der A-Teil, sodass drei gleiche Formteile zusammen meist eine 12-taktige Form ergeben. Der B-Teil im »Bar« ist meist doppelt so lang.

⁷ Natürlich gibt es auch genügend Beispiele für andere Grundformen: der Sonatenhauptsatz z. B. wäre eher mit dem »Reprisen-Bar« (AABA) vergleichbar, und die Form ABA kommt im Lied und in der Symphonie ebenfalls häufig vor.

Ideal schon näher. Aber gemessen an der bereits zuvor ent-wickelten »Tristan-Harmonik« bewegt sich das Preislied in nachvollziehbaren Verhältnissen um C-Dur. Auch die immer wieder zitierte »unendliche Melodie«, die Wagner postuliert haben soll, ist wohl eher ein Missverständnis. Wagner ge-braucht diesen Begriff lediglich einmal als Beschreibung des orchestralen Geschehens im symphonischen Verlauf,[8] nie-mals aber als Ideal seiner gesungenen Melodien, die dem Duktus der Worte und der Phrasierung durch das Atmen zu folgen haben. Von dieser Warte aus ist Walthers Preislied ⑥⑥ schon kühn zu nennen, gehen doch die gesungenen Phrasen weit über das mit einem Atem zu bewältigende Maß hinaus. Die erste Phrase (»Stollen«) ist 11-taktig und mit einem Atem kaum in angemessener Lautstärke zu bewältigen. Ideal wür-de man im 6. Takt nach »Luft« atmen, in der Praxis wohl aber schon im 4. Takt nach »Schein«, um genügend Luft für den 6-taktigen Abschluss dieses »Stollens« zu haben. Aber auch diesen wird man wohl noch unterteilen müssen. Von 8-tak-tiger geschweige denn 4-taktiger Struktur ist hier nichts zu sehen, zu hören.

Ebenso ist die zweite Phrase (»Stollen«) strukturiert, nur dass nun in der Mitte, harmonisch und melodiös variiert, zur Dominante G-Dur moduliert wird; auch nicht ein revo-lutionärer Akt, aber offensichtlich gegen die Regel der Bar-Form. Sachs: »Ihr schlosset nicht im gleichen Ton, das macht den Meistern Pein. Doch nimmt Hans Sachs die Lehr' davon, im Lenz wohl müss' es so sein.« Hier spricht der Komponist selbst, dem es stets vor allem um das richtige Wort-Ton-Ver-hältnis geht, für das man auch gegen Regeln verstoßen darf.

Der »Abgesang« ist dann quasi doppelt so lang wie der einzelne »Stollen«, also so lang wie beide zusammen: 23 Tak-te. Sachs: »Ob euch gelang, ein rechtes Paar zu finden, das zeigt sich an den Kinden. Den Stollen ähnlich, doch nicht gleich, an eig'nen Reim' und Tönen reich; dass man's recht schlank und selbstig find', das freut die Aeltern an dem Kind;

---

[8] *Zukunftsmusik.* Brief an Hector Berlioz (1860), in: Jubiläumsausgabe der Dichtungen und Schriften. Frankfurt am Main 1983, Bd. VIII, S. 93.

und euren Stollen giebt's den Schluss, dass nichts davon abfallen muss.« So weit Sachs' Begründung eines Abgesangs, der sogleich in überschwänglicher Art von Stolzing realisiert wird, wohl über das übliche Maß hinaus, formal durch intensivierende Wiederholungen, die fast kein Halten zulassen, melodisch durch chromatische Stimmführungen und doch harmonisch – im weiteren Sinne – funktional auf die Grundtonart C-Dur begründbar, sodass Sachs nur noch bewundernd ausrufen kann: »Das nenn' ich mir einen Abgesang!« So problematisch es immer ist, eine Musik, und besonders seine eigene Komposition, in der Oper zu besingen und zu bewerten, bei dieser Beurteilung gibt es wohl wenig Widerspruch. In der Festwiesen-Version ⑥⑦ ist dann alles noch mal quasi doppelt so lang: die Stollen je 23 Takte, der Abgesang 32 Takte. Das ist musikdramaturgisches Kalkül, wird aber wohl bewusst vom unvoreingenommenen Zuschauer nicht wahrgenommen.

Wagner ist nicht der erste Komponist, der seine eigene Musik lobt oder als himmlisch bezeichnet. Auch in der *Zauberflöte* singen die Diener des *Monostatos* nach dem Ertönen des Glockenspiels: »Das klinget so herrlich, das klinget so schön...« ⑥⑧

Außerdem gibt es vielerlei »Halleluja«-, »Ehre sei Gott«-Musik und Engelschöre in Oratorien, die doch wohl denselben Anspruch haben, nämlich besonders schön, von Engeln gesungen, also himmlisch zu sein.

Dieser »Abgesang«, auch als »Liebes-Motiv« bezeichnet, wurde bereits in der Ouvertüre (im 4/4-Takt) sowohl eigenständig wie auch als Kontrapunkt zum »Meistersinger-Motiv« vorgestellt. ⑥⑨

Dieses »Vorspiel« wurde nachweislich – im Gegensatz zum *Holländer* – bereits fertiggestellt, bevor Wagner sich an die Komposition der ganzen Oper machte, und 1862 in Leipzig uraufgeführt. Das musikalische Material der Ouvertüre stammt größtenteils aus dem 3. Aufzug, oder vielleicht besser: wurde im 3. Akt verwendet. Doch das Text-Drama war schon fertig und die musikalisch-dramaturgische Struktur sicherlich schon fest umrissen.

Nach *Rheingold*, *Walküre*, dem größten Teil von *Siegfried* und vor allem nach der Komposition von *Tristan und Isolde* bewegen sich seine *Meistersinger* auf erstaunlich traditionellem Terrain. War es denn wirklich eine bewusste Hinwendung zum Populären? Aus Geldmangel, wie immer behauptet wird? Hat sich Wagner nicht immer mit seinen Protagonisten identifiziert: mit dem Holländer, mit Tannhäuser, mit Lohengrin, mit Tristan? Beim Ring wird es schwieriger: mit Wotan etwa, oder Loge?

Ist nicht etwa Walther von Stolzing die Personifizierung der musikalischen und ästhetischen Überzeugungen seines Schöpfers, der »stolz waltet« über dem fortschrittlichen Künstlertum? Hat nicht auch Wagner dennoch den größten Respekt vor den alten Meistern Bach, Haydn, Mozart, Beethoven und Carl Maria von Weber, allesamt hier personifiziert in Hans Sachs? Ist nicht trotz allem – vornehmlich pekuniären – Erfolgszwang auch *Die Meistersinger von Nürnberg* eindeutig als Bekenntnisoper Wagners zu sehen? Die chromatisch-harmonische Schreibweise, die selten in kadenziellen Schlüssen zur Ruhe findet, wie im *Ring* und bei *Tristan*, eignet sich eben für Mystisches, Übersinnliches, Exstatisches und Erotisches besser als für die Schilderung geordneter Verhältnisse, Einhaltung von Regeln oder Handlungen von Respektspersonen.

Aber sichtlichen und hörbaren Spaß hatte Wagner dennoch bei der musikalischen Karikatur des *Sixtus Beckmesser*, der als »Merker« die Regeln eigentlich am besten beherrschen sollte. Ob diese Lust nun aus dem Hass gegen Eduard Hanslick[9] oder »gegen das Jüdische«, wie öfter behauptet wird, entsprang, soll hier nicht interessieren. Auch die vermeintliche Karikatur der französischen Oper ist eine unhaltbare Hypothese: Warum sollte gerade der Merker der Meistersinger diese propagieren? Auch wird es Wagner während seiner langen Aufenthalte in Paris aufgefallen sein, dass in der französischen Sprache keine der deutschen Sprache vergleichbaren Betonungen existieren. Schon Mozart hatte in

---

[9] Der bekanntlich kein Jude war …

seinem *Musikalischen Spaß* (dem »Dorfmusikanten-Sextett« KV 522) hörbare Freude am auskomponierten Stümpertum. ⑦⓪ Stümperhaft wirkt Beckmesser hier vor allem durch die Einfallslosigkeit in seinen melodischen Erfindungen, die sowohl auf nicht vom Text motivierte Koloraturen als auch auf die Quartstimmung seiner Laute zurückzuführen ist. Schlecht spielt er ja nicht. Die Figuren, die der Lautenist zu spielen hat, sind nicht für ein Anfängerniveau bestimmt. Kläglich klingt es meist nur durch die bewusst schlechte Stimmung und Klangqualität des Instruments. Das müsste aber eigentlich nicht sein, denn bei aller Komik: eine Klamaukoper ist es nun nicht. Der psychische Zustand Beckmessers sollte wohl auch eine Rolle spielen. Die so »jämmerlich« klingenden Quartenkoloraturen sind übrigens auch im »originalen« Preislied des Walther, wenn auch melodiös elegant geführt, enthalten. Nochmals ⑥⑥ ⑥⑦. Das wird in Beckmessers Persiflage subtil ad absurdum geführt. Eine bessere Komposition als das »Original«, wie manchmal behauptet wird, ist diese verunglückte Persiflage wohl trotzdem nicht. Allerdings muss man zugeben, dass die um Beckmesser herum komponierte Harmonik, mit all den skurrilen und bewusst übertriebenen Wendungen, übermäßigen Dreiklängen und hinkenden Figuren, für unsere Ohren heute interessanter, »moderner« klingen mag als die »edle« Syntax Walthers oder Hans Sachs'.

Leitmotiv Nr. 8
Der revolutionäre Rausch und die fatale Selbstunterbietung oder Wagners und Nietzsches Politologie

Es dürfte nur wenige Operntexte geben, die so komplex und klug angelegt sind wie die Wagners – die Meistersinger voran. Umso irritierender sind die Verluste an Reflexionsniveau, an Komplexität, an Subtilität und an Selbstdistanz, die Wagner sich mehr als einmal erlaubt. Das gilt auch für das Ende der Meistersinger. Es hält das Theorienniveau nicht durch, das die großartige Oper traum-, wahn- und kunstreligionstheoretisch zuvor erreicht hat und zu dessen unwiderstehlicher Qualität es gehört, dass diese Theorie so freundlich und einladend daherkommt. Was Hans Sachs von sich gibt, als Walther fein darauf besteht, weiterhin Außenseiter, um es genauer, aber im Soziologiejargon zu formulieren, der inkludierte Exkludierte und der exkludierte Inkludierte zu sein (»will ohne Meister selig sein!«), ist eine seltsame Selbstunterbietung. Die geharnischte Schlussrede beginnt noch sehr plausibel. Sie lässt sich als angemessene Abweisung zweier Selbstüberschätzungen verstehen. Auch und gerade Genies wie Walther von Stolzing sollten erstens nicht verkennen, wie viel handwerkliche Souveränität gerade die geglücktesten Kunstwerke auszeichnet, und zweitens sich jedes sozialen Dünkels entheben. Auch den bürgerlichen Meistersingern fehlt es ja nicht an Selbstbewusstsein – das haben sie mit Walther von Stolzing gemeinsam. Der alte 48er-Revolutionär Wagner hat es fertiggebracht, dass noch der bayerische Märchenkönig den adelskritischen Äußerungen von Hans Sachs applaudierte:

Verachtet mir die Meister nicht,
und ehrt mir ihre Kunst!
Was ihnen hoch zum Lobe spricht,
fiel reichlich euch zur Gunst.
Nicht euren Ahnen, noch so werth,
nicht euren Wappen, Speer noch Schwert,
daß ihr ein Dichter seid,
ein Meister euch gefreit,
dem dankt ihr heut' eur' höchstes Glück. 7, 270

Dann aber verspielt Wagner fahrlässig und abrupt sein bestes
Motiv – das der in sich produktiven spannungsreichen Zwei-
einigkeit (von Wähnen und Wirklichkeit, von Traum und
Vernunft, von Genialität und Handwerklichkeit, von Ausnahme und Regelhaftigkeit, von Eigenem und Fremdem, von
Aus- und Eingeschlossenheit). Das Selbst und das Andere des
Selbst sind ein und dasselbe. Genau das aber will Hans Sachs
nicht mehr wissen, wenn er die eigene Identität gegen die
feindliche Identität des anderen setzt.

Habt Acht! Uns drohen üble Streich': –
zerfällt erst deutsches Volk und Reich,
in falscher wälscher Majestät
kein Fürst bald mehr sein Volk versteht;
und wälschen Dunst mit wälschem Tand
sie pflanzen uns in's deutsche Land.
Was deutsch und ächt wüßt' Keiner mehr,
lebt's nicht in deutscher Meister Ehr'.
Drum sag' ich euch
ehrt eure deutschen Meister,
dann bannt ihr gute Geister!
Und gebt ihr ihrem Wirken Gunst,
zerging' in Dunst
das heil'ge röm'sche Reich,
uns bliebe gleich
die heil'ge deutsche Kunst!

Alle fallen begeistert in den Schlußvers ein. – Eva nimmt den Kranz von Walther's Stirn und drückt ihn Sachs auf; dieser nimmt die Kette aus Pogner's Hand, und hängt sie Walther um. – Walther und Eva lehnen sich zu beiden Seiten an Sachsens Schultern: Pogner läßt sich, wie huldigend, auf ein Knie vor Sachs nieder. Die Meistersinger deuten mit erhobenen Händen auf Sachs, als auf ihr Haupt. Während die Lehrbuben jauchzend in die Hände schlagen und tanzen, schwenkt das Volk begeistert Hüte und Tücher.
VOLK.

> Heil Sachs! Hans Sachs!
> Heil Nürnberg's theurem Sachs!

Der Vorhang fällt. 7, 270 f.

Aus differenzbetonter Zweieinigkeitstheorie und aus paradoxiesensibler Kunst ist eine barsche Selbstfeier des differenzlos Eigenen, ja ein Einheitsdelirium geworden. Die *Meistersinger* laufen auf eine heiter-ernste Vorwegnahme des wunderbaren Groucho-Marx- und Woody-Allen-Kalauers hinaus, der da lautet: Ich würde nie einem Verein beitreten, der Leute wie mich als Mitglieder akzeptierte. Doch die *Meistersinger* verweigern genau diese Pointe. Sie wollen den totalen internen Konsens, um sich dann umso deutlicher und ausschließlicher gegen »die anderen«, gegen »wälschen Tand« abzusetzen. Bayreuth in den Nazijahren wimmelte von Wehrmachts-, SA- und SS-Uniformen; in den letzten Jahren des Zweiten Weltkriegs standen nur noch die *Meistersinger* auf dem Spielplan; es wurde gespenstischer Usus, sich beim Schlussgesang von Hans Sachs zu erheben und den Hitlergruß zu entbieten.

Nietzsche, der mit Abstand hellste unter den zeitgenössischen Wagner-Rezipienten, hat die fatale Neigung Wagners zum Absturz aus subtilen Reflexionslagen und zur Selbstunterbietung bemerkt und kritisiert. Man muss sich bei der Lektüre der im Folgenden zitierten Passage aus *Jenseits von Gut und Böse* immer wieder das schlichte Faktum vergegenwärtigen, dass diese Sätze lange vor 1914 und 1939 niedergeschrieben wurden. »Dank der krankhaften Entfremdung, welche der Nationalitäts-Wahnsinn zwischen die Völker Europas gelegt hat und noch legt, dank ebenfalls den Politikern des kurzen Blicks und der raschen Hand, die heute mit seiner Hilfe obenauf sind und gar nicht ahnen, wie sehr die auseinanderlösende Politik, welche sie treiben, notwendig nur Zwischenakts-Politik sein kann – dank alledem und manchem heute ganz Unaussprechbaren werden jetzt die unzweideutigsten Anzeichen übersehn oder willkürlich und lügenhaft umgedeutet, in denen sich ausspricht, daß *Europa eins werden will*. Bei allen tieferen und umfänglicheren Menschen dieses Jahrhunderts war es die eigentliche Gesamt-Richtung in der geheimnisvollen Arbeit ihrer Seele, den Weg zu jener neuen *Synthesis* vorzubereiten und versuchsweise den Europäer der Zukunft vorwegzunehmen: nur mit ihren Vordergründen, oder in schwächeren Stunden, etwa im Alter, gehörten sie zu den ›Vaterländern‹ – sie ruhten sich nur von sich selber aus, wenn sie ›Patrioten‹ wurden. Ich denke an Menschen wie Napoleon, Goethe, Beethoven, Stendhal, Heinrich Heine, Schopenhauer; man verarge mir es nicht, wenn ich auch Richard Wagner zu ihnen rechne, über den man sich nicht durch seine eignen Mißverständnisse verführen lassen darf – Genies seiner Art haben selten das Recht, sich selbst zu verstehen. Noch weniger freilich durch den ungesitteten Lärm, mit dem man sich jetzt (nach dem preußischen Sieg über Frankreich von 1870/71, J. H.) in Frankreich gegen Richard Wagner sperrt und wehrt – die Tatsache bleibt nichtsdestoweniger bestehn, daß die *französische Spät-Romantik* der vierziger Jahre und Richard Wagner auf das engste und innigste zueinandergehören.«[1]

Das ist beeindruckender Klartext. Nietzsche versucht sich (erfolgreich!) am Genre der rettenden Kritik. Ihm erschließt sich Wagner als ein sich mehr als einmal selbst missverstehendes Genie – mit einem Werk, dessen subtiler reflexiver und ästhetischer Reichtum danach schreit, vor Selbstmiss-

---

[1] Friedrich Nietzsche: *Werke*, hrsg. von Karl Schlechta. München 1966 f., Bd. 2, S. 724.

verständnissen gerettet zu werden. Nietzsches Text wirft gerade auch in politischer Hinsicht ein Licht auf die eigentümliche Konstellation Wagner–Nietzsche, die nachzuzeichnen sich lohnt. Es ist schwer nachzuvollziehen, dass Nietzsche bis heute nicht nur orthodox-kommunistisch indoktrinierten, sondern auch vielen aufgeklärten linken und liberalen Köpfen als politisch suspekt, gar als Wegbereiter der Nazis gilt. »Ins Nichts mit ihm!«[2] Mit diesem militanten Urteil beschließt Wolfgang Harich 1987, zwei Jahre vor der Implosion der Sowjetunion und mit ihr der DDR, seinen Beitrag zur Debatte um Nietzsche, die in der Zeitschrift *Sinn und Form* geführt wurde.[3] Er kann dabei an die wirkungsmächtige Verwerfung des nihilistischen Denkers durch Georg Lukács anknüpfen. Dieser hatte in seinem 1954 erschienenen Werk *Die Zerstörung der Vernunft* Nietzsche eine entscheidende Rolle in der Geschichte des Irrationalismus zugeschrieben, die ihn zu einem der schrecklichsten Wegbereiter des Faschismus gemacht habe. Bis heute hat sich bei vielen Linksintellektuellen inklusive Jürgen Habermas[4] diese Geste der Distanz, ja der Verwerfung gegenüber Nietzsche durchgehalten.[5] Aller-

[2] Wolfgang Harich: *Revision des marxistischen Nietzsche-Bildes?* in: Sinn und Form 5/1987, S. 1018–1053, hier S. 1053.
[3] Einen kenntnisreichen Überblick zur Nietzsche-Rezeption bzw. Nietzsche-Verwerfung in der DDR gibt Ulrich Busch: *Friedrich Nietzsche und die DDR*; in: Utopie kreativ, Heft 118 / August 2000, S. 762–777; erhellend ist auch die Studie von Jürgen Große: *Ernstfall Nietzsche – Debatten vor und nach 1989.* Bielefeld 2010 .
[4] Vgl. Jürgen Habermas: *Diskurs der Moderne*, Kap. IV: *Eintritt in die Postmoderne – Nietzsche als Drehscheibe.* Frankfurt am Main 1985, S. 104 ff.
[5] Bernhard H. F. Taureck: *Nietzsche und der Faschismus – Eine Studie über Nietzsches politische Philosophie und die Folgen.* Hamburg 1989, kategorisiert die Urteile über Nietzsches politische Philosophie wie folgt (nach der Tabelle auf S. 85): Als »bejahenden Visionär bzw. Mitschuldigen am Faschismus« sehen Nietzsche u. a. Wolfgang Harich, Georg Lukács, Benito Mussolini, Alfred Bäumler und Ernst Nolte; »als Diagnostiker von zum Faschismus führenden Entwicklungen« lesen Nietzsche u. a. Theodor W. Adorno, Ernst Jünger, Thomas Mann und Martin Heidegger; als »potentiellen Gegner von Faschismus« charakterisieren Nietzsche u. a. Mazzino Montinari, George Bataille und Deleuze / Guattari. Taurecks eigenes Urteil ist angesichts der von ihm ausgebreiteten Nietzsche-Zitate

dings gibt es bemerkenswerte Ausnahmen. Unter dem Titel *Nietzsche aus Frankreich* hat Werner Hamacher[6] unter anderem Texte von Maurice Blanchot, Jacques Derrida, Philippe Lacoue-Labarthe und Jean-Luc Nancy zusammengestellt, die das wache Interesse französischer Linksintellektueller an Nietzsche belegen. Und auch die italienischen Herausgeber der kritischen Nietzsche-Ausgabe Mazzino Montinari und Giorgio Colli sind konservativer oder gar reaktionärer Irrationalismen unverdächtig; Montinari war unorthodoxes Mitglied der Kommunistischen Partei Italiens. Zumindest an einem der ersten sogenannten Wahnsinnsbriefe Nietzsches aus dem Januar 1889 müsste jeder entschiedene Linke seine helle Freude haben – schreibt Nietzsche doch am 3. Januar 1889 aus Turin an Meta von Salis: »Ich habe eben Besitz ergriffen von meinem Reich, werfe den Papst ins Gefängnis und lasse Wilhelm, Bismarck und (den wüst antisemitischen Theologen und Politiker, J. H.) Stoecker erschießen.«[7]

Dass Nietzsche trotz solcher Äußerungen – im Wahn verdichten sich seine zuvor entwickelten Argumente – von vielen reflexartig dem konservativen bis reaktionären Spektrum zugeordnet wird, ist schnell zu erklären. Seine Invektiven gegen die »Viel-zu-Vielen« sind mit sozialistischen Optionen schwer in Übereinstimmung zu bringen: »Voll ist die Erde von Überflüssigen, verdorben ist das Leben durch die Viel-zu-Vielen«, verkündet Zarathustra.[8] Und einige Seiten weiter heißt es: »Viel zu viele werden geboren: für die Überflüssigen ward der Staat erfunden! / Seht mir doch, wie er sie an sich lockt, die Viel-zu-Vielen! Wie er sie schlingt und kaut und wiederkäut!«[9] Auch Nietzsches direkte Äußerungen über

nicht nachzuvollziehen, schreibt er doch apodiktisch: »Die einzige politische Bewegung, die Ähnlichkeiten mit Nietzsches politischen Maßlosigkeiten besitzt, ist die des Faschismus. (...) *Nietzsche ist Protofaschist.*« (S. 9, 12)

[6] Werner Hamacher (Hrsg.): *Nietzsche aus Frankreich*, Berlin 1997.
[7] Zit. bei Curt Paul Janz: *Friedrich Nietzsche – Biographie*. München 1993 (2.), Bd. 3, S. 27.
[8] Friedrich Nietzsche: *Also sprach Zarathustra*; in: *Werke*, a. a. O., Bd. 2, S. 310.
[9] Ebd., S. 314.

den Sozialismus klingen wenig enthusiastisch. [10] Allerdings ist ihnen ein verblüffendes prognostisches Potential nicht abzusprechen, hält Nietzsche es doch lange vor Stalin, der nordkoreanischen Kim-Dynastie und der Weitergabe Kubas unter revolutionären Brüdern nicht nur für möglich, sondern gar für wahrscheinlich, dass der Sozialismus zu feudalem Despotismus führen könne: »*Der Sozialismus in Hinsicht auf seine Mittel.* – Der Sozialismus ist der phantastische jüngere Bruder des fast abgelebten Despotismus, den er beerben will; seine Bestrebungen sind also im tiefsten Verstande reaktionär. Denn er begehrt eine Fülle der Staatsgewalt, wie sie nur je der Despotismus gehabt hat, ja er überbietet alles Vergangene dadurch, daß er die förmliche Vernichtung des Individuums anstrebt: als welches ihm wie ein unberechtigter Luxus der Natur vorkommt und durch ihn in ein zweckmäßiges *Organ des Gemeinwesens* umgebessert werden soll. Seiner Verwandtschaft wegen erscheint er immer in der Nähe aller exzessiven Machtentfaltungen, wie der alte typische Sozialist Plato am Hofe des sizilischen Tyrannen; er wünscht (und befördert unter Umständen) den cäsarischen Gewaltstaat dieses Jahrhunderts, weil er, wie gesagt, sein Erbe werden möchte.« [11]

Für orthodox-linke Ohren sind das verletzende Worte, gerade weil ihr prognostisch-diagnostischer Gehalt nach der despotisch-kommunistischen Massenvernichtung von Individuen durch die Helfershelfer von Stalin, Mao und Pol Pot (um nur sie zu nennen) schwerlich zu bestreiten ist. Kein Wunder also, dass der Elite-Denker und Despotie-Kritiker Friedrich Nietzsche bei denjenigen links bis revolutionär gesinnten Köpfen keine gute Presse hat, die ein rechtfertigendes Verhältnis zur Massenvernichtung von Individuen haben oder die es wie der Habermas-Schüler Thomas Assheuer begrüßen, wenn von einem Buch »nur ein kleines Häuflein akademischer Asche« [12] übrig bleibt. Wer als Linker aber nur

[10] Vgl. dazu die Ausführungen von Henning Ottmann: *Philosophie und Politik bei Nietzsche.* Berlin / New York 1999 (2.), S. 138–146.
[11] Friedrich Nietzsche: *Menschliches, Allzumenschliches*, in: *Werke*, hrsg. von Karl Schlechta. München 1966, Bd. 1, S. 683.

ein wenig genauer auf die politischen Optionen Friedrich Nietzsches achtet, wird an seiner Verurteilungslust alsbald irre werden, denn Nietzsche hat in gleich drei hochrelevanten Hinsichten an seinen sehr scharfen und scharfsichtigen progressiven Orientierungen keinen Zweifel aufkommen lassen. Er legt sich erstens mit einer Verve, die später auch den gründlichen Nietzsche-Leser Heinrich Mann in seinem Roman *Der Untertan* antreiben wird, mit den rechtslastigen, dumpf deutschnationalen Tendenzen der Burschenschaftler an. Er ist zweitens in einem Milieu und in einer Epoche, in dem Antisemitismus bei rechten und zum Teil auch bei linken[13] Kulturkritikern zum üblichen Ton gehört, der entschiedenste Anti-Antisemit. Und Nietzsche bringt es drittens fertig, nach dem preußisch-deutschen Sieg über Frankreich und dem ihm folgenden nationalistischen Taumel Bismarck-Deutschland französische Kultur zu empfehlen, ja im Rückblick die Niederlage für Deutschland zu wünschen.

Nur einige wenige Belege. Nietzsche trat zusammen mit seinem Freund Paul Deussen und anderen Absolventen von Schulpforta am 23. Oktober 1864 der Bonner Burschenschaft Frankonia bei,[14] die vergleichsweise viele Philologen und Musikliebhaber in ihren Reihen aufwies und deshalb als musisch-liberale Verbindung galt. Die anfängliche Begeisterung für das Verbindungsleben geriet allerdings schnell in eine tiefe Krise, wie unter anderem Nietzsches Brief an Carl von Gersdorff vom 25. Mai 1865 (»am Tage der Himmelfahrt«) deutlich macht: »Man hat schon sehr viel verloren, wenn man die sittliche Entrüstung über etwas Schlechtes verliert, das in unserem Kreise täglich geschieht. Das gilt zum Beispiel in Betreff des Trinkens und der Trunkenheit, aber auch in der

[12] Thomas Assheuer: *Ab in die Tonne*; in: *Zeit* vom 17. 7. 2008, S. 1 des Feuilletons. Vgl. dazu meine Entgegnung: Jochen Hörisch: *Wer redet, ist nicht tot. Zur Kritik der Diskursethik*; in: Susanne Hahn (Hrsg.): *Sprache und Frieden – 4. Hubertusburger Friedensgespräche 21.–23. September 2012*, Protokollband. Jena 2013, S. 112–123.
[13] August Bebel ist die erhellende Formel zu verdanken, Antisemitismus sei der »Sozialismus der dummen Kerle«.
[14] Vgl. zum Folgenden Curt Paul Janz: *Friedrich Nietzsche*, a. a. O., Bd. 1, S. 155 ff.

Mißachtung und Verhöhnung andrer Menschen, andrer Meinungen. / Ich gestehe Dir sehr gern, daß ... mir der Ausdruck der Gesellgkeit auf den Kneipabenden oft in hohem Maße mißbehagte, daß ich einzelne Individuen ihres Biermaterialismus wegen kaum ausstehen konnte; ebenfalls daß mit unerhörter Anmaßung über Menschen und Meinungen *en masse* zu meinem größten Ärger abgeurteilt wurde.«[15] Ebenso deutlich sind die im Brief vom 29. Mai 1865 an die Mutter zu findenden Wendungen: »Neulich haben wir, dh. die Frankonen mit den zwei andern Burschenschaften Helvetia und Marchia einen gemeinschaftlichen Commers gefeiert. Hei! Welche Beseligung! Hei! Was hat nicht alles die Burschenschaft getan! Hei! Sind wir nicht die Zukunft Deutschlands, die Pflanzstätte deutscher Parlamente! – Es ist mitunter schwer, sagt Juvenal, keine Satire zu schreiben.«[16] Nietzsche hat seinen klaren Worten Taten folgen lassen. Am 20. Oktober 1865 erklärt er – ein nicht nur statistisch gesehen ganz ungewöhnlicher Vorgang – seinen Austritt aus der Frankonia und schickt ihr sein Band zurück.

Dass Nietzsche tatsächlich ein freier Geist war, zeigen auch seine unzweideutigen Äußerungen zum Antisemitismus vieler, allzu vieler seiner rechten wie zum Teil auch linken Zeitgenossen.[17] Den Antisemitismus seiner Schwester Elisabeth, die später Hitler den Spazierstock ihres Bruders zueignete, fand Nietzsche, dem ansonsten an engen Kontakten zu seiner Familie lag, so widerwärtig, dass er den Kontakt zu ihr abbrach. »Die verfluchte Antisemiterei«, so schrieb er am 4. April 1884 an seinen Freund Franz Overbeck, »ist die Ursache eines *radikalen* Bruchs zwischen mir und meiner Schwester«;[18] am 7. April erwähnt er gegenüber demselben Adressaten seine jüdischen Freunde »Dr. Rée und Frl. Salomé,

15 Friedrich Nietzsche: Werke, a.a.O., Bd. 3, S. 949.
16 Zit. nach Curt Paul Janz: Friedrich Nietzsche, a.a.O., Bd. 1, S. 159.
17 Vgl. dazu Christian Niemeyer: *Nietzsche und sein Verhältnis zum Antisemitismus – Eine bewusst missverstandene Rezeption?*, in: Renate Reschke / Marco Brusotti (Hrsg.): *Einige werden posthum geboren – Friedrich Nietzsches Wirkungen.* Berlin 2012, S. 501–514.
18 Zit. nach Curt Paul Janz: Friedrich Nietzsche, a.a.O., Bd. 2.

an denen ich gerne Einiges gutmachen möchte, was meine Schwester schlimmgemacht hat«.[19] Aber nicht nur in Briefen, sondern eben auch in seinen Publikationen lässt Nietzsche an seinem entschiedenen Anti-Antisemitismus keine Zweifel aufkommen. Um nur wenige Belege zu nennen: Unter der Überschrift »Wie ich von Wagner loskam« schreibt Nietzsche in *Nietzsche contra Wagner*: »Schon im Sommer 1876, mitten in der Zeit der ersten Festspiele, nahm ich bei mir von Wagner Abschied. Ich vertrage nichts Zweideutiges; seitdem Wagner in Deutschland war, kondeszendierte er Schritt für Schritt zu allem, was ich verachte – selbst zum Antisemitismus ...«[20]

Bemerkenswert eindeutig ist auch die Formulierung aus der Schrift *Der Antichrist*, in der Nietzsche gegen die antiromanischen und antisemitischen Tendenzen der deutschen Historiographie (er hat dabei keinen anderen als Treitschke im Blick) anschreibt: »Die deutsche Geschichtsschreibung zum Beispiel ist überzeugt, daß Rom der Despotismus war, daß die Germanen den Geist der Freiheit in die Welt gebracht haben: welcher Unterschied ist zwischen dieser Überzeugung und einer Lüge? Darf man sich noch darüber wundern, wenn, aus Instinkt, alle Parteien, auch die deutschen Historiker, die großen Worte der Moral im Munde haben – daß die Moral beinahe dadurch *fortbesteht,* daß der Parteimensch jeder Art jeden Augenblick sie nötig hat? – ›Dies ist *unsre* Überzeugung: wir bekennen sie vor aller Welt, wir leben und sterben für sie – Respekt vor allem, was Überzeugungen hat!‹ – dergleichen habe ich sogar aus dem Mund von Antisemiten gehört. Im Gegenteil, meine Herrn! Ein Antisemit wird dadurch durchaus nicht anständiger, daß er aus Grundsatz lügt ...«[21]

Und auch eine sozialpsychologisch hellsichtige Diagnose über antisemitische Ressentiments aus Nietzsches Feder ist bemerkenswerter Klartext: »*Esprit*: Eigentum später Rassen: Juden, Franzosen, Chinesen. (Die Antisemiten vergeben es

[19] Friedrich Nietzsche: *Werke*, a. a. O., Bd. 3, S. 1217.
[20] Friedrich Nietzsche: *Werke*, a. a. O., Bd. 2, S. 1054.
[21] Friedrich Nietzsche: *Werke*, a. a. O., Bd. 2, S. 1222 f.

den Juden nicht, daß die Juden ›Geist‹ haben – und Geld. Die Antisemiten – ein Name der ›Schlechtweggekommenen‹.)«[22] Dabei ist Nietzsche seine scharfe Kritik am Antisemitismus gerade auch der ihm so Nahestehenden (zumal am Antisemitismus seiner Schwester – er bezeichnet sie als »rachsüchtige antisemitische Gans«[23] – und am Antisemitismus von Richard Wagner) schlecht bekommen; ihm war klar, welchen Preis er für seinen unzweideutigen Anti-Antisemitismus zu zahlen hatte. Am 2. April 1884 schreibt Nietzsche an Franz Overbeck: »Die verfluchte Antisemiterei verdirbt mir alle meine Rechnungen auf pekuniäre Unabhängigkeit, Schüler, neue Freunde, Einfluß, sie hat R. Wagner und mich verfeindet, sie ist die Ursache eines *radikalen* Bruchs zwischen mir und meiner Schwester usw. usw.«[24] Klare und biographisch nach dem Ecce-homo-Modell beglaubigte Worte findet Nietzsche aber nicht nur im Hinblick auf schlagende Verbindungen und antisemitische Einstellungen, sondern ebenso im Hinblick auf den deutschen Nationalismus und Größenwahn. Auch in dieser Hinsicht müssen einige wenige Zitate genügen – Zitate allerdings, die einen hohen Aussagewert haben, Zitate wie dieses aus der *Genealogie der Moral*: »Ich mag die ehrgeizigen Künstler nicht, die den Asketen und Priester bedeuten möchten und im Grunde nur tragische Hanswürste sind; ich mag auch sie nicht, diese neuesten Spekulanten in Idealismus, die Antisemiten, welche heute ihre Augen christlich-arisch-biedermännisch verdrehn und durch einen jede Geduld erschöpfenden Mißbrauch des wohlfeilsten Agitationsmittels, der moralischen Attitüde, alle Hornvieh-Elemente des Volkes aufzuregen suchen (– daß *jede* Art Schwindel-Geisterei im heutigen Deutschland nicht ohne Erfolg bleibt, hängt mit der nachgerade unableugbaren und bereits handgreiflichen *Verödung* des deutschen Geistes zusammen, deren Ursache ich in einer allzu ausschließlichen Ernährung mit Zeitungen,

[22] Friedrich Nietzsche: *Aus dem Nachlass der Achtzigerjahre*; a. a. O., Bd. 3, S. 707.
[23] Friedrich Nietzsche: *Briefentwurf an Malwida von Meysenburg*; in: a. a. O., Bd. 3, S. 1421.
[24] Zit. nach Curt Paul Janz: *Friedrich Nietzsche*, a. a. O., Bd. 2, S. 262.

Politik, Bier und Wagner'scher Musik suche, hinzugerechnet, was die Voraussetzung für diese Diät abgibt: einmal die nationale Einklemmung und Eitelkeit, das starke, aber enge Prinzip ›Deutschland, Deutschland über alles‹, sodann aber die *paralysis agitans* der ›modernen Ideen‹.« [25]

Klar und handfest ist auch die mitten in den Deutsch-Französischen Krieg fallende Briefäußerung an Erwin Rohde vom 23. November 1870 – der preußische Sieg in der Schlacht von Sedan am 2. September lässt nicht nur die burschenschaftlichen Deutschen trunken, Nietzsche hingegen bemerkenswert nüchtern sein: [26] »Sieh doch zu, daß Du aus dem fatalen kulturwidrigen Preußen herauskommst! wo die Knechte und die Pfaffen wie Pilze hervorschießen und bald mit ihrem Dunst uns ganz Deutschland verfinstern werden.« [27] Nichts an Deutlichkeit vermissen lässt ebenso die bündige Wendung, alle großen Kulturverbrechen der letzten vier Jahrhunderte seien von Deutschen ausgegangen, die sich ausgerechnet in der Streitschrift *Der Fall Wagner* findet: »Aber hier soll mich nichts hindern, grob zu werden und den Deutschen ein paar harte Wahrheiten zu sagen: *wer tut es sonst?* – Ich rede von ihrer Unzucht *in historicis*. Nicht nur, daß den deutschen Historikern der *große Blick* für den Gang, für die Werte der Kultur gänzlich abhanden gekommen ist, daß sie allesamt Hanswürste der Politik (oder der Kirche –) sind: dieser große Blick ist selbst von ihnen *in Acht getan*. Man muß vorerst ›deutsch‹ sein, ›Rasse‹ sein, dann kann man über alle Werte und Unwerte *in historicis* entscheiden – man setzt sie fest … ›Deutsch‹ ist ein Argument, ›Deutschland, Deutschland über alles‹ ein Prinzip, die Germanen sind die ›sittliche Weltordnung‹ in der Geschichte; im Verhältnis zum *Imperium romanum* die Träger der Freiheit, im Verhältnis zum achtzehnten Jahrhundert die Wiederhersteller der Moral, des

[25] Friedrich Nietzsche: *Werke*, a. a. O., Bd. 2, S. 896.
[26] Vgl. Michael Meyer: *Wagners politische Stellungnahme im deutschfranzösischen Krieg*; in: Annegret Fauser / Manuela Schwartz (Hrsg.): *Von Wagner zum Wagnérisme – Musik, Literatur, Kunst, Politik.* Leipzig 1999, S. 87–106.
[27] Friedrich Nietzsche: *Werke*, a. a. O., Bd. 3, S. 1031.

›kategorischen Imperativs‹ ... Es gibt eine reichsdeutsche Ge-schichtsschreibung, es gibt, fürchte ich, selbst eine antisemi-tische, – es gibt eine *Hof*-Geschichtsschreibung und Herr von Treitschke schämt sich nicht ... Jüngst machte ein Idioten-Urteil *in historicis,* ein Satz des zum Glück verblichenen äs-thetischen Schwaben Vischer, die Runde durch die deutschen Zeitungen als eine ›Wahrheit‹, zu der jeder Deutsche *ja sagen müsse:* ›Die Renaissance *und* die Reformation, beide zusam-men machen erst ein Ganzes – die ästhetische Wiedergeburt *und* die sittliche Wiedergeburt.‹ – Bei solchen Sätzen geht es mit meiner Geduld zu Ende, und ich spüre Lust, ich fühle es selbst als Pflicht, den Deutschen einmal zu sagen, *was* sie alles schon auf dem Gewissen haben. *Alle großen Kultur-Verbre-chen von vier Jahrhunderten haben sie auf dem Gewissen!*«[28]

Rechtskonservativ, deutschnational, reaktionär oder gar protofaschistisch klingen all diese und viele weitere nüch-terne und ernüchternde, erzvernünftige Äußerungen Niet-zsches in unvernünftiger Zeit nicht. Vielmehr bezeugen sie einen in einem ansonsten homogen rechtskonservativen, deutschnationalen bis reaktionären Milieu wirklich freien Geist, der, obwohl er alles andere als ein Sozialist ist, Positio-nen vertritt, die man nach heutiger façon de parler mit Fug und Recht linksliberal nennen muss. Linksorthodoxe Niet-zsche-Verdammungen wie die von Georg Lukács oder Wolf-gang Harich dokumentieren – nach der pointierten Einschät-zung von Adorno[29] – die »Zerstörung der Vernunft« genau

---

[28] Friedrich Nietzsche: *Werke,* a. a. O., Bd. 2, S. 1147.
[29] Theodor W. Adorno: *Erpreßte Versöhnung. Zu Georg Lukács: »Wider den mißverstandenen Realismus«;* in: *Gesammelte Schriften* Bd. 11 – *Noten zur Literatur.* Frankfurt am Main 1974, S. 252: »Am krassesten wohl manifestierte sich in dem Buch *Die Zerstörung der Vernunft* die von Lukács' eigener. Höchst undialektisch rechnete darin der approbierte Dialektiker alle irrationalistischen Strömun-gen der neueren Philosophie in einem Aufwaschen der Reaktion und dem Faschismus zu, ohne sich viel dabei aufzuhalten, daß in diesen Strömungen, gegenüber dem akademischen Idealismus, der Gedanke auch gegen eben jene Verdinglichung von Dasein und Denken sich sträubte, deren Kritik Lukács' eigene Sache war. Nietzsche und Freud wurden ihm schlicht zu Faschisten, und er brachte es über sich, im herablassenden Ton eines Wilhelminischen

bei denen, die Nietzsche vorwerfen, er habe die Vernunft zerstören wollen. Kurzum: Wer Nietzsches Texte auch nur einigermaßen aufmerksam zur Kenntnis nimmt, wird schnell und nachhaltig zugleich bemerken, dass »die suggestiven Bilder, die sich tief ins kollektive Unbewußte eingegraben haben: Mussolini, den das Nietzsche-Archiv als den ›herrlichsten Jünger‹ Zarathustras feierte; Hitler, der die Schwester des Philosophen besucht und Nietzsches Spazierstock zum Geschenk erhält, (eine) Ironie des Okkasionellen in nahezu welthistorischem Ausmaß (darstellen). Zarathustra wollte keine Jünger, er wollte keine Schüler, die sich auf die Lehre wie auf eine Krücke stützen.«[30]

Anders als Friedrich Nietzsche wollte Richard Wagner wenn nicht Schüler, so doch Gefolgsleute. Er hat sie in großer Zahl gewonnen – Wagnerianer. Nietzsche war bekanntlich über viele Jahre hinweg der klügste und entschiedenste unter den Wagner-Bewunderern und -Jüngern. Umso bemerkenswerter ist die klare Geste, mit der sich der 31 Jahre jüngere Jünger von Wagner lossagt. Wer Wagners und Nietzsches politische Optionen analysiert, muss sich stets erneut vergegenwärtigen, dass sich der junge Nietzsche von einem Genie faszinieren ließ, dessen politisches Image unschwer zu bestimmen war: Wagner war der (bis zur Aufhebung des Haftbefehls im Jahr 1862) steckbrieflich gesuchte 1848/49er-Revolutionär, dem mit viel Glück die Flucht ins Schweizer Exil gelungen war. Aus seinen linkssozialistischen Einstellungen hat er kein Hehl gemacht; emphatischer als Richard Wagner hat keiner unter den damaligen Zeitgenossen inklusive Marx die Revolution von 1848/49 begrüßt und ihr eine entschieden sozialistisch-kommunistische Wende geben wollen. Da-

Provinzialschulrats von Nietzsches ›nicht alltäglicher Begabung‹ zu reden. Unter der Hülle vorgeblich radikaler Gesellschaftskritik schmuggelte er die armseligsten Clichés jenes Konformismus wieder ein, dem die Gesellschaftskritik einmal galt.«
[30] Henning Ottmann: *Philosophie und Politik bei Nietzsche*, a. a. O., S. 2. Zur »Nazifizierung des Namens Nietzsche« vgl. auch die Studie von Jin-Woo Lee: *Politische Philosophie des Nihilismus – Nietzsches Neubestimmung des Verhältnisses von Politik und Metaphysik*. Berlin / New York 1992, S. 9 ff.

ran lässt der Sound von Wagners 1849 erschienenem Manifest *Die Revolution* keinen Zweifel. Es beginnt mit Worten, die keine Angst vor Pathos und keine Neigung zur funktional-sachlichen Analyse erkennen lassen: »Sehen wir hinaus über die Länder und Völker, so erkennen wir überall durch ganz Europa das Gähren einer gewaltigen Bewegung, deren erste Schwingungen uns bereits erfaßt haben, deren volle Wucht bald über uns hereinzubrechen droht. Wie ein ungeheurer Vulkan erscheint uns Europa, aus dessen Innerem ein beständig wachsendes, beängstigendes Gebrause ertönt, aus dessen Krater dunkle, gewitterschwangere Rauchsäulen hoch zum Himmel emporsteigen und, Alles rings mit Nacht bedeckend, sich über die Erde lagern, während bereits einzelne Lavaströme, die harte Kruste durchbrechend, als feurige Vorboten Alles zerstörend sich in's Thal hinabwälzen. / Eine übernatürliche Kraft scheint unsern Welttheil erfassen, aus dem alten Geleise herausheben und in eine neue Bahn schleudern zu wollen. / Ja, wir erkennen es, die alte Welt, sie geht in Trümmer, eine neue wird aus ihr entstehen, denn die erhabene Göttin Revolution, sie kommt daher gebraust auf den Flügeln der Stürme, das hehre Haupt von Blitzen umstrahlt, das Schwert in der Rechten, die Fackel in der Linken, das Auge so finster, so strafend, so kalt, und doch, welche Gluth der reinsten Liebe, welche Fülle des Glückes strahlt Dem daraus entgegen, der es wagt, mit festem Blicke hineinzuschauen in dieß dunkle Auge! Sie kommt daher gebraust, die ewig verjüngende Mutter der Menschheit, vernichtend und beseligend fährt sie dahin über die Erde.«[31]

»Vernichtend und beseligend« – eine aufschlussreiche und für Wagners Gesamtwerk kennzeichnende (Zusammen-) Fügung (s. Leitmotiv 4). Der inhaltliche und stilistische Kontrast zwischen Wagners trunkener Prosa und Nietzsches Ausnüchterungsprogramm könnte größer nicht sein. Wagner schwingt sich zu einer schwerlich zu überbietenden Revolutionsemphase auf und wählt dabei einen ultimativen Pathos-

[31] In: *Richard Wagner: Sämtliche Schriften und Dichtungen*, 16 Bde. Bd. 12. Leipzig 1911, S. 24.

ton, der sphärenweit vom analytisch-nüchternen bis sarkastischen Stil entfernt ist, der gerade Nietzsches politischen Äußerungen Brillanz verleiht.[32] Auffallend ist allerdings, dass Wagners überschwängliche linke Revolutionsemphase mit System Natur- und Polittheologie-Metaphern gebraucht, die dem Reservoir konservativer, religiöser und kosmischer Assoziationen entstammen – da »gährt« und »schwingt« die Revolution mit »beängstigendem Gebrause«, um sodann unter »gewitterschwangeren Rauchsäulen« mit »voller Wucht« als »gewaltiger Vulkan« auszubrechen und »heiße Lavaströme« herauszuschleudern. Hart am Rande der Katachrese werden diese Naturmetaphern dann metaphysisch und religiös überhöht – mit »übernatürlicher Kraft« kommt »die erhabene Göttin« Revolution dahergebraust, um ihren »Gruß« und ihre Erlösungsversprechen zu verkünden: »Gruß der Revolution: /›Ich bin das ewig verjüngende, das ewig schaffende Leben! wo ich nicht bin, da ist der Tod! Ich bin der Traum, der Trost, die Hoffnung des Leidenden! Ich vernichte, was besteht, und wohin ich wandle, da entquillt neues Leben dem toten Gestein. Ich komme zu euch, um zu zerbrechen alle Ketten, die euch bedrücken, um euch zu erlösen aus der Umarmung des Todes und ein junges Leben durch eure Glieder zu ergießen. Alles, was besteht, muß untergehen, das ist das ewige Gesetz der Natur, das ist die Bedingung des Lebens, und ich, die ewig Zerstörende, vollführe das Gesetz und schaffe das ewig junge Leben. Ich will zerstören von Grund aus die Ordnung der Dinge, in der Ihr lebt, denn sie ist entsprossen der Sünde, ihre Blüthe ist das Elend und ihre Frucht das Verbrechen; die Saat aber ist gereist, und der Schnitter bin ich. Ich will zerstören jeden Wahn, der Gewalt hat über den Menschen. Ich will zerstören die Herrschaft des Einen über die Andern, der Toten über die Lebendigen, des Stoffes über den Geist; ich will zerbrechen die Gewalt der Mächtigen, des Gesetzes und des Eigenthums. Der eigne Wille sei der Herr des

---

32 Heinz Schlaffers ansonsten zu Recht vielgelobtes Buch *Das entfesselte Wort – Nietzsches Stil und seine Folgen* (München 2007) blendet die nüchternen, scharf analytischen und sarkastischen Momente von Nietzsches Diktion weitgehend aus.

318 Menschen, die eigne Luft sein einzig Gesetz, die eigne Kraft sein ganzes Eigenthum, denn das Heilige ist allein der freie Mensch (von Wagner hervorgehoben, J. H.), und nichts Höheres ist denn Er (ebenfalls von Wagner hervorgehboben, J. H.). Vernichtet sei der Wahn, der Einem Gewalt giebt über Millionen, der Millionen unterthan macht dem Willen eines Einzigen, der Wahn, der da lehrt: der Eine habe die Kraft, die Andern alle zu beglücken. Das Gleiche darf nicht herrschen über das Gleiche, das Gleiche hat nicht höhere Kraft denn das Gleiche, und da ihr Alle gleich, so will ich zerstören jegliche Herrschaft des Einen über den Andern (...)‹.«[33]

Das ist – sit venia verbo – revolutionsdeliranter Klartext. Richard Wagners Manifest *Die Revolution* unterscheidet sich trotz der starken Gemeinsamkeit, von linksrevolutionären Impulsen gespeist zu sein, in Stil, Metaphorik und Argumentation denkbar deutlich von Marx' und Engels' gleichzeitig entstandenem *Kommunistischen Manifest*. Es gehört zu den Seltsamkeiten im Leben des ja nicht unter Mitteilungsunlust leidenden Richard Wagner, dass von ihm keine Äußerungen über seinen direkten Zeitgenossen Marx (der 1818, also fünf Jahre nach Wagner geboren wurde und einen Monat plus einen Tag nach Wagner am 14. März 1883 starb) überliefert sind.[34] Dass Richard Wagner schon früh, nämlich in den 40er-Jahren des 19. Jahrhunderts, mit dem Namen und dem Label Karl Marx vertraut gewesen sein muss, ist bereits durch die mit beiden, dem Theoretiker wie dem theoretisierenden Komponisten, im engen Kontakt stehenden Freunde Michael

---

[33] Ebd., S. 247.
[34] So heißt es in Martin Gregor-Dellins Biographie *Richard Wagner – Sein Leben, sein Werk, sein Jahrhundert*. München 1980, S. 290 f.: »Zu fragen ist jedoch, was er (Wagner) von Karl Marx wußte. Die gesamte bisherige Wagner-Literatur hat eine Kenntnis der Gedanken oder Schriften von Karl Marx schlichtweg ausgeschlossen. Es gab Marx nicht in Wagners Dresdner und Bayreuther Bibliothek, der Name kam nirgends vor, weder in Wagners Briefen noch in seinen Schriften oder Erinnerungen, also war er ihm fremd und weltenfern. Nun kannte er aber Proudhons Ideen, noch bevor er ihn las. Er wußte von Feuerbach, bevor er ein einziges seiner Bücher in die Hand nahm. Und Marx? Hatte er nie von ihm gehört? Der Augenblick wird kommen, das Rätsel zu lösen.«

Bakunin und Georg Herwegh verbürgt (s. Leitmotiv 1). Die naheliegende Idee, Wagner und Marx aufeinander zu beziehen und den *Ring des Nibelungen* als musikdramatische Variante des *Kapital* zu interpretieren, findet sich schon in George Bernard Shaws ingeniösem Essay *The Perfect Wagnerite – A Commentary on the Niblung's Ring*, der in beider Todesjahr 1883 konzipiert wurde und 1898 erschien. Aus überzeugenden Gründen ist diese Interpretation durch zahlreiche Regisseure, darunter solche vom Rang Patrice Chereaus und Harry Kupfers, bühnensuggestiv umgesetzt, ja geradezu kanonisch geworden. Mit dem Schweigen von Wagner über Marx kontrastieren die Äußerungen von Marx über »den neudeutsch-preußischen Reichsmusikanten«, die nichts an Deutlichkeit zu wünschen übrig lassen.[35] Aus einem Kuraufenthalt in Karlsbad schreibt Marx 1876 seiner Tochter Jenny Longuet in Hastings: »Allüberall wird man mit der Frage gequält: Was denken Sie von Wagner?« Marx hat diese Frage bemerkenswert hintersinnig beantwortet, indem er Wagners spätes Leben als Stoff für eine Offenbach-Operette verstand: »Er (Wagner, J.H.) nebst Gattin, der von Bülow sich Getrennthabenden, nebst Hahnrei Bülow, nebst ihrem gemeinschaftlichen Schwiegervater Liszt hausen in Bayreuth alle vier einträchtig zusammen, herzen, küssen und adorieren sich und lassen sich's wohl sein. Bedenkt man nun außerdem, daß Liszt römischer Mönch und Madame Wagner, Cosima mit Vornamen, seine von Madame d'Agoult gewonnene natürliche Tochter ist – so kann man kaum einen besseren Operntext für Offen-

[35] Auch Friedrich Engels hat sich über Richard Wagner geäußert und sich in seiner Schrift *Der Ursprung der Familie, des Privateigentums und des Staates* vergleichsweise ausführlich und keineswegs nur ablehnend mit dem *Ring des Nibelungen* auseinandergesetzt (vgl. u. a. MEW Bd. 21, S. 43 f., vgl. auch die Wagner-Erwähnung, S. 27). In Engels' Schrift *Herrn Eugen Dührings Umwälzung der Wissenschaft* heißt es: »Man muß eben der philosophische Richard Wagner sein – doch ohne Wagners Talent –, um zu übersehn, daß alle die Herabwürdigungen, die man auf die bisherige Geschichtsentwicklung wirft, ebenfalls an ihrem angeblich letzten Resultat haften bleiben – an der sogenannten Wirklichkeitsphilosophie.« (MEW Bd. 20, S. 108)

bach ersinnen als diese Familiengruppe mit ihren patriarchalischen Beziehungen.«[16]

Eine in jedem Sinne geistreiche Bemerkung, steckt doch tatsächlich viel Offenbach in Wagners Werk und in seiner Lebenswelt sowieso, wie wiederum Nietzsche erkannte, als er in *Der Fall Wagner* schrieb: »Der Parsifal ist ja ein OperettenStoff *par excellence* ... Ist der Parsifal Wagners sein heimliches Überlegenheits-Lachen über sich selber, der Triumph seiner letzten höchsten Künstler-Freiheit, Künstler-Jenseitigkeit – Wagner, der über sich zu *lachen* weiß? ...«[17] Wagners Götter tanzen zwar nicht Cancan, aber sie bringen (nicht nur) die (Familien-)Verhältnisse zum Tanzen. Marx dürfte das hämisch-witzige *Lustspiel in antiker Manier* (Untertitel) *Eine Kapitulation* nicht gekannt haben, das Wagner 1871 nach dem preußisch-deutschen Sieg über Frankreich verfasste und in dem Offenbach mehrfach namentlich angerufen wird. Es ist seinerseits in der Manier einer Offenbach-Operette verfasst – eine Stillage, über die Wagner auch verfügte. Gänzlich ironiefrei, wenn auch nicht ganz frei von der unfreiwilligen Komik, die sich überschlagendes Pathos obligatorisch begleitet, ist hingegen Wagners früher Revolutionstraktat. An ihm fällt neben der polittheologischen Diktion (Trost, Hoffnung für die Leidenden, ewig junges Leben, Erlösung etc.) und einem spezifisch Wagner'schen Feminismus (die Revolution ist eine Göttin – im *Ring des Nibelungen* haben Frauen / Rheintöchter das erste und letzte Wort und Brünnhilde das vorletzte) vor allem eine ungemein starke Destruktionsobsession auf. Die Göttin der Revolution berauscht sich an nicht endenden Vernichtungsphantasien; sie will in enthemmter Rastlosigkeit zerbrechen, zerstören, vernichten, den Untergang herbeiführen, zugrunde gehen lassen – kurzum: Sie wirkt »vernichtend und beseligend«. Ebendiese unverkennbare Faszination für Zerstörungen, Tod und Zugrundegehen ist nun aber nicht ein, sondern das aus-

---

[16] MEW Bd. 34 (*Briefe. Januar 1875 – Dezember 1880*). Berlin 1966, S. 193.
[17] Friedrich Nietzsche: *Werke*, a. a. O., Bd. 2, S. 1052.

schlaggebende sozialpsychologische Differenzkriterium zwischen linkem und rechtem Radikalismus. Rechte, Rechtskonservative und Rechtsextreme sind im Maße ihrer Radikalisierung zunehmend vom Tod fasziniert; »viva la muerta« / »es lebe der Tod« war die Losung der spanischen Falangisten; die Hymne der spanischen Legion steht unter dem Titel »El novio de la muerte« (Der Bräutigam des Todes); die Legionäre wurden und wollten denn auch so genannt werden – *novios de la muerte*, was nicht ausschloss, dass sie, die Todessüchtigen, auch Andersdenkende gerne und massenhaft in den Tod schickten. Die SS hatte den Totenkopf zu ihrem Emblem gewählt; ihre dritte Panzer-Division hieß denn auch schlicht »Totenkopf«; die Tötungshemmung der SS-Männer war bekanntlich nicht sehr ausgeprägt. Goebbels' Frage, ob sie den totalen Krieg mit all seinen Zerstörungen und Vernichtungsorgien wollten, beantworteten am 18. Februar 1943 im Berliner Sportpalast Zigtausende Nazis mit begeisterten »Ja«-Rufen. Auch islamofaschistische Terroristen und Selbstmordattentäter bekennen sich zu einer »Ihr (dekadenten Westler) wollt das Leben, wir (muslimischen Rechtgläubigen) wollen den Tod«-Rhetorik. Auch diese Antisemiten haben keine Hemmungen, ihre eigene Todeslust mit Massenmorden an Menschen zu kombinieren, die gerne auf Erden leben. Die starke Affinität zwischen Todesfaszination, Todesaffirmation, Thanatoserotisierung einerseits und rechtskonservativem Gedankengut andererseits lässt sich breit belegen. Selbst ein linkstotalitäres Regime wie das von Fidel Castro in Kuba, das seine Bevölkerung wiederholt mit der Parole »socialismo o muerte« zu mobilisieren versuchte, lässt sich zwar auf sehr vermintes semantisches (und lebensweltliches!) Gelände ein, wenn es so tödlich zuspitzt – es lässt aber dennoch keinen Zweifel daran aufkommen, dass der Tod »nur« die zweitbeste Wahl nach dem Leben im Sozialismus ist. Die rechte Todesfaszination hat hingegen einen heißen theologischen Kern: Der tödliche Auszug aus dem verfehlten Erdenleben ist in vielen Religionen und besonders in Christentum und Islam die Bedingung der Möglichkeit des wahren und erlösten himmlischen Lebens. Der Exitus ist der Exodus aus der verfehlten

322 Welt und ihren satanischen Versuchungen[38] – und deshalb wünschenswert.

Dass die Todesfaszination, ja die affirmative erotische und polittheologische Besetzung des Todes nicht ein, sondern das sozialpsychologische Kennzeichen rechtskonservativer bis reaktionärer Mentalitäten und Optionen ist, war ein Denkmotiv, das den großen Wagner- und Nietzsche-Kenner Thomas Mann umtrieb. Ihm, der als gelernter Rechtskonservativer und als Wagner-Liebhaber sowieso wusste, wovon er sprach und schrieb, war diese Einsicht nach seiner politischen wie mentalen Konversion die Kursivierung eines und nur dieses einen Satzes in seinem Roman *Der Zauberberg* wert. Dort lässt er den von nekro- und thanatophilen Impulsen nicht freien Hans Castorp sagen: »Ich will dem Tode Treue halten in meinem Herzen, doch mich hell erinnern, daß Treue zum Tode und Gewesenen nur Bosheit und finstere Wollust und Menschenfeindschaft ist, bestimmt sie unser Denken und Regieren. *Der Mensch soll um der Güte und Liebe willen dem Tode keine Herrschaft einräumen über seine Gedanken.*«[39] Unverkennbar ist nun aber, dass Richard Wagners Werke ebendies geradezu obsessiv zelebrieren: eine »finstere Wollust« und eine »Treue zum Tode«. Die Protagonisten seiner romantischen Opern wie seiner Musikdramen wünschen sich nichts sehnlicher als den Tod.[40] (vgl. Leitmotiv 4).

Der Kontrast zu Nietzsche könnte in dieser Hinsicht nicht größer sein, heißt es doch im bereits (s. Seite 144) zitierten 322. Aphorismus von *Menschliches, Allzumenschliches*: »Tod. – Durch die sichere Aussicht auf den Tod könnte jedem Leben ein köstlicher, wohlriechender Tropfen von Leichtsinn beigemischt sein – und nun habt ihr wunderlichen Apotheker-Seelen aus ihm einen übelschmeckenden Gift-Tropfen ge-

---

[38] Vgl. dazu die Studie von Norbert Bolz: *Auszug aus der entzauberten Welt – Philosophischer Extremismus zwischen den Weltkriegen.* München 1989.

[39] Thomas Mann: *Der Zauberberg*, a. a. O., S. 695.

[40] Vgl. dazu Jochen Hörisch: »*Eines nur will ich noch: das Ende*« – *Todesfaszination bei Richard Wagner und Thomas Mann*; in: *Athenäum – Jahrbuch für Romantik* 2002, S. 189–197.

macht, durch den das ganze Leben widerlich wird!«[41] Der Gestus des Lebensüberdrusses aber ist mitsamt dem komplementären des Todeswunsches der Grundgestus im Werk des Schopenhauer-Jüngers Wagner, der diesseits seiner Welt- und Lebensentsagungsphilosophie bekanntlich hartnäckig den Freuden eines Lebens im Luxus zugetan war. Nietzsche knüpft offensichtlich an das berühmte Wort Goethes von der kranken Romantik und der gesunden Klassik[42] an, wenn er, der doch keinen Mangel an Krankheiten und Schmerzen kannte, sich selbst als Repräsentant der großen Gesundheit dem Spätromantiker Wagner entgegenstellte. So heißt es in *Ecce homo*: »Ein typisch morbides Wesen kann nicht gesund werden, noch weniger sich selbst gesund machen; für einen typisch Gesunden kann umgekehrt Kranksein sogar ein energisches *Stimulans* zum Leben, zum Mehrleben sein. So in der Tat erscheint mir *jetzt* jene lange Krankheits-Zeit: ich entdeckte das Leben gleichsam neu, mich selber eingerechnet, ich schmeckte alle guten und selbst kleinen Dinge, wie sie andre nicht leicht schmecken könnten – ich machte aus meinem Willen zur Gesundheit, zum *Leben*, meine Philosophie (...)«[43]

Wagner und Nietzsche sind demnach nicht nur im Hinblick auf ihre handfesten Urteile in politicis, sondern auch im Hinblick auf die diesen Orientierungen zugrunde liegende Disposition Antipoden. Um es zuzuspitzen: Nietzsche ist bei all seiner elitären Verachtung der Viel-zu-Vielen ein Mann von entschieden kritisch-linken Einstellungen (nämlich ein entschiedener Kritiker von Nationalismus, Antisemitismus und männerbündisch-reaktionärer Geselligkeit) und eben auch dies: Er ist weltfromm in Goethe'scher Tradition. Wagner ist hingegen bei allem linksrevolutionären Pathos ein in politisch-konkreten Fragen (wie Antisemitismus oder Deutsch-Französischer Krieg) häufig reaktionär Urteilender

[41] Friedrich Nietzsche: *Werke*, a. a. O., Bd. 1, S. 100 f.
[42] In Goethes *Maximen und Reflexionen* heißt es bündig: »Klassisch ist das Gesunde, romantisch das Kranke.« Berliner Ausgabe Bd. 18, S. 628.
[43] Friedrich Nietzsche: *Werke*, a. a. O., Bd. 2, S. 1072.

324 und eben auch dies: ein in deutlich rechter Tradition verfangener Todesenthusiast – und das trotz seiner an Feuerbach, Schopenhauer und eben auch Nietzsche geschulten religions- und transzendenzkritischen Attitude. Ein seltsamer Widerspruch. Um es erneut und an der Grenze des angesichts von Einwänden gegen allzu viel Komplexitätsreduktion[44] Vertretbaren zuzuspitzen: Nietzsche ist ein linker Kopf vor rechtem Hintergrund, Wagner ist ein rechter Kopf vor linkem Hintergrund. Und also liegt die Frage nahe, ob Wagner und Nietzsche als konservative Revolutionäre bzw. als revolutionäre Konservative verstanden werden können. Und wiederum lohnt es, einen Blick auf Thomas Mann zu werfen. Denn kein Geringerer als er hat – gerade in den Jahren seiner Loslösung aus rechtskonservativen Verstrickungen und seiner Zuwendung zum linksliberalen Republikanismus – Nietzsche ausdrücklich als konservativen Revolutionär charakterisiert. In der Einleitung zu der von ihm 1921 herausgegebenen *Russischen Anthologie* heißt es: »Seine (= Nietzsches, J.H.) Synthese ist die von Aufklärung und Glauben, von Freiheit und Gebundenheit, von Geist und Fleisch, ›Gott‹ und ›Welt‹. Es ist, künstlerisch ausgedrückt, die von Sinnlichkeit und Kritizismus, politisch ausgedrückt, die von Konservatismus und Revolution. Denn Konservatismus braucht nur Geist zu haben, um revolutionärer zu sein als irgendwelche positivistisch liberalistische Aufklärung, und Nietzsche selbst war von Anbeginn, schon in den ›Unzeitgemäßen Betrachtungen‹, nichts anderes als konservative Revolution.«[45]

Nun war und ist der Begriff »konservative Revolution«, den lange vor Thomas Mann schon 1848 Friedrich Engels verwandte und der sich unter anderem auch in Charles Maurras'

---

[44] Aber ist der Hinweis, alles sei doch viel komplexer als hier oder dort ausgeführt, nicht seinerseits der abstrakteste, allgemeinste und unterkomplexeste aller Einwände – stimmt er doch immer und überall?
[45] Thomas Mann: *Russische Anthologie*, in: *Aufsätze, Reden, Essays*, Bd. 3. Berlin, 1986, S. 93.

1900 erschienenem Werk *Enquête sur la monarchie* findet,[46]
eigentümlich unscharf. Er umfasst viele hochgradig hetero-
gene Phänomene, er kann so Unterschiedliches wie klassische Konterrevolutionen oder die neokonservative bzw.
neoliberale Wirtschaftspolitik Milton Friedmanns, Reagans
und Thatchers bezeichnen. Dennoch oder gerade wegen seiner Unschärfe hatte und hat der Begriff »konservative Revolution« eine anhaltende Konjunktur. Ihr Beginn lässt sich leicht
datieren – auf Hugo von Hofmannsthals 1927, also sechs Jahre nach dem Erscheinen von Thomas Manns Vorwort gehal-
tene Ansprache im Audimax der Universität München. Sie
stand unter dem seltsam sperrigen Titel *Das Schrifttum als
geistiger Raum der Nation*[47] und machte den Begriff »konservative Revolution« schnell populär, wiederum obwohl oder
besser: weil auch Hofmannsthal ihn nicht präzise fasste. So
bot er sich als Projektionsfläche für diverse antimoderne,
antidemokratische, antiemanzipatorische, antikonsumisti-
sche, antihedonistische, antiavantgardistische, nationale
bis nationalistische Impulse an. »Das Syntagma Konservative Revolution ist eine der erfolgreichsten Schöpfungen der
neueren Ideengeschichtsschreibung (...) (und zugleich, J. H.) ein
unhaltbarer Begriff, der mehr Verwirrung als Klarheit stif-
tet«,[48] heißt es denn auch in Stefan Breuers Abhandlung *Ana-*

[46] Friedrich Engels sagte bei seiner Rede auf der Gedenkfeier
in Brüssel am 22. Februar 1848 zum zweiten Jahrestag des Krakauer
Aufstands von 1846: »Der (polnische, J. H.) Aufstand von 1830
war weder eine nationale [...] noch eine soziale oder politische Revolution; er änderte nichts an der inneren Lage des Volkes; das war
eine konservative Revolution.« (MEW Bd. 4, S. 523).

[47] Darin heißt es u. a.: »Der Prozess von dem ich rede, ist nichts
anderes als eine konservative Revolution von einem Umfange,
wie die europäische Geschichte ihn nicht kennt. Ihr Ziel ist Form,
eine neue deutsche Wirklichkeit, an der die ganze Nation teilnehmen könne.«

[48] Stefan Breuer: Anatomie der konservativen Revolution. Darmstadt 1995 (2.), S. 4 und 9. Vgl. auch die instruktiven Studien von
Manfred Riedel: *Im Zwiegespräch mit Nietzsche und Goethe,
Weimarische Klassik und klassische Moderne, Vierter Teil, Rückschein
des Geistes – Hofmannsthals Zwiesprache mit Goethe und Nietzsche
und die Idee einer »konservativen Revolution«.* Tübingen 2009, S. 185–
246; und Anna Guillemin: *The Conservative Revolution of Philologists*

tomie der Konservativen Revolution. Das ist sicher zutreffend. Unhaltbar ist eben auch die Berufung konservativer Revolutionäre, welcher Ausprägung auch immer, auf Nietzsche. Selbst in Zeiten hochproblematischer bis skandalös gefälschter Nietzsche-Ausgaben (also vor Karl Schlechtas bahnbrechender Ausgabe von 1966) muss man aber schon sehr gewaltsam lesen, um Nietzsche als Vorläufer der konservativen Revolution zu verstehen, wie sie etwa Armin Mohlers 1950 erschienene und vielrezipierte Abhandlung *Die konservative Revolution in Deutschland 1918–1939 – Ein Handbuch*[49] modellierte. Henning Ottmann – und nicht nur er allein – hat die Frage, ob sich Nietzsche als Stichwortgeber und Anreger für die konservative Revolution eignet, bündig und überzeugend entschieden: »Wenn nicht Nationalsozialismus oder Faschismus, war dann die *konservative Revolution* die legitime Nachlaßverwaltung des Erbes Nietzsches?« Ottmanns Antwort ist ein klares Nein. »Nietzsche für die konservative Revolution einspannen zu wollen, das erforderte, daß man den ›Willen zur Macht‹ mit Machtpolitik, die Gegnerschaft gegen Reich und Nationalismus mit der Befürwortung derselben gleichsetzte.«[50]

Auf Nietzsche haben sich die meisten sogenannten konservativen Revolutionäre dennoch berufen. Bei Wagner haben sie hingegen eine auffallende Berührungsangst. Wagner war den sogenannten konservativen Revolutionären wie Oswald Spengler, Arthur Moeller van den Bruck, Ernst Jünger und Friedrich Georg Jünger, Ernst von Salomon oder auch Ludwig Klages (eine halbe Ausnahme), Carl Schmitt oder Ernst Niekisch (um nur sie zu nennen) als steckbrieflich gesuchter 48er-Revolutionär und als unmilitärischer Bohemien und Decadent trotz seiner antisemitischen und todesenthusiastischen Äußerungen zu suspekt, um sich ausdrücklich auf

and Poets – Repositioning Hugo von Hofmannsthal's Speech »Das Schrifttum als geistiger Raum der Nation«, in: The Modern Language Review, 107/2/April 2012, S. 501–521.

49 Hrsg. von Karlheinz Weißmann. Graz 2005.

50 Henning Ottmann: *Philosophie und Politik bei Nietzsche.* Berlin / New York 1999 (2.), S. 6.

ihn zu berufen. Auch der Wagner-Liebhaber Thomas Mann
führt ihn, anders als Nietzsche, nicht an, wenn er von »konservativer Revolution« spricht. Ein seltsames Überkreuz-
Verhältnis: Nietzsche, der antinationalistische, religions-
kritische, modernitätsaffine, in jedem Wortsinn freigeistige
scharfe Kritiker jedes Antisemitismus wird von konservativen Revolutionären in Anspruch, ja in Beschlag genommen;
der linkssozialistische Exrevolutionär Wagner, der immerhin einige der Optionen konservativer Revolutionäre (die
Todesverfallenheit voran) teilt, hingegen nicht. Ihren Grund
mag diese Distanz zu Richard Wagner darin haben, dass seine
Werke mit unvergleichlicher Intensität vor Augen und Ohren
führen, welch unendliche Versagungen sich ergeben, wenn
man nur noch eines will – das Ende, das Ende.

Nicht enden will die Diskussion darüber, inwieweit Werke durch ihre Rezeption und durch die expliziten Meinungs-
kundgaben, Handlungen und Stellungnahmen derer, die sie
hervorgebracht haben, diskreditiert sind. An Beispielen für
spannungsreiche Beziehungen zwischen Werken, Taten, Hal-
tungen und Meinungen herrscht kein Mangel. Um nur einige
wenige diskussionswürdige Fälle von durchaus unterschiedlicher Qualität und Gewichtung zu evozieren: Gottfried Benn
schmiss sich um 1933 an die Nazis ran und schmähte diejenigen, die vor den Nazis flohen, um ihr Leben zu retten; sind
seine Verse deshalb schlecht? Der Geheimrat Goethe schrieb
ergreifende Szenen über eine zum Tode verurteilte Kinds-
mörderin und trug ein Todesurteil gegen eine Kindsmörde-
rin mit; ist *Faust* deshalb ein weniger überzeugendes Drama?
Ernst Jünger erschoss im Ersten Weltkrieg ein paar Dutzend
Franzosen; sind seine *Gläsernen Bienen* deshalb nicht das Pa-
pier wert, auf dem sie gedruckt sind? Céline war ein wider-
wärtiger, geifernder Antisemit; ist sein avantgardistischer
Roman *Voyage au bout de la nuit (Reise ans Ende der Nacht)*
deshalb nicht wert, gelesen zu werden? Verlaine misshandel-
te seine Frau, war drogensüchtig und schoss auf seinen Liebhaber Rimbaud; soll seine Lyrik deshalb ignoriert werden?
Lewis Carroll waren pädophile Neigungen nicht fremd; gehört *Alice in Wonderland* deshalb auf den Correctness-Index?

Rilke war der Prototyp eines auf Schlossaufenthalte spezia-
lisierten Schnorrers; schmälert das den Rang seiner Lyrik?
Günter Grass forderte mit guten Gründen jeden auf, seine
Nazivergangenheit einzugestehen, und verschwieg seine
Mitgliedschaft in der Waffen-ss länger als ein halbes Jahr-
hundert; ist die *Blechtrommel* deshalb ein schlechter Roman?
Der große Logiker Gottlob Frege war ein leidenschaftlicher
Antisemit; ist darum die von ihm initiierte analytische Phi-
losophie diskreditiert? Alice Schwarzer ist Feministin und
Steuerbetrügerin; ist der Feminismus deshalb indiskutabel?
Picasso war einigermaßen enthemmt hinter Geld und Frau-
en her; soll man seine Werke deshalb ignorieren?

Die Liste irritierender bis entsetzlicher Fehlleistungen,
Selbstmissverständnisse und Fehlurteile von Köpfen, die große Werke geschaffen haben, ließe sich über Dutzende von Seiten fortsetzen. Dass solche Fälle stets erneut für erregte Dis-
kussionen sorgen, hat eine schlichte Voraussetzung: Viel zu
viele glauben an die klassische Idee der καλοκἀγαθία / Kalokagathie, also daran, dass das Schöne (καλὸς) und das Gute
(ἀγαθός) zusammengehören, zwei Seiten einer Medaille bilden oder gar noch zusammen mit dem Wahren eine Drei-
faltigkeit bilden. »Dem Wahren Schönen Guten« steht über
dem Portal nicht nur der Frankfurter Oper. Nun wussten
schon die antiken Griechen, dass die Idee der Kalokagathie
zu schön ist, um wahr zu sein. Sokrates hatte ein intimes
Verhältnis zur Wahrheit, war aber ein bemerkenswert häss-
licher Mensch; dass er gut gehandelt hatte, fanden zumindest
diejenigen nicht, die ihm den Schierlingsbecher reichten.
Man kann die Diskussion um den (Nicht!-)Zusammenhang
zwischen dem Wahren, dem Schönen und dem Guten leicht
mit der nüchternen Feststellung abkürzen, dass kein einziges belastbares Argument für die sachliche Angemessenheit der Kalokagathie-Idee einsteht. Nichts spricht, so Oscar
Wildes Sottise, dagegen, dass der virtuose Pianist auch ein
virtuoser Wechselfälscher sein kann; die bezaubernd schöne
Frau ist aufgrund ihrer Schönheit nicht vor der Versuchung
gefeit, ihren lästig gewordenen Geliebten zu vergiften; der
brillante Wissenschaftler kann Massenmördern zuarbeiten;

der bewundernswerte Künstler kann auch über verwunderlich wenig soziale Talente verfügen. Das Schöne, das Wahre und das Gute haben ihre je eigene Logik und Binärkodierung (stimmig-nicht stimmig / wahr–falsch / gut–böse). Zwischen diesen Sphären und Leitkodierungen gibt es keine verlässlichen Ableitungsverhältnisse. Die Wahrheit kann hässlich und das schön Scheinende kann sachlich falsch sein. Wer sich in solchen Debattenlagen auf die sachliche Aggregierung von Indizien einlässt, dürfte zu dem Schluss kommen, dass es um die moralische Integrität von Künstlern (im Schnitt, Ausnahmen bestätigen die Regel) noch übler bestellt ist als bei der Durchschnittspopulation; sie sind zumeist noch egoistischer, egozentrischer, rücksichtsloser und monomanischer als der Rest der Welt. Große Künstler sind auch im Hinblick auf die Verlässlichkeit ihrer politischen Urteilskraft nicht per se Arbeitern und Angestellten, Beamten und Bäckern, Chemikern und Chiromanten überlegen. Von Leuten wie Gottfried Benn und Bertolt Brecht, Oscar Wilde und Truman Capote, Elfriede Jelinek und Virginia Woolf, dem Romanautor Goebbels und dem Lyriker Johannes R. Becher regiert zu werden ist keine angenehme Vorstellung bzw. Erfahrung. Die Klügeren unter den Genannten verzichten ja auch aus gutem Grund darauf, wirklich das Sagen zu haben, und beschränken sich auf die Produktion von Texten, die viel zu denken veranlassen.

Das von Goethe eindrucksvoll vorgelebte Rollenmodell Minister und Poet dazu hatte den Negativeffekt, dass es zahlreiche überforderte Nachahmer stimuliert hat. Wagner gehört allenfalls entfernt zu diesen Nachahmern. Seinen Einfluss auf Ludwig II. nutzte er in operativ überschaubaren Dimensionen. Stets ging es ihm herrlich direkt darum, Protektion und viel Geld für eigene Projekte wie Wahnfried und Bayreuth zu erlangen. Doch gerade der Fall Wagner macht Grundsatzdiskussionen über die Funktion und die Funktionsgrenzen großer Kunst unvermeidlich. Das hängt auch mit den spezifischen Umständen der Wagner-Rezeption zusammen. An ihr fällt sofort auf, dass sie gänzlich unterschiedlich strukturierte Köpfe in ihren Bann schlug oder eben auch zu geharnischter Abwehr provozierte. Mitunter –

Nietzsche und Adorno wären hier stellvertretend für viele zu nennen – mitunter vereinen sich gar tiefe Faszination und scharfe Distanz in ein und demselben Hörer. Wagners Werk begeistert(e) Pariser Avantgardisten und treudeutsche Provinzler, Decadents wie Blut-und-Boden-Fundamentalisten, Intellektuelle und Antiintellektuelle, Atheisten wie Fromme, Vegetarier und Drachentöter, Erotomanen wie Abstinenzler. Solche in sich widersprüchlichen Konstellationen können, müssen aber nicht argumentativ geeichte Beobachter in die Resignation treiben. Die Frage, ob und inwieweit Künstler für die Rezeption ihrer Werke verantwortlich sind, ist und bleibt bedrängend. Die sogenannten vaterländischen Gesänge des frankophilen und revolutionsbegeisterten Hölderlin begleiteten in einer auflagenstarken Feldausgabe deutsche Soldaten in den Ersten Weltkrieg. Lion Feuchtwanger musste entsetzt feststellen, dass sein Roman *Jud Süß* von den Nazis als Vorlage für den üblen Film gleichen Titels missbraucht werden konnte. Nietzsches Schwester Elisabeth manipulierte die Schriften ihres Bruders und designte wirkungsmächtig ein rechtsradikales Nietzschebild. Hitler, mit Wagners Werk bestens vertraut und ihm verfallen, hat sich in seinen zahllosen massenmörderischen Ausfällen gegen Juden nicht ein einziges Mal auf den Antisemiten Wagner berufen – ist Wagners manifester Antisemitismus deshalb exkulpiert?

Fragen wie die nach der (moralischen, psychischen, politischen etc.) Integrität der Schöpfer bedeutender Werke und nach der Verantwortung für die Rezeption dieser Werke verlangen, gerade weil sie komplexen Sachverhalten gelten, eine klare Antwort. Und die lautet: Werke sind Werke sind Werke. Es gilt der Satz Walter Benjamins, »daß der einzige rationale Zusammenhang zwischen Schaffendem und Werk in dem Zeugnis besteht, das dieses von jenem ablegt. (...) Werke sind unableitbar wie Taten und jede Betrachtung, die im ganzen diesen Satz zugestände, um ihm im einzelnen zu widerstreben, hat den Anspruch auf Gehalt verloren.«[51] Um die-

51 Walter Benjamin: *Goethes Wahlverwandtschaften*; in: *Gesammelte Schriften* Bd. I/1. Frankfurt am Main 1974, S. 155 f.

se tiefe Einsicht am Fall Wagner zu verdeutlichen: Der Rang von Wagners Werken bemisst sich am Grad der Einsichten, die sie der genauen und gleichschwebend aufmerksamen Analyse gewähren. Und das Potential an Einsichten, Denkmodellen, überraschenden Intuitionen, Selbsterfahrungen und Irritationen, das Wagners Werke ermöglichen, ist unbestreitbar erheblich, ja überwältigend. Wer so argumentiert, plädiert gerade nicht für eine verdrängende, exkulpierende oder gar glorifizierende Stilisierung des Meisters, der solche Gesänge geschaffen hat. Seine Fehlleistungen, Selbstmissverständnisse und Ausfälle, die antisemitischen voran, sind durch kein noch so subtil-berauschendes Werk zu entschuldigen. Das Verhältnis zwischen Werken und Künstlerbiographien ist nicht selten ein fröhlich oder eben auch entsetzlich schizophrenes. Thomas Manns schon eingangs zitierte pointierte Wendung über Wagner, den »schnupfenden Gnom mit dem Bombentalent und dem schäbigen Charakter«,[52] zielt auf den heißen Kern jeder Debatte über Künstlerintegrität und Werkqualität. Zwischen beiden Größen gibt es keine Korrespondenz. Noch einmal: Ebendeshalb lohnt die aufmerksame Analyse großer Werke. Sie sind und bleiben unabhängig von den häufig diskreditierenden Umständen ihrer Produktion und Rezeption die großen und anbetungswürdigen Werke, die sie sind. Und umgekehrt gilt, dass noch so erhabene und subtile Werke nicht die Abgründe, Verfehlungen und Peinlichkeiten unter Tabu stellen können, die ihre Entstehung begleiten und ihre Schöpfer weniger anbetungswürdig machen.

Richard Wagner ist ein Meister der Selbstüberbietung wie der Selbstunterbietung. Seine Werke halten buchstäblich unerhörte Motive, eben auch erstaunlich komplexe Denk-Motive bereit. Vor Selbstmissverständnissen und Abstürzen war das seltsame Genie bzw. bombastische Talent, das diese Werke schuf, jedoch nicht gefeit. Einem nahelie-

---

[52] Thomas Mann: *Briefe I* (1889–1913), Große kommentierte Frankfurter Ausgabe, Bd. 21, hrsg. von Thomas Sprecher / Hans. R. Vaget / Cornelie Bernini. Frankfurt am Main 2004, S. 479.

genden Selbstmissverständnis ist Wagner jedoch entgangen. Er war kein Wagnerianer – so wie Marx kein Marxist war. Die Prägung »Wagnerianer« findet sich schon 1847 in den *Signalen für die musikalische Welt,* [53] sie wurde über Musikerkreise hinaus schnell populär, um bedingungslose Anhänger Wagners zu bezeichnen. Wagner selbst hielt ironische Distanz zu Wagnerianern, was nicht ausschloss, dass er sich gerne von ihnen adorieren und vor allem alimentieren ließ – wer kann da schon widerstehen? »Bei einem andren Bericht«, so notiert Cosima am 9. Dezember 1880, »wie es heißt, Wagnerianer geben ihn (R.) als Christus aus, sagt er heiter: Das bitte ich mir recht sehr aus. – Wir gehen in den Hofgarten spazieren, um, wie R. sagt, das 11te Gebot zu erfüllen.« CTB 2, 634

Wagnerianer verwechseln systematisch den debattenfreudigen Intellektuellen Wagner mit einem alles erklärenden, schlimmer noch: offenbarenden Gottgenius. Über Wagnerianer hat sich schon Fontane lustig gemacht. In seinem ab 1879, also drei Jahre nach den ersten Bayreuther Festspielen erschienenen Fortsetzungsroman *Adultera* hält Kommerzienrat van der Straaten mit seiner Meinung über Wagner und seine bedingungslosen Adoranten nicht zurück: »*Wer ist euer Abgott? Der Ritter von Bayreuth, ein Behexer, wie es nur je einen gegeben hat. Und an diesen Tannhäuser und Venusberg-Mann setzt ihr ... eurer Seelen Seligkeit und singt und spielt ihn morgens, mittags und abends. Oder dreimal täglich, wie auf euren Pillenschachteln steht. (...) Und sein ewiger Samtrock wird ihn auch nicht retten. Nicht ihn und nicht euch. Oder wollt ihr mir das alles als himmlischen Zauber kredenzen? Ich sag euch, fauler Zauber.*« [54] Das sind klare Worte. Fontane hat erst zehn Jahre später die Bayreuther Festspiele besucht, er sah seine Einschätzung vor Ort bestätigt. Aber er verkennt, dass Wagner, der theatromane Bohe-

[53] Vgl. Martin Gregor-Dellin: *Richard Wagner,* a. a. O., S. 223.
[54] Theodor Fontane: *Adultera – Romane und Erzählungen in acht Bänden,* hrsg. von Peter Goldammer et al. Berlin / Weimar 1973, Bd. 3, S. 138 f. Die Bezeichnung »Wagnerianer« fällt in diesem Roman ausdrücklich (S. 128), sie kommt auch im Roman *Der Stechlin* vor (*Romane und Erzählungen,* a. a. O., Bd. 8, S. 135).

mien mit einer wilden Lust am Luxusleben, nie Anspruch darauf gestellt hat, ein konsistentes philosophisches System, eine homogene Weltanschauung, eine neue All-Offenbarung oder gar eine Lösung aller Welträtsel zu präsentieren. Wohl aber hat er das Musiktheater als Theoriebühne konzipiert. Präsentiert werden dort eindringliche und bemerkenswert komplexe Denkmodelle und Denkbilder, die strikt problembezogen konstelliert sind und die Fragen wie diese angehen: Wie funktionieren Eigennamen, warum kann es keine Letztbegründungen geben, welche Konstellationen bilden theologische und ökonomische Schuldkonzepte, welche Tücken stecken im Tausch von Äquivalenten, was hat es mit Männerbünden auf sich, können allmächtige Götter sterben, wie viel Kunst / Künstlichkeit steckt in Religion et vice versa etc.? All das sind gewichtige Fragen; die Versuche, sie zu beantworten, liefern jedoch keine Ecksteine für eine allumfassende wagnerianische Supertheorie. Wohl aber sind diese Fragen und Wagners Antwortversuche glänzend geeignet, Militanten aller Provenienz ihre allzu festen Überzeugungen zu rauben – darunter die Überzeugung, große Künstler müssten auch edle Menschen sein.

Kommentar
zu Leitmotiv Nr. 8
Der moderne
Dirigent Wagner!

Aus den Schriften Wagners zu Beethoven und »Über das Dirigieren« können wir uns – trotz aller teilweise auch beleidigenden Subjektivität – eine Vorstellung von der Aufführungspraxis seiner Zeit und seiner eigenen Auffassungen hinsichtlich der Interpretation der klassischen Werke machen. Manches wird auch heutzutage immer wieder neu diskutiert, etwa ob und inwieweit die Metronomangaben der Komponisten verstanden und ernst genommen werden müssen. Dabei bezieht sich dieses Problem zunächst gar nicht auf Werke Beethovens und die originalen Metronomangaben[1], die bekanntlich als sehr »flott« empfunden werden, sondern er kritisiert die Aufführungen einiger Dirigenten seiner eigenen (früheren) Werke, denen er ein falsches Tempo vorwirft, die sich aber auf seine eigenen Metronomangaben berufen haben sollen. Daraufhin macht er ab seinem *Lohengrin* keinerlei Bezeichnungen mehr dieser technischen Art, und auch keine »normierten« italienischen Tempoangaben wie *Andante maestoso* oder *Allegro molto*, sondern nur noch deutsche Tempo- und Ausdrucksbezeichnungen (wie übrigens Schumann auch), da er zu der Auffassung gelangt war, dass ein guter Musiker/Dirigent aus der Musik heraus das »richtige Zeitmaß« erkennen müsse, das aus dem Singen der Melodie und dem poetischen bzw. dramatischen Gehalt der Komposition hervorgehe.

Die Meinungen darüber gingen auch bei den Komponisten »lagerübergreifend« auseinander. Sein Freund und

---

[1] Diese Diskussion währt schon seit den Interpretationen Rudolf Kolischs und René Leibowitz'. Sie wurde vor allem von Michael Gielen wieder aufgegriffen, die sämtlich diese Angaben rigoros umgesetzt haben.

Schwiegervater Liszt schrieb durchaus metronomisch vor, in welchem Zeitmaß seine Werke gespielt werden sollen, ebenso Chopin, aber der von Wagner wegen seiner zu schnellen Tempi immer wieder geschmähte Mendelssohn (trotz der Anerkennung seiner Meisterschaft) machte keine Metronomangaben. Dessen engster Kollege und Freund in der Leipziger Zeit jedoch, Robert Schumann, wurde und wird noch heute wegen seiner teilweise merkwürdig langsamen Angaben kritisiert. [2]

In despektierlichem Ton spricht Wagner von den »Herren Kapellmeistern«, [3] die vor lauter technischen Schwierigkeiten das Gesamtwerk und damit das richtige Zeitmaß aus den Augen bzw. Ohren verlieren. Einige wenige nur werden aufgrund ihrer Hartnäckigkeit und Strenge gelobt, wie der »alte Kapellmeister Strauß« in Karlsruhe [4] und H. Esser in Wien. Auch François Antoine Habeneck bekommt für seine Aufführung der 9. Symphonie von Beethoven 1839 in Paris ein großes Lob, obwohl »man hierzu keineswegs von einem Dirigenten von besonderer Genialität angeleitet worden war«, weil das Orchester die Melodie »sang«. Sicherlich sprach er damit auch von der Passage des 3. Satzes ab Takt 137, wo sich spätestens offenbart, ob man das richtige Tempo erwischt hat. ⑦⑪ Explizit nennt er allerdings den 1. Satz ab Takt 116, wo ebenfalls die 1. Violinen ausschmückende Figuren zu spielen haben. ⑦⑫

[2] Man schaue sich nur diejenigen für »Papillons« op. 2 oder den Finalsatz aus seinem Violinkonzert an! Deshalb muss man bei den Ausgaben der Werke Schumanns zwischen den Bezeichnungen von Clara und Robert Schumann unterscheiden. Clara hatte posthume Änderungen derselben vorgenommen. Oft wird auch behauptet, die Metronome, auch das von Beethoven, seien defekt oder zumindest nicht exakt gewesen.

[3] Dieser ursprünglich ehrenvolle Titel in einem Orchester wird seit Wagner zuweilen als Bezeichnung für einen phantasielos vor sich hin musizierenden Dirigenten verwendet, wie auch bekanntlich Gustav Mahlers Musik noch lange als »Kapellmeistermusik« gebrandmarkt wurde.

[4] »Man sah, ihm gehorchte Alles, wie einem Manne, der keinen Spaß versteht und seine Leute in den Händen hat.« Richard Wagner: Über das Dirigieren. Bd. VII, a. a. O., S. 130.

»Nur die richtige Erfassung des Melos' giebt aber auch das richtige Zeitmaß an«.[5]

Interessant ist, dass die figurierte Melodie vor allem Zeit bekommen solle, ohne Zwischenakzente und Klein-Phrasierung eine große Linie ergeben solle, was er auch in der *Freischütz*-Ouvertüre für das Agathen-Thema im schnelleren Tempo verlangt. (73)

Das sind Forderungen, die später auch ein Wilhelm Furtwängler oder Erich Kleiber hätte erheben können. Dirigenten der sogenannten historischen Musizierpraxis verlangen oft das Gegenteil davon: phrasierte Klangrede.

Ähnliches gilt für das Rubato-Spiel, das heißt die Frage, inwieweit ein Tempo im Laufe des Stückes modifiziert werden kann. Auch hier verlangt Wagner eine gewisse Freiheit. Vom inneren Rubato-Spiel einer Phrase wird hier allerdings nicht gesprochen.

In den – auch später im Kommentar zum 11. Leitmotiv erwähnten – Klavierauszügen von Felix Mottl findet man für Sänger und Dirigenten nützliche Hinweise, nicht nur für die szenische Umsetzung, sondern ebenso für kleinere Tempomodifikationen, die der Verdeutlichung des harmonischen und dramatischen Geschehens dienen sollen. Ebenso fordert Wagner dieselben Ausdrucksmittel für die Werke der Klassik, vornehmlich die von Beethoven, wenn er in der Egmont-Ouvertüre die heftigen Akkorde der Einleitung im Allegro etwas zu verlangsamen wünscht: »wenn das bis dahin erregte Tempo, sei es auch nur andeutungsweise, durch strafferes Anhalten so weit modifiziert wird, daß das Orchester die nöthige Besinnung zur Accentuation dieser, zwischen großer Energie und sinnigem Wohlgefühle schnell wechselnden, thematischen Kombination gewinnen kann.«[6] (74)

Auch das sind Interpretationsansätze, die man heute noch hören kann – oder auch wieder hören kann, nachdem

[5] Ebd., S.143.
[6] Ebd., S.177.
Nebenbei bemerkt finde ich es ebenso unverständlich, dass in der langsamen Einleitung desselben Werkes kaum ein Dirigent Beethovens Tempoangabe: Sostenuto ma non troppo beherzigt.

solche Freiheiten zeitweise für nicht angemessen erachtet wurden.[1]

Für die Musik vor Beethoven, also namentlich Mozart und Haydn, denkt Wagner allerdings eher an das richtige Zeitmaß denn an Modifikationen; obwohl er auch erwähnt, dass er Bachs Es-Moll-Präludium (Wohltemperiertes Klavier Bd. 1) von einem (schon im Zusammenhang mit der falschen Temponahme des Menuetts in Beethovens 8. Symphonie erwähnten) Kapellmeister dirigiert gehört habe und über die Belanglosigkeit des Ausdrucks verstimmt gewesen sei. Liszt habe ihm dann anhand des Cis-Moll-Präludiums nebst Fuge demonstriert, wie diese Musik zu spielen sei.[2] Das war sicherlich nicht im Sinne der »historischen Musizierpraxis«, sondern wohl eher romantisch? Aber vielleicht eben doch historisch richtig? Die Auffassungen von historisch richtiger Musizierweise ändern sich ja auch (glücklicherweise) im Laufe der Jahre. Und Wagner hat sich auch darüber eingehend Gedanken gemacht, wenn er über die seiner Meinung nach zu schnellen Tempi der Haydn'schen Menuette klagt, oder das des 3. Satzes in Beethovens 8. Symphonie. Leider können wir nicht mehr genau nachvollziehen, welches Zeitmaß er als zu schnell bzw. als das richtige ansah. Die Frage, die sich jeder Interpret immerzu stellen muss, ist denn auch, was nun »das Richtige« ist, ja ob es das überhaupt gibt, und ob »das Richtige« denn überhaupt so wichtig ist und nicht viel mehr das, was nach eingehendem Studium der Quellen, für die entsprechende Gegebenheit, für die zur Verfügung stehenden Musiker, für den Raum und zuletzt für einen selbst als richtig empfunden wird.

---

[1] In *Musik & Ästhetik*, Heft 73, Januar 2015, wird in dem Beitrag »Quo vadis, Alte Musik« von Robert Hill wohl mit Recht eine freiere Zeitgestaltung ebenso für die Musik des 18. Jahrhunderts postuliert, galt doch beispielsweise Carl Philipp Emanuel Bach als ein höchst ausdrucksvoller Cembalist. Und wie sollte man das auf einem Cembalo erreichen, wenn nicht durch eine besondere Zeitgestaltung? Auch Couperin und Rameau unterscheiden in ihren Kompositionen zwischen »avec rigeur« und »sans rigueur«.

[2] Richard Wagner: *Über das Dirigieren*. Bd. VII, a. a. O., S. 191f.

Leitmotiv Nr. 9
Wagners tantristische Ästhetik oder das Begehren und die Furcht

Wer, um die inflationäre Formel denn doch zu gebrauchen, Wagners Leben und Werk auf Homogenität abklopft, wird seltsam dissonante Hohlgeräusche ernten. Überraschend ist das nicht. Biographien von großen Künstlern verlaufen kaum je auf dem hohen Niveau ihrer großen Werke, Dissonanzen zwischen Leben und Werk sind obligatorisch. Nicht nur Musikwissenschaftlern, auch musikalischen Dilettanten ist überdies die Einsicht geläufig, dass der Komponist Wagner für eine bis dahin unerhörte Emanzipation tonaler Dissonanz gesorgt hat. Schon das Vorspiel des *Fliegenden Holländers* lässt sich auf den diabolus in musica, den Tritonus, ein. Dissonanzen und enharmonische Verwechslungen werden in Wagners Werk bereits vor der elaborierten Entfaltung des berühmten Tristan-Akkords nicht nur als Sprungbrett für die darauf wie das Amen in der Kirche folgende Assonanzharmonie eingesetzt. Sie behalten vielmehr ihren in sich selbst differenten Eigenwert.

Enharmonische Verwechslungen, die etwa das dis im Tristan-Akkord auch als es und das gis als as hörbar machen, etablieren polyzentrische Dis-Harmonien. Die Grundtonart einer Komposition steht dann zur Disposition. Thomas Mann hat in seinem Roman *Doktor Faustus* zur Charakterisierung dieses ebenso faszinierenden wie irritierenden Phänomens die prägnante Formel »Zweideutigkeit als System«[1] verwendet. Der junge Adrian doziert gegenüber seinem Freund Serenus: »»Beziehung ist alles. Und willst du sie näher bei Namen

---

1 Thomas Mann: *Doktor Faustus. Das Leben des deutschen Tonsetzers Adrian Leverkühn erzählt von einem Freunde.* Hrsg. von Peter de Mendelssohn. Frankfurt am Main 1980, S. 67.

nennen, so ist ihr Name ›Zweideutigkeit‹. Um dies Wort zu belegen, ließ er mich Akkord-Folgen von schwebender Tonart hören, demonstrierte mir, wie eine solche Folge in tonaler Schwebe zwischen C- und G-Dur bleibt, wenn man das f daraus wegläßt, das in G-Dur zum fis würde; wie sie das Ohr im Ungewissen hält, ob sie als C- oder F-Dur verstanden sein will, wenn man das h vermeidet, das sich in F-Dur zum b vermindert. / ›Weißt Du, was ich finde?‹ fragte er. ›Daß Musik die Zweideutigkeit ist als System.‹«

Dass Zwei- und Mehrdeutigkeit kein Exklusivprivileg der musikalischen Sphäre ist, hat nicht zuletzt Wagners eigene Lust an Polysemien verdeutlicht: Das Wort »modern«, um nur dieses exponierte Beispiel in Erinnerung zu bringen (s. Leitmotiv 2), kann »vermodern« oder konträr das Neugemachte bezeichnen. Auch ein im Vergleich mit seinem Zeitgenossen James Joyce mild moderner Autor wie Thomas Mann hat die Kunst der Zweideutigkeit gepflegt, etwa wenn er Adrian Leverkühn »weistu was so schweig« sagen bzw. schreiben lässt (s. Leitmotiv 6). Dennoch besteht der Roman *Doktor Faustus* darauf, dass die Deutlichkeitsverpflichtung des sprachlichen Mediums größer ist als die der Musik. Das signalisiert auch die Szene, in der der wahnsinnig gewordene Komponist seinen Wahn unmissverständlich ausstellt. »Jetzt herrschte peinlich gespannte Stille im Saal. Wenige waren, die noch gemächlich zuhörten, dagegen sah man viele hochgezogene Brauen und Gesichter. (...) Nie hatte ich stärker den Vorteil der Musik, die nichts und alles sagt, vor der Eindeutigkeit des Wortes empfunden, ja, die schützende Unverbindlichkeit der Kunst überhaupt, im Vergleich mit der bloßstellenden Krudheit des unübertragenen Geständnisses.«[2]

Die schützende Unverbindlichkeit der Kunst ermöglicht ihr sehr ernste Scherze, darunter auch den Hinweis darauf, wie verbindlich Unverbindlichkeit und wie unverbindlich vermeintliche Verbindlichkeiten sein können (wie religiöse Offenbarungen, common sense oder wandelbare Gesetze). Immer radikal, niemals konsequent: Kunst kann

2 Ebd., S. 665.

umso radikaler sein, je weniger sie auf logisch fundierte Ableitungskonsequenz setzt. Wissenschaft muss hingegen um Eindeutigkeit, ja um Eineindeutigkeit bemüht sein: Jedem Ausdruck soll nur ein Inhalt et vice versa zuzuordnen sein. Kunst hat ein diabolisches Vergnügen daran, die Eindeutigkeitsbestrebungen der wissenschaftlichen Terminologie, aber auch die politischer oder ökonomischer Entscheidungen zu unterlaufen und etwa darauf hinzuweisen, dass man beim Erklingen des astrophysikalischen Begriffs »schwarze Löcher« auch an Gegebenheiten im Diesseits kosmischer Sphären denken kann oder dass ein militärischer Sieg nicht nur für den Besiegten, sondern auch für den Sieger zugleich eine Niederlage sein kann. Vieldeutigkeit zu kultivieren und mit ihr komplexere Optionsmöglichkeiten bereitzustellen ist wohl die grundlegende gesellschaftliche Funktion von Kunst überhaupt. Sie initiiert eine Wiederkehr des Verdrängten, Unterdrückten, Ungesagten, Untersagten, Ausgeblendeten, Unbedachten, die herrschende Meinungen aller Art, die sich gern als geltendes Wissen missverstehen, irritiert. Der Preis, den Kunst für diese ihre Leistung zahlt, ist hoch, aber nicht zu hoch. Kunst hat und nutzt offensiv die Lizenz zur Unrichtigkeit / Unwahrheit; jeder kann wissen, dass der Trojanische Krieg anders verlief, als Homer ihn schildert, dass Wilhelm Meister eine erfundene Figur ist, dass Siegfrieds Kampf mit dem Drachen kein Real-life-Ereignis ist und dass Frauen nicht so aussehen, wie Picasso sie malt. Kunst ist eigentümlich immun gegenüber der Richtig-falsch-Unterscheidung und deshalb unverbindlich – aber erhellend.

Ernste und ernsteste Literatur weist deshalb auffallend häufig verspielte Momente auf. Und das Spiel gerade der Hochliteratur ist bemerkenswert regelmäßig ein Spiel mit Namen (s. Leitmotiv 5). So trägt der Protagonist von Goethes Bildungsroman einen sprechenden Namen, mit dem sich wunderbar spielen lässt: Wilhelm Meister. Dass er den Vornamen seines poetischen Abgottes Shakespeare trägt (William / Wilhelm) und dass sein Nachname ihm die Aufgabe zuweist, sein Leben zu meistern, entgeht kaum einem aufmerksamen Leser. Dass aber die Initialen seines Namens, die

Buchstaben WM, je die Umkehrung voneinander sind und dass sie geistreich auf den Androgynenmythos des platonischen Symposion sowie auf Mann und Weib und Weib und Mann verweisen, die vereint an die Gottheit heranreichen, ist ein esoterischer Zug und sehr ernster Scherz des komplexen Romans. Wilhelm Meister wird im zwölften Kapitel des dritten Buches der Lehrjahre am Arm einer schönen Frau einen Schmuck entdecken, dem die Anfangsbuchstaben seines Namens eingraviert sind. Zu Goethes enormer Namenssensibilität gehört jedoch auch das Motiv, in jedem sogenannten Eigennamen ein anonymes Moment zu entdecken. Gerade wer ganz im Eigenen geborgen zu sein scheint, muss die Erfahrung machen, dass anonyme Mächte über ihm walten. »Ihr sucht die Menschen zu benennen, / Und glaubt am Namen sie zu kennen. / Wer tiefer sieht gesteht sich frei, / Es ist was Anonymes dabei.«[1]

Zu unerreichter Meisterschaft hat Goethe die Lust an Namens- und Buchstabenspielen in seinem Roman Wahlverwandtschaften getrieben. Seine vier Protagonisten (Charlotte, Ottilie, der Hauptmann mit dem Vornamen Otto und Eduard / Otto) tragen alle mitsamt Variationen eines Namens, der genau vier Buchstaben hat und ein Palindrom ist: Otto. Wie Goethe die Bedeutungsfülle dieser Buchstabenkombination entfaltet (Otto-Lotto-Gott-Goethe-tot-Toto), ist atemberaubend. Der Roman erschien 1809 im Cotta-Verlag, besteht aus zwei Büchern mit je 18 Kapiteln, hat eine erzählte Zeit von 18 Monaten und berichtet von der Liebe zwischen einer 18-Jährigen und einem 36-Jährigen. Mit dieser Lust an Namens- und Zahlenspielen steht Goethe jedoch nicht allein. Kleists anagrammatische Obsession für Namen wie Colino / Nicolo oder Gustav / Avgust ist bekannt – weshalb es wichtig ist, dass die Kritische Kleist-Ausgabe tatsächlich, wie von Kleist gewollt, Av- und nicht August schreibt. Lessings Namensspiele im *Nathan*, Shakespeares Variationen der Na-

---

1 Johann Wolfgang von Goethe: *Sprichwörtlich*; in: *Gedichte 1800–1832*, hrsg. von Karl Eibl, Frankfurter Ausgabe. Frankfurt am Main 1988, S. 403.

men Viola / Olivia / Malvolio oder Thomas Manns gewagte Benennung von Madame Chauchat (ein telling name – heiße Katze; überdies war Chauchat der Name eines französischen Maschinengewehrs im Ersten Weltkrieg[4]): nur einige von vielen Beispielen für Namensspiele in Kontexten, die nicht immer so heiter sind wie in Shakespeares Komödien.

Gottfrieds um 1200 entstandenes Tristan-Epos beginnt mit einem kunstvollen Akrostichon. Die Anfangsbuchstaben der ersten Strophen ergeben den Namen Dieterich, dem die Dichtung gewidmet ist. Am Anfang der beiden folgenden Strophen stehen sodann die Initialen der beiden Liebenden: T(ristan) und I(solde). Und ein schöner Chiasmus gibt in den Versen 129/130 an, wovon das Werk erzählt. Nämlich davon, wie verzehrend »ein man ein wîp, ein wîp ein man / Tristan Isolt, Isolt Tristan« begehrt. Schon in der Stoffvorlage Gottfrieds, in Thomas von Britanjes Tristan-Epos (es wird von Gottfried in Vers 150 ausdrücklich erwähnt), spielt das von Gottfried von Straßburg noch ausgebaute Motiv eine Rolle, dass Tristan die Silben seines Namens vertauscht, um unerkannt von Isolde, deren Verlobten Morold er getötet hatte, gesundgepflegt zu werden.

Spiele mit Worten, Namen, Buchstaben und Zahlen reizten Wagner sehr. Nur einige wenige Beispiele: »bei gelegenheit der ›historischen‹ musik mache ich einmal ein wortspiel und nenne sie ›hysterisch‹ – dieß wort habe ich nun fälschlicherweise ›histerisch‹ geschrieben: – stelle doch das y her«, SB 3, 502 schreibt Wagner im Januar 1851 an den Freund Theodor Uhlig. Cosimas Tagebuch erwähnt Wagners »göttliche(n) Humor; wie wir von Arithmetik sprechen, u. a. von Planometrie, sagt er: Die kenne ich, ich habe sie in einer 30jährigen Ehe geübt, bin aber nicht fertig mit ihr geworden.« CTB 1, 1081 Planimetrie meint die Wissenschaft von der Flächeninhaltsberechnung; Wagners erste Ehefrau trug den schönen Namen Minna Planer. Ein weiteres Beispiel, wiederum aus Cosimas Tagebüchern: »»Wir werden sehr einsam bleiben‹, sagt er, und scherzend: ›Isolani‹ – Wortspiele, wie

---

4 Mit Dank an Dieter Anders für diesen Hinweis.

er sie gern macht, Marke nennt er Lomellino von Lümmel, und wie ich von Dr. Strecker melde, daß er Parsifal verlange: ›Wohl weil er vorgestreckt hat?‹« CTB 2, 695 Bemerkenswert souverän, weil narzisstisch und selbstkritisch zugleich, ist auch das Spiel mit den französischen Worten »menton« (Kinn) und »menteur« (Lügner), das den klein gewachsenen Wagner in eine Beziehung zum gleichfalls nicht sehr groß gewachsenen großen Napoleon Bonaparte setzt: »Mr. de Pury, Schweizer Maler, kommt, R. sitzt ihm eine Viertelstunde; wie er eine Ähnlichkeit zwischen R. und Nap. I. im Kinn findet, sagt R., ›le menton, nous sommes tous deux des menteurs (das Kinn – wir sind beide Lügner).‹« CTB 2, 564 Verspielt und munter ging es in Wahnfried auch am heiligen Sonntag, den 9. Oktober 1881 zu. Cosimas Vater, der fromm-frivole Abbé Liszt, war zu Besuch, er hatte Beethovens Sonate op. 111 gespielt, dann aber wurde von absoluter Musik auf Kartenspiel umgestellt. »Während die andren Whist spielen, sprechen wir mit R. von Stein, und er sagt: ›Das ist ein großes Wickel-Kind, das man noch entwickeln muß.‹ Wie wir abends Abschied nehmen, sagt er mir: ›Du Lamm Gottes!‹ Und er fährt fort: ›Agnus Dei, es müßte eigentlich heißen Agnus Mundi qui tollis peccavi Deus.‹« CTB 2, 805 Das ist starker Tobak und eine hübsche Provokation zugleich. Wagner bezeichnet seine Frau, die um seinetwillen die Ehe mit dem Wagner-Dirigenten Bülow gebrochen hatte, als unschuldiges Lamm der Welt, das Gott ins Gesicht sagt, das Sündeneingeständnis sei aus dem Verkehr zu ziehen.

Genug der ernsten Scherze und Wortspiele, die Wagner so liebte – wie vor ihm unter anderem Johann Sebastian Bach, der seinen Namen in seine Komposition einfließen ließ, als er die wohl von Johann Kuhnau stammende Motette mit dem wagnernahen Titel *Tristis est anima mea* zu *Der Gerechte kommt um* bearbeitete und dabei die Tonfolge b-a-c-h notierte.

Ein subtiles Spiel, bildet diese Tonfolge doch einen Chiasmus, eine Kreuzfigur, dem ernsten Thema des Kreuzestodes Christi entsprechend. Konterkariert wird dieser Ernst (chiastisch!) dadurch, dass die Altstimme gleich nach dem Erklingen dieser Tonfolge »und niemand achtet drauf« singt. Sehr

ernste Scherze, wie auch Wagner sie liebte. Aufschlussreich
ist in diesem Zusammenhang einer seiner Träume, den Cosimas Tagebuch am 1. August 1879 protokollierte. »R. hatte
eine schlimme Nacht; die Vivisektion geht ihm nicht aus dem
Sinn. Dann erzählt er mir einen wunderlichen Traum in zwei
Teilen; zuerst erwacht, sagt er: Pohl erzähle ihm, seine Frau
gewänne ihm so viel Geld, 17 000 Mark jährlich, darauf schläft
R. ein, wacht wieder auf und sagt mir: Jetzt träumte ich: Die
Frau von Pohl gewänne so viel Geld durch Akrostichen, welche sie für Zeitungen dichtete.« CTB 2, 391 Auf diesem Niveau
muss man erst einmal träumen.

Tristan / Tantris: Dass Tristans Name Trauer signalisiert,
entgeht kaum einem Interpreten. »Das fängt ja trist an«, ist
ein häufig zu hörender Kommentar zu Wagners Musikdrama,
der ironisch die Melancholiesignale des Werkes aufbrechen
will. Doch nicht nur Tristan, auch Tantris ist ein bedeutungs-
schwerer Name. Die folgenreiche Silbenvertauschung ist ein
Motiv schon der mittelalterlichen Tristan-Epik. Richard
Wagner hat es in seiner musikdramatischen Verdichtung des
epischen Stoffes gleich drei Mal verwandt. Gleich im 1. Aufzug erzählt die verstörte Isolde ihrer Vertrauten Brangäne,
wie sie Tristan erstmals begegnete – eben nicht als Tristan,
sondern unter dem bedeutungsvollen Decknamen Tantris:

> Der »Tantris«
> mit sorgender List sich nannte,
> als »Tristan«
> Isold' ihn bald erkannte. 7, 10

Isolde hat Tristans List offenbar bald durchschaut, »erkannt«. Und sie erkannte ihn. Der, den sie gesundpflegt, ist
kein anderer als der Mörder ihres Verlobten Morold. Dennoch vollzieht sie keine Rache. Denn Tristan / Tantris schaut
ihr eben in dem Augenblick in die Augen, da sie das Schwert
zückt, um den Racheakt zu vollziehen (s. Leitmotiv 7). »Er
sah mir in die Augen (...) das Schwert – ich ließ es fallen.«
Statt des Racheaktes aber gibt es einen paradoxen, weil ein-
seitigen Liebesakt. Isolde hat Tristan »bald erkannt«. »Erken-

nen« ist bekanntlich spätestens seit Luthers Bibelüberset-
zung ein Synonym für die liebevolle Vereinigung. »Und Adam
erkannte sein Weib Eva, und sie ward schwanger und gebar
den Kain«, heißt es in Luthers Übersetzung von Genesis 4,1.
Tantris hingegen erkennt Isolde nicht, die aber ihrerseits ihn,
den sie hassen müsste, erkennt. Wagner akzentuiert eindeutig den erotischen Sinn des Wortes »erkennen«, wenn er Isolde weiterhin Brangäne von der Vorgeschichte ihrer Beziehung zu Tristan / Tantris berichten lässt:

> Den als Tantris
> unerkannt ich entlassen,
> als Tristan
> kehrt' er kühn zurück:
> auf stolzem Schiff
> von hohem Bord,
> Irland's Erbin
> begehrt' er zur Eh'
> für Kornwall's müden König,
> für Marke, seinen Ohm. 7,11 f.

Isolde hat Tristan / Tantris »unerkannt entlassen«. Im Sinne
von »undurchschaut« kann die Wendung nicht verstanden
werden. Denn die Identität von Tantris und Tristan hat Isolde ja ausdrücklich erkannt. Daran, dass Isolde als gekränkte
Liebende, die ihre Leidenschaft nicht erwidert weiß, handelt
und spricht, lässt der Text von Wagners Musikdrama denn
auch keinen Zweifel:

> ISOLDE
> *starr vor sich hinblickend.*
> > Ungeminnt
> > den hehrsten Mann
> > stets mir nah' zu sehen, –
> > wie könnt' ich die Qual bestehen!
> BRANGÄNE.
> > Was wähn'st du, Arge?
> > Ungeminnt? – 7,14

Bald nach dem Verklingen dieser Worte wird Isolde unge-
minnt, unerkannt Tristan gegenüberstehen. Wiederum und
nunmehr zum dritten Mal weist sie auf die erkannte Identität von Tristan und Tantris hin:

> Nicht da war's,
> wo ich Tantris barg,
> wo Tristan mir verfiel.
> Da stand er herrlich,
> hehr und heil. 7, 21 f.

Den leidenden Tantris hat Isolde geborgen und gepflegt, dem
triumphierenden Tristan aber hat sie Rache geschworen.
Auch hier kreist Wagners Text offenbar um einen bedeutenden Doppel- bis Dreifachsinn. Tristan ist Isolde »verfallen« –
nämlich erstens so, dass er, der »Eigenholde«, ihrer Macht
und dem Recht ihres Racheeides verfällt, zweitens so, dass
er ihr alsbald durch die Macht des Liebestranks erotisch verfällt, und drittens so, dass er verfällt, zerfällt, zugrunde geht.

Der leidenschaftlich Isolde verfallene Tristan ist der
wahre Tantris – er ist nämlich der Erotologie des Tantrismus verfallen. Wagners (und wohl auch schon Thomas' wie
Gottfrieds) Spiel mit den Namen Tristan / Tantris ist mehr
als nur eine schlichte Silbenvertauschung. Sie verweist auf
die seit dem fünften Jahrhundert ausgebildete Liebeslehre
des indischen Tantrismus, die wie viele andere Orientalica
(man denke nur an die Feirefiz-Figur in Wolframs Parzival)[5]
nicht zuletzt über Kreuzfahrer-Erzählungen auch schon den
mittelalterlichen Epikern zumindest ansatz- und gerüchte-
weise vertraut war. Richard Wagner war hingegen nicht zuletzt aufgrund seiner intensiven Beschäftigung mit Schopenhauer ein erstaunlich guter Kenner des Buddhismus und des

[5] Wagner schreibt bekanntlich Parsifal; er vertauscht auch
die Silben dieses Namen: Fal-parsi, wohl um mit dem Gegensatz von
Montsalvat (Berg des Heils) und F/Val (Tal) zu spielen. Die von
Wagner selbst nahegelegte Namensdeutung geht, wenn auch philo-
logisch heikel, auf die angeblich persischen Worte »fal« / rein
und »parsi« / Tor zurück.

ihm liierten indischen Tantrismus. Dass er bei dem Namen Tantris nicht Tantrismus assoziierte, ist ausgeschlossen, finden sich in seiner opulenten Wahnfried-Bibliothek[6] doch mehr als ein Dutzend Werke nur zum Thema Buddhismus und Tantrismus. Zu den vielen Aspekten der tantristischen Weisheit gehört auch dieser: dass das Begehren gewichtiger ist als seine Erfüllung. In den Worten von Wagners Tristan, die die alte Weise, nämlich die alte erotische Weisheitslehre des Tantrismus beschwören:

> Die alte Weise
> sagt mir's wieder: –
> mich sehnen – und sterben,
> sterben – und mich sehnen!
> Nein! ach nein!
> So heißt sie nicht:
> Sehnen! Sehnen –
> im Sterben mich zu sehnen,
> vor Sehnsucht nicht zu sterben! – 7,66

Man kann diese dichten Worte lieblos, aber liebestechnisch präzise paraphrasieren. Im Mittelpunkt der Liebeslehre des Tantrismus steht die Kunst der möglichst lang anhaltenden, idealiter unendlichen Orgasmusaufschiebung. In den nüchternen Worten des Brockhaus-Lexikons aus dem Jahr 2001 heißt es unter Tantrismus: »Tantrismus, religiöse Strömung im Hinduismus, später auch im Buddhismus, deren Alter und Entstehung im Dunkeln liegen. Der Tantrismus taucht in der Mitte des ersten Jahrtausends n. Chr. in Indien auf. Das Wort ›Tantra‹ bedeutet ›Gewebe‹ und drückt die Vorstellung

---

6 Zu Wagners Bibliothek(en) vgl. Sven Friedrich: *Das Buch eines edlen Geistes ist der kostbarste Freund. Richard Wagner und seine Bibliotheken*, in: Klaus Döge (Hrsg.): »Schlagen Sie die Kraft der Reflexion nicht zu gering an« – Beiträge zu Richard Wagners Denken, Werk und Wirken. Mainz 2002, S. 11–20, und Angelika Pabel / Reinhard Feldmann: »*War doch solcher Luxus in Büchereinbänden in Bayreuth bisher noch nicht getrieben worden« – Richard Wagners Bibliotheken. Ein Einstieg*, in: Einbandforschung, 26 / 2010, S. 51–58.

aus, dass der Kosmos aus den Fäden der Weiblichkeit und Männlichkeit gewebt ist. Im Tantrismus wird die Erlösung durch (zum Teil geheime) Rituale, durch magische Handlungen und durch sexuelle Akte gesucht, oft in Verbindung mit dem Sprechen magischer Silben, den ›Mantras‹. Der Tantrismus geht im Ursprung von der Höherbewertung der Frau aus, sie führte ursprünglich in die magischen Rituale ein. Der Geschlechtsakt gilt als heilig, weil durch die Vereinigung des weiblichen und männlichen Prinzips das Grundmodell der kosmischen Einheit nachvollzogen wird. Der so gesehene sexuelle Akt ist ein Weg zur Erlösung, das heißt der Kontakt zur geistigen Welt kann durch Sexualität herbeigeführt werden. Ein wesentliches Moment der sexuellen Praktiken im Tantrismus ist der Coitus reservatus. Der Mann hält sein Sperma zurück, weil die Frau unbegrenzte Yin-Essenz, der Mann aber nur begrenzte Yang-Kraft besitzt. So sammelt der Mann durch das Zurückhalten des Spermas und durch die Aufnahme der weiblichen Yin-Kraft beim sexuellen Akt Lebenskräfte; beide Energien verschmelzen und verwandeln sich in geistige Kraft.«

Das sind Eintragungen aus einem Lexikon, das im Jahr 2001 erschienen ist. In den zeitgenössischen Lexika, die Wagner zur Hand nehmen konnte, etwa in *Herders Conversations-Lexikon* von 1854–57 oder in *Pierer's Universal-Lexikon* von 1857–65 (vierte Auflage) finden sich keine direkten Einträge zum Tantrismus, wohl aber zum Buddhismus. Und auch das Buch, das Wagner besaß, wird im *Pierer-Lexikon* erwähnt: »Hitopadeça (–sa), d. h. heilsame Lehre, altindisches Fabelbuch, Auszug aus dem Werke ›Panca tantram‹ (hrsg. 1848 von Kosegarten); beste Ausgabe von Lassen, Bonn 1829–31, Uebers. von Max Müller, Leipz. 1844.« (Bd. 3, S. 318) Meyers Großes Konversations-Lexikon aus dem Jahre 1905 verfügt dann – gut zwanzig Jahre nach Wagners Tod – über einen Tantra-Artikel: »Tantra, Zaubertexte aus der Zeit der Entartung der indischen Religion, gewöhnlich in der Form eines Dialogs zwischen Çiva und seiner Gemahlin, welch letztern hier besondere Verehrung gewidmet wird.« Bd. 19, S. 314 Tantra und Tantrismus sind zu Wagners Zeit wenn nicht ganz unbekannt, so doch noch Themen eines Arkanwissens. Umso bemerkenswerter, umso exquisiter, umso exklusiver ist Wagners evidente Vertrautheit mit den Motiven des Tantrismus.

Richard Wagner verwandelt diese ihm vertrauten tantristischen Motive in unvergleichliche musikalische Energie. Man muss nicht komplexe Partituren lesen können, sondern nur halbwegs offene Ohren haben, um nach- und mitvollziehen zu können, wie orgiastisch Wagners Tristan-Komposition angelegt ist. Zu ihren subtilen Momenten zählt, dass diesem orgiastischen Begehren im *Tristan* anders als etwa im *Tannhäuser* die Erlösung verwehrt bleibt – so wie es zum musikalischen Reiz des unvergleichlichen Werkes gehört, enharmonischen Verwechslungen und Dissonanzen die endgültige und eindeutige Auflösung zu verweigern. Tristan bleibt gerade auch dann Tantris, wenn Isolde ihn als Tristan erkannt, begehrt, geminnt hat. Zu den abgründigsten Motiven von Wagners *Tristan und Isolde* und somit der leidenschaftlichsten und intelligentesten Musik, die je komponiert wurde, gehört es, dass die beiden Liebenden nie wirklich den erlösenden Höhepunkt ihrer Leidenschaft erleben. Am Ende des 1. Aufzugs werden laut Szenenanweisung »die Vorhänge weit auseinander gerissen«, genau in dem Augenblick, als der Liebestrank seine Wirkung entfaltet hat und »beide« gemeinsam die »höchste Liebeslust« besingen, aber eben nicht erfahren, weil König Marke und sein Gefolge die Braut erwarten. Ebenso wird die orgiastische Erfüllung des Liebesbegehrens in der Mitte des 2. Aufzugs versagt. Wieder besingen »beide« die »höchste Liebeslust« – und diesmal heißt es in der Szenenanweisung: »Brangäne stößt einen grellen Schrei aus. Kurwenal stürzt herein.« Wagner war lasziv genug, um die Pointe zu komponieren, dass nicht die liebende Frau einen gellenden Lustschrei, sondern die Wächterin einen grellen Warnschrei ausstößt. Der Schlussgesang Isoldes bedarf kaum mehr eines Kommentars. Diesmal singen nicht die beiden Liebenden im Duett, sondern eben nur Isolde. Und diesmal singt sie nicht »höchste Liebeslust«, sondern einzig und allein »höchste Lust«.

Isoldes höchste Lust ist eben keine erfüllte Liebeslust,

sondern Vorlust, die an eine Verlusterfahrung gebunden ist. Damit steht Isolde in Wagners Werk nicht isoliert da. Mit auffallender leitmotivischer Regelmäßigkeit sind Wagners Liebende dazu verurteilt, eine stets unerfüllte Liebessehnsucht zu erfahren. Senta und der Fliegende Holländer sind füreinander bestimmt, werden aber die Freuden der Liebe nicht gemeinsam genießen. Lohengrin und Elsa sind in der Hochzeitsnacht, wie es sich gehört, »allein, zum ersten mal allein« 2, 101 und können sich doch nicht vereinen. Parsifal erlebt die Realisierung einer Männerphantasie, er ist in Klingsors Zaubergarten umgeben von verführerischen »teuflisch holden Fraun«, 10, 332 die ihm alle erotischen Wünsche erfüllen wollen, und wird von der unwiderstehlichen Kundry verführt, nein: fast verführt. Es kommt eben nicht zum Äußersten. Und selbst Eva und Walther bleibt eine leidenschaftliche Hochzeitsnacht versagt. All diese Figuren sind einer tantristischen Logik des unendlichen Aufschubs der Erfüllung ihres Begehrens verfallen. Die Ausnahmen bestätigen die Regel. Tannhäuser kann im Venusberg nicht über einen Mangel an erotischen Höhepunkten klagen; er lebt dauerorgiastisch und sehnt sich eben deshalb danach, sich wieder einmal nach etwas sehnen zu können. Siegmund und Sieglinde wird – radikalste Ausnahme in Wagners Werk – eine ekstatisch erfüllte Liebesnacht zuteil, aber eben nur eine. Darauf folgt eine Bestrafung und finale Trennung der Liebenden, wie sie trostloser nicht sein kann. Das Produkt dieser leidenschaftlichen Liebesnacht, Siegfried, erfährt das Glück, in der erfüllten Liebe mit Brünnhilde die einmalige Erfahrung seiner Eltern wiederholt zu machen. Wie lange Siegfried und Brünnhilde eine Reihe von schönen und glücklich erfüllten Tagen und Nächten genießen können, lässt sich kaum erschließen. Fest aber steht, dass Siegfried mit ausdrücklicher Billigung Brünnhildes die sprichwörtliche Weisheit bezeugt, die Tannhäuser erfährt und die zuvor Goethe festgehalten hatte: »Alles in der Welt läßt sich ertragen, / Nur nicht eine Reihe von schönen Tagen.« Siegfried verlässt ohne Not den Brünnhilde-Felsen. Die Rheinfahrt, die ihn von der Geliebten entfernt und neuem Begehren entgegenbringt, ist musikalisch mindestens ebenso schön wie das Siegfried-Idyll. Es geht Siegfried, wie Tannhäuser, zu gut. Und das erfährt er als Mangel.

Zur tantristischen Grunderfahrung, dass das sich aufsteigernde Begehren eine intensivere und passioniertere Erfahrung ist als die orgiastische Liebeserfüllung, gibt es eine kühle abendländische Theorievariante. Sie entstammt einem Lieblingstext Wagners: Platons *Symposion*. Während der Konzeption des *Lohengrin*, so heißt es in Wagners Autobiographie *Mein Leben*, »las ich die vorzüglichsten Platonischen Gespräche und gewann namentlich aus dem Eindrucke des ›Symposion‹ einen so innig vertrauten Einblick in die wunderbare Schönheit des griechischen Lebens, daß ich wie mit fühlbarer Wirklichkeit in Athen mich heimischer empfand als in irgendeinem Lebensverhältnisse der modernen Welt.« [1] Wagners bis in seine späten Jahre anhaltende Begeisterung für Platons *Symposion* hat Cosima mehrfach bezeugt. So heißt es in ihrer Tagebuchnotiz vom 6. April 1870: »Darauf das ›Symposion‹ bis Mitternacht gelesen; einer der tiefsten Eindrücke meines Lebens, als hätte ich die Urschönheit, von welcher Diotima spricht, erblickt. Tränen der Verzückung erfüllen unsre Augen, wie das herrliche Gedicht beendigt ist.« CTB 1, 217 Wagner selbst hat die tiefenstrukturale Beziehung zwischen Platons *Symposion* und *Tristan* herausgestellt. »›Ja‹, sagte er, ›das *Symposion*, ich habe heute auch an Tristan und *Symposion* gedacht, in Tristan herrscht auch der Eros, und was dort die Philosophie ist, ist hier die Musik.‹« CTB 1, 218 Der Bezug zwischen Platons Dialog und Wagners tantristischstem Werk erschließt sich leicht. Sokrates fragt Agathon, »ob die Liebe das, dessen Liebe sie ist, begehrt oder nicht (...) und ob sie wohl schon habend, was sie begehrt und liebt, es begehrt und liebt, oder es nicht habend? – Nicht habend, wie es ja scheint.« [8] Ein schlagendes Argument. Liebesobjekte, die wir besitzen, begehren wir nicht, denn wir haben sie ja

[1] Wagner: *Mein Leben*, hrsg. von Martin Gregor-Dellin. München 1963, S. 356.

[8] Platon: *Das Gastmahl*, übers. von Friedrich Schleiermacher, *Werke in acht Bänden*, hrsg. von G. Eigler. Darmstadt 1990, S. 305 (200a).

schon. Das Begehren und die Sehnsucht gelten immer dem Abwesenden bzw. einem Anwesenden, an dem abwesend ist, was wir an ihm reizvoll finden. In Platons Worten: »Also auch dieser und jeder andere Begehrende begehrt das noch nicht Vorhandene und nicht Fertige, und was er nicht hat und nicht selbst ist und wessen er bedürftig ist; solcherlei also sind die Dinge, wonach es eine Begierde gibt und eine Liebe.«[9]

Weil das Begehren immer das Begehren dessen ist, was man nicht hat, ist das eigentliche Objekt des Begehrens – das Begehren selbst (das aber seinerseits kein rechtes Objekt ist, in dessen Besitz man sich bringen kann). Nichts ist in erotologischer Perspektive weniger reizvoll, als wunschlos zu sein. Denn dann fehlt genau die Erfüllungsspannung, die Eros so unwiderstehlich macht. Mann und Weib und Weib und Mann begehren einander und reichen an die Gottheit ran, weil, nach der frivolen Mythe, die Platons *Symposion* erzählt, eifersüchtige Götter den ursprünglich zweigeschlechtlichen Kugelmenschen in zwei Teile hälfteten. Erst dieser eklatante Mangel, erst dieser Verlust setzt die Macht und die Lust von Eros frei. Goethe, der Wilhelm Meister (W wie Weib, M wie Mann) ein platonisches Gastmahl feiern lässt,[10] hat diese subtile Überlegung auf eine bündige Formel gebracht, wenn er Faust sprechen lässt: »So tauml' ich von Begierde zu Genuß, / Und im Genuß verschmacht' ich nach Begierde.«

Das erotologische Paradox, wonach das Begehren als Begehren nach dem, was man nicht hat, immer auch das Begehren nach dem Begehren ist, grundiert aber, so Wagners Einsicht, nicht nur die erotische Sphäre. Es verleiht unter anderem auch der Ökonomie, der Religion, der Episteme und der Politik ihre spezifische kryptoerotische Spannung. Um ein banales Beispiel zu nennen: Wissenschaften, die die nackte Wahrheit erkennen möchten und geheimnisvoll scheinende Sachverhalte entschleiern wollen, gäbe es nicht, wenn es keinen Mangel an Wissen gäbe. Jeder Wissen-

[9] Ebd., S. 307 (200b).
[10] Vgl. dazu Jochen Hörisch: *Gott, Geld und Glück. Zur Logik der Liebe in den Bildungsromanen von Goethe, Keller und Thomas Mann*. Frankfurt am Main 1983, Kap. 2.

schaftler, der einen Drittmittelforschungsantrag stellt, muss auf Forschungsdesiderate hinweisen, sonst wäre sein Antrag sinnlos. Und Religion ist darauf angewiesen, dass letzte Wahrheiten abwesend und nicht per Wissen zugänglich sind, sonst gäbe es keinen Glauben. Die offenbare Abwesenheit, die mangelnde Evidenz eines gütig allmächtigen Gottes ist die Bedingung der Möglichkeit von Religion. Auch für die Wirtschaftssphäre gilt, dass es ohne Begehren dessen, was man nicht hat, nämlich der Güter des anderen, keinen Tausch gäbe. Wenn alle alles hätten, was sie begehren bzw. begehrt hatten, bräche die Wirtschaft zusammen. Deutlich wird das am Drachen Fafner – »ich lieg und besitze«. Er hat alles, begehrt also nichts mehr und ist ebendeshalb in ebenso guter wie schlechter Verfassung. Der Fafner des *Siegfried* ist ein transökonomisches Subjekt; auf Tausch und Kampf, auf friedlichen und unfriedlichen Güterwechsel ist er nicht mehr angewiesen. Denn ihm mangelt es an nichts – und genau das ist sein Mangel. Auf Alberichs nicht dummen Vorschlag, er möge doch den Ring herausrücken, um wieder die Freuden des Begehrens zu erfahren, reagiert Fafner gähnend gelangweilt. Wer gähnt, begehrt nicht heiß und brünstig.

ALBERICH.
    Den gold'nen Ring
    geizt er allein:
    lass' mir den Ring zum Lohn,
    so wend' ich den Streit;
    du wahrest den Hort,
    und ruhig leb'st du lang'!
FAFNER *gähnt*.
    Ich lieg' und besitze: –
    laßt mich schlafen! 6, 128

In Siegfried findet Fafner bekanntlich seinen Meister. Gemeinsam haben der Drache und der Drachenkämpfer, dass sie tief im Wald, also fern allen Marktgeschehens, agieren und dass auch Siegfried an Hab und Gut weitgehend uninteressiert ist, nicht weil er wie Fafner alles hat, sondern weil er sich aus alldem nichts macht. Die Ausnahme ist schnell genannt: Das Schwert und also ein Kampfinstrument, das für Mangelerfahrungen sorgen kann, fasziniert ihn. Den jungen Siegfried fasziniert darüber hinaus das Phänomen der Furcht – weil er es nicht kennt, weil er dieser Erfahrung ermangelt.

> MIME
> *sich immer mehr erholend.*
>> Das Fürchten lernt' ich für dich,
>> daß ich's dich Dummen lehre.
> SIEGFRIED.
>> Was ist's mit dem Fürchten?
> MIME.
>> Erfuhr'st du's noch nie,
>> und willst aus dem Wald
>> fort in die Welt?
>> Was frommte das festeste Schwert,
>> blieb dir das Fürchten fern?
> SIEGFRIED *ungeduldig.*
>> Faulen Rath
>> erfindest du wohl?
> MIME.
>> Deiner Mutter Rath
>> redet aus mir:
>> was ich gelobt
>> muß ich nun lösen,
>> in die listige Welt
>> dich nicht zu lassen,
>> eh' du nicht das Fürchten gelernt.
> SIEGFRIED.
>> Ist's eine Kunst,
>> was kenn' ich sie nicht? –
>> Heraus! Was ist's mit dem Fürchten? 6, 111

Siegfried macht die paradoxe Erfahrung, dass es ein Problem sein kann, kein Problem zu haben. Er hat Grund zu der Befürchtung, nie das Phänomen der Furcht zu erleben. Lösen kann er dieses intrikate Problem in der Begegnung mit Brünnhilde, die ihm ein ungeheures Liebesgeschenk macht, indem sie ihm die Furchtlosigkeit nimmt. Wer gibt, nimmt; Gabe und Wegnahme sind eines, sind ein in sich selbst Unterschiedenes. Begehren und Furcht unterhalten ein intimes Verhältnis zueinandner. Furcht wird durch die Vorstellung geweckt, zu verlieren, was man hat – Güter, Freunde, geliebte Personen, Gesundheit und Leben. Begehren zielt hingegen darauf, zu erlangen, was man nicht hat. Deshalb sind Furcht und Begehren eng miteinander verwandt. Von dieser tiefen Einsicht weiß der junge Siegfried, als er Brünnhilde entdeckt und erkennt, ein Lied zu singen, obwohl bzw. weil er kein Metropolenintellektueller ist.

> Wie weck' ich die Maid,
> daß sie die Augen mir öff'ne? –
> Das Auge mir öff'ne?
> Blende mich auch noch der Blick?
> Wagt' es mein Trotz?
> Ertrüg' ich das Licht? –
> Mir schwebt und schwankt
> und schwirrt es umher;
> sehrendes Sengen
> zehrt meine Sinne:
> am zagenden Herzen
> zittert die Hand!
> Wie ist mir Feigem? –
> Ist es das Fürchten? –
> O Mutter! Mutter!
> Dein muthiges Kind!
> Im Schlafe liegt eine Frau: –
> die hat ihn das Fürchten gelehrt!
> Wie end' ich die Furcht?
> Wie fass' ich Muth? –
> Daß ich selbst erwache,
> muß die Maid ich erwecken! – – 6, 165 f.

Furcht ist anders als die objektlose Angst immer Furcht vor etwas, vor etwas noch Abwesendem. Man kann befürchten zu verarmen, wenn man einigermaßen sorgenfrei lebt; man kann nur befürchten zu sterben, wenn man lebt; man hat Furcht vor Räubern, wenn man noch unbehelligt durch einen dunklen Wald oder durch einen schlecht beleumundeten Stadtteil geht. Siegfried muss durch das Waldvögelein erst einmal darauf aufmerksam gemacht werden, dass ihm etwas fehlt – eine zauberhafte Frau, die auf dem Walkürenfelsen in tiefen Schlaf gebannt ist. Seitdem muss er fürchten, eine entscheidende Erfahrung zu verfehlen. Und Brünnhilde muss befürchten, von einem ihr nicht genehmen Mann erweckt und erkannt zu werden. »Sehrendes Sengen« kann sich nur einstellen, wenn es solche tantristisch-symposionhaften Versagungen gibt. Sie sind die Bedingung der Möglichkeit »sehrenden Sengens« und glühenden Begehrens. Siegfried versteht sich nicht auf die Kunst des Fürchtens, bis er Brünnhilde begegnet. Sie vermittelt ihm die Einsicht, dass ein Mangel, ein Fehl, ein Problem insofern die Lösung sein kann, als es ohne diesen Mangel, ohne dieses Problem, ohne diesen Verlust die Vorlust nicht gäbe, die glühender ist als die gestillte und ruhiggestellte Lust.

Wotan, der göttliche Vater bzw. Großvater der beiden Liebenden, die leuchtende Liebe und lachenden Tod (s. Leitmotiv 4) zusammenbringen, Wotan muss in der religiös-theologischen Sphäre eine strukturell verwandte Erfahrung machen wie seine leidenschaftlichen Nachkommen. Er ist ein trauriger Gott, weil er strikter als viele Götterkollegen das Dilemma bedacht und erfahren hat, dass seine göttliche Vollkommenheit zugleich ein Mangel ist. Er kann, weil er ein Gott ist, nicht nicht sein, er kann nicht sterben und will ebendeshalb nur noch eines: »das Ende, das Ende«. Dem guten Hegel-Kenner Wagner dürfte die Passage der Hegel'schen Ästhetik vertraut gewesen sein, in welcher der auf Widersprüche fokussierte Dialektiker genau dieses Theologie-Paradox thematisiert. Bei der Betrachtung griechischer Götterstatuen haben, so Hegel, »geistreiche Männer« in der divinen Mimik einen »stillen Zug der Trauer«[11] entdeckt. Und diesen stillen Zug der Trauer versteht Hegel als Ausdruck der unlösbaren Spannung zwischen zeitlicher Leiblichkeit und überzeitlicher Seligkeit, zwischen Endlichkeit und Unendlichkeit, zwischen »festem, gewaltigem, zeitlosem Geist« und »Maske der umherhängenden Sterblichkeit«. »Die seligen Götter trauern gleichsam über ihre Seligkeit und Leiblichkeit. (...) Indem nun aber jener angedeutete Widerstreit vorhanden ist, ohne jedoch als Unterschied und Trennung der inneren Geistigkeit und ihres Äußeren herauszutreten, so ist das Negative, das darin liegt, eben deswegen diesem ungetrennten *Ganzen* immanent und an ihm selber ausgedrückt. Dies ist innerhalb der geistigen Hoheit der Hauch und Duft der Trauer, den geistreiche Männer in den Götterbildern der Alten selbst bei der bis zur Lieblichkeit vollendeten Schönheit empfunden haben. Die Ruhe göttlicher Heiterkeit darf sich nicht zu Freude, Vergnügen, Zufriedenheit besondern, und der *Frieden* der Ewigkeit muß nicht zum Lächeln des Selbstgenügens und gemütlichen Behagens herunterkommen.«[12]

Wagners dekadente Götter laufen ab und an zu einer gewissen Form auf. Dann sind sie kluge, weil selbstkritische Götter. Sie wissen, dass ihr göttlicher Status an knirschende Paradoxien gebunden ist. Und sie sind zugleich heruntergekommene Götter, weil sie anders als die klügeren Sterblichen nicht auf der Höhe tantristisch-symposienhafter Einsichten in den intimen Zuammenhang von Lust und Verlust, Begehren und Mangel leben. Keinem anderen Medium aber ist diese Einsicht so vertraut wie dem der Musik. Dass musisch nichts weniger reizvoll ist als spannungslos aneinandergereihte Tonwiederholungen oder Oktavverdoppelungen, teilt sich jedem Ohr mit. Für die musische Sphäre gilt schon in vormodernen Zeiten, dass Wohlklang sich der Assonanz von Dissonanz und Assonanz verdankt. Wagners tantristische Ästhetik hat diese Einsicht radikalisiert – sie stellt auf Dissonanz von Dissonanz und Assonanz um. Die Tristan-Dis- und -En-

11 Friedrich Wilhelm Hegel: *Vorlesungen über die Ästhetik II*, Theorie Werkausgabe, Bd. 14, hrsg. von Eva Moldenhauer / Karl Markus Michel. Frankfurt am Main 1971, S. 108.
12 Ebd., S. 85 f.

harmonik verweigert assonante Auflösungen und ist ebendeshalb reizvoller als ein Wohlklang, der Dissonanzen hinter sich hat. Wagners Kompositionstechnik, die avancierte
des *Tristan* voran, will Spannungen nicht entladen, sondern
andauernd aufrechterhalten. Sie leistet damit nichts Gerin-
geres als eine Dechiffrierung der Tiefenstruktur der Moderne. Die Moderne kennt, was Kulturkritiker aller Schattie-
rungen obligatorisch bedauern und erregt verwerfen, keine
Entspannungen, keinen Stillstand, keine Ruhepausen, keine
Erlösungen mehr. Vielmehr setzt sie auf Dauererregung, auf
unendliche Fahrten ohne finales Ziel,[13] auf Dynamik, auf tantristische Nicht-Erfüllung.

Wagner war bewusst, dass nicht Einheit, sondern Differenz die intellektuell, systemisch und lebensweltlich reizvol-
lere Größe ist. Seine intellektuelle Frühsozialisation fand
in jungdeutschen, links- und junghegelianischen Sphären
statt.[14] Später hat sich Wagner hingegen den auffallend aus-
fälligen Verbannungsworten Schopenhauers gegenüber Hegel angeschlossen und etwa von der »Folge der Verwüstun-
gen, welche die Hegel'sche Philosophie in den zu abstrakter
Meditation so geneigten deutschen Köpfen angerichtet hatte« 8,251 oder vom »Hegel'sche(n) Philosophie-Quatsch, der
allemal da am trivialsten ist, wo er am tiefsten scheint« (an
Bülow 1855, SB 7,39) geschrieben. In Wagners Brief an Franz
Liszt vom Dezember 1854 findet sich eine aufschlussreiche
Wendung, mit der er dem Freund seine philosophische Konversion präsentiert: »*Arthur Schopenhauer* (ist) der grösste
Philosoph seit *Kant*, dessen Gedanken er – wie er sich aus-
drückt – vollständig erst zu Ende gedacht hat. Die deutschen
Professoren haben ihn – wohlweislich 40 Jahre lang ignorirt:
neulich wurde er aber – zur Schmach Deutschlands – von
einem englischen Kritiker entdeckt. Was sind vor diesem
alle *Hegel's* etc. für Charlatan's! Sein Hauptgedanke, die end-

13 Vgl. zu diesem Motiv die auch dem *Fliegenden Holländer*
geltende Studie von Manfred Frank: *Die unendliche Fahrt –
Ein Motiv und sein Text.* Frankfurt am Main 1979.
14 Vgl. dazu Martin Gregor-Dellin: *Richard Wagner*, a. a. O., S. 380
und öfter.

liche Verneinung des Willens zum Leben, ist von furchtba-
rem Ernste, aber einzig erlösend.« SB 6, 298 Verneinungen
haben es in sich, das ist nicht nur Freuds großes Thema –
an wen denken Sie, wenn Sie diesen Farbfleck sehen? Weiß
ich nicht, jedenfalls nicht an meine Mutter. Wagners späte
Hegel-Verneinung folgt diesem Muster. Aufschlussreich darf
sie genannt werden, weil sie mit Hegels zentralem Begriff der
Negation / Verneinung gegen Hegel vorgeht. Um kein zweites Motiv dürfte Wagner unabhängig vom Stand seiner Hegel-
und Schopenhauer-Lektüre so intensiv gerungen haben wie
um dieses: ob die Verneinung des Willens zum Leben bejaht
oder verneint werden müsse.

    Das Hegel'sche Denkmotiv der doppelten Negation, das
in der rhetorischen Figur des Litotes eine poetische Entsprechung findet, war Wagner gut vertraut. Das Ende endet,
etwas hört (nicht) auf aufzuhören, man muss den Tod töten,
die Katastrophe erleidet ihre Katastrophe und hört eben deshalb auf, eine zu sein – zu den nicht nur intellektuellen Rei-
zen solcher Denkoperationen und Formulierungen gehört es,
dass sie mit nur einem auf sich selbst anzuwendenden Ter-
minus auskommen. Eine hübsche Paradoxie: Ausgerechnet
ein Theoriedesign, das auf Negationen und Differenzen setzt,
unterhält ein entspanntes Verhältnis zum Monismus; ein auf
ursprüngliche und finale Einheit fokussiertes Theoriedesign
führt hingegen zwangsläufig in eine platonische Zweiwelten-
lehre. Wer mit der Negation »Nichts / nicht« beginnt, kann
zu etwas kommen: Das Nichts ist nicht. Wer allein mit Sein
startet, gelangt hingegen nicht zum Anderen des Seins. Wer
das inflationäre Theoriespiel spielt, historisch oder syste-
matisch-funktional mit Einheit (Paradies, klassenlose Gesellschaft, Konsens) zu beginnen, dann Störungen und Differenzen (Sündenfall, Entfremdung, Dissens) zu kritisieren
und schließlich auf erneute Einheit zu setzen (Rückkehr ins
Paradies, Kommunismus, Consensus omnium), kann das
tun, darf aber nicht auf originelle Einsichten hoffen. Das dif-
ferenzbetonte Quintett aus dem 3. *Meistersinger*-Aufzug ist
dem Schluss dieser Oper, der den totalen Konsens will, in jeder Hinsicht überlegen.

Wagners Gesamtkunstwerke können gar nicht anders, als auf Differenz(en) zu setzen, kombinieren sie doch die prä- und postsemantischen Töne der Musik mit theatralisch organisierten visuellen Wahrnehmungen und mit Worten, die zwar semantisch distinkter sind als die Töne der Instrumentalmusik, aber dennoch weite Bedeutungshorizonte bereitstellen. Sie entfalten dadurch einen bedeutenden Sinnen-Pluralismus, der jeden Sinn-Zentrismus a priori unterläuft. Das hat der frühe Junghegelianer und spätere Hegel-Kritiker Wagner klar erkannt, als er gegen den Kulturhistoriker und frühen Volkskundler Wilhelm Heinrich Riehl, der sich explizit gegen den beginnenden Wagner-Kult ausgesprochen hatte und ausgerechnet in der Wagner-Stadt Mannheim die Gründung von Wagner-Trutzvereinen forderte, polemisierte. Aufschlussreich an Wagners geharnischter Stellungnahme, die zuerst anonym im Oktober 1867 in der *Süddeutschen Presse* erschienen war und die er dann im achten Band seiner *Gesammelten Schriften* wiederveröffentlichte, ist sein ausdrückliches Votum für Reflexivität und Intellektualität in der Musik. In Wagners ausschweifenden Worten:»Herr Riehl mußte es leider für vortheilhaft finden, in neuerer Zeit aus seinem zuletzt mit empfehlendem Anstande eingenommenen Idyll-Refugium hervorzubrechen, um allerhand kleinlichen, aber boshaften Unfug anzurichten. (...) Gewiß ist, er scheint es nicht lassen zu können, aus der Schule der musikalischen Demuth dann und wann eine Impertinenz gegen den Hochmuth loszulassen, welcher mit der Impotenz sich nicht abgeben will. (...) Für die Musik hat er es auf die Naivetät abgesehen, und muß es bedauern, daß die neueren Komponisten, von Weber an, reflektirte Musik geschrieben haben, in welchem Bedünken er mit dem berühmten Wiener Doktor Hanslick durchaus übereinstimmt. Eine Definition jenes Begriffes einer ›Naivetät‹, welcher er eine ›Reflexion‹ gegenüberstellt, erspart er uns, vermuthlich in der Annahme, daß hierfür bereits Schiller gesorgt habe; diesen lesen nun aber unsere Kulturforscher nicht mehr, und es begegnet ihnen daher, daß sie seine berühmte Abhandlung über ›naive und sentimentalische Dichtung‹ insoweit irrig im Gedächtnisse bewahren, als sie dem dort definirten Naiven, welchem sehr bestimmt das Sentimentale entgegengehalten wird, ein konfuses Reflektirtes (etwa nach Hegel) gegenüberstellen. Da es nun sehr bekannt ist, daß mit Reflexion sehr Vieles, nur keine Kunst, vor Allem keine Musik zu Stande zu bringen ist, gelangen unsere harmlos idyllischen Kritiker, an dem Leitfaden einer ebenso richtigen als treugemeinten Prämisse, zu dem, für die neuere Musik so fatalen Schlusse, daß an ihr unmöglich Etwas sein könnte. Seiner persönlichen Bedenken hierüber entäußert sich nun Herr Riehl vor einem Publikum, welchem bei dem Worte ›Reflexion‹ allein schon die Haut schaudert, da bis jetzt es noch Niemand gelingen konnte, die Leute darüber aufzuklären, daß es sich bei der Reflexion um eine Art der Erkenntniß handele, welcher einzig wiederum nur die intuitive (anschauende) Erkenntnißweise gegenübersteht; daß somit dem naiven Kunstproduziren ein reflektirendes Musikmachen gegenüberzuhalten, gerade so unsinnig ist, als der intuitiven Apperzeption eine sentimentale Erkenntniß entgegenstellen zu wollen. Doch hält Herr Riehl auf solcher Basis öffentliche Vorträge, und erschreckt dadurch die Gemüther, welche bei ›Reflektiren‹, wenn sie es nicht mit ›Resigniren‹ verwechseln, auf das Nachdenken gerathen zu müssen glauben, was ihnen doch jetzt durch eine so allgemein blühende Presse und ihre Organe gründlich erspart zu werden pflegt. Nun gar sich denken zu sollen, daß die Musik, die man dem Publikum im Theater vorspielt, durch Nachdenken hervorgebracht worden sei, müßte da, wo harmlose Erheiterung doch der einzige Zweck sein kann, eine wahre Kalamität erkennen lassen, gegen welche mindestens Bedenken erweckt zu haben dem berühmten Kulturstudiosen immerhin als großes Verdienst angerechnet werden dürfte.« 8, 211 f.

Wagners Votum im Streit über Reflexion und Intellektualität in der Musik ist trotz aller Umständlichkeit in der Diktion eindeutig. Nur eine »durch Nachdenken hervorgebrachte« Musik voller Reflexionen hat Anspruch darauf, wirklich Gehör zu finden. Wagners Werke sind große Reflexionskunst – gerade deshalb, weil sie stets signalisieren, wie eng die Reflexion und das Begehren aneinandergekoppelt sind. Wagners Spiel mit dem reflexiv-erotischen Doppelsinn des Wortes »erkennen« hat Methode. Ihm war bewusst, wie viel Leidenschaft im Geschäft der wissenschaftlichen Enthüllung von Geheimnissen und der Erforschung nackter Wahrheiten steckt. Beide Sphären, die der erkennenden Reflexion und die des Begehrens, sind einer tantristischen Logik des unendlichen Aufschubs verpflichtet. Niemand weiß das besser als Brünnhilde. Ihr Schlussgesang evoziert und konterkariert zugleich die sokratische Weisheit »scio nescio«, ich weiß, dass ich nichts weiß. Brünnhilde weiß, dass selbst und gerade der hehrste Gott nicht alles wissen kann, eben weil er ein Gott ist. Dem traurigen Gott entgeht die Einsicht, dass Nichtwissen die Bedingung der Möglichkeit des Erkennens und Nichterfüllung die Bedingung der Möglichkeit des Begehrens ist.

> Meine Klage hör',
> du hehrster Gott!
> Durch seine (Siegfrieds, J. H.) tapferste That,
> dir so tauglich erwünscht,
> weihtest du den,
> der sie gewirkt,
> des Verderbens dunkler Gewalt: –
> mich – mußte
> der Reinste verrathen,
> daß wissend würde ein Weib! –
> Weiß ich nun was dir frommt? –
>
> Alles! Alles!
> Alles weiß ich:
> alles ward mir nun frei!
> Auch deine Raben
> hör' ich rauschen:
> mit bang ersehnter Botschaft
> send' ich die beiden nun heim.
> Ruhe! Ruhe, du Gott! – 6, 253

Der ruhende Gott ist auch ein ruhiger Gott. Er hat nichts mehr zu sagen. Denn er lebt im Jenseits der (eben nur fast!) unendlichen tantristischen Spannung, die das endliche Leben gerade in seinen besten Zeiten kennzeichnet. Zu den aufschlussreichen Ambivalenzen von Wagners ästhetischem Eurobuddhismus gehört es, dass er sich zwischen den Optionen der endlich erreichten Nirwana-Spannungslosigkeit einerseits und der tantristischen Verliebtheit in auf Dauer gestellte Erregung andererseits nicht recht entscheiden kann. Die widersprüchlichen Formeln »Eines nur will ich noch: das Ende, das Ende« vs. »leuchtende Liebe« und »höchste Lust« charakterisieren das Spannungsfeld, in dem sich Wagners Figuren bewegen. Ein wissendes Weib, Brünnhilde, die ganz Mensch geworden ist, weil ihr der oberste Gottvater küssend die Gottheit genommen hat, ist von Tieren umgeben, wenn sie sich dem Tod anheimgibt. Ihr Ross Grane ist bei ihr, ebenso Wotans Raben, die sie nun heimsendet. Im wort- und klangreichen Kampf zwischen Göttern und Menschen haben, hätten Tiere das letzte Wort, wenn sie denn Worte hätten.

Kommentar
zu Leitmotiv Nr. 9
Tristan und Isolde

Tristan-Motiv

Dass das »Liebestrank«-Motiv aus *Tristan und Isolde* nicht von Franz Liszt aus seinem Lied »Ich möchte hingehn« (Text: Georg Herwegh) ⑦⑤ stammen dürfte, wie noch immer behauptet wird, wurde in der Publikation von Manfred Eger,[1] unter Hinzunahme der Forschungsergebnisse von Zoltán Gárdonyi (1975) und Rena Charnin Mueller (1973), zum Ausdruck gebracht. Darin wird überzeugend bewiesen, dass wohl eher Liszt sein 1845 komponiertes Lied aufgrund von Wagners *Tristan*-Komposition 1859 abgeändert und erst 1860 herausgegeben haben dürfte. Allerdings kommt der bewusste Tristan-Akkord in dem Lied gar nicht vor, denn bei Liszt handelt es sich um einen verminderten Septakkord (f-h-d'-gis'), den Liszt sehr häufig verwendet hat, während der »Tristan-Akkord« aus f-h-dis'-gis' besteht und, absolut gesehen, einen (gis/as-)Mollakkord mit hinzugefügter großer Sexte darstellt. Trotzdem handelt es sich natürlich um eine erkennbar ähnliche bis gleiche Idee in dem, was folgt.

Aber muss man denn – egal in welcher Richtung – von einem Ideendiebstahl reden? Wenn Liszt dieses Motiv verwendet, übrigens ohne einen engeren Zusammenhang zum restlichen Kompositionsmaterial dieses Liedes, könnte es sich doch auch um eine Referenz an seinen verehrten Freund und Kollegen handeln. (Dass er später Wagners Schwiegervater werden würde, war damals noch nicht abzusehen.)

Die Thematik des Liedes ist der des *Tristan* ja auch nicht unähnlich. Aber dass einem Liszt bei der Abschrift der Fehler unterlaufen könnte, statt eines Dis ein D zu schreiben,

---

[1] *Die Musikforschung*, Bärenreiter-Verlag, 52. Jahrg. Heft 4, 1999.

wie in derselben Abhandlung[2] behauptet wird, halte ich für völlig unwahrscheinlich, war er doch nicht nur einer der brillantesten Pianisten und Musiker seiner Zeit, sondern auch für seine fast übermenschlichen Fähigkeiten des Vom-Blatt-Spielens berühmt. Einem solchen Musiker unterläuft solch ein Fehler beim Abschreiben schwerlich.

Vielmehr müsste Liszt wohl diesen Akkord mit Dis als Fremdkörper zum restlichen Lied empfunden haben. Das Zitat (die Referenz) wird ja auch so erkennbar.

Und sollte Wagner dennoch dieses Motiv von seinem Freund Liszt übernommen haben, so wäre die Schockwirkung dieses Akkords mit Dis trotzdem authentisch von Wagner kreiert, abgesehen davon, was er allein in dem Vorspiel aus diesem Motiv weiterentwickelt hat. Auch aus diesem Grund ist die lange geführte Diskussion um den »Ideenklau« wirklich amüsant. Natürlich hat man sich gegenseitig beeinflusst und Klangwirkungen, Harmonien oder melodische Einfälle bewusst oder unbewusst übernommen. Auch die Einleitung der Lisztschen Heine-Vertonung *Die Loreley* aus dem gleichen Jahr wie die *Tristan*-Skizzen (1856) könnte man als Anregung werten.[3] ⑦⑥

Wolfram Boder weist in seiner Publikation über *Die Kasseler Opern Louis Spohrs* mit einigem Recht darauf hin, dass es in dessen Werk *Der Alchymist* ebenso eine Ähnlichkeit mit Wagners *Tristan*-Idee zu vermelden gibt. ⑦⑦

Selbstverständlich hatte die Harmonik Liszts (*Années de Pèlerinage* , 1837–77 oder die *H-Moll-Sonate*, 1852) auch auf Wagner großen Einfluss. Aber er schätzte – auch später noch – ebenso schlichtere Kompositionen wie Balladen von Carl Loewe,[4] woraus man auf ein vornehmliches Interesse an der Kongruenz von Wort und Musik schließen kann.

Ob Wagners Streben wirklich die Befreiung von der To-

[2] Von Rena Charnin Mueller.
[3] Charles Rosen: *The Romantic Generation*. Harvard University Press 1995, S. 474.
[4] Wie man aus den Tagebücher-Kopien von Alfred Pringsheim erfahren kann: *Alfred Pringsheim, der kritische Wagnerianer. Eine Dokumentation*. Thomas Mann Schriftenreihe, Band 9. Würzburg 2013, S. 151.

nalität war, müsste man ebenfalls hinterfragen. Denn was verstand man in der zweiten Hälfte des 19. Jahrhunderts unter Tonalität? Oder anders gefragt: Was verstand man damals unter Atonalität, wenn man sich diese Frage überhaupt gestellt hat?

Auch dazu gibt es einige Beispiele wiederum von Liszt: *La lugubre gondola I* (1882) oder explizit die *Bagatelle sans tonalité* (auch *4. Mephisto-Walzer* genannt) aus dem Jahre 1885 (also nach Wagners Tod). Diese Stücke sind in keiner Weise atonal nach unserem heutigen Verständnis, aber es gibt keine Ausgangstonart und keine Zieltonart.[5] Die Harmonien sind eher durch den zentralen übermäßigen Dreiklang oder verminderten Septakkord aufeinander bezogen und oft durch Halbtonrückung fortgeführt oder sogar sequenziert.[6] Die begleitenden Akkorde zur chromatischen Motivbildung sind im weitesten Sinne auf Drei- und Vierklangsharmonik beziehbar, jedoch funktionell-harmonisch nicht aufeinander bezogen. Liszts Kompositionen dieser Art bleiben harmonisch in der Schwebe. Tonalität wird also als fester Bezugspunkt des Anfangs und Endes einer Komposition verstanden.

Jedoch, auch wenn es (für den unvoreingenommenen Hörer) kaum erkennbar ist, die *Tristan*-Einleitung ⑦⑧ beginnt in a-Moll und bezieht sich auch im Folgenden mehr oder weniger auf diesen Ausgangspunkt. Denn das erste Motiv endet zunächst auf dem Dominantseptakkord von a-Moll: E⁷. Wenn die Wiederholung (Sequenzierung) des Motivs wörtlich (Intervall für Intervall) wäre, müsste es nun mit einer kleinen Sexte (c-as/gis) weitergehen. Es geht aber weiter mit h-gis und bezieht sich daher auf das erreichte E-Dur, die Dominante von a-Moll. Und bei der nächsten Sequenzierung (eine kleine Terz höher) würde man auf B⁷

---

[5] *La lugubre gondola* endet und beginnt dennoch mit demselben übermäßigen Dreiklang e-as-c, in der *Bagatelle* könnte man die Töne f-h oder den dazugehörigen verminderten Septakkord f-gis-h-d als Klammer denken.

[6] Die berühmte *Valse Oubliée Nr. 1* könnte man übrigens auch in diesem Zusammenhang nennen.

landen, was er am Schluss der Einleitung auch fast schreibt (Takt 89), dann aber weitergeht nach A-Dur. Am Anfang geht beim dritten Mal die Harmonie jedoch über eine andere Umkehrung des Akkords und einen weiteren chromatischen Vorhalt zur Dominante der Dominante, der Doppeldominanten H^7, die wiederum durch Umdeuten des Tonschritts eis-fis zum Dominant-Sept-Non-Akkord E$^9_7$ von a-Moll weiterleitet.

Hier soll keine weitere harmonische Deutung dieses Motivs erfolgen; verwiesen sei unter anderem auf die Zusammenfassung mehrerer Analysemöglichkeiten bei Diether de la Motte.[1]

Der Akkord, absolut betrachtet, ist ja auch nicht das Neue.

Einen Moll-Quintsextakkord gibt es schon in der Zeit vor Johann Sebastian Bach und Jean-Philippe Rameau (der den Begriff der »Sixte ajoutée« geprägt hat), aber immer in der Funktion einer Moll-Subdominante, in der Generalbassbezifferung durch die Ziffern $^6_5$ gekennzeichnet. Dafür gibt es viele Beispiele, beispielsweise bei Orlando di Lasso, bei Gesualdo, in *Dido and Aeneas* von Purcell, in Rameaus Opern und auch im Bach'schen *Wohltemperierten Klavier*. Der Akkord an sich – man spricht merkwürdigerweise immer vom »Tristan-Akkord«, wo es sich doch um ein harmonisches Motiv handelt – ist noch nicht die Besonderheit, auch wenn diese Umkehrung in dieser Mittellage und dieser Instrumentation mit Oboen, Englischhorn, Klarinetten und Fagotten so noch nie zu hören gewesen war. Es ist aber vor allem der Zusammenhang und die nicht eindeutig zu identifizierende Funktion zwischen Subdominantischem und Doppeldominantischem, die ihn so besonders macht.

Interessant ist eher der harmonische Fortgang, der in dieser Oper fast vollständig die Etablierung einer Tonart durch Kadenzbildung vermeidet, also der Folge von einer Dominante in eine Tonika. Dennoch gibt es in der Einleitung des 1. Aufzugs einige Zwischenkadenzen ⑲ (Takt 19/20) von

[1] *Harmonielehre:* ebd., S. 225.

G⁷ (Sekundakkord) nach C-Dur (Sextakkord der Tonika-parallele, Takt 19–20), von A⁷ nach d-Moll (Takt 20–21), von E⁷ nach A-Dur (Takt 24) und andere, meistens mit stark betonten Vorhalten, die aber keinerlei Festigung oder Zielwirkung haben oder dem tonal hörenden Genießer das wohlige Gefühl von harmonischer Sicherheit geben, sondern eher eine neue Dominante erzeugen, die nach einer Tonika sucht. Was genauso trügt wie die beiden Trugschlüsse von E⁷ nach F-Dur (Takt 16/17 nochmals ⑦⑧ und Takt 73/74) und der entsprechende von Gis⁷ nach A-Dur (Takt 42/43) ⑧⓪; auch diese mit starker Vorhaltbildung, die nur unter Vorbehalt als Zieltonarten gewertet werden können, um sofort wieder die Entwicklung in eine andere Richtung, in eine neue dominantische Spannung voranzutreiben. Und auch wenn diese Oper überhaupt nicht frei von vorübergehenden kadenzbildenden Harmoniewendungen ist, zum Beispiel vor allem bei der Ankunft in Cornwall am Ende des 1. Aufzugs, wird sie erst am absoluten Ende des 3. Aufzugs in Isoldes Liebestod genüsslich über die Subdominante E-Dur und e-Moll (wiederum als Plagalkadenz) im Schlussakkord H-Dur präsentiert; an dem übrigens einzig das Englischhorn (als Oboe d'amore) nach einer letzten Präsentation des »Liebestrank-Motivs« nicht mehr beteiligt ist.

Die Vorwurf eines Plagiats, sei es von Liszt oder Spohr, hat sich wohl spätestens am Ende der Oper von selbst erledigt.

Zu diesem Thema wäre noch Folgendes hinzuzufügen: Das Kreuzmotiv ist von Bach selbst in Notenschrift verdeutlicht worden, indem auf zwei sich kreuzenden Notenlinien eine genau in der Mitte befindliche Note von allen vier Seiten mit einem anderen Notenschlüssel gelesen wird: das B im Violinschlüssel mit einem vorgezeichneten b, das A im Tenorschlüssel (das C ist auf der zweitobersten Linie), das C im Alt- oder Bratschenschlüssel und das H wieder im Violinschlüssel ohne Vorzeichen.

Es ist ein sehr chromatisches Motiv und daher auch harmonisch sehr vielseitig deutbar. Viele Komponisten haben sich in aller Verehrung mit diesem Motiv auseinandergesetzt: Schumann, Liszt, Reger, Schönberg, Webern, Schnittke und viele andere. Bach selbst benutzte es (in aller Demut und wohl auch mit theologischem Hintergrund) meist sehr versteckt, unter anderem in seinen *Kanonischen Variationen über Vom Himmel hoch da komm ich her* [81] und im unvollendeten *Contrapunctus 18 (bzw. 14)* der *Kunst der Fuge*. [82] Kein anderer Komponist unserer europäischen Musikgeschichte konnte seinen Namen so perfekt in Noten übertragen. Schönberg versuchte es mit:

S (= Es) – C – H – E (aus Ö wird OE), B – E – G (o, n und r entfallen).

Berühmt ist auch das D S C H, das Dimitrij Schostakowitsch unter anderem in seiner 10. Symphonie und im Streichquartett op. 110 verwendete. Auch von ihm wird das S als der deutsche Notenname Es notiert, ja sogar der kyrillische Buchstabe »Ш« wird in S C H transkribiert. [83]

Leitmotiv Nr. 10
»Pferde sind die überlebenden der Helden« oder Wagners Metamorphosen-Tiere

Die Rheintöchter haben in Wagners *Ring* das erste, nicht aber das letzte Wort, obwohl sie am Ende der *Götterdämmerung* zugegen sind. Hagen befiehlt ihnen noch barsch »Zurück vom Ring!«, wird dann aber von den Rheintöchtern zum Verstummen gebracht – sie ziehen ihn in die Tiefe, sie lassen ihn zugrunde gehen. Hagens imperativische, aber wirkungslose Schlussworte unterscheiden sich klar von den reizend asemantischen Äußerungen der Rheintöchter, mit denen der Vorabend der Tetralogie beginnt: »WOGLINDE. Weia! Waga! / Woge, du Welle, / walle zur Wiege! / Wagalaweia! / Wallala weiala weia!« ₅,₂₀₀ Obwohl gerade diese Eingangsworte von Wagners gewaltigstem Werk gerne verspottet werden, haben sie doch einen spezifischen Reiz und Witz. Im Unwort »Waga« steckt die Hälfte des Namens Wagner, und »Wallala« ist ein Echowort zur Götterstätte Walhall. Schon die ersten Silben des Riesenwerks schlagen einen Bogen zwischen (einem) Menschen und den Göttern. Hervorgebracht aber werden diese Laute von nixen- und undinennahe Elementarwesen, die eigentümlich zwischen Tieren und Menschen oszillieren – von den Töchtern des Rheins, der seinerseits eines der vier Elemente personifiziert. Die Gestalt Erdas, Brünnhildes Einschließung in den Feuerring und der Weltenbrand am Ende der Götterdämmerung, die süßen Düfte / Lüfte, die Elsa und Lohengrin spüren sind nur einige Beispiele dafür, dass Wagners Werke stets erneut die vier Elemente Wasser, Erde, Feuer und Luft umkreisen. Loge vertritt gar ausdrücklich eine erotische Elementenlehre. Die Webstruktur, die Textur des elementaren Lebens kennt ein lustvolles Muster:

So weit Leben und Weben,
in Wasser, Erd' und Luft,
viel frug ich,
forschte bei allen,
wo Kraft nur sich rührt
und Keime sich regen:
was wohl dem Manne
mächtiger dünk',
als Weibes Wonne und Werth?
Doch so weit Leben und Weben,
verlacht nur ward
meine fragende List:
in Wasser, Erd' und Luft
lassen will nichts
von Lieb' und Weib. 5, 225

Das Wasser nimmt unter den von Wagner besungenen Elementen einen besonderen Rang ein. Der Fliegende Holländer ist ein Ahasverus der Meere; Lohengrin naht sich in einem vom Schwan gezogenen Nachen übers Wasser den hilfsbedürftigen Menschen; durch das Nürnberg der taufbesessenen Meistersingerzeit fließt der Jordan; Tristan verbringt viel Zeit auf Seefahrten und endet auf einer Insel; Amfortas ist auf die reinigende Kraft des Wassers angewiesen, der Gralsbezirk hat einen heiligen See zum Zentrum; und der *Ring des Nibelungen* beginnt und endet mit dem nassen Element, das noch den Weltenbrand der Götterdämmerung übersteht.

Das Ende der Götterdämmerung überleben auch Wotans Raben, die Brünnhilde mit bang ersehnter Botschaft heimsendet. Die Raben gelten von jeher als Todessymbole; Einverständnis mit dem Tod ist der Preis für die Weisheit, die ihnen zugeschrieben wird. Von ihnen kann sich Brünnhilde gerade in der Stunde ihres Todes leicht trennen, nicht aber von ihrem Lieblingstier, vom edlen Ross Grane, das sie in den Feuertod begleitet. Mit Grane verbindet Brünnhilde eine geradezu intime Beziehung. Und auch Siegfried erblickt, als er sich dem Walkürenfelsen naht, noch vor der schlafenden Frau zuerst Grane, dem er zärtliche Worte widmet:

311

Leitmotiv Nr. 10 »Pferde sind die Überlebenden der Helden« oder Wagners Metamorphosen-Tiere

SIEGFRIED.
> Selige Öde
> auf sonniger Höh'!
> *In den Tann hineinsehend.*
> Was ruht dort schlummernd
> im schattigen Tann? –
> Ein Roß ist's,
> rastend in tiefem Schlaf! 6, 164

Wenn Siegfried bei Brünnhilde überhaupt einen Konkurrenten hat, so ist es dieses edle Ross, das Wagner grammatikwidrig mit dem Personalpronomen »er« auszeichnet. Brünnhilde ist, nachdem Siegfried sie wachgeküsst hat, bemerkenswerterweise nicht nur auf ihren Befreier, sondern auch auf Grane fixiert – ja sie wehrt Siegfried zugunsten von Grane, der mit ihr eben nicht ruhte (eine schon wegen der Alliteration mit »Roß« naheliegende Wendung), sondern mit ihr schlief, sanft ab:

> BRÜNNHILDE
> *wehrt ihn* (Siegfried, J. H.) *sanft ab, und wendet ihren Blick nach dem Tann.)*
>
> > – Dort seh' ich Grane,
> > mein selig Roß:
> > wie weidet er munter,
> > der mit mir schlief!
> > Mit mir hat ihn Siegfried erweckt. 6, 169

Man muss kein Psychoanalytiker sein, um es bemerkenswert zu finden, dass der Erotomane Wagner ausdrücklich formuliert: »Grane, / mein selig Roß / ... / der mit mir schlief!« Die Grane-Passage zählt zu den Lieblingsszenen des Wagner-Bewunderers Adorno, den es neben dem Wagner-Kritiker Adorno auch gibt. »Was immer gegen die Echtheit der Wagnerischen Mythologie mag eingewandt werden, eine Gestalt erscheint darin geradenwegs versprengt aus der Vorwelt: die des Pferdes. ›Was ruht dort schlummernd / im schattigen

Tann? / – Ein Roß ist's, / rastend im tiefen Schlaf‹ – das klingt, im äußersten Pianissimo, mit dem zitierten Walkürenthema über den abgesunkenen Akkorden, älter als je das Schwert der Helden und das Walhall der Götter; so alt wie bloß Erinnerung selber. Nur einmal noch, beim Erwachen Tristans zur Alten Weise, hat Wagner so vollkommen die Traumschicht bezwungen, die sonst die Posaunen vergebens bereden. Denn das Pferd weiß mehr von Helden als diese selbst. Pferde sind die Überlebenden der Helden: sie erscheinen, als habe ihnen das erste Wort gegolten, damit die Geopferten dem Stummen sich entrangen; das einzige Tier, von dem kein Ekel uns scheidet und darum das einzige, das wir nicht essen mögen, sollen wir nicht ins sprachlose Zeitalter zurückfallen. Darum erscheint es bei Wagner selber als essend und mit dem allerchristlichsten Wort als selig: ›Dort seh ich Grane, / mein selig Roß: / wie weidet munter, / der mit mir schlief! / Mit mir hat ihn Siegfried erweckt.‹ Das äsende Pferd und der redende Mensch, zusammen machen sie die Figur des Erwachens. Ihr hat Wagner Musik einbeschrieben, die dem Ring des Nibelungen begnadeter entragt.«[1]

»Wohl hüte mir Grane! Du hieltest nie / von edlerer Zucht am Zaume ein Roß«, so Siegfried, wie Brünnhilde bei der Todesverkündigung symbiotisch an das wunderbare Tier gelehnt, zu Hagen. 2,171 f. Wagner pflegt im *Ring* einen Pferdekult, wie er sich sonst nur noch bei seinem jüngeren Zeitgenossen Karl May findet. Klaus Michael Grübers Pariser *Walküren*-Inszenierung aus dem Jahr 1976, die es verdiente, ebenso im kollektiven Gedächtnis der Wagner-Kenner verankert zu sein wie Chéreaus Bayreuther *Ring*-Inszenierung aus demselben Jahr, brachte bei der Todesverkündigung ein reales Pferd auf die poetische Sandsackbühne; beim Walkürenritt galoppierten dann gleich mehrere Rosse im Zentrum von Paris durch die theatralische Todeslandschaft. Adorno war in seine 1937 erstmals veröffentlichte Wendung, Pferde seien die Überlebenden der Helden, so verliebt, dass er sie,

1 Theodor W. Adorno: *Quasi una fantasia*; in: *Gesammelte Schriften*, Bd. 16. Frankfurt am Main 1978, S. 277 f.

sich selbst zitierend, als Motto dem früher entstandenen, aber erst 1963 erschienenen Großessay *Versuch über Wagner* voranstellte. Adornos Interpretation ist ersichtlich von schöner Gewaltsamkeit. Dass »wir« Menschen Pferde nicht essen, stimmt schlicht nicht, wie schon ein Blick über die Grenze nach Frankreich zeigt. Pferdefleisch essende Franzosen sind auch nicht ins sprachlose Zeitalter zurückgefallen, sie gelten vielmehr als sprachverliebt. Und dass Grane Helden und auch die Heldin Brünnhilde überlebt, ist in dieser apodiktischen Fassung ebenso falsch. Grane hat in der Tat viele Helden überlebt – Siegfrieds Tod aber werden weder Grane noch Brünnhilde lange überleben. Dennoch erkennt Adornos Grane-Huldigung, wie exquisit Wagners Tierkunde ist. Brünnhilde hat auf Granes Rücken zahlreiche Recken ins Jenseits geleitet; der Walkürenritt huldigt Pferden nicht weniger als Halbgöttinnen. Die verliebte Pferdenärrin Brünnhilde ist Grane symbiotisch verbunden. Mit ihr verlor, wie sie Siegfried ausdrücklich darlegt, auch Grane seinen göttlichen Status. Aus dem Pferd, das wie Pegasus und Achills prächtiger Hengst Xanthos »kühn durch die Lüfte ... über Wolken hin auf blitzenden Wettern« flog, wurde ein Tier, das der Erde treu bleibt, das Brünnhilde deshalb aber nicht weniger liebt. Als Siegfried, der Erfahrung mit Tieren wie dem Bären und dem Lindwurm, auch mit dem Waldvogel, nicht aber mit Pferden hat, sich von Brünnhilde verabschiedet, machen sich die Liebenden wechselseitig Geschenke, die ohnegleichen, die äquivalenzlos sind. Siegfried reicht Brünnhilde seinen Ring, sie überlässt ihm Grane.

SIEGFRIED.
> Den Ring ich dir nun reiche
> zum Tausche deiner Runen:
> was der Thaten je ich schuf,
> dess' Tugend schließet er ein.
> Ich erschlug einen wilden Wurm,
> der grimmig lang ihn bewacht:
> nun wahre du seine Kraft
> als Weihegruß meiner Treu'.

Ihn geiz' ich als einziges Gut, –
drum nimm nun auch Grane, mein Roß!
Ging sein Lauf mit mir einst kühn durch die Lüfte, –
mit mir verlor er die hehre Art;
über Wolken hin auf blitzenden Wettern
die alten Wege nicht führt er mehr.
Dir, Helde, soll er nun gehorchen:
nie ritt ein Recke edleres Roß!
Du hüt' ihn wohl, er hört dein Wort:
o bring' ihm oft Brünnhilde's Gruß! 2, 171 f.

Eine seltsame Passage. Den vorgeschlagenen Tausch Runen gegen Ring wird es nicht geben. Es sei denn, Grane selbst, den Brünnhilde Siegfried als Gegengabe zum Ring überlässt, ist als runenhaftes Zeichen zu verstehen. An den Ring, den Brünnhilde als Liebes- und Treuepfand erhält, gelangte Siegfried durch die Tötung eines wilden Tieres; Grane, ein wenn nicht sprachmächtiges, so doch Menschensprache verstehendes Tier (»er hört dein Wort«) wird nun Siegfried als ultimative Liebesgabe überreicht: »Ihn (den Ring) geiz' ich als einziges Gut, – / drum nimm nun auch Grane, mein Roß!« Getauscht werden hier Werte, die sich eigentlich jeder Tauschlogik entziehen – eine Parallele zum apodiktischen Satz, für Weibes Wonne und Wert gäbe es keinen Ersatz, kein Äquivalent. Ein einziges Gut, ein einzigartiges Gut hat eben nicht seinesgleichen. Dennoch spricht Siegfried ausdrücklich von »Tausch«, nicht von Gabe und Geschenk. Der Unterschied zwischen den getauschten Gaben ist unübersehbar. Grane ist ein Lebewesen, der Ring hingegen ist ein (wenn auch symbolisch hochaufgeladenes) Ding, ein Wertspeicher, in dem sich Siegfrieds gesammelte Heldentaten inkarnieren (»was der Thaten je ich schuf / dess' Tugend schließet er ein«).

Diese Szene hat Wagner dem 13. Kapitel der Völsunga-Sage entnommen, in der Sigurd das prächtige Pferd Grani gewinnt – eine populäre, auf den Faröer-Inseln gar briefmarkentaugliche Geschichte.

Grane entstammt den Sphären nordischer Sagen, ist zugleich aber auch ein Verwandter von Achills mythischem, gleichfalls sprachmächtigem Pferd Xanthos. Mit ihm teilt Grane den milden Metamorphosen-Status. Xanthos weissagt seinem Herrn den bevorstehenden Tod und wird deshalb von den Erinyen mit dem Verlust seiner Sprachfähigkeit bestraft, so wie Grane zusammen mit seiner Herrin den göttlichen Status verliert. Wagners Tiere – allein der Ring weist sieben recht unterschiedliche auf[a] – sind fast durchweg wandlungsfähig. Sie sind nach dem Muster der Ovid'schen Metamorphosen geformt. Wagner aber hat Ovids Tier-Metamorphosen universalisiert. Er folgt dem antiken Denkmotiv der μετάβασις εἰς ἄλλο γένος (Metabasis eis allo genos / Wechsel von einer in eine andere Gattung), das in Kategoriensprüngen ebenso wie in der Tierwerdung eines frivolen griechischen Gottes seine klassische Ausformung findet; Wagners Werke kennen darüber hinaus auch Metamorphosen von Pflanzen, Menschen und Göttern, die in ihrer jeweiligen Sphäre bleiben, in ihr jedoch andere werden. Alles hat, alle haben das Recht, sich zu wandeln – und alle stehen vor der Bedrohung, wider ihren Willen umgeformt zu werden, ihre Identität zu verlieren. Identitätswechsel und Wechsel der Gattungs- bzw. Sphärenzugehörigkeit können beides sein: zauberhaft oder traumatisierend. Um nur einige Metamorphosen-Szenen mit und ohne Gattungswechsel zu evozieren: Lohengrins Schwan wandelt sich in Elsas Bruder Gottfried zurück; die Taube nähert sich aus himmlischen Gefilden alljährlich dem Gral, um seine Wunder- und Wandlungskraft neu zu stärken; Alberich wandelt sich in einen Drachen, unvorsichtigerweise aber auch in einen Frosch; das göttliche Tier Grane wird sterblich; Tannhäusers lebloser Pilgerstab ergrünt; Wotan wird ein Wanderer; Siegfrieds Tarnkappe ermöglicht es ihrem Träger, alle möglichen Gestalten anzunehmen, aber auch gestaltlos, also unsichtbar zu werden; Siegfried wird seinerseits mit trostlosen Folgen pharmakologisch

[a] Eckhard Henscheid: *Götter, Menschen und sieben Tiere. Richard Wagners »Ring des Nibelungen« – Ein Gestaltenreigen*, mit Illustrationen von F. W. Bernstein. Stuttgart 2013.

manipuliert und wandelt sich gespenstisch, nicht nur, wenn er Gunthers Gestalt annimmt; Tristan und Isolde werden hingegen dank des Liebestranks mit euphorisierenden Folgen zu anderen gemacht; und aus Parsifal, dem reinen Toren, wird der Heils- und Heilungsbringer.

Wandlungen, Konversionen und Metamorphosen durchziehen Wagners gesamtes Werk. Auch seine Kompositionstechnik ist ganz und gar der Leitidee einer wandelbaren Identität von Identität und Differenz verpflichtet. Die Leitmotivtechnik besticht eben gerade dadurch, dass sie nicht etwa stets erneut dieselben Motive evoziert, sondern diese Motive sich wandeln und mit anderen (Leit-)Motiven Bündnisse und neue Konstellationen eingehen lässt. Unerhört ist auch Wagners Kunst des Übergangs von einer in die andere Tonart und des Übergangs aller Tonarten in eine unendliche Melodie voll enharmonischer Verwechslungen, die Assonanzen von Assonanz und Dissonanz und durchaus auch Dissonanzen von Dissonanz und Assonanz erklingen lassen. Höre ich nur diese Weise, die so wundervoll und leise ... Gerade der ältere, eurobuddhistisch orientierte Wagner hat das musikalische Motiv der wandelbaren Verwandtschaft alles Seienden immer erneut entfaltet – auch außerhalb der rein musikalischen Sphäre. Pflanzen, Tiere, Menschen und Götter sind einander nahe und liegen ebendeshalb allzu häufig im Streit miteinander. So heißt es in seiner parallel zur Entstehung des *Parsifal* verfassten Schrift *Religion und Kunst*: »(...) wenn der Brahmane uns die mannigfaltigsten Erscheinungen der lebenden Welt mit dem Bedeuten: ›das bist Du!‹ vorführte, so war uns hiermit das Bewußtsein davon erweckt, daß wir durch die Aufopferung eines unserer Nebengeschöpfe uns selbst zerfleischten und verschlängen. Daß das Thier nur durch den Grad seiner intellektualen Begabung vom Menschen verschieden war, daß das, was aller intellektualen Ausrüstung vorausgeht, begehrt und leidet, in Jenem aber ganz derselbe Willen zum Leben sei wie im vernunftbegabtesten Menschen, und daß dieser eine Wille es ist, welcher in dieser Welt der wechselnden Formen und vergehenden Erscheinungen sich Beruhigung und Befreiung erstrebt, so wie endlich, daß diese Beschwichtigung des ungestümen Verlangens nur durch gewissenhafteste Übung der Sanftmuth und des Mitleidens für alles Lebende zu gewinnen war, – dieß ist dem Brahmanen und Buddhisten bis auf den heutigen Tag unzerstörbares religiöses Bewußtsein geblieben. Wir erfahren, daß um die Mitte des vorigen Jahrhunderts englische Spekulanten die ganze Reis-Ernte Indiens aufgekauft hatten, und dadurch eine Hungersnoth im Lande herbeiführten, welche drei Millionen der Eingeborenen dahinraffte: keiner dieser Verhungernden war zu bewegen gewesen, seine Hausthiere zu schlachten und zu verspeisen; erst nach ihren Herren verhungerten auch diese. Ein mächtiges Zeugniß für die Ächtheit eines religiösen Glaubens, mit welchem die Bekenner desselben allerdings auch aus der ›Geschichte‹ aus geschieden sind.« 10, 225

Dass der Tierliebhaber und Hundenarr Wagner sich in seinen späten Jahren zu einem der militantesten Kritiker der Vivisektion entwickelte, ist hinreichend bekannt. Am Ende seines *Offenen Schreibens an Herrn Ernst von Weber, Verfasser der Schrift:* »*Die Folterkammern der Wissenschaft*« finden sich die gesperrt gedruckten Worte: »Denn unser Schluß im Betreff der Menschenwürde sei dahin gefaßt, daß diese genau erst auf dem Punkte sich dokumentire, wo der Mensch vom Thiere sich durch das Mitleid auch mit dem Thiere zu unterscheiden vermag, da wir vom Thiere andererseits selbst das Mitleiden mit dem Menschen erlernen können, sobald dieses vernünftig und menschenwürdig behandelt wird.« 10, 209 Wie unvernünftig Menschen mit Tieren umgehen, denen sie Vernunft absprechen, wird schon am gewaltsamen Gebrauch des Oberbegriffs »Tiere« deutlich. Es dürfte keinen zweiten Begriff geben, der so Unterschiedliches bezeichnet. Menschen, die es immer wieder fertiggebracht haben, anderen Menschen (Sklaven, Barbaren, Juden, Negern, Zigeunern, Ungläubigen etc.) ihr Menschsein abzusprechen und sie als Untiere zu denunzieren (Ratten, Ungeziefer, Würmer, räudige Hunde etc.), erweisen sich bei der Zusprechung des Gattungsbegriffs »Tiere« als sehr großzügig, bezeichnet er doch Vögel und Zecken, Fische und Säugetiere, Mücken und

Delphine, Nachtigallen und Hunde, Krokodile und Löwen, Fledermäuse und Maulwürfe gleichermaßen. Eine derartige Mannigfaltigkeit unter dem einen homogenisierenden Begriff »Tier« zu fassen ist eine logische oder eben alogische Gewaltsamkeit sondergleichen. Der französische Philosoph Jacques Derrida hat deshalb den Unbegriff »animot« geprägt, um auf diese Gewaltsamkeit aufmerksam zu machen.[1] »Animaux« ist das französische Wort für »Tiere«, das gleichklingende, (bislang) nicht lexikontaugliche Kunstwort »animot« ließe sich in etwa mit »animiertes Wort« (franz. »mot« / Wort) übersetzen. »Bête« ist das französische Wort sowohl für das Substantiv »Tier« als auch für das Adjektiv »dumm«. In diesem Gleichklang steckt eine gewisse Weisheit. Wer ein Lebewesen als dumm bezeichnet, erkennt seine grundsätzliche Logostauglichkeit an. Wagners Tiere sind häufig (wie etwa Lohengrins Schwan oder das Pferd Grane) verständige oder gar (wie das Waldvögelein oder der Drache Fafner) kommunikationsfähige Tiere.

Auch subtilere Untergattungsbezeichnungen wie »Fische, Vögel, Insekten, Säugetiere oder Reptilien« ändern nichts an der Wirkungsmächtigkeit der kanonischen Unterscheidung zwischen dem Menschen und dem Tier, zwischen dem zoon logon echon und den Lebewesen, die nicht sprechen können, weil sie keinen Zugang zum Logos haben. »Ei, bist du ein Thier, / das zum Sprechen taugt, / wohl ließ sich von dir 'was lernen?« 6,136 Mit diesen Worten redet Siegfried ein Lebewesen an, das eine Metamorphose sowie tiefe Einblicke in die Welt der Götter hinter sich und nunmehr eine tödliche Begegnung mit einem Menschen, also die entscheidende Metamorphose von Leben in Tod vor sich hat. Der Riese Fafner hat sich dank der zauberischen Kappe in einen Lindwurm verwandelt. Freundlich oder gar von wechselseitiger Sympathie getragen ist der Wortwechsel zwischen dem jungen Helden und dem sprachtauglichen Tier sicher nicht; dennoch ist die Wendung Siegfrieds, er könne von diesem Tier womöglich etwas lernen, mehr als nur bloßer Hohn. Diese Konstellation wirft

---

1 Jacques Derrida: Das Tier, das ich also bin. Wien 2010.

ein Licht auf Wagners Überlegungen zu Tieren. Der radikale Kritiker von Tierversuchen war (anders als später Hitler, aber das ist ein anderes Thema) kein Vegetarier, obwohl die sich damals formierende vegetarische Bewegung mehrfach seinen Zuspruch suchte und er eine Zeit lang Erfahrungen mit vegetarischen Ernährungsweisen sammelte. Durch Cosimas Tagebuch ist die Szene überliefert, in der Wagner nach seiner Rückverwandlung aus einem Vegetarier zu einem Fleischesser freundschaftlich grob den Vegetarismus von Nietzsche kritisiert. »Man spricht von Portraits, und in heitrer Laune sagt er: Man solle ihn und mich darstellen, wie ich ihm den Apfel des Vegetarianismus anbiete. Ich sage: Seitdem ich ihn auf das heftigste gegen Nietzsche über dieses Thema hätte eifern hören, hätte ich nicht mehr den Mut, Vegetarierin zu sein; R. erzählt: ›Ja, wie er kam, nichts bei uns aß, sagte: ›Ich bin Vegetarier‹, ›Sie sind ein Esel‹, sagte ich.‹« CTB 2, 872 Nietzsche hat sich das sagen lassen. Noch in *Ecce homo* charakterisiert er sich als »Gegner des Vegetariertums aus Erfahrung, ganz wie Richard Wagner, der mich bekehrt hat«.[4] Der philosophisch entscheidende Einwand gegen vegetarische Ernährung ist schnell genannt. Viele Tiere (vom Löwen, der die Gazelle reißt, über den Vogel, der sich von Insekten ernährt, bis zum Fisch, der Fische verschlingt) sind ihrerseits keine Vegetarier. Wer Respekt vor Tieren und Tierrechten fordert, muss auch respektieren, dass Tiere ihrerseits nur begrenzten Respekt vor anderen Tieren haben. Der Gegeneinwand ist schnell genannt: Fleischfressende Tiere können anders als Menschen nicht frei über ihre Ernährungsweise entscheiden. Doch, so der Gegeneinwand zum Gegeneinwand, dieses Argument ist nur um den Preis zu haben, die überlegene Sonderstellung des Menschen anzuerkennen.

Zu den wirkungsmächtigsten Bildern wahrhaftiger Erlösung und paradiesischen Daseins gehört der Tierfriede. Die Orpheus-Mythe und der Prophet Jesaja haben den Tierfrieden, der das zoon logon echon mit einbezieht, kanonisch aus-

4 Friedrich Nietzsche: *Werke*, hrsg. von Karl Schlechta. München 1966 f. Bd. 2, S. 1084.

phantasiert. Die Wölfe werden bei den Lämmern wohnen, ein kleiner Knabe wird Kälber und Raubtiere gemeinsam hüten, und Löwen werden Stroh essen – so will es die berühmte eschatologische Szene, die Jesaja im 11. und im 65. Kapitel seiner Prophezeiung entwirft. Wagner hat sich (möglicherweise aufgrund seiner antisemitischen Affekte) nie auf Jesaja, wohl aber wiederholt auf die orphische Variante des Tierfriedens berufen. Mozarts *Zauberflöte* hatte diesem Motiv neue Popularität verschafft. Liszts symphonische Dichtung *Orpheus* zählte Wagner zum Besten, was sein Freund und Schwiegervater, den er mitunter Orpheus nannte, komponiert hat. Es versteht sich von selbst, dass Wagner das orphische Motiv der musischen Befriedung faszinierte – eine Leistung, die Wagner zufolge keine andere Kunst erbringen könnte. So heißt es im *Kunstwerk der Zukunft* etwas angestrengt humorvoll: »Die Lyrik des Orpheus hätte die wilden Thiere sicher nicht zu schweigender, ruhig sich lagernder Andacht vermocht, wenn der Sänger ihnen etwa bloß gedruckte Gedichte zu lesen gegeben hätte: ihren Ohren mußte die tönende Herzensstimme, ihren nur nach Fraß spähenden Augen der anmuthig und kühn sich bewegende menschliche Leib der Art erst imponiren, daß sie unwillkürlich in diesem Menschen nicht mehr nur ein Objekt ihres Magens, nicht nur einen fressenswerthen, sondern auch hörens- und sehenswerthen Gegenstand erkannten, ehe sie fähig wurden, seinen moralischen Sentenzen Aufmerksamkeit zu schenken.« [3,103] Nun kann aber, wie man dem Komponisten des Walkürenritts nicht lang und breit entgegenhalten muss, Musik nicht nur befrieden, sondern ihre Hörer auch mit Aggressionen aufladen. Francis Coppolas Film *Apocalypse Now* hat das unvergesslich vor Augen und Ohren geführt, als er einen amerikanischen Helikopterangriff auf ein vietnamesisches Dorf eben nicht mit dem Walkürenritt unterlegte, sondern den Kommandanten selbst mit Wagner musisch mobil machen ließ. Der Komponist des Siegfried-Idylls und des Trauermarsches, der Grane-Huldigung und des Walkürenritts hat die Spannung zwischen orphisch befriedender und mobilmachender Musik wie kein Zweiter ausgelotet.

Entschieden ambivalent wie Wagners Einstellung zu musikalischen Auf- und Abrüstungen und spannungsreich wie seine Haltung zur vegetarischen Ernährung sind auch die meisten seiner Tier-Mensch-Szenen. Liefen sie nur auf Appelle zum
Tierschutz und zum Respekt vor Tieren hinaus, so wären sie so
sympathisch wie reizlos. Ihre Pointe beziehen Wagners Tier-
szenen jedoch durch das Motiv der Metamorphose und der
Verwandtschaft, die durchaus ein angespanntes Verwandtschaftsverhältnis sein kann (s. Leitmotiv 2). Gegen die aristo-
telische und biblische Tradition die Nähe von Menschen und
Tieren zu betonen ist schon deutlich vor Wagner ein reizvolles literarisches Motiv. So dichtet Lessing hintersinnig:

Auf den Tod eines Affen

Hier liegt er nun, der kleine, liebe Pavian,
Der uns so manches nachgetan!
Ich wette, was er itzt getan,
Tun wir ihm alle nach, dem lieben Pavian. [5]

Und in Lichtenbergs ab 1764 entstandenen *Sudelbüchern*
findet sich die hübsche Notiz: »Der Mensch kommt unter
allen Tieren in der Welt dem Affen am nächsten.« [6] Eine Be-
trachtungsweise, die sich hundert Jahre später mit Darwins
skandalträchtigem Buch *The Origin of Species* (1859) Gehör
verschaffte. Wagner hat die Schriften seines umstrittenen
Zeitgenossen aufmerksam und mit großer Zustimmung gelesen; in seiner Bayreuther Bibliothek finden sich gleich fünf
Bücher von Darwin. »R. liest mit Vergnügen den Darwin, einzig bedauernd, daß er Schopenhauer nicht kenne, was ihm
so vieles erleichtern würde.« CTB 1,542 »Darwin macht ihm
Vergnügen, und er gibt ihm darin recht, daß in der Moralität
dadurch ein Fortschritt gegen die alte Welt besteht, daß die
Tiere jetzt mit darin eingeschlossen sind.« CTB 1,543

[5] Gotthold Ephraim Lessing: *Sinngedichte*; in: *Werke*,
hrsg. von Herbert G. Göpfert, 8 Bde., Bd. 1. München 1970, S. 21.
[6] Georg Christoph Lichtenberg: *Schriften und Briefe – Erster Band:
Sudelbücher I*, hrsg. von Wolfgang Promies. München 1978, S. 75.

Gerade weil Wagners Tier-Evokationen Darwin-nah sind und zugleich avant la lettre Motive entfalten, die Derridas Kritik am totalisierenden Begriff »Tier« entsprechen, muss es erst einmal erstaunen, wie sehr zwei Menschen einander in Feindschaft verbunden sind, deren Namen bzw. Familienbezeichnung bereits ihre enge Verwandtschaft und ihre gemeinsame Herkunft aus tierischen Sphären signalisiert: Hunding und der Wölfing Siegmund. Hunding ist kein Sympathieträger. Er trägt einen Namen, der unüberhörbar auf »Hund« verweist (und auf »Ding«!), also auf ein Wort, das auch als Schimpfwort taugt (»Du Hund«). Die Beleidigungsformel »räudiger«, gar superlativisch »räudigster Hund« erschallt auch im *Ring*, als Alberich seinen Bruder Mime beschimpft.

> Dem räudigsten Hund
> wäre der Ring
> gerath'ner als dir:
> nimmer erring'st
> du Rüpel den Herrscherreif! 6, 141

Mit dieser kurzen Szene hat es eine eigenartige Bewandtnis, kann sie doch auch als Belegstelle für Wagners eigenartigen Humor verstanden werden. »Rüpel« war nämlich der Name des braunen Pudels, der Wagner in seinen frühen Magdeburger Jahren (1834–1836) begleitete,[1] angeblich bis in den Orchestergraben hinein, aus dem er dann aber wegen amusischen Bellens verbannt wurde. Hunde mit Namen wie Dreck, Speck und Robber waren Wagners frühe Gefährten (1836–1842); der Lieblingshund seiner mittleren Jahre, der Spaniel Peps (1842–1855), wird in seinen Briefen regelmäßig erwähnt – so schreibt Wagner an seine Frau Minna: »Du und Peps, Ihr seid mir gerade die Liebsten!« SB 4, 415 Flips, Leo, Pohl, Kos (ein Pinscher) waren die Namen seiner Nachfolger (1855–1859). Seinem absoluten Hunde-Favoriten, dem Neufundländer Russu-

---

[1] Rüpel war übrigens auch der Beiname von Wagners Münchner Freund Friedrich Schmitt (vgl. SB, 3. Juni 1854).

muck, genannt Ruß (1866–1875), ließ Wagner gar ein prächtiges Grab im Garten von Wahnfried bauen, auf dessen Platte bis heute zu lesen ist: »Hier ruht und wacht Wagners Ruß«. [8]

Für den bekennenden Hundeliebhaber Wagner (»Ein Hundeliebhaber, wie ich bin« 1, 114) war »Hund« definitiv kein Schimpfwort. Umso seltsamer und deutungsbedürftiger ist die Figur Hundings. Er ist schon durch diesen seinen Namen als Nächstverwandter der wölfischen Wälsungen ausgewiesen, denen er feindschaftlich verbunden ist. Hunde und Wölfe sind bekanntlich evolutionär nächstverwandt. Die Nähe, die Menschen zu ihnen (nicht aber zu den ihnen nächstverwandten Affen) herstellen, ist bemerkenswert.

Mythen von Wolfsmenschen sind in unterschiedlichsten Kontexten zu finden; die Romulus-Remus-Roma-Gründungsgeschichte ist die bekannteste unter ihnen. Der Hundemensch Anubis galt den alten Ägyptern als Totenrichter; auch die antiken Griechen haben dem Gott Hermes Psychopompos, der die Verstorbenen in den Hades geleitet, ab und an Hundegestalt zugeschrieben. Mit keinem anderen Tier, auch mit Pferden nicht, verbindet Menschen ein so enges Verhältnis wie mit Hunden; vor ca. 16 000 Jahren ist der Mensch auf den Hund und der Hund (canis lupus familiaris) auf den Menschen gekommen. [9] Menschliche Hundeliebe ist allerdings keine Universalie. Es gibt ganze Kulturen wie etwa die arabisch-islamische, die Hunde als unreine Tiere ächten. Und es gibt individuelle Hundehasser, darunter auch Goethe, zum Kummer der Goethe-Bewunderer und Hundenarren, Arthur Schopenhauer, Richard Wagner und Thomas Mann. Goethe brachte seine Hundeaversion unmissverständlich auf den Punkt: »Wundern kann es mich nicht, daß Menschen die Hunde so lieben; / Denn ein erbärmlicher Schuft ist, wie

[8] Weitere Auskünfte über Wagners Hunde geben Kerstin Deckers schöne Studie *Richard Wagner – Mit den Augen seiner Hunde betrachtet* (Berlin 2013) und der Blog der Münchner Staatsoper http://blog.staatsoper.de/blog/wagners-hunde.

[9] Andrea Grill: *Hierarchien menschlicher Liebe – Ich und der Hund*; in: *Der blaue Reiter, Journal für Philosophie – Was ist der Mensch? An der Grenze zwischen Mensch und Tier.* Dezember 2013, S. 32–37.

der Mensch, so der Hund.«[10] Das mephistophelische Wesen
mit dem Pferdefuß erscheint zuerst in Gestalt des kultivier-
testen Hundes – »dies also ist des Pudels Kern«.

Goethe zum Trotz ist die verbreitete menschliche Hundeliebe kein Rätsel: Hunde stammen wie mythische Menschen
von Wölfen ab, haben sich dann aber mit Menschen gegen
ihren Ursprung verbündet. Hunde sind nicht länger Wölfe,
sie schützen vielmehr vor Wölfen, die sie bestens kennen. Ab
und an aber machen sie beißend deutlich, was in ihnen steckt
und welche Vorgeschichte sie haben. Auch das haben sie mit
Menschen gemeinsam, deren Verhalten mitunter in Erinnerung bringt, wie viel Wölfisches in ihnen steckt: homo homini
lupus est. Die Feindschaft zwischen Hunding und dem Wölfing Siegmund ist ersichtlich eine Feindschaft aus Nähe, auch
aus verwandtschaftlicher Familienbanden-Nähe: Hunding
ist immerhin Siegmunds Schwager. An dieser Feindschaft
überrascht jedoch, dass der domestizierte und sesshafte
Hund/ing vom Hundeliebhaber Wagner weitaus kritischer
vorgeführt wird als der wilde und in jedem Wortsinn aus-
schweifende wölfische Wälsung, der nicht einmal das kultu-
relle Grundgesetz schlechthin, das Inzestverbot, respektiert.
Der scheinbare Widerspruch aber lässt sich einigermaßen
leicht auflösen. Ihm liegen nicht nur (aber auch) wohlfeile
kulturkritische Motive zugrunde, denen zufolge der Kultivierte aggressiver sein kann als der Wilde. So aggressiv aber
ist Hunding wiederum auch nicht; immerhin achtet er das
Gastrecht (dazu im nächsten Leitmotiv mehr). Der Wölfing
Siegmund ist wilder und unkultivierter als sein Opponent;
er missbraucht das Gastrecht, wenn er darin einwilligt, dem
Gastgeber K.o.-Tropfen zu verabreichen. Lizenziert ist seine
wilde Natur ausgerechnet durch seine göttliche Herkunft,
ist der Vater des Wölfings Siegmund doch kein Geringerer
als Wotan, der seinen Zwillingen aber (anders als Brünnhilde, die er mit Erda zeugte) keinen halbgöttlichen Status
konzedierte. Vielmehr ließ er sie und mit ihnen sich selbst
systematisch verwahrlosen, so als wolle er Rousseaus Ideen

---

[10] Johann Wolfgang von Goethe: *Venezianische Epigramme 73.*

empirisch testen. Der Wölfing erinnert sich seiner bewegten Kindheit mit seinem Vater, der ja als Gott auch andere Optionen hatte als die, die er laut Siegmunds Bericht verwirklichte:

> Wolfe, der war mein Vater;
> zu zwei kam ich zur Welt,
> eine Zwillingsschwester und ich.
> Früh schwanden mir
> Mutter und Maid;
> die mich gebar,
> und die mit mir sie barg,
> kaum hab' ich je sie gekannt. –
> Wehrlich und stark war Wolfe;
> der Feinde wuchsen ihm viel.
> Zum Jagen zog
> mit dem Jungen der Alte;
> von Hetze und Harst
> einst kehrten sie heim:
> da lag das Wolfsnest leer;
> zu Schutt gebrannt
> der prangende Saal,
> zum Stumpf der Eiche
> blühender Stamm;
> erschlagen der Mutter
> muthiger Leib,
> verschwunden in Gluthen
> der Schwester Spur: –
> uns schuf die herbe Noth
> der Neidinge harte Schaar.
> Geächtet floh
> der Alte mit mir;
> lange Jahre
> lebte der Junge
> mit Wolfe im wilden Wald:
> manche Jagd
> ward auf sie gemacht;
> doch muthig wehrte
> das Wolfspaar sich. 6, 6 f.

Kein Wunder, dass sich Wotan angesichts solch wilder Erfahrungen nach den Bequemlichkeiten einer Existenz in einer sicheren Luxusimmobilie sehnt. Der schon domestizierte und sesshafte Hunding ist von Siegmunds Bericht sichtlich beeindruckt, erinnert er ihn doch an die wölfische Vergangenheit, die er hinter sich hat.

> HUNDING.
>> Wunder und wilde Märe
>> kündest du, kühner Gast,
>> Wehwalt – der Wölfing!
>> Mich dünkt, von dem wehrlichen Paar
>> vernahm ich dunkle Sage,
>> kannt' ich auch Wolfe
>> und Wölfing nicht. 6, 8

Die Szene entfaltet in nuce eine Dialektik der Ungleichzeitigkeit. Der Hausbesitzer Hunding wird im kühn schweifenden Gast mit seiner eigenen Vorgeschichte konfrontiert. Und es wird zugleich deutlich, dass es eine spezifische Nähe zwischen Tieren und Göttern gibt, die Zeiten- und Sphärenabstände überbrückt. Alljährlich naht, wie Lohengrin den ergriffenen Zuhörern kundtut, vom Himmel eine Taube, um die Wunder- und Wandlungskraft des Grals neu zu stärken. Kulturanalytisch auffallend ist es in der Tat, wie eng die Beziehung zwischen der göttlichen und der animalen Sphäre in vielen Religionen ist –»anima« (Seele) und »animal« (Tier) sind im Lateinischen nächstverwandte Worte. Altägyptische wie griechisch-römische Götter nehmen gerne Tiergestalt an; Totemtiere kennen alle schamanistischen Religionen; der Mithraskult ist ein Sonnen- und Stierkult; Konfuzianismus, Hinduismus, Buddhismus und Shintoismus kennen heilige Tiere und darüber hinaus auch heilige Berge oder Flüsse, die als belebte Lebewesen erfahren werden. Gegen jede Form der Vergöttlichung von Tieren wehren sich nur wenige Religionen wie das Judentum (man denke an die mosaische Kritik des Kultes um das Goldene Kalb) und der Islam (allerdings war Mohammed leidenschaftlicher Pferde- und Katzenliebhaber). Von diesen beiden monotheistischen Buch- und Offenbarungsreligionen setzt sich das Christentum auch durch sein religiös stark aufgeladenes Verhältnis zu Tieren ab. Jesus wird in einem Stall geboren, als Lamm Gottes geht er seinen Lebens- und Leidensweg, und im Fisch (griech. ἰχθύς als Akrostichon für Ἰησοῦς Χριστός Θεοῦ Υἱός Σωτήρ / Jesus Christus Gottes Sohn Erlöser) wird der Gottessohn sein bevorzugtes Symbol finden; der Heilige Geist schließlich pflegt, wie nicht nur *Lohengrin*-Enthusiasten wissen, ein besonders inniges Verhältnis zur Taube.

Wagner kann also an gut eingeübte griechische wie christliche Formen der Tierverehrung, ja der deificatio von Tieren und der Tierwerdung von Göttern anknüpfen, wenn er seine Tier-Menschen-Götter-Szenarien gestaltet. Dabei unterläuft er, wie an der Hunding-Wölfing-Konstellation ersichtlich, systematisch die gefällige Opposition von Natur und Kultur. Siegmund und Siegfried sind naturnäher als Hunding und die Gibichungen Hagen, Gunther und Gutrune – aber sie sind zugleich in einem spezifischen Sinne kultivierter und sensibler als ihre kulturellen Antipoden. Wagner ist die Einsicht geläufig, dass das, was wir Kultur nennen, eine evolutionäre Möglichkeit von Natur selbst ist. Natur hat in Kultur das andere ihrer selbst. Und als besonders kultiviert erweist sich umgekehrt, und dies nicht erst in ökologisch sensibilisierten Zeiten, wer ein inniges Naturverhältnis pflegt. Beim Waldmenschen Siegfried ist dies ersichtlich der Fall, aber eben auch bei seinem göttlichen Großvater Wotan, dem seine kultivierte Ehefrau Fricka aus gut nachvollziehbaren Gründen eine Szene macht, weil er sich allzu tierisch verhalten hat, als er die Wälsen zeugte.

> FRICKA.
> *in höchste Entrüstung ausbrechend.*
>   So ist es denn aus
>   mit den ewigen Göttern,
>   seit du die wilden
>   Wälsungen zeugtest? –
>   Heraus sagt' ich's –
>   traf ich den Sinn? – 6, 28

Fricka trifft den Sinn, wenn sie die tierisch schweifende Sinn-lichkeit ihres Göttergatten verdammt. Wotan geht offensiv unter sein göttliches Niveau, wenn er »lüsternen ... Blicks ... des Wechsels Lust« pflegt. Er ist tatsächlich ein Gott des Wechsels, der Konversionen und der Metamorphosen; auch ein Gott will und kann tierisch sein.

Nichts gilt dir der Hehren
heilige Sippe;
hin wirfst du alles,
was einst du geachtet;
zerreißest die Bande,
die selbst du gebunden;
lösest lachend
des Himmels Haft –
daß nach Lust und Laune nur walte
dieß frevelnde Zwillingspaar,
deiner Untreue zuchtlose Frucht! –
(...)
Doch jetzt, da dir neue
Namen gefielen,
als »Wälse« wölfisch
im Walde du schweiftest;
jetzt, da zu niedrigster
Schmach du dich neigtest,
gemeiner Menschen
ein Paar zu erzeugen:
jetzt dem Wurfe der Wölfin
wirfst du zu Füßen dein Weib? 6, 29 ff.

Bei dieser Affektlage ist es kein Wunder, dass Fricka als Hüterin kultureller Normen ihren schweifenden Gemahl Wotan verpflichtet, den vergleichsweise kultivierten Hunding im Kampf mit dem wölfischen Wälsen Siegmund siegen zu lassen. Brünnhilde wird ihrerseits versuchen, aus der ehelichen Niederlage Wotans und aus der Niederlage seines Wälsen-Sohnes Siegmund einen Sieg von dessen Sohn Siegfried zu machen. Man muss sich die zugrunde liegende

389

Gattungskonstellation vergegenwärtigen: Die halbgöttliche Brünnhilde entstammt einer offenbar langfristigen, mit neun Walkürentöchtern gesegneten außerehelichen Beziehung, die Wotan nicht mit einer Wolfsfrau, sondern mit der chthonischen Elementargöttin Erda pflegte. Um eines Menschen, um des Ausnahmemenschen Siegfried willen, der seinerseits tiergöttliche Vorfahren hat, wird sie ihre Gottheit aufgeben. Wagner stellt auch gattungs- und naturgeschichtlich von Transzendenz auf Weltimmanenz um. Wagners Natur–Kultur-Wechselgeschichten, Wagners Götter–Menschen–Tiere–Elemente-Konstellationen kennen Gattungsüber- und -untergänge aller Art. Ihnen liegt die vielfältig ausgestaltbare Intuition zugrunde, dass nicht nur Menschen, sondern auch Götter, Tiere und Elemente autoplastische Wesen sind, deren Entwicklungsgeschichten ineinander verstrickt sind. Goethes *Egmont*, von Wagner mitsamt der Beethovenschen *Egmont*-Musik bewundert, hat diese Erfahrung in goldene Worte gefasst: »Wie von unsichtbaren Geistern gepeitscht gehen die Sonnenpferde der Zeit mit unsers Schicksals leichtem Wagen durch, und uns bleibt nichts, als mutig gefaßt die Zügel festzuhalten, und bald rechts, bald links, vom Steine hier, vom Sturze da, die Räder wegzulenken. Wohin es geht, wer weiß es? Erinnert er sich doch kaum woher er kam.«[11] Miteinander machen Goethes Egmont und Wagners Götter, Menschen, Tiere und Elemente die irritierende Erfahrung, dass gerade machtvolle Impulse zur Selbstoptimierung unerwünschte Nebenfolgen haben können, weil jede Evolution eine Ko-Evolution ist. Wer Götter- und Menschheitsgeschichte als Naturgeschichte denkt, wird sich von allen liebgewonnenen Telos- und Erlösungsfixierungen losmachen müssen. Er ahnt, ihm schwant mit Wagner (und erneut mit Goethe), dass die Evolution langsam nirgendwohin geht. Sie ist ziellos, sie kennt keinen Richtungssinn, sie ist in diesem präzisen Sinne sinnlos, aber sie

11 Johann Wolfgang von Goethe: *Egmont*; in: *Sämtliche Werke*, Frankfurter Ausgabe, *Dramen 1776–1790*, Bd. I/5, hrsg. von Dieter Borchmeyer. Frankfurt am Main 1988, S. 493.

ist ebendeshalb auch geschichts- und geschichtenträchtig, also bedeutsam. Brünnhildes Schlussgesang weiß das:

Fliegt heim, ihr Raben!
Raunt es eurem Herrn,
was hier am Rhein ihr gehört!
An Brünnhild's Felsen
fahret vorbei:
der dort noch lodert,
weiset Loge nach Walhall!
Denn der Götter Ende
dämmert nun auf:
so – werf' ich den Brand
in Walhall's prangende Burg.
Sie schleudert den Brand in den Holzstoß, der
sich schnell hell entzündet. Zwei Raben sind vom Ufer
aufgeflogen, und verschwinden nach dem Hinter-
grunde zu. – Junge Männer führen das Roß herein;
Brünnhilde faßt es, und entzäumt es schnell.
Grane, mein Roß,
sei mir gegrüßt!
Weißt du, Freund,
wohin ich dich führe?
Im Feuer leuchtend
liegt dort dein Herr,
Siegfried, mein seliger Held.
Dem Freunde zu folgen
wieherst du freudig?
Lockt dich zu ihm
die lachende Lohe? –
(...)
Heiaho! Grane!

Kommentar
zu Leitmotiv Nr. 10
Der Traum von Es-Dur

Von Klangflächen war schon in Zusammenhang mit der Ouvertüre zum *Fliegenden Holländer* die Rede, die wohl von Beethovens 9. *Symphonie* eine Anregung bekommen hatte. Bereits Josef Haydn liebte es zuweilen, den Fortgang seiner Gedanken anzuhalten und (meist am Ende der Durchführung) ein und dieselbe Phrase öfter zu wiederholen, ohne die Harmonie fortzuspinnen – als ob man einen Blackout hat und nicht weiterweiß (auch »Kontemplationsperiode« genannt). ⑧⑤

Beethoven griff diese Idee auf und zögerte den Beginn der Reprise eines symphonischen Kopfsatzes lange hinaus, wie zum Beispiel in seiner 3. ⑧⑥ und 4. *Symphonie*. ⑧⑦ Hier sind es Momente äußerster Spannung und Erwartung. Hier kann man nicht mehr von einem Fortgang des musikalischen Geschehens sprechen, hier wird »gemalt«. Bemerkenswert in diesem Zusammenhang ist auch die Durchführung des 1. Satzes der 6. Symphonie Beethovens, seiner »Pastorale«, in der zweimal ebenfalls bis zu 28 Takten in derselben Tonart ohne eine wirkliche Entwicklung verharrt wird, die Betrachtung einer Tonlandschaft. ⑧⑧ Ein vergleichbares Beispiel könnte auch Beethovens Chorstück nach Goethe *Meeresstille und Glückliche Fahrt* sein, wo man zeitweise wirklich den Eindruck bekommt, die Zeit bleibe stehen. Ob Wagner das Werk kannte, wird nicht erwähnt, aber die Symphonien Beethovens kannte er sehr gut. Und angesichts der grenzenlosen Verehrung Wagners für Beethoven ist der Bezug darauf nicht unwahrscheinlich. Wer vor Beethoven hat solche eindrucksvollen Klangflächen komponiert? Und wie schon erwähnt, kann man diese Klängflächen auch in der *Holländer*-Ouvertüre und im *Lohengrin* entdecken.

»In einer Art somnambulen Zustand«, so schreibt Wagner in *Mein Leben*, »erhielt ich plötzlich die Empfindung, als ob ich in ein stark fließendes Wasser versänke ... Das Rauschen desselben stellte sich in mir bald im musikalischen Klange des Es-Dur-Akkordes dar, welcher unaufhaltsam in figurierter Brechung dahinwogte; diese Brechungen zeigten sich als melodische Figurationen von zunehmender Bewegung, nie aber veränderte sich der reine Dreiklang von Es-Dur (...)«[1]

136 Takte (%-Takt), ca. 5 Minuten, reines Es-Dur ohne jegliche Modulation und dynamische Veränderung, alles im p, lediglich die Anzahl der spielenden Instrumente nimmt langsam zu und erzeugt auf diese Weise eine allmähliche Steigerung: Die Kontrabässe beginnen mit dem Grundton Es in Oktaven,[2] die Fagotte liefern die Quinte, ebenso in tiefen Oktaven. Und dann setzen allmählich immer mehr Hörner ein. 8 Hörner im Orchester hatte vor *Rheingold* noch keine Komposition verlangt.

Die Klangwirkung aus vielen Blechblasinstrumenten war Wagner durch die Opern von Giacomo Meyerbeer durchaus bekannt. Dieser verwendete in seinen *Grands Opéras* meist zusätzlich zum vollbesetzten Instrumentarium im Orchestergraben eine große Bühnenmusik mit zusätzlichen Trompeten, Hörnern, Posaunen und Ophicleiden,[3] in *Le Phrophète* zum Beispiel 6 Trompeten, 6 Flügelhörner, 6 Sax-[4] oder Waldhörner, 4 Bass-Sax-Hörner oder Ophicleiden und so manches mehr. Während der Hörnerklang in der Klassik noch mehr mit der Jagd assoziiert war, wurde er im 19. Jahrhundert, auch durch Webers *Freischütz*, immer mehr zum Wald- und Naturinstrument.

[1] Richard Wagner: *Mein Leben*, hrsg. von Martin Gregor-Dellin. München 1963, Bd. 3, S. 512.
[2] Zur Zeit der Entstehung gab es noch keine modernen 5-saitigen Kontrabässe. Also musste man die tiefe E-Saite um einen halben Ton nach unten stimmen, wie von Wagner in der Partitur auch vermerkt.
[3] Ein damals gebräuchliches Tubainstrument.
[4] Adolphe Sax (1814–1894) war einer der kreativsten und produktivsten Instrumentenbauer. Schon sein Vater baute Blech- und Holzblasinstrumente.

Im *Rheingold*-Vorspiel beginnt das 8. Horn aus der Tiefe quasi mit der Naturtonreihe[5] in Es, also alles Töne, die ein Horn in Es[6] ohne Benutzung der (damals schon allgemein gebräuchlichen) Ventile erzeugen kann.[7] Die Bedeutung der Naturtöne für die Darstellung der Natur ist durchaus präsent. Das 7. Horn spielt die gleiche Reihe in Abwechslung mit dem 8., und allmählich spielen, quasi in einem Mikrokanon, alle acht Hörner mit derselben Naturtonreihe zusammen; der Klang wird durch die Kontrabasstuba, die Bassklarinette, die Posaunen ergänzt; die Celli beginnen mit einer durchgehenden Achtelfigur; ein F, dann ein D wird in die Es-Dur-Reihe integriert, die Bratschen und Flöten kommen in ähnlicher Weise dazu, dann die Violinen. Die Celli beginnen mit einer Sechzehntelbewegung und ergänzen (zusammen mit den Klarinetten) die Reihe durch ein As als Durchgangsnote. ⑧⑨ Übrigens wurde auch bei dieser Figur zeitweise davon geredet, dass Wagner sie von der Mendelssohn'schen Ouvertüre *Die schöne Melusine*[8] übernommen habe. ⑨⓪

Geht nicht auch diese Beobachtung auf das Konto derjenigen, die überall ein Haar in der Wagner-Suppe finden möchten? Denn die Figur ist hier eine durchaus logische Fortführung der vorherigen Naturton-Figur auf engerem Raum und eine geläufige musikalische Metapher für die Darstellung von Wasser. Im Folgenden wird dieses Prinzip durch zusätzliche Instrumente und die Erweiterung des Ambitus fortgeführt. In den letzten acht Takten erst, bevor Woglinde ihr naturhaft-pentatonisches »Weia! Waga!, Woge, du Welle, walle zur Wiege ...« in As-Dur singt, erklingt die

---

[5] Auf (das tiefe) C bezogen wäre diese : C, c, g, c', e', g', b'(etwas zu tief), c″, d″, e″, fis″(etwas zu tief) g″ etc. Sie entsteht sowohl bei Blasinstrumenten durch Überblasen als auch auf Saiteninstrumenten durch Teilung der Saite. Sie ist als Obertonreihe in jedem Ton enthalten.

[6] Während im Barock vornehmlich Hörner in F gebräuchlich waren, gibt es seit der Mitte des 18. Jahrhunderts durch Stimmzüge Instrumente in allen gebräuchlichen Dur-Tonarten. Trotzdem ist es auffällig, dass die meisten Solokonzerte für Horn in Es-Dur stehen.

[7] Heute wird meist alles auf den üblichen Doppel-F-B-Hörnern geblasen.

[8] Felix Mendelssohn-Bartholdy: *Das Märchen von der schönen Melusine*, Konzert-Ouvertüre op. 32, uraufgeführt 1835 in Leipzig.

vollständige Es-Dur-Tonleiter in den Holzbläsern, den 2. Geigen und den Celli.

Das ist die reinste *minimal music*, wie sie seit den 1970er-Jahren vor allem aus den USA zu uns herübergeklungen ist. Und auch wenn es in früheren Kompositionen vor und bei Wagner schon Episoden von flächenhafter Wirkung gegeben hatte, im *Rheingold*-Vorspiel beginnt der musikalische Impressionismus.

Die Tonart Es-Dur wird auch von Robert Schumann in seiner 3. Symphonie, der sogenannten *Rheinischen Symphonie*, verwendet, die er zu Beginn seiner Zeit in Düsseldorf 1850 komponierte. Der Beiname stammt allerdings nicht von Schumann selbst, sondern geht auf seine Äußerungen zurück, der Kölner Dom habe ihn bei dieser Arbeit inspiriert. Das bezieht sich allerdings wohl eher auf den 4. Satz in es-Moll *Feierlich*. Der Rest der Symphonie ist eher heiter, fast übermütig, und das Vorbild für den 1. Satz war ausdrücklich Beethovens *Eroica*. War diese Symphonie schon eher ein Tonartenbezug für Wagner?

Bei Mozart hat Es-Dur (und c-Moll) häufiger einen freimaurerischen Bezug, wie in den »drei Akkorden« von *Zauberflöte*, der *Maurerischen Trauermusik* KV 477 und vielleicht in seiner Es-Dur-Symphonie KV 543. Und drei seiner Hornkonzerte sind ebenfalls in Es-Dur.

Aber ob diese Tatsache Einfluss auf Wagners Tonartendenken hatte?

Für Bruckner und namentlich seine 4. Symphonie in Es-Dur, *Die Romantische*, waren sowohl die Klangflächen als auch die Tonartenkonnotationen Wagners durchaus prägend.

Leitmotiv Nr. 11
Tischgemeinschaften
oder Wagners Gäste

»Wes Herd dies auch sei, / hier muss ich rasten.« Die ersten Worte, die nach dem *Rheingold*-Vorabend am ersten Tag der *Ring*-Tetralogie erklingen, sind knapper und deutlicher als die lallenden Laute der Rheintöchter. Dabei sind die jeweiligen Szenen einander verwandt. Zu Beginn des *Rheingold* wie der *Walküre* hofft ein umherschweifender Mann als Gast willkommen zu sein. Doch die Unterschiede springen ebenso ins Auge und ins Ohr wie die Motivähnlichkeiten. Der so hässliche wie stillose Alberich verspielt durch seine Übergriffe und seine Macho-Attitüde jede Möglichkeit, sich gastlich zu den Rheintöchtern zu gesellen. Ihm wird die Abfuhr zuteil, die er verdient. Ansprüche auf Gastrecht hat ein Räuber nicht. Siegmund hingegen verlangt und erlangt das Asyl- und Gastrecht. Aus dem »fremden Mann«, 6,2 den Sieglinde erschöpft vor ihrem Herd liegen sieht, wird schnell ein »Gast«:

> SIEGLINDE.
> Dieß Haus und dieß Weib
> sind Hunding's Eigen;
> gastlich gönn' er dir Rast:
> harre bis heim er kehrt!
> SIEGMUND.
> Waffenlos bin ich:
> dem wunden Gast
> wird dein Gatte nicht wehren. 6,3

Hunding respektiert in der Tat das Gastrecht, obwohl er allen Grund hat, Siegmund misstrauisch zu begegnen. Doch auch der »Wirt«, so tituliert sich Hunding selbst, hat Ansprüche an den Gast geltend zu machen – dieser muss seine Identität offenbaren: »Gönnt mir Ehre mein Gast / wird sein Name nun mir genannt.« Sieglinde stimmt ihrem Gatten ohne Zwang zu: »Gast, wer du bist / wüßt' ich gern«, woraufhin Siegmund aufblickt, ihr in das Auge sieht (so die Regieanweisung 6, 7) und sich mit der Erzählung seiner Herkunft um Kopf und Kragen redet. Dieser Gast bleibt für Hunding der Fremde, in dem er sodann den Erzfeind erkennt: »froh nicht grüßt dich der Mann, / dem fremd als Gast du nah'st«. Dennoch lässt sich Hunding von seiner Frau gesagt sein, dass er dem waffenlosen Fremden das Gastrecht nicht verwehren kann.

SIEGLINDE.
Feige nur fürchten den,
der waffenlos einsam fährt! –
Künde noch, Gast,
wie du im Kampf
zuletzt die Waffe verlor'st! 6, 10

Siegmunds folgende Lebensbeichte ist nicht geeignet, Hundings feindliche Einstellung zu korrigieren. Umso bemerkenswerter ist es, dass er dem Fremden, dem »flüchtigen Frevler«, dem Feind dennoch zeitlich befristetes Gastrecht gewährt.

Mein Haus hütet,
Wölfing, dich heut;
für die Nacht nahm ich dich auf:
mit starker Waffe
doch wehre dich morgen;
zum Kampfe kies' ich den Tag:
für Todte zahl'st du mir Zoll. 6, 11

Man muss Hunding Achtung zollen für seine Einstellung; er respektiert noch die Gastrechte des Todfeindes, und er benennt die Gültigkeitsdauer dieses Ausnahmerechts. Das Gastrecht ist zumindest auf der funktionalen Oberfläche unökonomisch, man nimmt von seinen privaten Gästen in fast allen Kulturen in klarer Absetzung von den Gästezimmern der Hotels, die mitunter eben auch Fremdenzimmer genannt werden, keine Bezahlung für das Abendessen und die Übernachtung. Was nicht ausschließt, dass sich hinter dieser scheinbaren Nichtökonomie der Gaben und Geschenke doch eine Äquivalenzökonomie verbirgt – man kann mit Gegengaben rechnen. Die klassischen Untersuchungen zu diesem Thema von Marcel Mauss[1] bis Jacques Derrida[2] und Hans-Dieter Bahr[3] kreisen immer erneut um das Paradox einer (scheinbar) unökonomischen Ökonomie der (Gegen-)Gabe und der freien Gastlichkeit. Wie viel Sprengstoff in diesem alten Thema auch heute noch steckt, machte das mittlerweile legendäre Fernsehgespräch deutlich, in dem eine edle (oder aber eben unedle, weil alles ökonomisierende?) ZDF-Journalistin namens Bettina Schausten am 4. Januar 2012 dem unter starkem Medienbeschuss stehenden, später gerichtlich eindeutig freigesprochenen Bundespräsidenten Christian Wulff und einem verblüfften Millionenpublikum erklärte, sie würde zahlen, wenn sie bei Freunden zu Gast sei. »Wulff: ›Da erhebe ich auch keine Rechnung, wenn mich die Freunde hier in Berlin besuchen.‹ Schausten: ›Hm, aber da hätten Sie natürlich auch sagen können: ›Ich geb' euch mal pro Nacht 150 Euro!‹ Was spricht dagegen eigentlich?‹ Wulff: ›Machen Sie das bei Ihren Freunden so?‹ Schausten: ›Ja!‹ Wulff: ›Dann unterscheidet Sie das von mir, in dem Umgang mit den Freunden.‹« Die Journalistin beschämte nicht nur den Bundespräsidenten, sondern auch Tausende von Internetkommentatoren, die zerknirscht bekannten, so edel und so ökonomisch wie sie nicht zu sein. Mit Hunding hat Bettina Schausten gemeinsam, dass sie das Spannungsverhältnis zwischen einer Gast- und einer Äquivalenzökonomie zugunsten zahlender bzw. zollender Rechenhaftigkeit entscheidet. »Mein Haus hütet, Wölfing, dich heut ... / morgen ... zahlst du mir Zoll.«

1 Marcel Mauss: *Die Gabe – Die Form und Funktion des Austauschs in archaischen Gesellschaften*, übers. von Eva Moldenhauer. Frankfurt am Main 1968.
2 Jacques Derrida: *Von der Gastfreundschaft*. Wien 2001.
3 Hans-Dieter Bahr: *Die Sprache des Gastes – Eine Metaethik*. Leipzig 1994.

Erneut kann man feststellen, welchen Präzisionsgrad Wagners dichte Texte häufig aufweisen. Mit dem Ende des Gastrechts tritt erneut die übliche Ordnung des Zahlens, Zollens und Schuldtilgens in ihr Recht. Aus der Milde gegenüber dem Asyl suchenden Fremden wird die Forderung, er müsse nach der gestundeten Zeit Zoll zahlen, Blutzoll gar. Was für ein schneller Identitäts-, Rollen- und Atmosphärenwechsel! Lange vor der expliziten Ausarbeitung der soziologischen Rollentheorie unter anderem durch Ralph Linton, George Herbert Mead und Talcott Parsons ab den dreißiger Jahren des 20. Jahrhunderts ist dem Theatromanen Richard Wagner das Denkmotiv geläufig, dass Menschen unterschiedliche Rollen spielen müssen und dass dieses Spiel ein sehr ernstes sein kann. Ein Polizist wird seine Dienstpistole nicht zur Sitzung des Presbyteriums mitnehmen, dem er angehört; ein und derselbe Mann benimmt sich als Vater seinen Kindern gegenüber anders denn als Ehemann gegenüber seiner Frau; eine Lehrerin bedient beim Klassentreffen dreißig Jahre nach dem Abitur eine andere Rolle als in ihrem Schulalltag; und was dergleichen Beispiele mehr sind. Im Hinblick auf den Asyl suchenden Gast Siegmund heißt das: Aus dem Fremden kann ein Gast, aus diesem ein in die Gastgeberin Verliebter, aus dem Verliebten ein in Inzestkonflikte Verstrickter, aus diesem wiederum der Feind des Gastgebers, aus dem Outlaw die Herosgestalt, aus dem Heros ein tiefsinniger Gesprächspartner einer den Tod verkündenden Götterbotin etc. werden. Die jeweilige Rolle erfordert unterschiedliche Identitäten, Handlungslogiken und Diskurse. Natürlich ist Wagner nicht der Erfinder der theatralisch antizipierten Rollensoziologie. Obligatorisch ist in solchen Theoriekontexten zumindest der Verweis auf Shakespeares ingeniöse Verse aus *As You Like it* II/7, die da lauten:

> All the world's a stage,
> And all the men and women merely players;
> They have their exits and their entrances,
> And one man in his time plays many parts,
> His acts being seven ages. At first the infant,

> Mewling and puking in the nurse's arms.
> Then the whining schoolboy, with his satchel
> And shining morning face, creeping like snail
> Unwillingly to school. And then the lover (...)

Wagner hat Shakespeares melancholische Komödie bewundert, auch wegen der Tierliebe, der sie Ausdruck verleiht. Die Faszination des Tierliebhabers Wagner für Shakespeares Dramen ist hochplausibel. Stücke wie *Ein Sommernachtstraum* führen Menschen und Götter vor, die in Tiere verwandelt werden und sodann unterschiedliche Rollen innerhalb ihrer Gattungsgrenzen, aber eben auch gattungsüberschreitend spielen. Cosimas Tagebucheintrag vom 8. November 1878 berichtet von Shakespeare-Lektüren in Wahnfried: »Nur ein Heiliger habe die Tiere mit in sein Erbarmen aufgenommen und das empfunden, was ihn, R., immer so erfüllt habe, nämlich daß das Leiden ohne Versöhnung ganz für das Tier da sei, während der Mensch es durch die Erkenntnis überwältigen könne. Ein Wort von Renan über unsere Zeit, daß ohne Glauben sie, wie bei dem Tier, dem das Gehirn entnommen, eine Weile lang die Funktionen weiter dauern, auch weiter so lebt, aber daß das nicht lange dauern könne, macht auf R. einen großen Eindruck. Er nimmt abends ›Wie es euch gefällt‹ vor, um den Passus über die Tiere, wie von Jaques die Rede ist, nachzusehen, und er liest uns alle Scenen von *Jaques*, auch die von Probstein, zu stets erneuertem Staunen. Er hebt hervor, wie die Fürsten bei Shak. im Sinne der Gerechtigkeit sprächen, z. B. dieser, wie er Jaques an sein früheres Leben erinnert.« CTB 2, 221

Alle Menschen sind Spieler, aber ihr Rollenspiel ist kein freies, sondern ein durchweg von Zwängen geleitetes Spiel: Menschen müssen Rollen spielen, auch wenn sie dies gar nicht wollen. Insofern sind alle Rollenspieler – wiederum frei nach Shakespeare – traurig: »I hold the world but as the world, Gratiano; / A stage where every man must play a part, / And mine a sad one.« (*The Merchant of Venice* I/1) Auch Siegmund, der Sohn, Zwillingsbruder, Verfolgte, Fremde, Asylsuchende, Gast, Liebhaber, Kämpfer, ist zum Rollenspiel verdammt. Der Reiz, aber auch die Anspannung eines Lebens bemisst sich nicht zuletzt am Spektrum der Rollen, die eine Biographie ausmachen. Wagners Werk misst dieses Spektrum mit unvergleichlicher Intensität aus. Sein eigenes Leben auch. Es dürfte im europäischen 19. Jahrhundert, also in einer Epoche der universalen Mobilmachung, die keinen Mangel an spannenden Biographien kennt, nur wenige Lebensläufe geben, die derart viele unterschiedliche Rollen, Identitäten und Maskenspiele aufweisen, wie dies bei Richard Wagner der Fall ist: Der Mann ist Dichter, Komponist, Bühnenbildner, Essayist, Lyriker, Theoretiker, Architekt, Festivalmanager, Dirigent, Fundraiser, Schnorrer, guter Gastgeber, Verschwender, Schuldner, steckbrieflich gesuchter Revolutionär, Freund Bakunins, Intimfreund eines schwärmerischen Märchenkönigs, gut vernetzt mit Machthabern aller Art, Vertriebener, Pläneschmieder, realitätstauglicher Pragmatiker, Überzeugungstäter, Opportunist, Ehemann, Liebhaber, Erotomane, Vater, Verfolgter, Verfolgender, Betrüger, sächselnder Komiker, Pathetiker, Schuh- und Unterwäschefetischist, Bergsteiger, Landschaftsenthusiast, Metropolenintellektueller, Provinzliebhaber, manisch mitteilungsbedürftiges Kommunikationstalent, schwer verständlicher Satzdrechsler, vom Schweigen faszinierter Esoteriker, Antisemit, Emanzipationstheoretiker, Elitedenker, Volksfreund, Büchermensch, lebensgieriger Hedonist, Verzichtsapostel, rastloser Wanderer, ruhebedürftiger Villenbewohner und und und – all dies, ohne im engeren Sinne psychiatrisch auffällig zu werden. Wollte man, was nicht ohne eine gewisse interpretatorische Gewaltsamkeit möglich ist, all diese Rollen einem Grundrepertoire und einem leitmotivischen Problem zurechnen, so wäre es wohl dieses: Wagner hat in Leben und Werk immer wieder ausgetestet, ob dieses eine Leben, das wir haben, ein Leben in der Fremde, im Asyl, im Exil oder aber ein bei sich seiendes und in diesem Sinne heimatliches Dasein ist.

Diese Motivspannung Asyl versus Heimat ist ebenso handfest wie metaphysisch zu verstehen. Ob wir zu Hause sein können in dieser Welt oder ob erst der finale Exitus von der Bühne des Lebens den erlösenden Exodus aus der Höhle in die wahre Welt bzw. aus dem falschen ins richtige

Leben ermöglicht,[4] ist eine, wenn nicht die Grundfrage der Metaphysik. Die konkrete Dimension der Frage nach Asyl und Heimat hat Wagner erfahren und vielfach ausgestaltet. »Asyl« ist eines seiner Lieblingsworte. Nur einige wenige Beispiele: Schon im Frühwerk *Rienzi* kommt der Begriff »Asyl« vor. »Hier, bei dem Letzten, den der Name / Des Römers ziert, ist mein Asyl!«, ruft Rienzis Schwester Irene aus. 1,86 »Gönnen Sie meinen Dramen ein Asyl auf Frankreichs gastlichem Boden«, schreibt Wagner 1860 an den Kollegen Hector Berlioz. 7,86 Dabei rühmt er sich gleich im ersten Satz dieses Briefes seiner Fähigkeit, Fremdes zu verstehen. »Als ein gemeinsames Schicksal vor fünf Jahren in London uns in nähere Berührung brachte, rühmte ich mich eines Vortheiles über Sie, des Vortheiles, im Stande zu sein Ihre Werke vollkommen zu verstehen und zu würdigen, während die meinigen in einem sehr wesentlichen Punkte Ihnen immer fremd und unverständlich bleiben würden.« Nach der glücklichen Flucht aus der gefallenen Revolutionsstadt Dresden suchte Wagner lange nach einem verlässlichen Asyl. So schreibt er aus Zürich am 29. Mai 1849 an Professor Oskar Ludwig Bernhard Wolff in Jena: »Nun möge mein Wundermann (gemeint ist Franz Liszt, J. H.) noch für meine arme Frau sorgen: zumal liegt mir daran, daß sie aus Sachsen und namentlich aus dem verfl – – Dresden fortkäme. Deshalb bin ich auf den gedanken gerathen, ihr mit ihrer familie irgendwo im weimarischen – vielleicht auf einem großherzoglichen gute – ein bescheidenes, aber freundliches asyl zu gewinnen, wo sie mit dem rest unseres geretteten hausstandes sich und auch mir – für die zukunft – eine neue heimath bereiten könne.« 3,57

Das neue und recht bequeme Haus, das Wagner dank der beeindruckenden Großzügigkeit seines schwerreichen Mäzens Otto Wesendonck in Zürich fand, nannte er »Asyl«. Dieses Asyl hat dem Exilanten Wagner verständlicherweise besser gefallen als die Zuchthauszelle, in der er wie sein revolutionärer Kampfgenosse Röckel bei weniger Glück gelan-

---

4 Vgl. dazu Jochen Hörisch: *Es gibt (k)ein richtiges Leben im falschen.* Frankfurt am Main 2003.

det wäre. Ob man seine leidenschaftliche Affäre mit Mathilde Wesendonck, der Frau seines großzügigen Gastgebers, als Missbrauch des Gastrechts bewerten soll und ob man dann zu ähnlichen Urteilen im Hinblick auf Siegmund, Hunding und Sieglinde gelangte? Wie auch immer – bis sein Wähnen in Wahnfried Frieden fand (s. Leitmotiv 7), hat Wagner eine Existenzform kultiviert, die auf atemberaubende Weise die Erfahrung des exilierten Wanderers mit denen eines hartnäckig über seine Verhältnisse lebenden Villenbewohners verbindet. »Ich bin«, so schreibt er an seine Frau Minna, »gänzlich Herr meiner Handlungen: ob ich gehe oder bleibe, hängt allein von mir ab. Diejenige die Du so hassest (gemeint ist Mathilde Wesendonck, J.H.), wünscht nichts mehr, als dass ich nur das hübsche Asyl behalte, selbst wenn sie mich nie sieht oder sonst mit mir verkehrt, unter welcher Bedingung andrerseits ich einzig hier zu bleiben und meine Amnestie abzuwarten für möglich halte.« SB 9, 297

Wagner verfügte über eine bemerkenswerte Fähigkeit, sich an unterschiedlichen Asylorten zu Hause zu fühlen. »So kommt mir Weimar jetzt wie ein seliges asyl vor, in dem ich endlich tief und frisch aufathmen und meinem gepreßten herzen luft machen kann«, heißt es in einem Weihnachtsbrief von 1850 an Franz Liszt. SB 3, 486 Ebenfalls an den Freund und künftigen Schwiegervater schreibt er aus Mornex bei Genf am 12. Juni 1856: Ich habe »mich hierher geflüchtet, wo ich ein recht geeignetes Asyl gefunden habe. Ich wohne zwei Stunden von Genf, auf der andren Seite des Mont Salève, auf dessen halber Höhe, in herrlicher Luft. In einer Pension fand ich ein, von dem Hauptgebäude abgelegenes Gartenhäuschen, dass ich ganz alleine bewohne: vom Balkon aus habe ich die göttlichste Aussicht auf die ganze Montblanc-Kette, aus der Thüre tret' ich in ein hübsches Gärtchen. Vollkommenste Abgeschiedenheit war erste Bedingung: ich werde besonders servirt, und sehe Niemand als den Aufwärter. Ein freundliches Hündchen – Pepsen's Nachfolger – Fips genannt, ist meine einzige Gesellschaft.« SB 8, 73 f. Wagners Exil- und Asylerfahrungen stellen sich wie eine existentialistische Probe auf berühmte romantische Programmsätze dar. »Wo gehn wir denn hin? Immer nach Hause.«[5] Wer diese berühmte Frage aus Novalis' Roman *Heinrich von Ofterdingen* und die nicht minder berühmte Antwort als Lob der Heimat versteht, hat den Text nicht recht verstanden. Denn dieser bedient sich ganz offenbar der Homo-viator-Topik, die in Eichendorffs Taugenichts ihre schönste Inkarnation findet: Menschen (und auch Götter wie Wotan) sind Wanderwesen, ihr Lebenslauf, ihr CV führt sie systematisch in die Fremde, von der wiederum mit Eichendorff und Schumann zu hoffen ist, dass sie sich als schöne Fremde erweist. »Es funkeln auf mich alle Sterne / Mit glühendem Liebesblick, / Es redet trunken die Ferne / Wie von künftigem, großem Glück!« Strukturell ähnliche Motive hat auch Hölderlin entfaltet. »Zu Hauß ist der Geist / Nicht im Anfang, nicht an der Quell. Ihn zehret die Heimath. / Kolonien liebt, und tapfer Vergessen der Geist«, [6] heißt es in der letzten Fassung der Elegie *Brot und Wein*.

Wagners Werke kennen den Reiz der Ferne und der exzentrischen Bahn. Avanciert romantisch sind sie, weil sie keiner falschen Heimat- und Herkunftsseligkeit huldigen, sondern ein präzises Wissen davon entfalten, dass wir, wohin immer wir auch gehen, nach Hause gehen. Der Weg ist das Ziel. Man kann im sächsischen Dresden und im fränkischen Bayreuth, in Wien und am Vierwaldstätter See, in Paris und in Venedig zu Hause sein, wenn man verstanden hat, dass die Wendung des Lebenslaufs es verdient, ernst genommen zu werden. Wagner, der mehrmals ernsthaft erwog, in die USA zu emigrieren,[7] verstand das odysseeische Homo-viator-, das Wanderer- und Wandlungsmotiv als Bedingung der Möglichkeit, Gastlichkeit in all ihrer Ambivalenz zu erfahren. Er kann dabei an berühmte Goethe-Verse anknüpfen:

[5] Novalis: *Heinrich von Ofterdingen, Schriften* (Historisch-Kritische Ausgabe), hrsg. von Kluckhohn / Samuel. Bd. 1. Stuttgart 1977, S. 325.
[6] Friedrich Hölderlin: *Sämtliche Werke, Frankfurter Ausgabe, Bd. 6: Elegien und Epigramme*. Frankfurt am Main 1976, S. 262.
[7] Vgl. Jochen Hörisch: »Weibes Wonne und Wert« oder »Rheingold und Goldrush«; in: *Programmbuch Bayreuther Festspiele 2001*. Bayreuth 2001, S. 44–80.

Stirb und werde
(...)
Keine Ferne macht dich schwierig,
Kommst geflogen und gebannt,
Und zuletzt, des Lichts begierig,
Bist du, Schmetterling, verbrannt.

Und solang du das nicht hast,
Dieses: Stirb und werde!
Bist du nur ein trüber Gast
Auf der dunklen Erde.

Die Doppelpointe dieser Zeilen besteht darin, dass Goethe erstens Menschsein überhaupt als Gastsein versteht und dies zweitens damit begründet, dass Menschen ständigen Identitätswechseln unterliegen. Aufgrund dieser Doppeleinsicht kann er dann umso eindringlicher danach fragen, unter welchen Bedingungen Gäste trübe oder heitere, willkommene oder verfemte, schmetterlings- oder raupenhafte, enthusiastisch oder trostlos lebende Wesen sind. Sowohl Goethe als auch Wagner sind klug genug, problematische bis kitschige Gästerhetorik zu vermeiden. Und sie wissen, dass das große Thema Gast und Gastmahl nicht ohne metaphysische (oder eben metaphysikkritische) Implikationen zu haben ist. Das Motiv, ein Gott könne im Incognito des fremden Gastes ins Haus gekommen sein, ist vielen Kulturen und Religionen geläufig. »Komm, Herr Jesus, sei du unser Gast«, zählt zu den am häufigsten erklingenden christlichen Tischgebeten.

Auch und gerade göttliche Gäste können unwillkommen und unangenehm sein, stellen sie doch wie andere Gäste auch ihre Gastgeber unter Aufsicht. Diese Erfahrung macht Mime mit dem Wanderer Wotan, der imperativisch das Gastrecht einklagt: »Heil dir, weiser Schmied! / Dem wegmüden Gast / gönne hold / des Hauses Herd!« 6,100 Mime wird den Besuch des Gottes, der auf Einhaltung des Gastrechts pocht, nicht lange überleben. Aus gutem Grund fährt er erschrocken auf, als dieser Fremde auftaucht, den er eben nicht als Gast, sondern als Verfolger wahrnimmt: »Wer ist's, der im wilden / Wald mich sucht? / Wer verfolgt mich im öden Forst?« Die klassische Ausgestaltung solch angespannter Bewirtungsverhältnisse findet sich in Mozarts *Don Giovanni*. Der steinerne Gast, den der Erotomane ausdrücklich zum religiös konnotierten »Nachtmahl« einlädt, ist zwar kein Gott, aber doch Herr über Leben und Tod. Seine Stimme erklingt zuerst aus dem Off, als Don Giovanni Leporello munter darüber berichtet, wie er den Komtur tötete, um sich unsittlich seiner Tochter nähern zu können.

> KOMTUR.
>> Dein Lachen wird vergeh'n, ehe der Tag graut!
>
> DON JUAN *zu Leporello.*
>> Wer sprach hier?
>
> LEPORELLO.
>> Ach, gewiß war es ein Geist aus andern Welten,
>> Der Euch ganz genau kennt.
>
> DON JUAN.
>> Schweige, Dummkopf!
>
> KOMTUR.
>> Verwegner, entweiche,
>> Gönne Ruhe den Toten!
>
> LEPORELLO.
>> Sagt ich's nicht?
>
> DON JUAN.
>> Mir scheint, ein Tollkopf draußen
>> Macht sich über uns lustig ...
>> Ei, ist das nicht das Standbild unsers wackern Komturs?
>> Gehe hin und lies mir die Inschrift!
>
> LEPORELLA.
>> Entschuldigt ... so weit hab' ich's noch nicht gebracht,
>> Bei Mondenschein zu lesen.
>
> DON JUAN.
>> Auf, gehorche!

LEPORELLO *liest.*
>Ich ... warte ... hier ... der Rache an jenem Buben,
>Der mir das Leben raubte ...
>Vernahmt Ihr's? Ich bebe!

DON JUAN.
>Der alte Possenreißer!
>Sag' ihm, daß ich noch heute zum Nachtmahl
>ihn erwarte. [8]

Die eucharistische Qualität der Szene ist trotz aller Possen unverkennbar. Don Giovannis angestrengt heiterer Versuch, dieses »Nachtmahl« in ein irdisches Gastmahl zu verwandeln, misslingt gründlich. Der Libertin, der so viele schöne Frauen auf seinem Schloss zu Gast und zu Willen hatte, genießt seine Henkersmahlzeit. Der steinerne Gast, nicht der Gastgeber bestimmt über die in diesem Fall sehr trübe Semantik des Essens, das da verzehrt wird und das den Gastgeber verzehren wird.

KOMTUR.
>Don Giovanni! Du hast zum Nachtmahl
>Mich geladen: ich bin gekommen.

DON JUAN.
>Nimmer hätt' ich Euch erwartet,
>Doch willkommen heiß ich Euch.
>Leporello, her geschwinde,
>Laß auf's neu' die Tafel decken!

LEPORELLO.
>Gnäd'ger Herr, gnäd'ger Herr,
>Bin halb tot vor Angst und Schrecken!

DON JUAN.
>Auf, gehorche!

KOMTUR.
>Nein, bleibe hier!

---

[8] Wolfgang Amadeus Mozart: *Der bestrafte Wüstling oder Don Juan (Don Giovanni)* – Heiteres Drama in zwei Aufzügen von Lorenzo da Ponte, hrsg. von Otto Erhardt. Leipzig o. J., S. 74.

Leicht des irdischen Mahles entbehret,
Wer von himmlischen Speisen sich nähret.
Andre Wünsche und höhere Sorgen
Riefen heute herab mich zu dir![9]

Essen ist ein so urvertrauter wie seltsamer Prozess. Wer zu Gericht sitzt, sitzt immer doppelsinnig zu Gericht. Im günstigsten und harmlosesten Fall richtet er die Pflanzen und Tiere hin, die er zu sich nimmt – das ist nach seinem Dafürhalten deren Lebenszweck, der allerdings, wie etwa die Vegetarismus- und Veganerdebatte zeigt, zur Verhandlung aussteht bzw. ausstünde, wenn Pflanzen und Tiere denn reden könnten. Im ungünstigsten Fall erfährt er, dass andere über ihn zu Gericht sitzen und dass diese Mahlzeit seine letzte sein wird. Die knirschende Doppelsinnigkeit der Wendung »zu Gericht sitzen«[10] haben sich Schriftsteller vom Range Kleists (*Der zerbrochene Krug*), Raabes (*Stopfkuchen*), Kafkas (*Der Prozess* – das Titelwort ist wie die Worte *Schloss*, *Urteil* oder *Verkehr* ein »Teekesselchen«), Thomas Manns (man denke nur an die Gerichtsszenen im *Zauberberg* und im *Joseph*-Roman) und Dürrenmatts (*Der Richter und sein Henker*) nicht entgehen lassen. Ihnen und anderen mehr ist aufgefallen, dass der zähnebewaffnete Mund nicht nur zum Verzehr von Speisen und Getränken, sondern auch zum Sprechen, Atmen und Küssen taugt. Mahlzeiten sind per se erotische, thanatologische und semiologische Ereignisse. Kein Wunder, dass sie die Aufmerksamkeit heller Philosophenköpfe unterschiedlichster Prägung gefunden haben. Feuerbach, unter dessen starkem Einfluss der junge Wagner stand, Schopenhauer und Nietzsche haben auffallend intensiv über Essen, Mahlzeiten und Gerichte nachgedacht. Gemeinsam ist ihnen, dass sie die Metamorphosen-Qualität des Essens betonen. Im Essen vereinen sich gattungsübergreifend Flora, Fauna und Menschen, friedlich aber kann diese verzehrende Vereinigung nicht sein.

[9] Ebd., S. 73.
[10] Vgl. dazu Jochen Hörisch: *Zu Gericht sitzen. Wilhelm Raabes abgründige Prosa*; in: ders.: *Das Wissen der Literatur*. München 2007, S. 98–112.

Umso wichtiger ist der Tischfrieden unter den speisenden Menschen. Auch Götter wollen bei Mahlzeiten anwesend sein, sie bestehen mit eigenartigem transkulturellem Stolz darauf, als die eigentlichen Gabenspender anerkannt zu werden. Im Essen wird in verzehrender Weise nicht weniger bedacht und gemacht als der Übergang von Sein in Nichts und von (Ver-) Nichtung in Sein, eine Metamorphose, die menschliches Dasein eine weitere Weile gewähren lässt – stirb und werde.

Wagners Werke sind durch und durch gastrosophisch. Sie bringen mit eigentümlicher Hintersinnigkeit gastliche und verzehrende Szenen zusammen. Auffallend ist dabei, dass sie die verbreitete Huldigung an die Vorzüge einladender Gastlichkeit nicht mittragen. Ihnen eignet vielmehr ein kühl-moderner Blick auf ein Leben dies- und jenseits traditioneller Gastfreundschaft. Ein kursorischer Streifzug durch Wagners Gast-, Trink- und Mahlzeitszenen genügt, um deutlich werden zu lassen, dass in seinen Werken die Versprechen der Gastlichkeit sich fast immer als gebrochene Versprechen erweisen. Berechnender kann Gastlichkeit nicht sein als die, die Daland dem Fliegenden Holländer gewährt. Tannhäusers Rückkehr in den Kreis der Sängerfreunde scheint unter einem guten Stern zu stehen. Die Frage, ob er als Freund oder Feind komme, ist schnell geklärt, und alle heißen den einst freiwillig ins Venus-Exil Entschwundenen und nun Zurückkehrenden ausdrücklich willkommen.

WALTHER.
  Nah'st du als Freund uns oder Feind?
DIE ANDEREN SÄNGER außer WOLFRAM.
  Als Feind?
WOLFRAM.
  O fraget nicht! Ist dieß des Hochmuths Miene? –
  Gegrüßt sei uns, du kühner Sänger,
  der, ach! so lang' in unsrer Mitte fehlt!
WALTHER.
  Willkommen, wenn du friedlich nah'st!
BITEROLF.
  Gegrüßt, wenn du uns Freunde nennst!

ALLE SÄNGER.
Gegrüßt! Gegrüßt! Gegrüßt sei uns!
LANDGRAF.
So sei willkommen denn auch mir! 2, 13 f.

Diese Harmonie währt nicht lange, dem Willkommen folgt zügig ein drastischer Abschied. Der Einzug der Gäste im *Tannhäuser* gehört zu den beliebtesten Szenen seines Gesamtwerks; bekanntlich folgt dieser gastlichen Szene aber alsbald ein Skandal, der dem Begriff »Sängerkrieg« alle Ehre macht und mit dem Rauswurf des bevorzugten Gastes endet. Der aber hat zuvor in seinem ganz um das Wort »Genuss« konstellierten Huldigungsgesang keinen Zweifel daran aufkommen lassen, was er unter rechtem Trank versteht, wen er zum Fressen lieb und welche Frau er schon vernascht hat.

Des Durstes Brennen muß ich kühlen,
getrost leg' ich die Lippen an.
In vollen Zügen trink' ich Wonnen,
in die kein Zagen je sich mischt:
denn unversiegbar ist der Bronnen,
wie mein Verlangen nie erlischt.
So, daß mein Sehnen ewig brenne,
lab' an dem Quell ich ewig mich:
und wisse, Wolfram, so erkenne
der Liebe wahrstes Wesen ich! 2, 23

Die Pilgerfahrt nach Rom(a/Amor), die Tannhäuser bußfertig antritt, endet ihrerseits nicht mit Absolution und gewährtem Asyl. Auch Lohengrin muss es, wenn er seine Gralssphäre verlässt, in der anders gespeist und anderes verspeist wird als in profanen Gefilden, bei einem kurzen Gastspiel belassen. Aus fernem Land kommend, unnahbar den Schritten derer, die nicht zur Gralsgemeinschaft gehören, kann er, der nach heftigen Querelen doch willkommen war, keine Gegeneinladung aussprechen. Gastlich ist die Aufnahme nicht, die Isolde am Hofe von König Marke findet; im Zeichen des Gastrechts stand auch Tristans Steuereintreibung und seine Begegnung mit Morold nicht; der Trank, den Tristan und Isolde einnehmen, ist kein gastfreundliches Begrüßungsgetränk. Aus der Stadt, in die es den Landadeligen Walther von Stolzing getrieben hat, möchte er schnell wieder fliehen; ein Willkommenstrunk wird ihm nicht gereicht. Der Junker, dem die Meistersinger die Aufnahme in ihren Kreis verweigert haben, ist denn auch in einer der rätselhaft schönen Szenen dieser Oper ausdrücklich der Nichtgast. Vater Pogner hat seiner bezaubernden Tochter vor dem »Abendmahl« (immer wieder Nacht- und Abendmahl) versichert, sie dürfe einen Meistersinger ihrer Wahl heiraten, ein Meistersinger müsse es aber schon sein, als Magdalene an der Tür erscheint:

> EVA *zerstreut.*
> Ja, – meiner Wahl. – Doch tritt nun ein –
> Gleich, Lene, gleich! – zum Abendmahl.
> POGNER *ärgerlich aufstehend.*
> 's giebt doch keinen Gast?
> EVA *wie oben.*
> Wohl den Junker?
> POGNER *verwundert.*
> Wie so? 7,195

Als geladener Gast erscheint Walther nur in seinem preiswürdigen Gedicht. Sein Gastgeber aber ist kein Mensch, sondern ein Garten, ein Paradiesgarten, der ihn zu sich ruft – natura loquitur.

> WALTHER
> *setzt sich zu Sachs, und beginnt, nach kurzer*
> *Sammlung, sehr leise.*
> »Morgenlich leuchtend in rosigem Schein,
> von Blüth' und Duft
> geschwellt die Luft,
> voll aller Wonnen
> nie ersonnen,
> ein Garten lud mich ein
> Gast ihm zu sein.« 7,239

Musterfälle gelungener Gastlichkeit finden sich auch im gesamten *Ring* nicht, weder zwischen den Rheintöchtern und Alberich noch zwischen den Göttern und den Riesen, weder zwischen Hunding und Siegmund noch zwischen Mime und Wotan. Die einzige Szene, die zumindest den Anschein erweckt, gelungene Gastfreundschaft zu entfalten, wird sofort kontaminiert. Siegfried erreicht nach idyllischer Rheinfahrt den Hof der Gibichungen, er stellt (wie der Sängerkreis an Tannhäuser) sofort die Freund-/Feind-Frage (»nun ficht mit mir,/oder sei mein Freund!«), wird willkommen geheißen (»Lass' den Kampf:/sei willkommen!« 6,191) und erhält einen Begrüßungstrank, der das Gastrecht gröbstens missbraucht. Der Gast wird buchstäblich um Verstand und Erinnerungsvermögen gebracht. Die Gastgeber sind eindeutig darauf aus, den reichen Gast zu berauben.

GUDRUNE.
   Willkommen, Gast, in Gibich's Halle!
   Seine Tochter reicht dir den Trank.
SIEGFRIED
neigt sich ihr freundlich und ergreift das Horn;
er hält es gedankenvoll vor sich hin und sagt leise.
   Vergäß' ich alles was du gabst,
   von einer Lehre lass' ich nie:
   den ersten Trunk zu treuer Minne,
   Brünnhilde, trink' ich dir!
Er trinkt und reicht das Horn Gudrunen zurück,
welche, in großer Verschämtheit, verwirrt ihr Auge
vor ihm niederschlägt. 2,180

Eine seltsame Konstellation: Gegrüßt wird nicht die Gastgeberin, sondern eine Abwesende, Brünnhilde. Die Brüchigkeit des Begrüßungsrituals wird auch daran deutlich, dass der Gaststatus in grotesker Übereilung sofort überhöht wird. Man kennt sich gerade erst wenige Minuten, und schon trinken Gunther und Siegfried Blutsbrüderschaft. Gespenstisch eindringlich lässt Wagner dabei Töne erklingen, die deutlich machen, was eine falsche »bruder-brünstige« Tonlage ist.

Blut-Brüderschaft
schwöre ein Eid!
Hagen füllt ein Trinkhorn mit frischem Wein; Siegfried
und Gunther ritzen sich mit ihren Schwertern die Arme,
und halten diese einen Augenblick über das Trinkhorn.
SIEGFRIED und GUNTHER.
Blühenden Lebens
labendes Blut
träufelt' ich in den Trank:
bruder-brünstig
muthig gemischt,
blüht im Trank unser Blut.
Treue trink' ich dem Freund:
froh und frei
entblühe dem Bund
Blut-Brüderschaft heut'! 6, 196 f.

Hagen wird an diesem Ritual nicht teilnehmen. Zu seinen
charakterlichen Untiefen gehört es, dass ausgerechnet er re-
gel- und etikettenbewusst ist. Er scheut offenbar die bluts-
brüderliche Eidesbindung, er wird Siegfried auch nicht
hinterrücks ermorden, sondern erst dann, wenn er einen
öffentlich vertretbaren, wenn auch skandalös manipulierten
Grund für seine Tat vorweisen kann. So gastlich endet die
(zusammen mit der Hunding-Siegmund-Szene) gastlichste
Passage der *Ring*-Dichtung.

Auch mit den Gastattributen Parsifals hat es eine seltsame,
wenn auch ganz anders als bei Siegfried gelagerte Bewandtnis. Der zum zweiten Mal den Gralsbezirk betretende Parsifal wird von Gurnemanz ausdrücklich als Gast apostrophiert.
»Heil dir, mein Gast!« 10, 365 Dabei hat Parsifal die Pflichten
eines Gastes klar verletzt, betritt er doch ausgerechnet am
heiligen Karfreitag bewaffnet und von Helm und Rüstung
unkenntlich gemacht den Gralsbezirk. Als klassischer Gast
kann der gereifte Jüngling auch aus anderen Gründen nicht
gelten, denn Parsifal übernimmt mit der Taufe Kundrys
sofort und unwidersprochen Führungsaufgaben. Er über-

trumpft den Gastgeber in jeder Weise, ja er wird flugs selbst zum Gastgeber, wenn er das rundum erneuerte, von Transzendenz- auf Immanenzorientierung umstellende Abendmahl spendet. Parsifal wird zur rätselhaften Gastfigur, weil er die Inkarnation der freundlichen Übernahme ist – obwohl er als Gast tituliert wird, wirkt er als weißer Ritter, der die erodierende Gralsgemeinschaft neu belebt.

Wagner galt sein Leben lang als brillanter Gastgeber, und Wahnfried war ein in jeder Weise gastfreundliches, mitunter gespenstisch gastfreundliches Haus (auch nach Wagners Tod, auch gegenüber Hitler). Im Zuge des Fundraisings für sein groß geratenes Bayreuth-Projekt plante Wagner gastfreundliche Unterstützungsveranstaltungen zu seinen Gunsten. So wollte er 1872 den ihm wohlgesonnenen Bayreuther Bürgermeister Theodor Munker für seine Idee gewinnen, alle Wagner-Freunde sollten bei der Grundsteinlegung des Festspielhauses einander wechselseitig Gast und Gastgeber sein: »Wir werden 400 Einladungsformulare drucken lassen, und jedem dieser Formulare die Adresse des betreffenden Bayreuther Gastfreunds schriftlich hinzufügen. Diese Einladungsbriefe werden dann an die corporativen Vertreter, oder (in gewissen Fällen) auch an die einzelnen Gäste zur rechten Zeit befördert, so daß jeder Gast, wenn er ankommt, seinen Gastfreund weiß. – Die bestimmtesten Anweisungen hierfür erhalten Sie von mir zur rechten Zeit.«[11] Was Wagner machte, wollte er immer im ganz großen Maßstab machen. Aus dem organisatorisch begabten Dresdner Revolutionär war ein Vierteljahrhundert später ein Mann geworden, der einem fränkischen Bürgermeister die »bestimmtesten Anweisungen« geben konnte – zur Organisation zweckdienlicher Gastlichkeit. Wagners Verhältnis zur monarchischen wie zur bürgermeisterlichen Obrigkeit, die für Ruhe und Ordnung sorgt und sich zugleich für das Gute, Wahre und Schöne eintritt, hatte sich gründlich geändert. Genau das aber war ihm bewusst, wie die munteren Gedichtzeilen bele-

11 Richard Wagner: *Bayreuther Briefe (1871–1883)*. Leipzig 1912 (2.), S. 66.

gen, die Wagner zu Sylvester 1875 »An Bürgermeister Munk-
ker« schrieb:

> Gedenk', o Mensch, der Polizei,
> daß nie sie dir aufsäßig sei!
> Sie wirkt und wcbt, sic schafft und stopft,
> wann wild man an die Thüren klopft.
> Wer Großes will, sei auf der Hut,
> stell' mit der Polizei sich gut;
> wär' er auch noch so sehr gerecht,
> er stünde mit der Menschheit schlecht!
> D'rum bitt' ich den Herrn Bürgermeister,
> daß dieses Zettels Leim und Kleister
> zu groß' und kleinen Klößen
> er würdig mög' auflösen,
> daß Jeder was bekomm',
> der würdig, brav und fromm! 12, 382 f.

Auch die gastlich-gastrosophischen Szenen, die Wagners Werke ausgestalten, rechnen bei aller Sympathie mit der Idee der
Gastfreundschaft immer auch mit dem Schlimmsten – nämlich damit, dass zwischen dem Fremden, dem Feind und dem
Gast nur schwer zu unterscheiden ist und dass bei solchen
Begegnungen polizeilich relevante Konstellationen entstehen. Gastgeber wie Hunding und Hagen verdienen Misstrau-
en und paranoische Reaktionen. Selbst die Götter, die sich
zu Tisch gesellen, sind kein willkommener Besuch, sondern
eine Heimsuchung. Gerade auf diesem tiefschwarzen Hintergrund hat Wagner Szenen und Denkbilder entworfen, die
es ermöglichen, Asylsituationen als eigentliche Heimat(en)
zu erfahren. Wagners Wanderer, Asylsuchende, Gäste, Pilger,
Fremde und Gesandte aus fernen Ländern machen eine Erfahrung, die der expressionistische Dichter Theodor Däubler in seinen 1919 erschienenen *Hymnen an Italien* (*Sang an
Palermo*) auf eine markante Formel gebracht hat: »Der Feind
ist unsre eigne Frage als Gestalt.« Die markante Formel ist
es wert, mitsamt ihrem näheren Kontext zitiert zu werden:

Ich bin zu einem frischen Freiheitssatz bereit!
Das eitle Tier in dir wird sich hinübersetzen.
Wohin? Auf Schollen, die schon Priester vorgeweiht!

Wir sollen dann die Beute schreckensbleich zerfetzen:
Der Feind ist unsre eigne Frage als Gestalt.
Und er wird uns, wir ihn zum selben Ende hetzen.[12]

Der Feind ist unsre eigne Frage als Gestalt – eine Wendung, der Carl Schmitt in intellektuellen Kreisen zu einer gewissen Popularität verholfen hat.[13] Lichtalben und Schwarzalben, Fafner und Fasolt, Mime und Alberich, Hunding und Siegmund, Lohengrin und Telramund, Tannhäuser und Wolfram, Tristan und Isolde, Klingsor und Parsifal, Beckmesser und Hans Sachs, Siegfried und Hagen erblicken im Gast den Feind und im Feind den Gast, im Fremden den Vertrauten und im Vertrauten den Fremden, im Nächsten den Fernsten und im Fernsten den Nächsten – und jeweils im anderen den anderen ihrer selbst. Der Feind ist unsere eigene Frage als Gestalt. In ihren klügsten und schönsten Passagen laden Wagners Werke dazu ein, bei sich selbst als bei einem Fremden zu Gast zu sein.

[12] Theodor Däubler: *Hymne an Italien*. Leipzig 1919, S. 65.
[13] Carl Schmitt verwendet die Formel, übrigens leicht verändert und metrisch entschärft, weil er »unsere« statt »unsre« und »eigene« statt »eigne« schreibt, u. a. in seiner *Theorie des Partisanen – Zwischenbemerkung zum Begriff des Politischen*. Berlin 1975 (2.), S. 87.

Kommentar
zu Leitmotiv Nr. 11
»Geheime Vorzeichen«

Wie schon im musikalischen Kommentar zum Leitmotiv 4, zur »Todesverkündigung« in der *Walküre* bemerkt, schreibt Wagner öfter Tonartvorzeichen, die in der Musik gar nicht explizit verwendet werden.[1] So auch in erheblichem Maße bei *Parsifal*.

Dabei soll in diesem Zusammenhang nur von notierten Tonarten, nicht aber von einer gehörten Tonartencharakteristik gesprochen werden. Diese ist historisch betrachtet insofern problematisch, als es bis in das Jahr 1939, in dem man sich auf 440 Hertz für das a'einigte, keinen allgemein üblichen Kammerton gab, sondern regional verschieden eingestimmt wurde.[2] Noch Richard Strauss zum Beispiel empfand das C-dur in Wien schon fast als Cis-Dur. Und die individuellen Tonartempfindungen schwanken im Laufe der Zeit stark. Übereinstimmungen der Charakteristika gibt es aber (vornehmlich im Barock) durch das Instrumentarium: zum Beispiel die Trompeten, die meist in D und C gestimmt waren, während die Hörner meist in F erklangen. Dabei war die Grundstimmung in nördlicheren Ländern meist um ein bis zwei Halbtöne tiefer, in südlichen Ländern meist um dasselbe höher als heute, sodass man schwerlich von einer objektiven Tonarteigenschaft sprechen kann. Also erklangen die strahlenden D-Trompeten des Bach'schen *Weihnachtsoratoriums* in Leipzig in Des-Dur, während die F-Hörner in Rameaus *Les Boréades* wohl eher im heutigen Es-

---

[1] Wie dort schon erwähnt, beziehen sich diese auf die nicht-transponierenden Instrumente, also auch auf den Klavierauszug.
[2] Siehe zum Kammerton a in: *Die Musik in Geschichte und Gegenwart* (MGG), Bärenreiter / Metzler 1994–2008 (2.) unter »Stimmton«.

Dur geklungen haben sollten.[3] *La Primavera* aus den *Quattro staggioni* (*Vier Jahreszeiten*) von Antonio Vivaldi hätten sich für uns eher nach H-Dur statt A-Dur angehört.

Zu Wagners Zeiten lag der Stimmton a' meist um 430 Hertz herum. Auch diese wenigen Schwingungen Differenz (pro Sekunde) können die »Farbe« eines Tones schon verändern. Daher wird im Folgenden lediglich über die notierte Tonart gesprochen, die sich nur dem Notenlesenden erschließt.

Vorherrschende Tonart bereits in der Ouvertüre (Vorspiel) des *Parsifal* ist As-Dur für das beginnende »Abendmahl-«, das »Grals-«[4] und das »Glaubens-«Motiv.

Und in As-Dur schließt auch das ganze Werk folgerichtig zur Enthüllung des Grals und des gemeinsamen Abendmahls der Gralsritter. Aber kurz vor dem rauschhaften instrumentalen »Glaubensbekenntnis« werden zum Text »Höchsten Heiles Wunder! Erlösung dem Erlöser« die vier b von As-Dur für acht Takte herausgenommen. Nur weil die Notation sonst umständlich wäre? Kann sein. Denn schließlich zeigt sich weder C-Dur noch a-Moll in diesen Takten, eher Kreuztonarten um A-Dur und cis-Moll, wofür einige Kreuze als Vorzeichen geeignet wären. Felix Mottl, der unter anderem auch bei den ersten Aufführungen in Bayreuth als musikalischer Assistent tätig war und sämtliche Äußerungen Wagners gewissenhaft notierte, schreibt in seinem empfehlenswerten Klavierauszug[5] in diesem Moment des

[3] Was sie aber nicht taten, denn das Werk wurde zu Lebzeiten Rameaus nicht mehr aufgeführt, sondern erst nach dem Zweiten Weltkrieg in der Pariser Nationalbibliothek wiederentdeckt und 1974 uraufgeführt. Die Hörner erklangen da in E, da man sich in der sogenannten »Historischen Musizierpraxis« für die Barockmusik auf einen Kammerton von 415 Hertz geeinigt hat, also etwa einen Halbton tiefer als der »offizielle« Kammerton a = 440 Hz. In Europa ist allerdings die übliche Orchesterstimmung heute auf 442–443 Hz.
[4] Dieses Motiv verwendet das sogenannte »Dresdner Amen«, s. Leitmotiv 2.
[5] Die ersten (originalen) Klavierauszüge (ab dem *Ring*) von Karl Klindworth (der übrigens der Stiefvater von Winifred Wagner war), die Wagner als zu schwer für die Praxis empfand, wurden im Schott-Verlag herausgegeben, die von Mottl sind noch heute bei Peters erhältlich.

Vorzeichenwechsels: »*Der Gral wird erleuchtet.*« Offenbar sollte dieser Moment von keinerlei »dunklen« Vorzeichen getrübt sein.

Bedeutsamerweise ist auch der größte Teil der »Blumenmädchen«-Szene des 2. Akts in As-Dur notiert, und zwar ab dem Moment, als Parsifal sich zunächst dem gemeinsamen Spiel nicht abgeneigt zeigt. Und richtig in As-Dur ist der »langsame Walzer« auf den Text »Komm! Komm! Holder Knabe! Laß mich dir blühen! Dir zur Wonne und Labe gilt mein minniges Mühen!«. Ein versteckter Hinweis auf die religiöse Komponente der Erotik – auf die erotische Komponente der Religion? Ebenso wird hier kurzfristig As-Dur verlassen für den Text »An deinen Busen nimm mich«, wie eine zweite Strophe im Chanson einen halben Ton höher. Ebenso wird hier nicht etwa A-Dur notiert, sondern kein Vorzeichen. Nun, vier Takte sind ja auch im Bereich von C-Dur: »Die Stirn laß mich dir kühlen!« Und schon ist man wieder zurück in As-Dur. Die zweite Aufhebung des As-Dur-Bereichs folgt auf die zeitweise Ernüchterung der Blumenmädchen: »Wie schlimm bist du Zager und Kalter! Die Blumen läßt du umbuhlen den Falter?« Und wieder geht es zurück in die erotisch-religiöse Tonart, wenn alle Mädchen sich quasi um Parsifal prügeln: »Doch sei er uns erkoren! Nein, uns! Nein, mir gehört er! Auch mir! Nein, uns!« Erst Kundry beendet mit ihrem »Parsifal! Weile!« das Spiel wie auch die Tonart und macht sich im G-Dur-Gewand (ein Kreuz, ein halber Ton tiefer, etwas schlaff geworden) über die »welkenden Blumen« fast lustig.

Auch die Verwandlungsmusik, einen Trauermarsch für Titurel, zur letzten Szene des 3. Akts, *Immer feierlich das Zeitmaß zurückhaltend,* wird auffallend lange in der beschwerlich-düsteren« Tonart b-Moll [6] notiert, unterbrochen mit (enharmonisch) »verwandelnder« Absicht über vier Kreuze (E-Dur/cis-Moll) hin zur Glockentonart C-Dur; ganz praktisch,

---

[6] Aber s. o., schon vorher ertönt / erscheint dieses b-Moll, wenn Gurnemanz von der misslichen Lage der Gralsritter erzählt: »(…) da er nicht sterben kann, wenn je er ihn erschaut, sein Ende zu erzwingen, mit dem Leben seine Qual zu enden (…)«

denn diese Glockentonart gibt (gab) es eben nur in den Tönen C – G – A – E. Wagner ließ dieses Instrument von dem Bayreuther Klavierbauer Eduard Steingräber speziell für Parsifal als einen überdimensionierten Flügel mit vier Tasten bauen. Heute werden diese Glockentöne meistens elektronisch erzeugt (Synthesizer). Als szenische Reminiszenz müssen diese Glocken auf dem Weg zur Gralsburg erklingen. Sie in b-Moll einzupassen ist harmonisch nicht möglich. Aber auch die Notation in C-Dur/a-Moll symbolisiert den Weg zur Gralsburg. Dort angekommen, herrscht erneut die anfängliche beschwerlich-düstere Tonart b-Moll, wenn die Ritter Titurels Tod beklagen und zum letzten Mal den Schrein geöffnet sehen wollen. Auch hier erklingen sehr viele Tonarten – das vorgezeichnete b-Moll höchst selten, aber beim ersten Einsatz der Ritter (Chor) zumindest klar, es muss dann aber der Glockentonart (C-Dur/a-Moll) weichen. Amfortas' Klage wird durch d-Moll symbolisiert, Parsifals Erscheinen bei den Rittern durch A-Dur (Dresdner Amen) »erleuchtet«, die Erlösung des Amfortas durch Klingsors Speer stellt sich wieder auf das d-Moll des reuigen Sünders ein, bevor der Gral in As-Dur enthüllt wird.

Eine weitere Symbolik könnte sich in der Tonart des »Karfreitagszaubers« zeigen – eigentlich ein geistiges Kernstück des ganzen *Parsifal* : Das Wunder des Frühlings, jedes Jahr wieder neu. »Vom Eise befreit (...)« Das ist regelrecht impressionistische Musik voll echter unkitschiger Rührung, vielleicht noch vergleichbar mit dem »Siegfried-Idyll« und dem »Waldweben« im *Siegfried*. Hier wird die »schöne Stelle« bewusst eingesetzt, wie sie auch meisterhaft vorbereitet, dem Hörer in kleinen Episoden vorher schmackhaft gemacht wird: zunächst einmal kurz ziemlich zu Anfang des 3. Aufzugs, wenn Kundry, Parsifal erwartend, Wasser von der Quelle holt, hier in As-Dur mit der Bezeichnung *Ruhig* (!); dann nach der Taufe Kundrys bewusst präsentiert in fast voller Blüte, aber noch in H-Dur (durch den Trugschluss aber als Ces-Dur eingeführt): »Wie dünkt mich doch die Aue heut so schön!«, und dann die Blumenmädchen aus Klingsors Zaubergarten: »Wohl traf ich Wunderblumen

an, die bis zum Haupte süchtig mich umrankten (...)«. Gurnemanz hat mit dem Widerspruch vom »höchsten Schmer-
zenstag« und der blühenden Natur bezeichnenderweise
kein Problem: »Du siehst, das ist nicht so«, woraufhin der
»Zauber« in voller Blüte und Schönheit in D-Dur sich entfaltet: Erlösung durch die Schönheit der Natur. Das kann man
hören. Das ist bewusst geplant und eingesetzt.

Warum aber hat wohl Klingsor in seinem Zauberreich
am Anfang des 2. Aufzugs dieselben zwei Kreuze, allerdings
in h-Moll, gedacht? Ist sein Blumengarten vielleicht eigentlich doch nicht so böse? Für Parsifal jedenfalls ein Weg zur
Erkenntnis ...

Und warum hat Wagner seinen »Bösewicht« ausgerechnet nach einem ehrbaren Meistersinger, Nicolaus Klingsohr,
Magister der freyen Künste, benannt? Steckt in dem Namen
etwa schon Thomas Mann'sche Ironie? Nun, vielleicht hat
er es insgeheim mitgedacht und seinen Spaß daran gehabt,
aber der Name ohne »h«, auch Klingschor, ist schließlich bei
Wolfram von Eschenbach und bei Novalis, der sich bekanntlich auch mit dem *Sängerkrieg auf der Wartburg* befasst hat,
genannt.

Leitmotiv Nr. 12
»Die Gefühlswerdung des Verstandes« oder die kluge Unvernunft der Oper

Wagners Lust am Theoretisieren, Reflektieren, Argumentieren und Philosophieren war ausgeprägt, ja sie war so übermächtig, dass sie keine Hemmung hatte, auf die für Theoriebildung scheinbar am wenigsten geeignete Kunstgattung, die Oper, überzugreifen. Im Mittelpunkt der Werke Wagners stehen Figuren, die keine Angst vor der Philosophie haben. Sie wollen ergründen, was die Welt im Innersten zusammenhält oder auseinandertreibt, sie wollen das Wesen der Liebe, des Lebens, des Seins, der Zeit, des Schönen, des Grundes, des Menschen, der Politik, der Kommunikation, der Kommunion, des Grundes ausloten. Auffallend häufig sind diese der Lust am ultimativen Wissen verfallene Figuren weiblichen Geschlechts – je feminiuner, desto tiefgründiger sind sie. Die Klugheit von Loge und Wotan ist pragmatischer und robuster als der Tiefsinn von Erda und den Nornen. Ortrud ist Telramund intellektuell überlegen. Isolde verfügt über ein mütterlich vermitteltes Wissen, das dem Steuer- und Machtpolitiker Tristan abgeht; tiefgründig nach dem Sinn der alten Weise zu fragen ist ihm erst nach der Begegnung mit der Geliebten möglich. Zu großer Reflexionsform läuft auch Hans Sachs erst nach dem Gespräch mit Eva auf:

SACHS.

Mein Kind:
von Tristan und Isolde
kenn ich ein traurig Stück:
Hans Sachs war klug, und wollte
nichts von Herrn Marke's Glück. 7, 254

Evas Probleme würde Kundry gerne haben. Dennoch haben beide Frauen eine Gemeinsamkeit: Ihre Einsichten machen Männer klüger. Kundry hat zu viel gelitten und zu viel gewusst; der reine Tor muss sie erkannt haben, um welthellsichtig zu werden. »So war es mein Kuß, / der Welt-hell-sichtig dich machte?«, 10,361 singt Kundry nicht ganz ohne Selbstbewusstsein. Welthellsichtig wollen fast alle Figuren in Wagners Theorie-Theater werden. Und alle müssen erfahren, dass dieser Wunsch so leicht nicht in Erfüllung gehen kann. »Wo ist nun mein Wissen gegen dieß Wirrsal, / wo sind meine Runen gegen dieß Räthsel?«, 2,204 klagt Brünnhilde am Schluss eines ausgreifenden und ausschweifenden Werkes, das der Welt und dem Geld, dem Leben und dem Tod, den Göttern und den Menschen, den Dingen und den Tieren nachspürt und ihr Wesen ergründen will.

Dass Wagners Werk ein musikhistorisches und alsbald kanonisch werdendes (Dauer-)Ereignis allererstes Ranges ist, müssen selbst diejenigen konzedieren, die Mozart, Schubert oder Brahms lieben und zu Wagner auf Distanz gehen. Dass der Komponist zugleich ein bedeutender, ja virtuoser Librettist war, bestreiten hingegen viele; Wagners eigenwillige Sprachgewalt gilt ihnen, nicht aber Sprachvirtuosen wie Thomas Mann, als Sprachvergewaltigung. Dass der Musiker Wagner auch ein bedeutender Musiktheoretiker war, lässt sich kaum bestreiten; sein Bedürfnis, theoretisch Rechenschaft von seinem kompositorischen und dichtenden Tun abzulegen, ist deutlich stärker ausgeprägt als das Mozarts, Beethovens, Schuberts, Verdis oder Puccinis; erst Schönberg wird wieder ähnlich intensiv Kompositions- und Musiktheorie vorantreiben. Dass Wagner aber eben nicht »nur« Komponist und Dichter, Musiktheoretiker und Dirigent, Festspielorganisator und Zeitschriftenherausgeber, Essayist und Volksredner, sondern eben auch ambitionierter Denker und Intellektueller, Theoretiker und Philosoph war, kommt selbst seinen Bewunderern kaum je in den Sinn. Im besten bzw. schlimmsten Fall gilt Wagner Wagnerianern als Weltbildlieferant und »Meister«. Ein geschlossenes Weltbild bietet sein Werk aber gerade eben nicht an. Vielmehr hat es Denkbilder und Motivkonstellationen von rätselhafter, aber durchaus analytisch belastbarer Schönheit im Angebot.

Nach der Emigration in die Schweiz nahm sich der gescheiterte Revolutionär Wagner viel Zeit für die Ausarbeitung seiner zum Teil schon in Dresden konzipierten, explizit kunsttheoretischen Schriften *Die Kunst und die Revolution, Das Kunstwerk der Zukunft* sowie *Oper und Drama*. Auf diese seine Ausarbeitungen hat er schon wenige Jahre später souverän selbstkritisch zurückgeblickt. So schreibt er im September 1860 in seinem öffentlichen Zukunftsmusik-Brief »an einen französischen Freund (Fr. Villot)«: »Geehrter Freund! / Sie wünschten durch mich selbst eine klare Bezeichnung derjenigen Ideen zu erhalten, die ich vor nun bereits einer Reihe von Jahren in einer Folge von Kunstschriften in Deutschland veröffentlichte und welche Aufsehen sowie Anstoß genug erregten, um auch in Frankreich mir einen neugierig gespannten Empfang zu bereiten. Sie hielten dieß zugleich in meinem eigenen Interesse für wichtig, da Sie freundlich annehmen zu dürfen glaubten, daß durch eine besonnene Darlegung meiner Gedanken viel Irrthum und Vorurtheil sich zerstreuen, und somit mancher befangene Kritiker sich in leichtere Lage versetzt fühlen würde, um bei der bevorstehenden Aufführung eines meiner dramatischen Musikwerke in Paris nur das dargestellte Kunstwerk selbst, nicht aber zugleich auch eine bedenklich erscheinende Theorie beurtheilen zu dürfen.« 7,87 Seine eigenen Überlegungen waren Wagner mittlerweile bedenklich erschienen; er hatte das »Labyrinth theoretischer Spekulation« verlassen und seine Theorielust nicht länger seinen Abhandlungen, sondern seinen Opern anvertraut. »Es hätte«, so heißt es im besagten Brief, »mich nämlich unmöglich dünken müssen, abermals das Labyrinth theoretischer Spekulation in rein abstrakter Form durchwandern zu sollen; und an der großen Abneigung, die mich gegenwärtig selbst nur von einer Wiederdurchlesung meiner theoretischen Schriften abhält, darf ich erkennen, daß ich mich damals, als ich jene Arbeiten verfaßte, in einem durchaus abnormen Zustande befand, wie er sich in dem Leben eines Künstlers wohl einmal einstellen, nicht gut aber wiederholen kann.« 7,88

Von den »Leiden (s)eines mühseligen Ausfluges in das Gebiet der spekulativen Theorie« und von den Leiden, die ihm die »thörichtesten Missverständnisse (zufügten), welche meinen theoretischen Schriften allermeistens zu Theil wurden«, 7,114 heilte sich Wagner, indem er in den nach 1850 entstandenen Musikdramen vermehrt und verstärkt Theorie(n) und Theoreme ansiedelte. Dabei blieb er einem Leitmotiv seiner ästhetischen Schriften treu – dass geglückte Kunst »im Gegensatz zur gültigen Allgemeinheit« steht. Kunst legt sich systematisch mit der gültigen Allgemeinheit des gesunden Menschenverstandes, des autoritativen Wissens, der gängigen Lebensweisheiten und der herrschenden Meinung (gerade auch in den Wissenschaften) an. Selbst in den modernen Zeiten, in denen die Kunst nach Brot und Geld geht, erbringt sie, so Wagners Essay über *Kunst und Revolution*, eine bemerkenswerte Leistung. Sie bricht im »Bewußtsein des Einzelnen« das »öffentliche Unbewußtsein« auf, und sie irritiert die »moderne Öffentlichkeit«, die sich als aufgeklärt versteht und gerade deshalb ignoriert, wie sehr sie ihrerseits Glaubensüberzeugungen verhaftet ist. Die Passage ist es wert, nicht nur paraphrasiert, sondern zitiert zu werden: »Wie nun das Bestreben nach Befreiung aus der allgemeinen Sklaverei in der römischen und mittelalterlichen Welt sich als Verlangen nach absoluter Herrschaft kundgab, so tritt es heute als Gier nach Geld auf; und wundern wir uns daher nicht, wenn auch die Kunst nach Gelde geht, denn nach seiner Freiheit, seinem Gotte strebt Alles: unser Gott aber ist das Geld, unsere Religion der Gelderwerb. / Die Kunst bleibt an sich aber immer, was sie ist; wir müssen nur sagen, daß sie in der modernen Öffentlichkeit nicht vorhanden ist; sie lebt aber, und hat im Bewußtsein des Individuums immer als eine, untheilbare schöne Kunst gelebt. Somit ist der Unterschied nur der: bei den Griechen war sie im öffentlichen Bewußtsein vorhanden, wogegen sie heute nur im Bewußtsein des Einzelnen, im Gegensatze zu dem öffentlichen Unbewußtsein davon, da ist. Zur Zeit ihrer Blüthe war die Kunst bei den Griechen daher konservativ, weil sie dem öffentlichen Bewußtsein als ein gültiger und entsprechender Ausdruck vorhanden war: bei

uns ist die echte Kunst revolutionär, weil sie nur im Gegensatze zur gültigen Allgemeinheit existirt.« 3, 27 f.

Man kann Wagners romantisch-emphatische Formel, die
echte Kunst sei revolutionär, weil sie im Gegensatz zur gültigen Allgemeinheit steht, in die nüchterne Sprache der System-
theorie übersetzen: Die Funktion von Kunstwerken besteht
darin, sachlich unwahrscheinlichen und der herrschenden
Meinung zuwiderlaufenden Versionen der Realitätswahrneh-
mung dadurch Aufmerksamkeit zu sichern, dass sie mit in-
tern-formaler, ästhetischer und im weiteren Sinne musischer
Kohärenz aufwarten, die gerade ob ihrer Absonderlichkeit
fasziniert. Andere Diskurse und Äußerungssysteme haben
ein starkes Interesse an einer Reduktion von Komplexität:
Diese Religion ist die einzig wahrhaftige, andere kann sie
allenfalls mitleidig respektieren; diese Theorie kann wahre
von falschen Sätzen unterscheiden und Letztere aus dem Wis-
senschaftssystem ausscheiden; diese Äußerung des gesunden
Menschenverstandes gibt alternative Ansichten der Lächer-
lichkeit preis etc. Diskursverknappung, Foucaults berühmte
Antrittsvorlesung[1] hat das eindringlich dargelegt, ist das Ziel
aller ernsthaften Diskurse. Kunst setzt hingegen nicht auf Reduktion, sondern auf Steigerung von Komplexität, nicht auf
Diskursverknappung, sondern auf Diskursvermehrung – ihr
könnt all das, was euch (Gläubigen, Wissenden, Vernünftigen)
geläufig und verlässlich scheint, auch ganz anders wahrnehmen. Lasst euch von Kunst entrücken (s. Leitmotiv 7).

Die Oper ist die entrückendste und verrückteste aller
Kunstgattungen. Sie entfernt sich und die, die sich auf sie einlassen, am stärksten von der »gültigen Allgemeinheit«. Entstanden ist die Oper in erstaunlicher Dynamik in den Jahren
um 1600 in Neapel und Mantua, in Venedig und Florenz, in
Paris und London, in München, Dresden und Hamburg, in
Kopenhagen und Wien. Wer opernhaft expressive Formulierungen nicht scheut, kann getrost von der Explosion einer
ästhetischen Supernova sprechen, die just in time stattfin-

[1] Michel Foucault: *Die Ordnung des Diskurses* – Inauguralvorlesung
am Collège de France, 2. Dezember 1970. Berlin 1970.

det – nämlich in der ersten Selbstreflexionsphase der Neuzeit. Wenn man den plausiblen Üblichkeiten folgt und die Neuzeit um 1500 beginnen lässt (also, um nur diese Daten zu nennen, mit der Erfindung des Buchdrucks, der kopernikanischen Wende, der Entdeckung Amerikas und der Reformation), so ist die Zeit um 1600 eine Epoche verstärkter Reflexion über das, was sich da in und mit der Neuzeit tiefenstruktural verändert hat. Man kann um 1600 mit Hamlet wissen, dass die Zeit aus den Fugen, aber gerade deshalb interessant und produktiv ist; man kann mit der Emblematikmode wissen, dass sich das Verhältnis von pictura und poesis neu justiert und alte Spruchweisheiten den gegenwärtigen Zeiten angepasst werden müssen; man kann mit Don Quichotte wissen, dass alte Bücher keine verlässliche Auskunft über die neue Welt liefern; man kann mit französischen Klassikern die querelle des anciens et des modernes zugunsten der Moderne entscheiden; man kann mit Descartes alles für ungewiss und anzweifelbar erklären, um sodann dem Zweifel selbst Gewissheit zuzusprechen. Und man kann in die Oper gehen und sich die Sinne und den Sinn verrücken lassen. Selbstverständlich kann sich der philologische Grundimpuls, allen vermeintlich revolutionären Durchbrüchen und Entwicklungen eine lange Vorgeschichte nachzuweisen und sie so evolutionär zu entschärfen, gerade auch im Hinblick auf die Geschichte der Oper geltend machen. Man verweist dann gerne auf die Funktion des Chores im antiken griechischen Drama, auf musisch eingebettete Passionsspiele im Mittelalter, auf Tanz- und Maskenspiele im Karneval der Frührenaissance oder auf die Ballettgruppen am absolutistischen französischen Hof. Ein Feuerkopf wie der junge Nietzsche kann gar darauf verweisen, dass Wagners Werke, die auf eine zweihundertfünfzigjährige Operngeschichte zurückblicken können, ihrerseits zurück zum eigentlichen Ursprung weit vor jeder Neuzeit und Moderne finden – in ihnen erneuert sich die Geburt der Tragödie aus dem Geist der Musik. Wenn die Moderne sich als Zeitalter versteht, das im Zeichen der Rechenhaftigkeit und des Kalküls steht, so ist die Erinnerung an die enge Verwandtschaft von Musik und Mathematik [2] (über)fällig.

Wagner und sein musisches Theorie-Theater werfen einen wachen Blick auf die Oper – und auf die Neuzeit. Der Revolutionär und Schuldenakrobat Wagner ist von der Oper fasziniert, weil sie einer Ökonomie der Verausgabung und Verschwendung verpflichtet ist, die der neuzeitlichen Ökonomie der Äquivalenz und Rationalität ins Wort fällt. Zu den wirkungsmächtigsten Stereotypen über Neuzeit und Moderne gehört ihre Charakterisierung als Zeitalter kalter Rationalität, kalkulierender Rechenhaftigkeit, bürokratischer Sachlichkeit und emotionsloser Verdinglichung. Die Moderne gilt vielen als die Epoche, in der kühl operierende Funktionssysteme altvertraute Lebenswelten kolonialisieren – eine Diagnose, die von fast allen geteilt wird und die vielfache soziologische Nobilitierung fand. Max Webers Formeln vom Prozess der Entzauberung der Welt in der Neuzeit und vom stählernen Gehäuse der Moderne haben fast schon sprichwörtliche Qualität angenommen. Zeitgenossen der Moderne können nur dann, wenn sie Verhaltenslehren der Kälte verinnerlicht haben, dieser ihrer Epoche standhalten – so lautet eine weit verbreitete These. Angesichts ihrer Popularität und Suggestivität stößt die Gegenthese zumeist auf Widerstand. Sie wurde von Köpfen wie Marx und Simmel ins Spiel gebracht und lautet: Die kapitalistisch mobilmachende Moderne ist gerade nicht das Zeitalter der Entzauberung, sondern der Verzauberung der Welt. Die moderne Warenwelt erweist sich als Sphäre der »metaphysischen Spitzfindigkeiten und theologischen Mucken«,[3] in der alle gesellschaftlichen »Verhältnisse wie in einer Camera obscura auf den Kopf gestellt erscheinen«.[4] Neuzeit und Moderne sind säkular und entzaubert nur auf den ersten Blick. Sie sind nicht areligiös, sondern setzen vielmehr wieder Formen fetischistisch-schamanistischer Religiosität in Kraft, die die großen monotheistischen Offenbarungsreligionen weitgehend überwunden hatten.

2 Vgl. Friedrich Kittler: *Musik und Mathematik I – Hellas 1: Aphrodite*. München 2006; *Musik und Mathematik I – Hellas 2: Eros*. München 2009.
3 Karl Marx: *Das Kapital*, MEW Bd. 23, S. 85.
4 Ebd., S. 26.

Die Tiefenstruktur des Weltbilds moderner Zeiten, das »öffentliche Bewußtsein«, das zugleich gespenstisch mit dem »öffentlichen Unbewußtsein« verwandt ist, bringt Wagner auf eine Formel, die sich in eng verwandter Form auch bei Heinrich Heine und Karl Marx findet: »Unser Gott … ist das Geld, unsere Religion der Gelderwerb«, 3, 27 formuliert Wagner in seinem Essay *Kunst und Revolution*. Diese Wendung liest sich wie eine Paraphrase der Sätze aus Heines Abhandlung *Die romantische Schule*: »Besteht nun die heutige Religion in der Geldwerdung Gottes oder in der Gottwerdung des Geldes? Genug, die Leute glauben nur an Geld; nur dem gemünzten Metall, den silbernen und goldenen Hostien, schreiben sie eine Wunderkraft zu; das Geld ist der Anfang und das Ende aller ihrer Werke.«[5] Und in Marx' *Kritik der politischen Ökonomie*, die Ende der fünfziger Jahre des 19. Jahrhunderts verfasst wurde, die aber erst ab 1902 aus dem Nachlass herausgegeben wurde, heißt es: »In seiner Gestalt als Mittler der Zirkulation erlitt es (das Gold, J. H.) allerlei Unbill, wurde beschnitten und sogar zum bloß symbolischen Papierlappen verflacht. Als Geld wird ihm seine goldene Herrlichkeit zurückgegeben. Aus dem Knecht wird es der Herr. Aus dem bloßen Handlanger wird es zum Gott der Waren.«[6] *Das Kapital* nimmt die Wendung vom Geld als Gott der Waren auf und gibt ihr zusätzlich noch eine erotische Dimension – auch Marx ist bewusst, dass ökonomisch kalkulierbare Werte und Weiberwonnen kein sich wechselseitig ausschließendes Alternativpaar sind. »Dem Gott der Waren dienten bei den Alten bekanntlich die Tempel zum Wohnsitz. Sie waren ›heilige Banken‹. Den Phöniziern, einem Handelsvolke par excellence, galt Geld als die entäußerte Gestalt aller Dinge. Es war daher in der Ordnung, daß die Jungfrauen, die sich an den Festen der Liebesgöttin den Fremden hingaben, das zum Lohn empfangene Geldstück der Göttin opferten.«[7]

[5] Heinrich Heine: *Die romantische Schule*, in: *Werke und Briefe in zehn Bänden*, hrsg. von Hans Kaufmann. Berlin / Weimar 1972 (2.) Bd. 5, S. 131.
[6] Karl Marx: *Zur Kritik der politischen Ökonomie*, MEW Bd. 13, S. 103.
[7] Karl Marx: *Das Kapital*, a. a. O., S. 145 Fußnote 98.

Die kapitalistische Moderne ist nicht das Zeitalter der Rationalität, der Entzauberung und der Säkularisierung, sondern die verzauberte und mitunter zauberhafte Epoche eines erotisch-fetischistisch-religiösen Irrationalismus. Schärfer könnte die These nicht ausfallen, die sich mit Wagner (und Heine und Marx und Walter Benjamin und anderen) gegen die Max Weber'sche Entzauberungsthese und die Rational-choice-Theorien stellen lässt, die heute (noch – ein Paradigmenwechsel zeichnet sich deutlich ab) in den Wirtschaftswissenschaften und in der Soziologie grassieren. Mitunter ist Max Weber seine eigene These suspekt geworden, so etwa, wenn er über die gute Konjunktur für Charismatiker in der Moderne nachdenkt oder wenn er in *Wissenschaft als Beruf* fragt: »Wie macht das Geld es, daß man dafür etwas – bald viel, bald wenig – kaufen kann? Wie der Wilde es macht, um zu seiner täglichen Nahrung zu kommen, und welche Institutionen ihm dabei dienen, das weiß er. Die zunehmende Intellektualisierung und Rationalisierung bedeutet also *nicht* eine zunehmende allgemeine Kenntnis der Lebensbedingungen, unter denen man steht. Sondern sie bedeutet etwas anderes: das Wissen davon oder den Glauben daran: daß man, wenn man *nur wollte*, es jederzeit erfahren *könnte*, daß es also prinzipiell keine geheimnisvollen unberechenbaren Mächte gebe, die da hineinspielen, daß man vielmehr alle Dinge – im Prinzip – durch *Berechnen beherrschen* könne. Das aber bedeutet: die Entzauberung der Welt. Nicht mehr, wie der Wilde, für den es solche Mächte gab, muß man zu magischen Mitteln greifen, um die Geister zu beherrschen oder zu erbitten. Sondern technische Mittel und Berechnung leisten das. Dies vor allem bedeutet die Intellektualisierung als solche.« [8]

Wagners Werke bekunden ein ungemein fein ausgebildetes Sensorium für die seltsamen Allianzen, die Rationalität und Irrationalität, Zählen und Erzählen, Säkularisierung und Religiosität, Kälte und hitzige Emotionen in der Moderne

[8] Max Weber: *Wissenschaft als Beruf*; in: *Gesammelte Aufsätze zur Wissenschaftslehre*, hrsg. von Johannes Winckelmann. Tübingen 1985 (6.).

eingehen. Die kulturphilosophischen Überlegungen Georg Simmels nehmen sich mitunter wie eine theoretische Paraphrase von Wagners Grundintuition aus, die Kalkül und Leidenschaft, »Weibes Wonne und Wert« als die wie in einem Möbiusband verwobenen zweieinigen Seiten einer Medaille wahrnimmt. Simmel hat in seiner *Philosophie des Geldes* nachdrücklich darauf hingewiesen, dass gerade die kapitalistisch mobilmachende Moderne unbekannte Dimensionen der Emotionalität, der Leidenschaften, der verrückten Individualisierung und der Freisetzung romantischer Lebensstile erschließt. Schematisch gesprochen: Mittelalterliche, vorneuzeitliche und vormoderne Gesellschaften und Kulturen sind ungleich kälter, zwanghafter, unsentimentaler und sachlicher als moderne. Nirgends wird das so deutlich wie auf dem Gebiet der Liebe und der Passionen. Die romantische Liebesheirat ist eben keine traditionelle Üblichkeit vormoderner Kulturen, die von der kalten Neuzeit, in der Systeme Lebenswelten kolonialisieren, ausgetrieben wurde, sie ist vielmehr eine spezifisch moderne Erfindung. Verkaufte, zwischen Clans und Familien hin- und hergeschobene Bräute (Isolde!) sind der vorneuzeitliche Normalfall; erst Romeo und Julia und ihre zahllosen verliebten Nachahmer lassen sich dergleichen im Namen individuierter Leidenschaft nicht mehr bieten.

Ähnliches gilt für die religiöse Sphäre. Leidenschaftlich glauben und seinen Glauben leben kann man erst, wenn Glaubens- und Nichtglaubens-Optionen gegeben sind und das Herkunftsmilieu nicht mehr in unbefragter Sachlichkeit über die eigene Konfession entscheidet. Soldaten in traditionell gehegten Kriegen kämpfen, weil sie als Söldner dafür bezahlt oder weil sie zwangsverpflichtet werden, und nicht aus patriotischer oder ideologischer Begeisterung, wie es mit der Französischen Revolution üblich wird. Auch dissidente Lebensstile wie der Wagners haben erst in Neuzeit und Moderne Durchsetzungschancen; nur modern times kennen Dandys, Bohémiens und Snobs, die es sich ohne Gefahr für Leib und Leben leisten können, so zu leben, wie sie wollen. Selbstverständlich kann man auch in dieser Hinsicht auf

Vorgeschichten verweisen und herausstellen, dass schon im 11. Jahrhundert Abaelard und Heloise das Ideal einer amour fou gelebt haben (wenn auch mit einschüchternden Konsequenzen), dass es schon in der Spätantike und im frühen Mittelalter Ketzer gegeben hat (denen es zumeist brutal an den Kragen ging) und dass schon vor der Neuzeit obskure Lebensformen wie die des Einsiedlers oder des Vaganten belegt sind. Das ändert aber nichts an der Gültigkeit der Feststellung, die da lautet: Erst Neuzeit und Moderne, also erst die Epochen, die in aller Regel als kalt, bürokratisch, entzaubert, sachlich und verdinglicht charakterisiert werden, setzen heiße Leidenschaften, entrückte Lebensstile und romantische Gefühle en masse frei – also all den Stoff, aus dem die großen Opern schöpfen.

Opern sind teuer, sie rechnen sich nicht, sie sind einer verrückten Ökonomie und Ästhetik der Verausgabung verpflichtet. Dass sie dem Wahnsinn, der Leidenschaft und den ganz großen Gefühlen eine Heimstatt bieten, ist eine höhere Trivialität. Nicht trotz, sondern wegen dieser ihrer Verrücktheit und Leidenschaftlichkeit ist die Oper das genuine Kind der europäischen Neuzeit und der Moderne. Sie macht wie diese mobil. Bildende Kunst, Musik, Tanz und Literatur, Sinn und Sinne, Gefühl und kunstreicher Verstand gehen in der Oper ein Bündnis ein, das es so eben erst in der Neuzeit gibt. Eng der Neuzeit und Moderne assoziiert ist die Oper auch um ihrer Künstlichkeit willen. Sie verarbeitet die spezifisch neuzeitlich-moderne Erfahrung, dass sich auch das, was unter Traditions- und Naturaspekten als abwegig erscheinen muss, darstellen und machen lässt. Ebendeshalb ist sie der Schauplatz der ganz großen Gefühle, die ebenso enthemmt wie subtil zu entfalten und auszukomponieren Wagner bekanntlich keine Scheu hatte. In einer mit Superlativformulierungen angereicherten Passage seiner Schrift *Oper und Drama* hat Wagner für die sinnlich-sinnreich-intellektuellen Reize der Oper eine pointierte Formulierung gefunden. Die Oper schaltet, verwaltet, gestaltet und reflektiert »die Gefühlswerdung des Verstandes«: »Nur im vollendetsten Kunstwerke, im Drama, vermag sich daher die Anschauung des Erfahrenen

vollkommen erfolgreich mitzutheilen, und zwar gerade deß-
wegen, weil in ihm durch Verwendung aller künstlerischen
Ausdrucksfähigkeiten des Menschen die Absicht des Dichters
am vollständigsten aus dem Verstande an das Gefühl, nämlich künstlerisch an die unmittelbarsten Empfängnißorgane
des Gefühles, die Sinne, mitgetheilt wird. Das Drama unterscheidet sich als vollendetstes Kunstwerk von allen übrigen
Dichtungsarten eben dadurch, daß die Absicht in ihm durch
ihre vollständigste Verwirklichung zur vollsten Unmerklich-
keit aufgehoben wird: wo im Drama die Absicht, d. h. der Wille des Verstandes, noch merklich bleibt, da ist auch der Eindruck ein erkältender; denn wo wir den Dichter noch wollen
sehen, fühlen wir, daß er noch nicht kann. Das Können des
Dichters ist aber das vollkommene Aufgehen der Absicht in
das Kunstwerk, die Gefühlswerdung des Verstandes. Nur dadurch erreicht er seine Absicht, daß er die Erscheinungen
des Lebens nach ihrer vollsten Unwillkür vor unseren Augen
versinnlicht, also das Leben selbst aus seiner Nothwendigkeit rechtfertigt: denn nur diese Nothwendigkeit vermag das
Gefühl zu verstehen, an das er sich mittheilt.« 4, 78

Wer Gefühl als Gegenbegriff zu Verstand und Vernunft
begreift, hat nicht begriffen, dass beide Sphären zusammengehören. Die reine Vernunft, die sich ihrer selbst und ihrer
Grenzen bewusst ist, weiß, dass Selbstbezüglichkeit und
gerade auch die Selbstbezüglichkeit der transzendentalen
Apperzeption gestimmte und gefühlte Selbstbezüglichkeit
ist. Wer seiner selbst inne wird, wer sich seiner selbst bewusst ist, ist sich als jemand bewusst, der so oder anders gestimmt ist – der verliebt oder melancholisch oder voll Heimweh ist. Die naivste Kritik an künstlicher Intelligenz dürfte
die überzeugendste und sachlich am weitesten reichende
sein: Computer sind seelenlos. Sie können nicht trauern und
sich nicht freuen, sie kennen keine Stimmungen und keine
Gefühle, sie haben kein Heimweh und können sich nicht
für Wagners Werke begeistern. Man darf sie mit Fug und
Recht als unsensible Rechenknechte beschimpfen und sich
zugleich hegelianisch an die Herr-Knecht-Dialektik und an
die faustische Wendung erinnern lassen, dass wir am Ende

doch von Kreaturen abhängen, die wir machten. Nicht aus-
zuschließen, dass Computer schon bald einen Turing-Test
auf sentimentale Intelligenz bestehen, kreatürliche Intelligenz also nicht entscheiden kann, ob künstliche oder kreatürliche Intelligenz romantische Antworten auf tiefsinnige
Fragen gegeben hat. Schon E. T. A. Hoffmann spielte in seiner
Sandmann-Novelle mit dem Motiv, dass die Automatenfrau
anders als die aufgeklärte Freundin mit dem sprechenden
Namen Clara den romantischsten aller Laute hervorbringt:
»Ach« – ein Laut, der in Kleists *Amphitryon* alles sagend und
wonneklagend schlussendlich auch den Lippen Alkmenes,
der schönsten und klügsten aller romantischen Frauen, entflieht.

So bleibt die starke Intuition, dass nur kreatürliche Intelligenz Gefühle haben kann und aufgrund dieser ihrer Schwäche stärker ist als künstliche Intelligenz. Werte lassen sich
kalkulieren, Wonnen nicht. In einer sexistisch entbundenen
Diktion, die heute in gendergerechten Zeiten bestenfalls belä-
chelt wird, hat Wagner das Verhältnis von dichterischer Sprache und elementarer Musik bestimmt: »Wie die lebendige
Volksmelodie untrennbar vom lebendigen Volksgedichte ist,
abgetrennt von diesem aber organisch getödtet wird, so vermag der Organismus der Musik die wahre, lebendige Melodie
nur zu gebären, wenn er vom Gedanken des Dichters befruch-
tet wird. Die Musik ist die Gebärerin, der Dichter der Erzeu-
ger; und auf dem Gipfel des Wahnsinnes war die Musik daher
angelangt, als sie nicht nur gebären, sondern auch zeugen
wollte. / Die Musik ist ein Weib.«3, 315 So heißt es in *Oper und
Drama*. Der letzte Satz war Wagner eine Hervorhebung und
Nietzsche eine Klimax wert, schrieb Letzterer doch: »Vielleicht ist die Wahrheit ein Weib, das Gründe hat, ihre Gründe
nicht sehen zu lassen?«[9] Wähnende bis wahnsinnige Frauen
haben in Wagners Werken auch dann, wenn sie nicht Isolde heißen, das letzte und ausschlaggebende Wort – »höchste Lust«. Denn diesen musischen Wesen gelingt, was Män-

---

[9] Friedrich Nietzsche: *Die fröhliche Wissenschaft,* in:
Werke, hrsg. von Karl Schlechta. München 1966. Bd. 2, S. 15.

nern versagt bleibt: das andere ihrer selbst in sich aufzuneh-
men. »Das wahre Weib liebt unbedingt, weil es lieben muß.
Es hat keine Wahl, außer da, wo es nicht liebt. Wo es aber
lieben muß, da empfindet es einen ungeheuren Zwang, der
zum ersten Mal auch seinen Willen entwickelt. Dieser Wille,
der sich gegen den Zwang auflehnt, ist die erste und mäch-
tigste Regung der Individualität des geliebten Gegenstandes,
die, durch das Empfängniß in das Weib gedrungen, es selbst
mit Individualität und Willen begabt hat. Dieß ist der Stolz
des Weibes, der ihm nur aus der Kraft der Individualität er-
wächst, die es eingenommen hat und mit der Noth der Liebe
zwingt.« 3, 316 f. Wagners Opern, die um Weibes Wonne und
Werte kreisen, sagen es musischer als seine theoretischen
Abhandlungen. Denn sie handeln nicht nur von Liebesge-
schichten, sie sind Geschichten der Leidenschaft, die Sprache und Musik vereint und beide klüger, reflexiver, individu-
eller werden lässt, weil sie wissen, dass ein Individuum ein
Dividuum, dass das Ich ein Anderer bzw. eine Andere ist: »Du
Isolde, / Tristan ich, / nicht mehr Tristan, / nicht Isolde; / ohne Nennen, / ohne Trennen, / neu Erkennen.« 7, 50 f. In Wagners Werken haben Reflexionen und Emotionen, Worte und
Töne, Wonnen und Leiden ein unvergleichliches Stelldichein
und sorgen so für ein neues Erkennen. Wagners Reflexionskunst bezeugt die Wahrheit des Satzes, dass das Leben ohne
Musik ein Irrtum wäre, weil Musik höher und vernünftiger
ist denn alle Vernunft.

Notenbeispiele

Ouvertüre »Rienzi«

Molto sostenuto e maestoso. M. M. q = 66.

Takt 12   Celli / Bässe

Allegro energico. ♩ = 84. (Reprise (Takt 262: Un poco vivace. ♩ = 88, ab Takt 268 anders)

Takt 74

9. Symphonie, Beethoven

1. Satz

Zur Ouvertüre »Der Fliegende Holländer«

⑥

Harmonische Lösungsmöglichkeiten des verminderten Septakkords

5

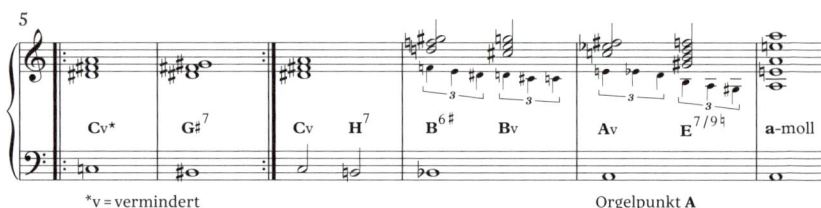

*v = vermindert   Orgelpunkt **A**

Sonate op. 31 Nr. 2, Beethoven. »Der Sturm«

⑦

Vorspiel »Die Walküre«

Ouvertüre »Der Fliegende Holländer«

2. Thema

3. Thema

Ouvertüre »Der Fliegende Holländer«

Ende

11

Un poco ritenuto

Takt 389

392

12 398 **Plagale Kadenz in D**

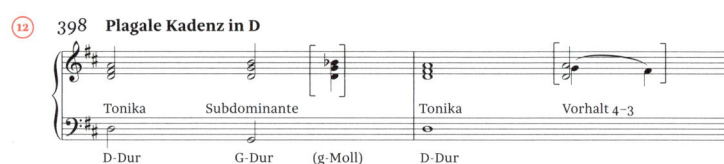

Tonika   Subdominante   Tonika   Vorhalt 4–3

D-Dur   G-Dur   (g-Moll)   D-Dur

Arie Nr. 8 Donna Elvira
»Don Giovanni«, Mozart

(13)

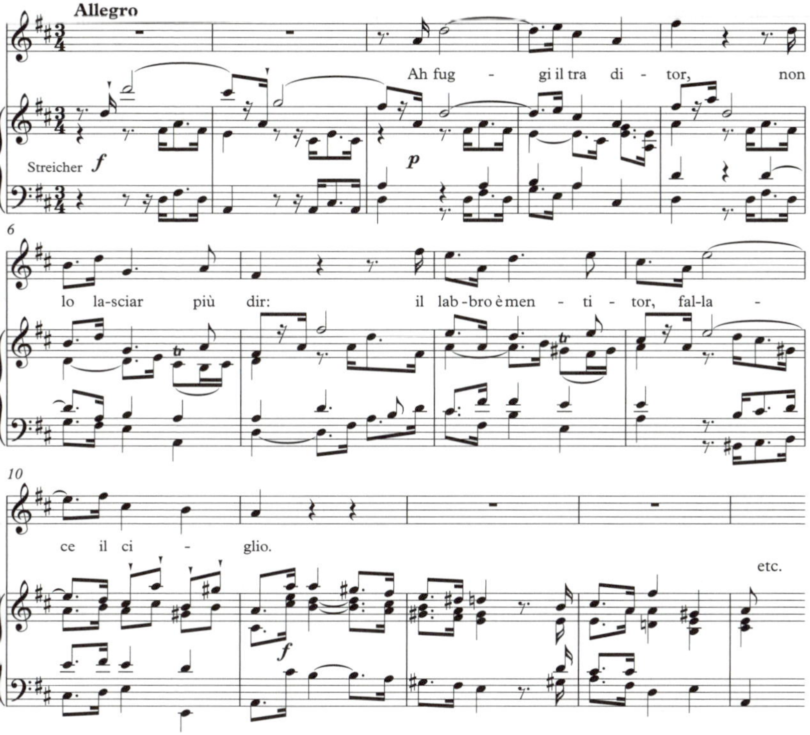
Allegro
Ah fug - gi il tra di - tor, non
Streicher f
p
6
lo la-sciar più dir: il lab-bro è men - ti - tor, fal-la -
10
ce il ci - glio.
etc.
f

Finale II »Die Zauberflöte«, Mozart

Achtundzwanzigster Auftritt

Takt 196

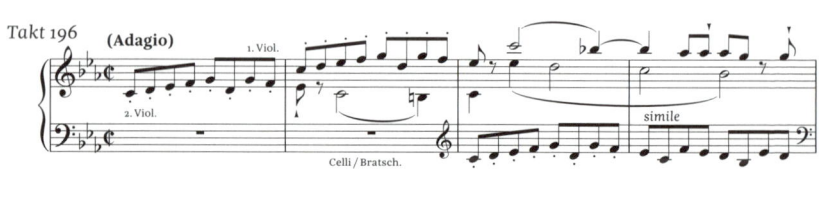

wel – cher wan – dert die – se Stra – ße voll Be – schwer – den, etc.

»Die Meistersinger von Nürnberg«

1. Aufzug, 1. Szene

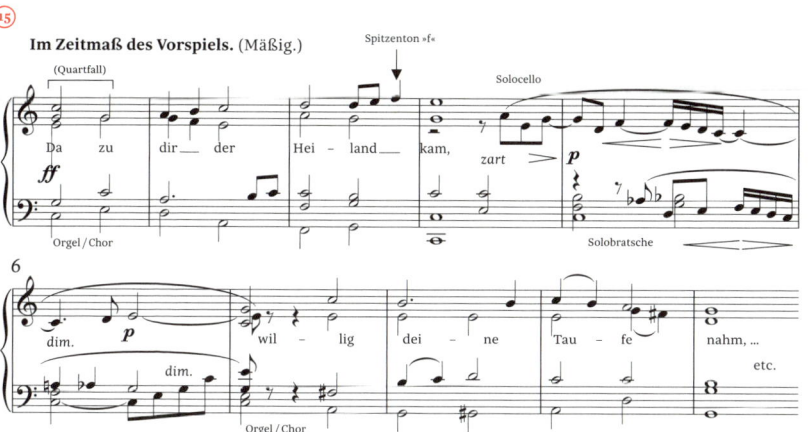

Im Zeitmaß des Vorspiels. (Mäßig.)

Spitzenton »f«

(Quartfall)

Da zu dir_ der Hei – land_ kam, zart

Solocello

p

ff

Orgel / Chor

Solobratsche

6

dim. *p* wil – lig dei – ne Tau – fe nahm, ...

etc.

dim.

Orgel / Chor

Dresdner Amen

(16) Zwei Versionen

Johann Gottlieb Naumann (1741–1801)

A - men, A - men   A - men, A - men

(17) Wagners Zitat im »Parsifal« (Vorspiel Takt 39)

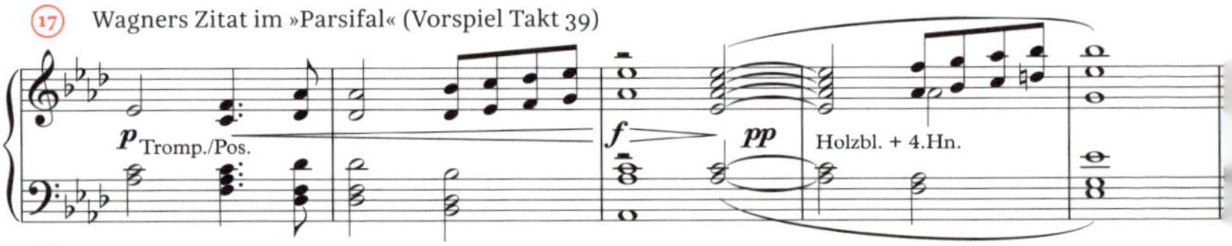

p Tromp./Pos.   *f*   *pp* Holzbl. + 4.Hn.

(18) Wagners Quasi-Zitat im »Liebesverbot« (Akt I., Nr.3 Duett)

Larghetto

pp Viol.   Glocken   Fl.,Ob.   Glocken

28

Klar.   Celli   Fl.

Frauenchor (Nonnen)

Sal - ve,   Re - gi - na   coe -

Wagner »Tannhäuser« Einleitung 3. Akt (1. Fassung, T. 54, 2. Fassung Anfang)

Endgültige Fassung der Einleitung, Takt 48

Mendelssohns Zitat in seiner 5. Symphonie op.107 (1832), 1. Satz, Takt 31

Bruckner: Quasi-Zitat oder Reminiszenz in der 9. Symphonie (um 1890), 3. Satz (Anfang)

Vorspiel

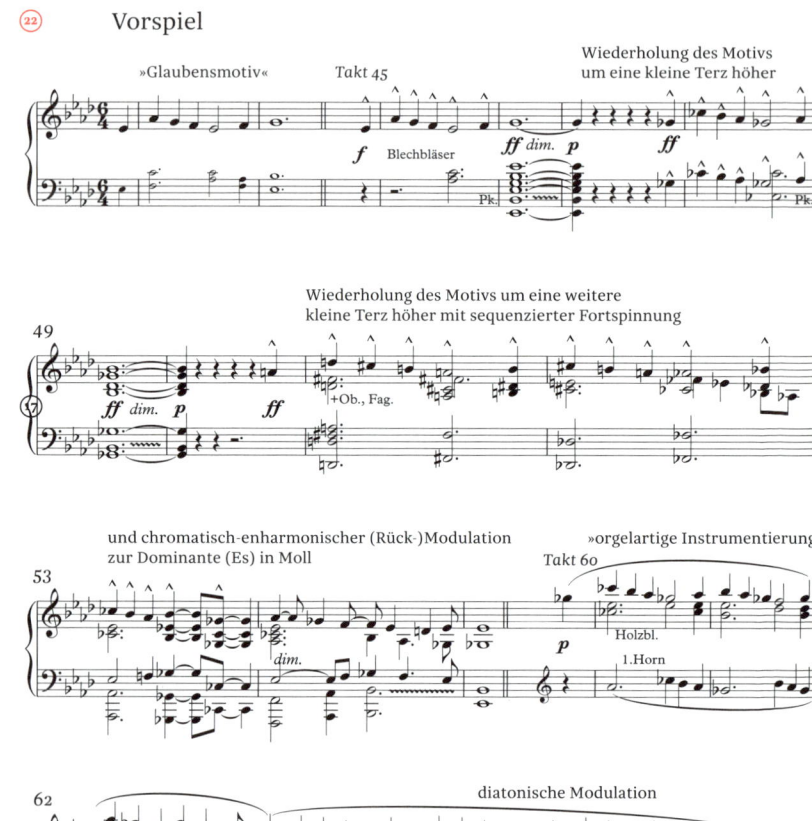

Einleitung zum Duett Titurel–Amfortas

1. Aufzug, 3. Takt nach [100]

*(VII. Stufe von As-Dur, erniedrigt zu Ges)

As-Dur in Stufen:

I. II. III. IV. V. VI. VII. I.

Das Gleiche in C-Dur:

I. II. III. IV. V. VI. VII. I.

Nachklang des Chorsatzes (Glaubens-Motiv)   (Plagaler Schluss)

Viol. (mit Dämpfer)

Hörner mit

(Grals-)Glocken-Motiv

Bratschen, Celli (mit Dämpfer)

Szene Titurel/ Amfortas

etc. es folgt

㉖ Dialog Titurel–Amfortas

leb' ich durch des Hei - lands___ Huld: zu schwach doch bin ich ihm zu die-nen.

Du___ büß im Dien-ste dei-ne Schuld! Ent - hül - let den

Gral!

Nein!___

[Kundry-Motiv]

»Moro lasso«, Gesualdo di Venosa

Chromatische Modulation von Cis-Dur nach a-Moll für den Ausdruck von Schmerz (duolo)

und virtuose Koloraturen um C-Dur herum für das Leben (dar vita)

»Belta poi che t'assenti«, Gesualdo di Venosa

Die »Schönheit entfernt sich« (von g-Moll nach Fis-Dur) sog. »Querstand« (d-dis, dann e-eis),
was das »Herz ertragen muss«

Chromatische Aufwärtsskalen für die Marter, die ertragen werden ...

Allemande aus der Partita IV. in D-Dur

Johann Sebastian Bach

kt 13

E-Dur · a-Moll 5 · a-Moll6 5 · E-Dur · D E-Orgelpunkt · E⁷

15

f°(Dv) · F-Dur(!) · a-Moll 5 · a°(Dv) · a-Moll 5 · E7 a-Moll 5 · E-Dur · 7# 7♮

17

f°(Dv) · f#°(Dv) · A-Dur 5 · E7 · f#-Moll7 · (D-Dur) 3 · etc.

Chor-Fantasie c-Moll, op. 80, Beethoven

Anfangskadenz

Auf eine fast floskelhafte Harmoniefolge kommt die Überraschung:

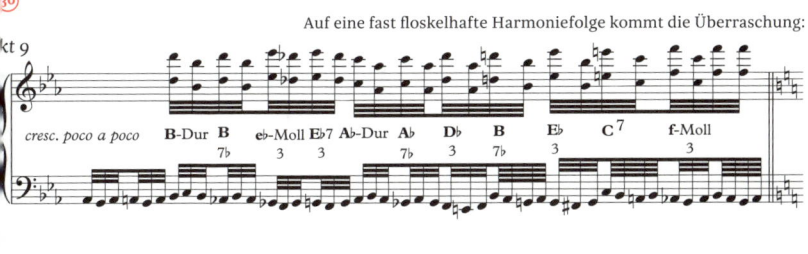

kt 9

cresc. poco a poco · B-Dur · B 7♭ · e♭-Moll 3 · E♭7 3 · A♭-Dur · A♭ 3 · D♭ 3 · B 7♭ · E♭ 3 · C⁷ · f-Moll 3

As wird zu Gis und zur Terz von E-Dur

10

ff · E 3 · e-Moll 3 sf · g°(Dv) sf · etc.

(31) Dominantische Auflösungen des »verkürzten«* Dominant-Sept-Non**-Akkords
*(= ohne Grundton) **(hier immer kleine None)

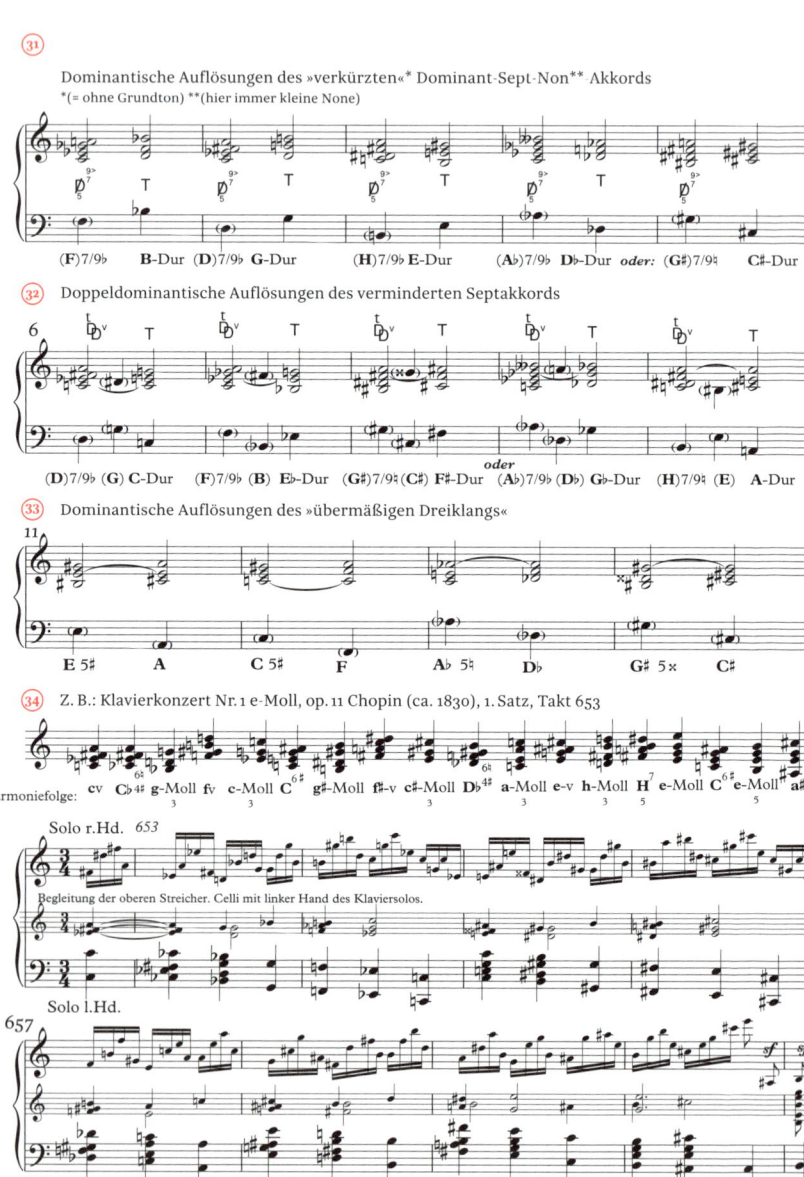

(F)7/9♭　**B**-Dur　(D)7/9♭　**G**-Dur　(H)7/9♭　**E**-Dur　(A♭)7/9♭　**D♭**-Dur *oder:* (G♯)7/9♯　**C♯**-Dur

(32) Doppeldominantische Auflösungen des verminderten Septakkords

(D)7/9♭ (G) **C**-Dur　(F)7/9♭ (B) **E♭**-Dur　(G♯)7/9♯ (C♯) **F♯**-Dur　(A♭)7/9♭ (D♭) **G♭**-Dur　(H)7/9♯ (E) **A**-Dur

oder

(33) Dominantische Auflösungen des »übermäßigen Dreiklangs«

E 5♯　**A**　**C** 5♯　(**F**)　**A♭** 5♯　**D♭**　**G♯** 5× 　**C♯**

(34) Z. B.: Klavierkonzert Nr. 1 e-Moll, op. 11 Chopin (ca. 1830), 1. Satz, Takt 653

Harmoniefolge: **c**v **C♭**4♯ **g**-Moll **f**v **c**-Moll **C**6♯ **g♯**-Moll **f♯**-v **c♯**-Moll **D♭**4♯ **a**-Moll **e**-v **h**-Moll **H**7 **e**-Moll **C**6♯ **e♯**-Moll **a♯**-v
　　　　3　　　　　3　　　　　　　3　　　　　　3　　　　5　　　　5

Solo r.Hd. 653

Begleitung der oberen Streicher. Celli mit linker Hand des Klaviersolos.

Solo l.Hd.

657

662

»Tannhäuser«

3. Akt, 1. Szene

Takt 73

andere Wendung: S⁴⁻³ S⁹⁻⁸ D⁶⁻⁵

---

* T = Tonika in Dur (hier also Es-Dur), t = Tonika in Moll (also es-Moll), D = Dominante in Dur (hier also B-Dur); d = Dominante in Moll (b-Moll), S = Subdominante in Dur (hier also As-Dur), s = Subdominante in Moll (also as-Moll); P und p bezeichnen die Paralleltonarten; das sind diejenigen mit denselben Vorzeichen: also C-Dur und a-Moll, G-Dur und e-Moll, Es-Dur und c-Moll. Eine Durtonart hat eine parallele Molltonart, eine Molltonart hat eine parallele Durtonart. Also hat eine Dur-Paralleltonart zu einer Durtonart nicht mehr dieselben Vorzeichen: zu C-Dur wäre die Dur-Parallele A-Dur, zu Es-Dur wäre sie C-Dur. Man nennt sie dann »Variantparallele«. Als Gegenklang wird der Akkord bezeichnet, der auf der »Gegenseite zur Parallele« im Abstand einer Terz zum Grundton gebildet wird. Der Gegenklang einer Durtonart ist normalerweise ebenso ein Mollakkord (g), wie die Parallele, zu einer Molltonart also ein Durakkord (G). Zu Es-Dur ist c-Moll die Parallele (p) und g-Moll der Gegenklang (g) oder die Mollparallele zur Dominante B = Dp. Zu c-Moll als t wäre Es-Dur die P und As-Dur der G. (Zur Vertiefung der Kenntnisse über die Funktionstheorie sei auf Diether de la Motte: *Harmonielehre*. München/Kassel, 1976. verwiesen.) Die obenstehenden Funktionsbezeichnungen sind zugegebenermaßen spekulativ und von Wagner sicherlich so nicht gedacht worden, da es damals diese Theorie noch nicht gab. Sie sollen lediglich das Ausmaß der Abweichungen vom Üblichen (vom »Pfad der Tugend«) demonstrieren. Schon Bezeichnungen wie ᵈd oder TGp sind theoretische Ungetüme, die so gar nicht mehr nachvollzogen, geschweige denn gehört werden können. Die Harmonielehre damals dachte eher in Stufen der diatonischen Skala, die mit römischen Ziffern (I bis VII) bezeichnet wurden. Aber gerade die Wagner'sche Harmonik hat die »Stufentheorie« an ihre Grenzen und darüber hinaus gebracht.

*: **fettgedruckt**=reale Tonart
normal = Funktion (**D**=D-Dur, D=Dominante)

Bachanale [Ballett] »Tannhäuser«
im 1. Akt der Pariser und Wiener Fassung

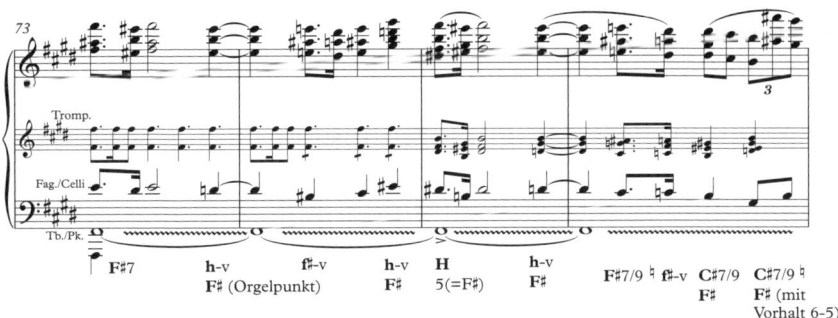

wiederholte Harmonienfolge

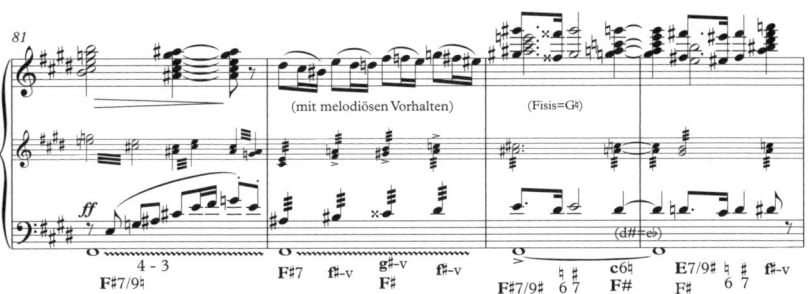

(38)

Wolfsschlucht (Samiel)-Motiv in der Ouvertüre

(39)

in der Arie des Max in Nr. 3

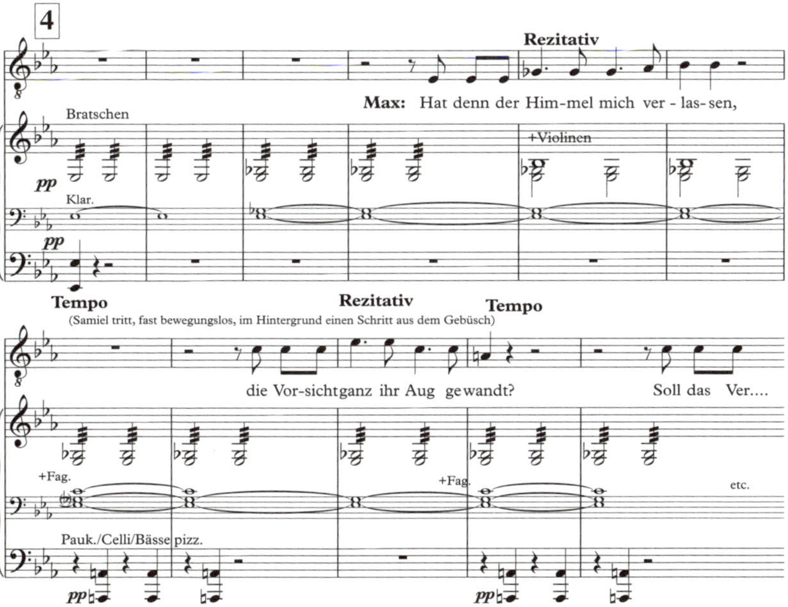

(40)

im Finale Nr. 10, Fünfter Auftritt (Wolfsschlucht-Szene)

im Finale Nr. 16 des 3. Aufzugs im 9. Takt nach 5

»Walküre«

2. Aufzug, 4. Szene

Todesverkündigung

»Schottische« Symphonie, Mendelssohn, Anfang

45 Beginn des Vorspiels (1. Aufzug)
und der Gralserzählung (3. Aufzug)

46 Vorspiel »Lohengrin«
»Flügelschlag«, Takt 13

47 »Lohengrin«, 3. Aufzug
Gralserzählung

Lohengrin-Motiv in A-Dur- - - - - - - - - - - - - - - -

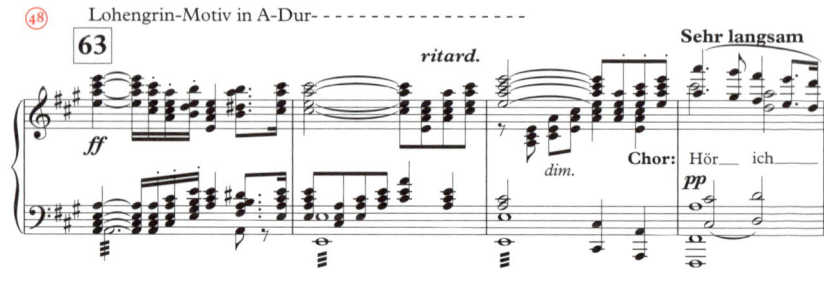

4. Szene

⑭⑨

»Götterdämmerung«

⑤⓪ Ende

»Erlösungs-Motiv«

»Walküre«

3. Aufzug

»Rheingold«

Vorspiel

»Walküre«

Ende

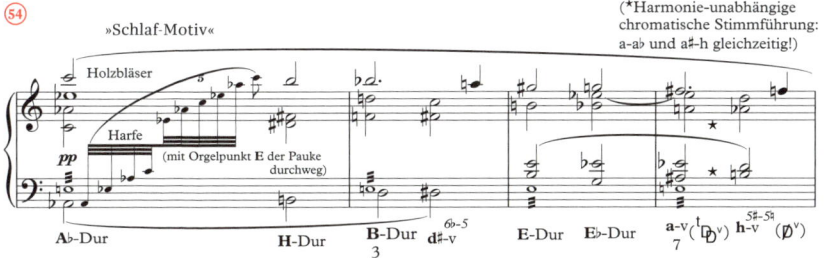

»Siegfried«

3. Aufzug

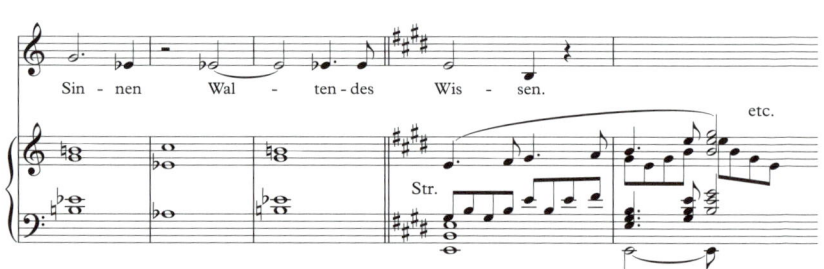

1. Aufzug, 2. Szene

3. Aufzug

57

(Musical notation)

ff   3   stacc.   3   3   3   3   3

Siegfried: Das ist kein Mann!   f   3   3   3   3

Siegfried: Brennender   Zauber   zückt mir in's Herz;

etc.

16 Takte später: **Etwas zurückhaltend**   Sehr mäßig   **noch mehr**

più f   (Er sinkt, wie ohnmächtig, an Brünnhildes Busen.)   f   dim.   più p

12   **zurückhaltend**   (Langes Schweigen.)   **Siegfried:**   etc.

p.   Wie weck ich die Maid,   daß sie ihr Au - ge mir   öff - ne?

»Götterdämmerung«

1. Aufzug, 2. Szene

(58)   »Gutrune-Motiv«

(59)   etwas später in derselben Szene

Irish Folksong Barform mit 35 Takten
Wild Rover

60

Irish trad.

Stollen (10 Takte)

I've been a wild ro-ver for ma-ny's the year, ans I spent all me mo-ney on

Stollen (10 Takte)

whis-key and beer. And now I'm re-tur-ning with gold in great store, and I

Abgesang (15 Takte)

ne-ver will play the wild ro-ver no more. And it's no, nay, ne-ver! No, nay,

ne-ver, no more, will I play the wild

ro-ver. No, nay, ne-ver, no more!

»Wachet auf, ruft uns die Stimme«
Nach Hans Sachs 1513/ Philipp Nicolai 1599

61

»Aufgesang« (Stollen 1 und 2) (5 »Takte«)

»Wa - chet auf«, ruft uns die Stim - me der Wäch-ter sehr hoch auf der
Mit - ter - nacht heißt die - se Stun - de«; sie ru - fen uns mit hel-lem

»Abgesang« (6 »Takte«)

Zin - ne, »wach auf, du Stadt Je - ru - sa-lem! Wohl auf, der Bräut-gam
Mun - de: »Wo seid ihr klu-gen Jung-frau- en?

kömmt, steht auf, die Lam-pen nehmt! Hal - le - lu - ja! Macht euch be-reit

zu der Hoch - zeit, ihr müs - set ihm ent - ge - gen- gehn!«

»Ach Gott, vom Himmel sieh darein«

Martin Luther 1524

»Aufgesang« (Stollen 1 und 2) (5 »Takte«)

Ach Gott, vom Him-mel sieh da-rein und laß dich des er - bar - men,
wie we - nig sind der Heil-gen dein, ver - las-sen sind wir Ar - men. Dein

»Abgesang« (6 »Takte«)

Wort man läßt nicht ha - ben wahr, der Glaub ist auch ver -

lo-schen gar bei al - len Men - schen - kin - dern.

»O Haupt voll Blut und Wunden«

Hans Leo Haßler 1601

»Aufgesang« (Stollen 1 und 2) (3 »Takte«)

O Haupt voll Blut und Wun - den, voll Schmerz und vol - ler Hohn;
o Haupt zum Spott ge - bun - den mit ei - ner Dor - nen-kron; o

»Abgesang« (8 »Takte«)

Haupt, sonst schön ge - zie - ret mit höch - ster Ehr und Zier, jetzt

a - ber hoch schimp - fie - ret: ge - grü - ßet seist du mir!

Zwölftaktige Blues-Form Backwater Blues

Stollen (4 Takte)

C(7)   F(7)   C(7)

When it rains five days___ and the skies turn dark as night.___

Stollen (4 Takte)

F(7)   C(7)

When it rains five days and the skies turn dark as night.___

Abgesang (4 Takte)

G7(9+)   F7   C(7)

There's trou-ble ta-kin' place in the low-lands at night.

Zwölftaktige Blues-Form
See you later alligator

Well, I saw my ba-by walk-ing with an-oth-er man to-day,

Well, I saw my ba-by walk-ing with an-oth-er man to-day,

and when I asked her, what's the mat-ter? This is, what I heard her say:

See you la-ter, al-li - ga-tor! Af - ter 'while, cro-co- dile!

See you la-ter, al-li - ga-tor! Af - ter 'while, cro-co- dile!

Can't you see, you're in my way now?

don't my you know, you cramp my style!

Der »Abgesang« ist melodiös fast identisch mit dem Stollen,
Formstruktur nur im Text und der Harmonie deutlich.
Zugegebenermaßen eine weitgefasste Interpretation der Barform.

Preislied »Meistersinger«
Anfangsversion (3. Aufzug, 2. Szene)

66

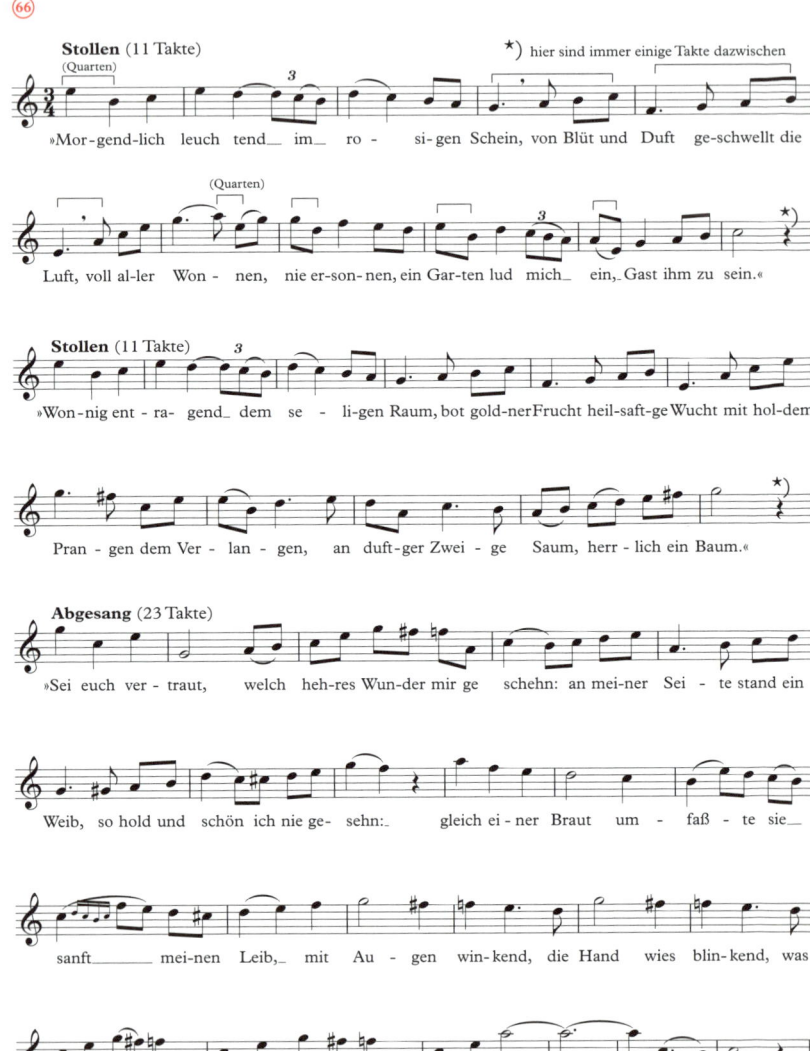

Stollen (11 Takte)
(Quarten)

*) hier sind immer einige Takte dazwischen

»Mor-gend-lich leuch tend im ro - si-gen Schein, von Blüt und Duft ge-schwellt die

(Quarten)

Luft, voll al-ler Won - nen, nie er-son-nen, ein Gar-ten lud mich ein, Gast ihm zu sein.«

Stollen (11 Takte)

»Won-nig ent - ra- gend dem se - li-gen Raum, bot gold-ner Frucht heil-saft-ge Wucht mit hol-dem

Pran - gen dem Ver - lan - gen, an duft-ger Zwei - ge Saum, herr - lich ein Baum.«

Abgesang (23 Takte)

»Sei euch ver - traut, welch heh-res Wun-der mir ge schehn: an mei-ner Sei - te stand ein

Weib, so hold und schön ich nie ge- sehn: gleich ei - ner Braut um - faß - te sie

sanft mei-nen Leib, mit Au - gen win-kend, die Hand wies blin-kend, was

ich ver- lan-gend be gehrt, die Frucht so hold und wert vom Le - - bens - baum.«

Preislied »Meistersinger«

Schlussbild (Festwiese)

Stollen (23 Takte)

★) Hier sind immer einige Takte dazwischen

»Mor-gend-lich leuch- tend im ro-si- gen Schein, von Blüt und Duft ge-schwellt die Luft, voll al-ler Won- nen,

nie er-son-nen, ein Gar-ten lud mich ein, dort un-ter ei nem Wun-der-baum, von Früch-ten reich be -

han-gen, zuschaun in sel'- gem Lie-bes-traum, was höch-stem Lust ver - lan-gen. Er-fül-lung kühn ver-

hieß, das schön-ste Weib: E - va, im Pa-ra dies!« »A-bend-lich däm mernd umschloß mich die

★) **Stollen** (23 Takte)

Nacht; auf stei-lem Pfad war ich ge-naht zu ei-ner Quel - le rei-ner Wel - le, die lo-ckend mir ge

lacht: dort un-ter ei nem Lor-beer- baum, von Ster-nen hell durch - schie nen, ich schaut im wa - chen

Dich-ter-traum, von hei-lig hol- den Mie-nen, mich net-zend mit dem ed-len Naß, das hehr-ste Weib, die Mu-

★) **Abgesang** (32 Takte)

- se des Par-naß!« »Hold-reich-ster Tag, dem ich aus Dich-ters Traum er wach! Das ich er-träumt, das Pa-ra

dies, in himm-lisch neu ver-klär-ter Pracht, hell vor mir lag, da - hin la-chend nun der

Quell den Pfad mir wies; die, dort ge - bo-ren, mein Herz er-ko-ren, der Er-de lieb-lich-stes

Bild, als Mu-se mir ge-weiht, zu hei - lig ernst als mild, ward kühn von mir ge-freit; am

lich-ten Tag der Son-nen, durch San - ges Sieg ge- won-nen Par - naß und Pa-ra dies!«

»Zauberflöte«, Mozart

1. Finale

Glockenspiel(Stromento d'acciajo)

Str. pizz.

Chor der Sklaven

Das klin - get so herr - lich, das

klin - get so schön! La-ra - la la la la - ra-la la la la - ra-la! etc.

Ouvertüre »Meistersinger«

Takt 158 ff, Kontrapunkt

»Liebes-« und »Meistersinger-Motiv«

»Ein musikalischer Spaß«, Mozart

(Dorfmusikanten-Sextett)

KV 522

⑦⓪

Ende der Geigen-Kadenz im 3. Satz

9. Symphonie, Beethoven

3. Satz, Takt 137

9. Symphonie, Beethoven

1. Satz, Takt 116

⑦²

»Freischütz«-Ouvertüre, Weber

Coda

⑦³

»Egmont«-Ouvertüre, Beethoven

⑦⁴

»Ich möchte hingehn«, Liszt

Gedicht von Georg Herwegh

»Loreley«, Liszt

Gedicht von Heinrich Heine

»Der Alchymist«, Spohr

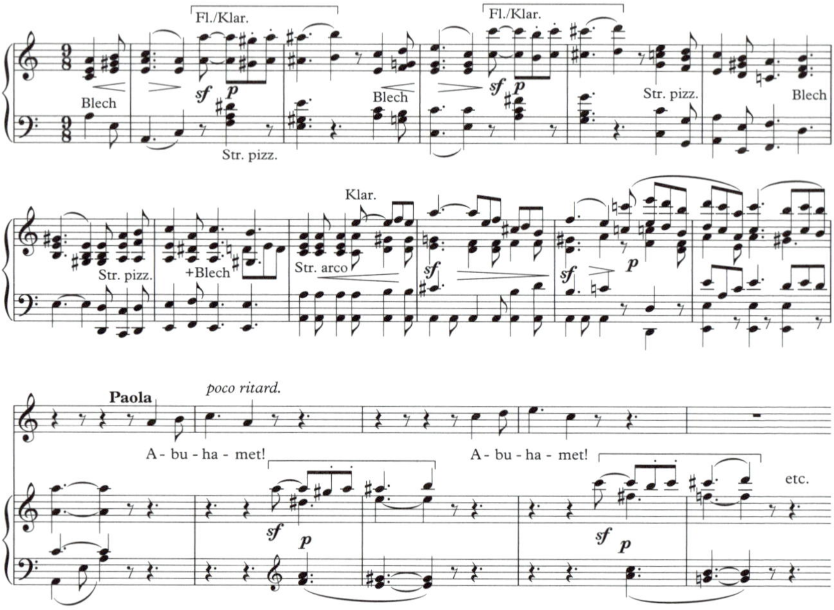

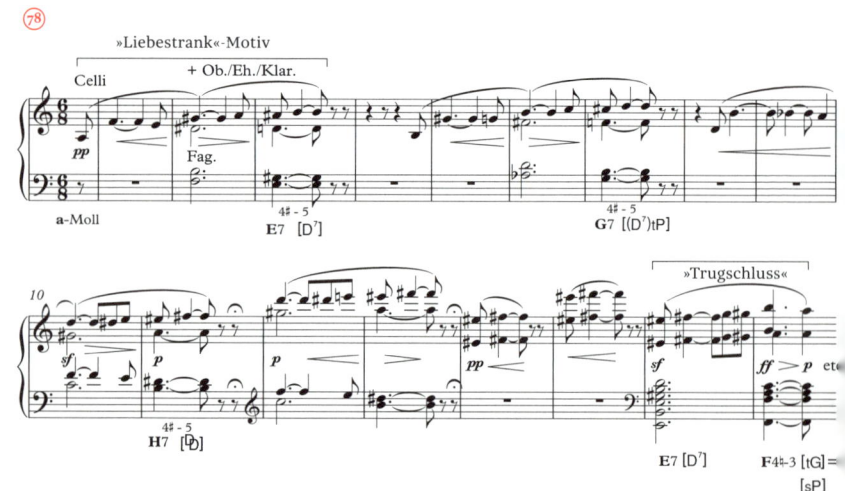

Vorspiel »Tristan und Isolde«

Tristan-Vorspiel

Takt 17–24

Tristan-Vorspiel

Takt 42–43

J. S. Bach »Vom Himmel hoch«,

Canonische Veränderungen Nr. 4
(am Ende, Takt 38)

(81)

J. S. Bach »Kunst der Fuge«,

Contrapunctus 14 (18*)
(Takt 192)

(82)

*Gregory Butler wies nach, dass dieser Contrapunctus ursprünglich an
14. Stelle stand. Da er unvollendet blieb, rückte er in den Editionen an die letzte
Stelle 18. 14 ist auch die Quersumme des Namens B=2 + A=1 + C=3 + H=8)

Arnold Schönberg

Dimitri Schostakowitsch
(Шостакович)

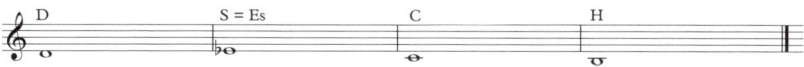

Motette »Der Gerechte kommt um«, J. S. Bach
nach Johann Kuhnau

Takt 29

Symphonie Nr. 60 »Il distratto«, Haydn

1. Satz

Takt 142

3. Symphonie »Eroica«, Beethoven

1. Satz, Ende der Durchführung

Takt 366

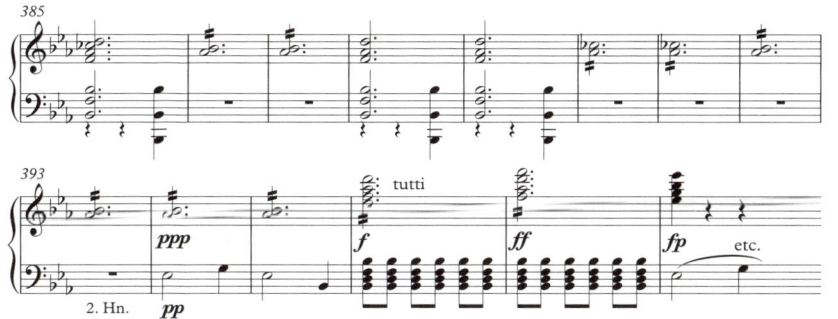

4. Symphonie, Beethoven

1. Satz, Durchführung
Takt 269

(87)

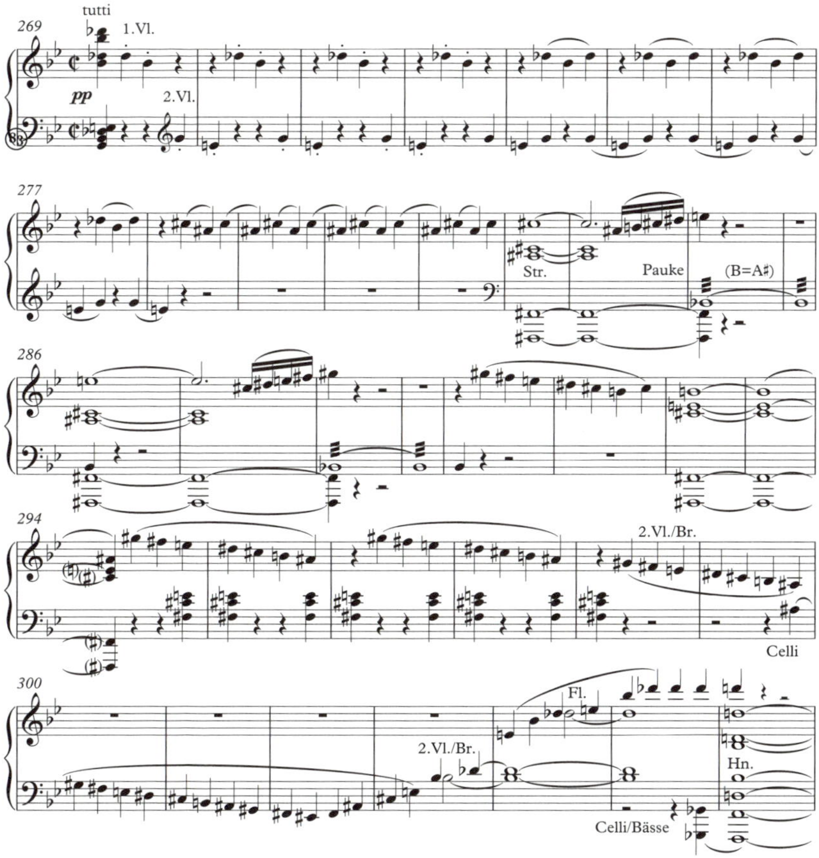

6. Symphonie »Pastorale«, Beethoven

1. Satz, Durchführung

Takt 151

Vorspiel »Rheingold«

Cello-Figur ab Takt 81

Ouvertüre »Das Märchen von der schönen Melusine«, Mendelssohn

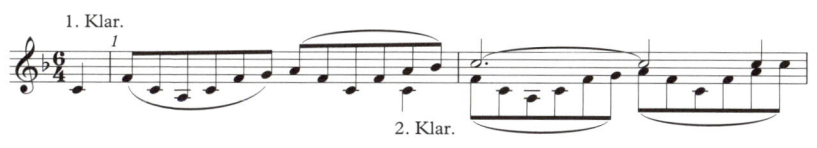

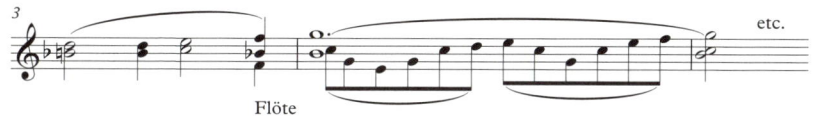

Literatur
Siglenverzeichnis

Quellenangaben ohne Sigle nach dem Schema (x = Band, y = Seitenzahl) beziehen sich auf die Ausgabe *Richard Wagner: Sämtliche Schriften und Dichtungen*, 16 Bände. Leipzig o. J. (1911 ff.).

CTB   *Cosima Wagner: Die Tagebücher*, hrsg. von Martin Gregor-Dellin / Dietrich Mack, 2 Bände. München 1976/77.

SB   *Sämtliche Briefe*, hrsg. von der Richard-Wagner-Stiftung Bayreuth, 18 Bände. Leipzig u. Wiesbaden / Leipzig / Paris 1967 ff.

Literaturverzeichnis

Adorno, Theodor W.: Ästhetische Theorie, in: Gesammelte Schriften, Bd. 7. Frankfurt am Main 1970.
—, Erpreßte Versöhnung. Zu Georg Lukács: »Wider den mißverstandenen Realismus«, in: Gesammelte Schriften, Bd. 11. Noten zur Literatur. Frankfurt am Main 1974.
—, Frankfurter Opern- und Konzertkritiken, in: Gesammelte Schriften, Bd. 19. Frankfurt am Main 1984.
—, Quasi una fantasia, in: Gesammelte Schriften, Bd. 16. Frankfurt am Main 1978.
—, Versuch über Wagner, in: Gesammelte Schriften, Bd. 13. Frankfurt am Main 1972.
—, Zweite Nachtmusik, in: Gesammelte Schriften, Bd. 18. Frankfurt am Main 1984.
Alloa, Emmanuel / Alice Lagaay: Nicht(s) sagen. Strategien der Sprachabwendung im 20. Jahrhundert. Frankfurt am Main 2008.
Alt, Peter-André: Der Schlaf der Vernunft, Literatur und Traum in der Kulturgeschichte der Neuzeit. München 2002.
Assheuer, Thomas: Ab in die Tonne, in: Zeit (17. 7. 2008), S. 1 des Feuilletons.
Assmann, Jan: Die Zauberflöte – Oper und Mysterium. München 2005.
Bahr, Hans-Dieter: Der Spiegel, das winzige Wasser und die Maschine, in: Konkursbuch, Zeitschrift für Vernunftkritik (3). Tübingen 1979.
—, Die Sprache des Gastes. Eine Metaethik. Leipzig 1994.
Bataille, Georges: Der Begriff der Verschwendung, in: Das theoretische Werk. München 1975.
Becker, Alexander / Matthias Vogel: Musikalischer Sinn. Beiträge zu einer Philosophie der Musik. Frankfurt am Main 2007.
Benjamin, Walter: Goethes Wahlverwandtschaften, in: Gesammelte Schriften, Bd. I/1. Frankfurt am Main 1974.
—, Ursprung des deutschen Trauerspiels, in: Gesammelte Schriften, hrsg. von Tiedemann / Schweppenhäuser, Bd. I/1. Frankfurt am Main 1974.
Benn, Gottfried: Kommt, in: Sämtliche Werke, Gedichte 1. Stuttgart 2002.
Blumenberg, Hans: Matthäuspassion. Frankfurt am Main 1988.
Bock, Darell L.: Die Sakrileg-Verschwörung. Fakten und Hintergründe zum Roman von Dan Brown. Gießen 2006.

Böhme, Hartmut: *Fetischismus und Kultur. Eine andere Theorie der Moderne.* Reinbek bei Hamburg 2006.

Bohrer, Karl-Heinz: *Der Abschied. Theorie der Trauer: Baudelaire, Goethe, Nietzsche, Benjamin.* Frankfurt am Main 1996.

Bolz, Norbert: *Auszug aus der entzauberten Welt – Philosophischer Extremismus zwischen den Weltkriegen.* München 1989.

Borchmeyer, Dieter: *Richard Wagner – Theory and Theatre.* Oxford 1991.

Bristiger, Michael / Constantin Floros / Niksa Gligo / Otto Kolleritsch: *Verbalisierung und Sinngehalt. Über semantische Tendenzen im Denken in und über Musik heute.* Wien 1989.

Brown, Dan: *Sakrileg, Roman.* Köln 2004.

Brüggemann, Axel: *Genie und Wahn – Die Lebensgeschichte des Richard Wagner.* Weinheim 2013.

Buchner, Bernd: *Wagners Welttheater. Die Geschichte der Bayreuther Festspiele zwischen Kunst und Politik.* Darmstadt 2013.

Büchner, Georg: *Werke und Briefe,* hrsg. von Werner R. Lehmann. München / Wien 1980.

Busch, Ulrich: *Friedrich Nietzsche und die DDR,* in: *Utopie kreativ* Heft 118 (August 2000). S. 762–777.

Carroll, Lewis: *Alice in Wonderland,* hrsg. von Donald J. Gray. New York 1971.

Curtius, Ernst-Robert: *Europäische Literatur und lateinisches Mittelalter.* Bern / München 1969.

Dahlhaus, Carl: *Klassische und romantische Musikästhetik.* Laaber 1988.

Dath, Dietmar: *Waffenwetter, Roman.* Frankfurt am Main 2007.

Däubler, Theodor: *Hymne an Italien.* Leipzig 1919.

Derrida, Jacques: *Das Tier, das ich also bin.* Wien 2010.

—, *Von der Gastfreundschaft.* Wien 2001.

Dieckmann, Friedrich: *Das Liebesverbot und die Revolution – Über Wagner.* Frankfurt am Main 2013.

Dombois, Johanna / Richard Klein: *Richard Wagner und seine Medien. Für eine kritische Praxis des Musiktheaters.* Stuttgart 2012.

Fath, Manfred: *Gold Macht Lust – Richard Wagners Werk in Bildern.* Mannheim 2000.

Fontane, Theodor: *Adultera, Romane und Erzählungen in acht Bänden,* Bd. 3, hrsg. von Peter Goldammer et al. Berlin, Weimar 1973.

Foucault, Michel: *Die Ordnung des Diskurses.* Inauguralvorlesung am Collège de France, 2. Dezember 1970. Berlin 1970.

Frank, Manfred: *Das Sagbare und das Unsagbare – Studien zur deutsch-französischen Hermeneutik und Texttheorie.* Frankfurt am Main 1990.

—, *Die unendliche Fahrt. Ein Motiv und sein Text.* Frankfurt am Main 1979.

Freud, Sigmund: *Totem und Tabu,* in: *Freud-Studienausgabe,* Bd. IX. Frankfurt am Main 1974.

Friedrich, Sven: *Das Buch eines edlen Geistes ist der kostbarste Freund. Richard Wagner und seine Bibliotheken,* in: »Schlagen Sie die Kraft der Reflexion nicht zu gering an.« Beiträge zu Richard Wagners Denken, Werk und Wirken, hrsg. von Klaus Döge. Mainz 2002, S. 11–20.

Fromm, Waldemar: *An den Grenzen der Sprache. Über das Sagbare und das Unsagbare in der Literatur und Ästhetik der Aufklärung, der Romantik und der Moderne.* Freiburg im Breisgau 2006.

Gabriel, Gottfried: *Literarische Form und nicht-propositionale Erkenntnis in der Philosophie,* in: *Zwischen Logik und Literatur.* Stuttgart 1991.

Geck, Martin: Die Wiederentdeckung der Matthäuspassion im 19. Jahrhundert – Die zeitgenössischen Dokumente und ihre ideengeschichtliche
Deutung. Regensburg 1967.

Gisbertz, Anna-Katharina: Stimmung – Leib – Sprache. Eine Konfiguration
in der Wiener Moderne. München 2009.

—, Stimmung. Zur Wiederkehr einer ästhetischen Kategorie. München 2011.

Glasenapp, Carl Friedrich: Das Leben Richard Wagners. Leipzig 1905.

Gödderz, Tanja Sofia: Che farò senza Euridice? Orpheus von Poliziano
bis Badini. Aachen 2007.

Goethe, Johann Wolfgang: Egmont, in: Sämtliche Werke, Dramen 1776–1790,
Bd. I/5, hrsg. von Dieter Borchmeyer. Frankfurt am Main 1988.

—, Sprichwörtlich, in: Gedichte, 1800–1832, hrsg. von Karl Eibl. Frankfurt am
Main 1988. S. 403.

—, Wilhelm Meisters Wanderjahre, Hamburger Ausgabe, Bd. 8. München 1981.

Görner, Rüdiger: Hadesfahrten. Untersuchungen zu einem
literaturästhetischen Motiv. München 2014.

Grabowsky, Adolf: Der Kampf um Böcklin. Berlin 1906.

Gregor-Dellin, Martin: Richard Wagner – Sein Leben, sein Werk, sein
Jahrhundert. München 1980.

Grill, Andrea: Hierarchien menschlicher Liebe – Ich und der Hund, in:
Der blaue Reiter, Journal für Philosophie – Was ist der Mensch?
An der Grenze zwischen Mensch und Tier. Dezember 2013.

Große, Jürgen: Ernstfall Nietzsche – Debatten vor und nach 1989.
Bielefeld 2010.

Grüny, Christian: Musik und Sprache – Dimensionen eines schwierigen
Verhältnisses. Velbrück 2013.

Guillemin, Anna: The Conservative Revolution of Philologists and Poets –
Repositioning Hugo von Hofmannsthal's Speech »Das Schrifttum
als geistiger Raum der Nation«, in: The Modern Language Review,
107/2/April 2012, S. 501–521.

Habermas, Jürgen: Kap. IV: Eintritt in die Postmoderne – Nietzsche als
Drehscheibe. In: Diskurs der Moderne. Frankfurt am Main 1985.

Hamacher, Werner: Nietzsche aus Frankreich. Berlin 1997.

Harich, Wolfgang: Revision des marxistischen Nietzsche-Bildes?, in: Sinn
und Form (5/1987), S. 1018–1053.

Hart-Nibbrig, Christiaan L.: Rhetorik des Schweigens. Versuch über den
Schatten literarischer Rede. Frankfurt am Main 1981.

Hegel, Georg Wilhelm Friedrich: Vorlesungen über die Ästhetik II, Theorie
Werkausgabe, Bd. 14, hrsg. von Eva Moldenhauer / Karl Markus Michel
Frankfurt am Main 1971.

Heidegger, Martin: Der Satz vom Grund. Pfullingen 1986.

Heine, Heinrich: Atta Troll, in: Sämtliche Schriften, Bd. 7.

—, Aus den Memoiren des Herren von Schnabelewopski, in: Werke und Briefe
in zehn Bänden, hrsg. von Hans Kaufmann. Bd. 4. Berlin / Weimar 1972.

—, Die romantische Schule, in: Werke und Briefe in zehn Bänden, hrsg. von
Hans Kaufmann, Bd. 4. Berlin / Weimar 1972.

Henscheid, Eckhard: Götter, Menschen und sieben Tiere. Richard Wagners
Ring des Nibelungen – Ein Gestaltenreigen, mit Illustrationen von
F. W. Bernstein. Stuttgart 2013.

Hoffmann, Julius: Der Fall Böcklin und die Lehre von den Einheiten.
Stuttgart 1905.

Hogrebe, Wolfram: Echo des Nichtwissens. Berlin 2006.

—, Metaphysik und Mantik. Frankfurt am Main 1992.

Hölderlin, Friedrich: Sämtliche Werke, Frankfurter Ausgabe, Bd. 6: Elegien und Epigramme. Frankfurt am Main 1976.

Hörisch, Jochen: Bedeutsamkeit. Über den Zusammenhang von Sinn, Zeit und Medien. München 2009.

—, Brot und Wein. Die Poesie des Abendmahls. Frankfurt am Main 2007.

—, »Das sagt sich nicht.« – Ausgestaltungen des Unsagbaren in Wagners Musikdramen, in: Was sich nicht sagen lässt. Das Nicht-Begriffliche in Wissenschaft, Kunst und Religion, hrsg. von Joachim Bromand u. Guido Kreis. Berlin 2010, S. 521–532.

—, Die andere Goethezeit. Poetische Mobilmachung des Subjekts um 1800. München 1992.

—, »Eines nur will ich noch: das Ende« – Todesfaszination bei Richard Wagner und Thomas Mann, in: Athenäum 2002.

—, Es gibt (k)ein richtiges Leben im falschen. Frankfurt am Main 2003.

—, Gott, Geld und Glück. Zur Logik der Liebe in den Bildungsromanen von Goethe, Keller und Thomas Mann. Frankfurt am Main 1983.

—, Kopf oder Zahl. Die Poesie des Geldes. Frankfurt am Main 1996.

—, Man muss dran glauben. Die Theologie der Märkte. München 2013.

—, Tauschen, sprechen, begehren. Eine Kritik der unreinen Vernunft. München 2011.

—, Töne, höher denn alle Vernunft – Eine Grille über musikalische Titel, Themen und Motive, in: Merkur 719 (April 2009), S. 366–369.

—, Vorletzte Fragen. Stuttgart 2007.

—, »Weibes Wonne und Wert« oder »Rheingold und Goldrush«, in: Programmbuch Bayreuther Festspiele 2001. Bayreuth 2001, S. 44–80.

—, Wer redet, ist nicht tot. Zur Kritik der Diskursethik, in: Sprache und Frieden. 4. Hubertusburger Friedensgespräche, 21.–23. September 2012, Protokollband, hrsg. von Susanne Hahn. Jena 2013, S. 112–123.

—, Zu Gericht sitzen. Wilhelm Raabes abgründige Prosa, in: Das Wissen der Literatur. München 2007, S. 98–112.

Huchting, Dietmar: Wagner. Ein biographischer Bilderbogen. Hamburg 2008.

Huser, Esther: »Wahnsinn ergreift mich – ich rase!« Die Wahnsinnsszene im Operntext. Freiburg 2006.

Janz, Curt Paul: Friedrich Nietzsche – Biographie. München 1993.

Jelinek, Elfriede: Rein Gold – Ein Bühnenessay. Reinbek bei Hamburg 2013.

Katz, Jacob: The Darker Side of Genius. Wagner's Anti-Semitism. Brandeis 1986.

Keller, Gottfried: Der grüne Heinrich. Sämtliche Werke in fünf Bänden, hrsg. von Thomas Böning / Gerhard Kaiser. Bd. 2. Frankfurt am Main 1985.

Kesting, Hanjo: Das Pumpgenie – Richard Wagner und das Geld, nach gedruckten und ungedruckten Quellen bearbeitet von Hanjo Kesting. Frankfurt am Main 1997.

Kittler, Friedrich: Dichter, Mutter, Kind. München 1991.

—, Musik und Mathematik, Bd. 1 – Hellas, Teil 1: Aphrodite. München 2006.

—, Wagners Untergänge, in: Programmhefte der Bayreuther Festspiele 1987.

—, Weltatem. Über Wagners Medientechnologie, in: Die Wahrheit der technischen Welt, hrsg. von H. U. Gumbrecht. Frankfurt am Main 2013.

von Kleist, Heinrich: Penthesilea, in: Sämtliche Werke und Briefe in vier Bänden, hrsg. von Ilse-Marie Barth et al., Bd. 2. Frankfurt am Main 1987.

498 Kolleritsch, Otto: Musik als Medium von Beziehungsbefindlichkeiten. Wien 2003.

—, O Wort, Du Wort, das mir fehlt! Zur Verwobenheit von Klang und Denken in der Musik. Wien 1999.

Kommerell, Max: Der Dichter als Führer in der deutschen Klassik. Klopstock – Herder – Goethe – Schiller – Jean Paul – Hölderlin. Berlin 1928.

Koopmann, Helmut: Künstler-Bilder in wiederholten Spiegelungen – Thomas Manns Nietzsche-Wagner, in: Liebe ohne Glauben. Thomas Mann und Richard Wagner (Katalog zur Ausstellung im Neuen Rathaus von Bayreuth 2013), hrsg. von Holger Pils u. Christina Ulrich. Memmingen 2011. S. 34–49.

Kraus, Karl: Schriften, hrsg. von Christian Wagenknecht, Bd. 8 (Aphorismen: Sprüche und Widersprüche; pro domo et mundo; Nachts). Frankfurt am Main 1986.

Kreis, Guido: Über Sinn und Bedeutung in der Musik, in: Musik und Ästhetik 57 (Januar 2011), S. 85–96.

Kümmel-Schnur, Albert: Sympathy for the devil. München 2009.

Lauer, Enrik / Regine Müller: Der kleine Wagnerianer. Zehn Lektionen für Anfänger und Fortgeschrittene. München 2013.

Lee, Jin-Woo: Politische Philosophie des Nihilismus – Nietzsches Neubestimmung des Verhältnisses von Politik und Metaphysik. Berlin / New York 1992.

Lehmann, Hans Thies: Postdramatisches Theater. Frankfurt am Main 1999.

Lessing, Gotthold Ephraim: Sinngedichte, Bd. 1, in: Werke, acht Bände, hrsg. von Herbert G. Göpfert. München 1970.

Lévi-Strauss, Claude: Die elementaren Strukturen der Verwandtschaft. Frankfurt am Main 1981.

Lichtenberg, Georg Christoph: Schriften und Briefe, Bd. 1: Sudelbücher 1, hrsg. von Wolfgang Promies. München 1978.

Liszt, Franz / Richard Wagner: Briefwechsel, hrsg. von Hanjo Kesting. Frankfurt am Main 1988.

Luhmann, Niklas: Die Kunst der Gesellschaft. Frankfurt am Main 1995.

—, Liebe als Passion – Zur Codierung von Intimität. Frankfurt am Main 1996.

Luhmann, Niklas / Peter Fuchs: Reden und Schweigen. Frankfurt am Main 1989.

Lukács, Georg: Die Theorie des Romans. Ein geschichtsphilosophischer Versuch über die Formen der großen Epik. Neuwied 1971.

Lyotard, François: Die Analytik des Erhabenen – Kant-Lektionen. München 1994.

Macho, Thomas: Todesmetaphern. Zur Logik der Grenzerfahrung. Frankfurt am Main 1987.

Mann, Thomas: Briefe I (1889–1913), Große kommentierte Frankfurter Ausgabe, Bd. 21, hrsg. von Thomas Sprecher / Hans. R. Vaget / Cornelie Bernini. Frankfurt am Main 2004.

—, Der Zauberberg, hrsg. von Peter de Mendelssohn. Frankfurt am Main 1981.

—, Doktor Faustus. Das Leben des deutschen Tonsetzers Adrian Leverkühn erzählt von einem Freunde, hrsg. von Peter de Mendelssohn. Frankfurt am Main 1980.

—, Joseph und seine Brüder – Joseph, der Ernährer, hrsg. von Peter de Mendelssohn. Frankfurt am Main 1983.

—, Leiden und Größe Richard Wagners, in: *Leiden und Größe der Meister*, hrsg. von Peter de Mendelssohn. Frankfurt am Main 1982.

—, *Richard Wagner und »Der Ring des Nibelungen«*, in: *Wagner und unsere Zeit – Aufsätze, Betrachtungen, Briefe*. Frankfurt am Main 1963.

—, *Russische Anthologie*, in: *Aufsätze, Reden, Essays*, Bd. 3. Berlin 1986.

—, *Tristan*, in: *Frühe Erzählungen*, hrsg. von Peter de Mendelssohn. Frankfurt am Main 1981.

—, *Zu Wagners Verteidigung*, in: *Leiden und Größe der Meister*, hrsg. von Peter de Mendelssohn. Frankfurt am Main 1982.

Marx, Karl: *Das Kapital*, Marx-Engels-Werke (MEW). Berlin 1956 ff.

von Matt, Peter: *Verkommene Söhne, missratene Töchter – Familiendesaster in der Literatur*. München 2001.

Mauss, Marcel: *Die Gabe – Die Form und Funktion des Austauschs in archaischen Gesellschaften*, übers. von Eva Moldenhauer. Frankfurt am Main 1968.

Meinunger, André: *Nur scheinbar nicht sichtbar – Das Weibliche und die Frauen im Deutschen*, in: *Sprachnachrichten* 59 (3/2013), S. 10 f.

Meißner, Alfred: *Heinrich Heine – Erinnerungen*. Hamburg 1856.

Meyer, Michael: *Wagners politische Stellungnahme im deutsch-französischen Krieg*, in: *Von Wagner zum Wagnérisme – Musik, Literatur, Kunst, Politik*, hrsg. von Annegret Fauser / Manuela Schwartz. Leipzig 1999. S. 87–106.

Mohler, Armin: *Die konservative Revolution in Deutschland 1918–1939. Ein Handbuch*. Hrsg. von Karlheinz Weißman. Graz 2005.

Mozart, Wolfgang Amadeus / Emanuel Schikaneder: *Die Zauberflöte*, hrsg. von Attila Csampai u. Dietmar Holland. Reinbek bei Hamburg 1982.

Nagel, Thomas: *What Does It All Mean? A Very Short Introduction to Philosophy*. New York 1987.

Niemeyer, Christian: *Nietzsche und sein Verhältnis zum Antisemitismus – Eine bewusst missverstandene Rezeption?*, in: *Einige werden posthum geboren. Friedrich Nietzsches Wirkungen*, hrsg. von Renate Reschke / Marco Brusotti. Berlin 2012, S. 501–514.

Nietzsche, Friedrich: *Werke*, hrsg. von Karl Schlechta. München 1966 f.

—, *Der Fall Wagner*, in: *Werke*. Bd. 2, hrsg. von Karl Schlechta. München 1966.

—, *Die fröhliche Wissenschaft*, in: *Werke*. Bd. 2, hrsg. von Karl Schlechta. München 1966.

—, *Richard Wagner in Bayreuth*, in: *Werke*. Bd. 1, hrsg. Von Karl Schechta. München 1966.

Novalis: *Heinrich von Ofterdingen*, Schriften, hrsg. von , Samuel Kluckhohn, Bd. 1. Stuttgart 1977.

Ottmann, Henning: *Philosophie und Politik bei Nietzsche*. Berlin / New York 1999.

Otto, Rudolf: *Das Heilige – Über das Irrationale in der Idee des Göttlichen und sein Verhältnis zum Rationalen*. Breslau 1917.

Pabel, Angelika / Reinhard Feldmann: *»War doch solcher Luxus in Büchereinbänden in Bayreuth bisher noch nicht getrieben worden« – Richard Wagners Bibliotheken. Ein Einstieg*, in: *Einbandforschung*, 26/2010, S. 51–58.

Peduzzi, Richard: *Wie meine Bilder zu Bühnenbauten werden*, in: *Der »Ring«. Bayreuth 1876–1980*, hrsg. von Pierre Boulez. Berlin / Hamburg 1980.

von Pidde, Ernst: *Wagners Musikdrama Der Ring des Nibelungen im Lichte des deutschen Strafrechts*. Frankfurt am Main 1968.

Platon: *Das Gastmahl*, übers. von F. Schleiermacher, Werke in acht Bänden, hrsg. von G. Eigler. Darmstadt 1990.

Raposo, Berta: *Richard Wagner – ein einmaliger Rezeptionsfall*. Heidelberg 2014.

Riedel, Manfred: *Im Zwiegespräch mit Nietzsche und Goethe, Weimarische Klassik und klassische Moderne, Vierter Teil, Rückschein des Geistes – Hofmannsthals Zwiesprache mit Goethe und Nietzsche und die Idee einer »konservativen Revolution«*. Tübingen 2009, S.185–246.

Scherrer, Paul / Hans Wysling: *Quellenkritische Studien zum Werk Thomas Manns*. Bern / München 1967.

Schiller, Friedrich: *Die Jungfrau von Orleans*, in: *Werke und Schriften in zwölf Bänden, Dramen IV*, hrsg. von M. Luserke. Frankfurt am Main 1996.

Schlaffer, Heinz: *Das entfesselte Wort – Nietzsches Stil und seine Folgen*. München 2007.

Scholz, Dieter David: *Wagners Antisemitismus – Jahrhundertgenie im Zwielicht*. Darmstadt 2013.

Schopenhauer, Arthur: *Die Welt als Wille und Vorstellung*. Zürich 1977.

Schwarz, Birgit: *Geniewahn. Hitler und die Kunst*. Wien / Köln / Weimar 2009.

Seel, Martin: *Die Künste des Kinos*. Frankfurt am Main 2013.

—, *Theorien*. Frankfurt am Main 2009.

Sloterdijk, Peter / Thomas Macho: *Weltrevolution der Seele. Ein Lese- und Arbeitsbuch der Gnosis von der Spätantike bis zur Gegenwart*, 2 Bände. München 1991.

Sloterdijk, Peter: *Du mußt dein Leben ändern: Über Anthropotechnik*. Frankfurt am Main 2009.

Steiner, Uwe C.: *Verhüllungsgeschichten. Die Dichtung des Schleiers*. München 2006.

Strauss, Richard: *Salome, Drama in einem Aufzuge*, nach Oskar Wilde's gleichnamiger Dichtung, übers. von Hedwig Lachmann. Berlin 1905.

Sulzer, Johann George: *Allgemeine Theorie der Schönen Künste. In einzeln, nach alphabetischer Ordnung der Kunstwörter auf einander folgenden, Artikeln abgehandelt*, Bd.2. Leipzig 1774.

Taureck, Bernhard H. F.: *Nietzsche und der Faschismus – Eine Studie über Nietzsches politische Philosophie und die Folgen*. Hamburg 1989.

Tolstoi, Leo: *Krieg und Frieden*, übers. von Hermann Röhl, Bd.2. Leipzig 1922.

Trahndorff, Eusebius: *Ästhetik oder Lehre von der Weltanschauung und Kunst*. Berlin 1827.

Treiber, Roland: *Die Todesszene in den Bühnenwerken Richard Wagners*. Heidelberg 1975.

Voltaire: *Kandid oder die beste Welt*, Deutsch mit Einleitung und Anmerkungen von Adolf Ellissen. Leipzig 1844.

Wagner, Richard: *Mein Leben*, hrsg. von Martin Gregor-Dellin. München 1963.

Weiner, Marc A.: *Wagner and the Anti-Semitic Imagination*. Lincoln 1995.

von Weber, Carl Maria: *Der Freischütz – Texte, Materialien, Kommentare*, hrsg. von Attila Csampai / Dietmar Holland. Reinbek bei Hamburg 1981.

Weber, Max: *Wissenschaft als Beruf*, in: *Gesammelte Aufsätze zur Wissenschaftslehre*, hrsg. von Johannes Winckelmann. Tübingen 1985.

Weis, Hans-Willi: *Denken, Schweigen, Übung – Eine Philosophie des Geringfügigen*. Freiburg im Breisgau 2012.

Wellmer, Albrecht: *Versuch über Musik und Sprache*. München 2009.

Wiertz, Rainer: *Goethes »Wahlverwandtschaften« und Wagners »Tristan und Isolde«*. Frankfurt am Main 1984.

Wittgenstein, Ludwig: *Tractatus logico-philosophicus*, in: *Schriften 1*. Frankfurt am Main 1969.

—, *Vermischte Bemerkungen*. Frankfurt am Main 1977.

Wolfram von Eschenbach: *Parzival*, hrsg. von Eberhard Nellmann, Bibliothek des Mittelalters, Bd. 8/2. Frankfurt am Main 1994.

Zons, Raimar S. / Klaus Lindemann: *Lauter schwarze Spinnen. Spinnenmotive in der deutschen Literatur. Eine Sammlung*. Bonn 1990.

Weibes Wonne und Wert

ist im Juni 2015 als dreihundertsechsundsechzigster Band
der Anderen Bibliothek erschienen.

Herausgabe

und Lektorat lagen in den Händen von Christian Döring.

Mit musikalischer Bildung hat Kirsten Skacel das
Korrektorat besorgt, wir danken für diese sachverständige
Unterstützung.

Jochen Hörisch ist Professor für Neuere Germanistik
und Medienanalyse an der Universität Mannheim. Aus
seinem umfangreichen Werk veröffentlichte die
Andere Bibliothek als Band 195 *Der Sinn und die Sinne.
Eine Geschichte der Medien* und als Band 239 *Theorie-
Apotheke. Eine Handreichung zu den medienwissenschaft-
lichen Theorien der letzten fünfzig Jahre, einschließlich
ihrer Risiken und Nebenwirkungen.*

Klaus Arp ist Professor an der Musikhochschule
Heidelberg-Mannheim, Dirigent und Komponist.

Bildnachweis

Dieses Buch

wurde von Manja Hellpap, Berlin, in den Schriften
»Trola Text« und »Johannes« gesetzt.
Die Herstellung betreute Katrin Jacobsen, Berlin.
Das Memminger MedienCentrum druckte auf 100 g/m²
holz- und säurefreies, ungestrichenes Munken Lynx.
Dieses wurde von Arctic Paper ressourcenschonend
hergestellt.
Den Einband besorgte die Verlagsbuchbinderei Conzella
in Aschheim-Dornbach.

Die Originalausgaben der ANDEREN BIBLIOTHEK
sind limitiert und nummeriert.

1.- 4.444   2105

Dieses Buch trägt die Nummer:

ISBN 978-3-8477-0366-2
© AB – Die Andere Bibliothek GmbH & Co. KG
Berlin 2015

Die Andere
Bibliothek

Sind die Gläubiger fertig, kommen die Gläubigen dran.

Was nur lebt, will lieben; meiden will keiner die Minne.